Ernani Terra e Jessyca Pacheco

O conto na sala de aula

 EDITORA intersaberes

- Rua Clara Vendramin, 58 - Mossunguê - CEP 81200-170 -
- Curitiba - PR - Brasil - Fone: (41) 2106-4170 -
- www.intersaberes.com - editora@editoraintersaberes.com.br -

■ **Conselho editorial**
Dr. Ivo José Both (presidente)
Drª Elena Godoy
Dr. Nelson Luís Dias
Dr. Neri dos Santos
Dr. Ulf Gregor Baranow
■ **Editor-chefe**
Lindsay Azambuja
■ **Editor-assistente**
Ariadne Nunes Wenger

■ **Preparação de originais e revisão**
Shirley Horácio de Gois Hartmann
■ **Projeto gráfico e diagramação**
Laís Galvão dos Santos
■ **Capa e *lettering***
Sílvio Gabriel Spannenberg (*design*)
Paladin12/Shutterstock (imagem)
■ **Iconografia**
Palavra Arteira

Dados Internacionais de Catalogação na Publicação (CIP)
(Câmara Brasileira do Livro, SP, Brasil)

Terra, Ernani

O conto na sala de aula/Ernani Terra, Jessyca Pacheco.
Curitiba: InterSaberes, 2017.

Bibliografia.
ISBN 978-85-5972-398-4

1. Contos (Gênero literário) 2. Sala de aula – Direção
I. Pacheco, Jessyca. II. Título.

17-03953   CDD-808.8

Índices para catálogo sistemático:
1. Contos: Gênero literário: Literatura 808.8

1ª edição, 2017.
Foi feito o depósito legal.

Informamos que é de inteira responsabilidade dos autores a emissão de conceitos.

Nenhuma parte desta publicação poderá ser reproduzida por qualquer meio ou forma sem a prévia autorização da Editora InterSaberes.

A violação dos direitos autorais é crime estabelecido na Lei n. 9.610/1998 e punido pelo art. 184 do Código Penal.

Imagens do miolo: Babich Alexander, grop, alex74, Pim/Shutterstock

sumário

Apresentação 8

Capítulo 1
O conto: gênero narrativo **16**
    1.1 Uma breve teoria do gênero narrativo 17
    1.2 Verossimilhança 27
    1.3 Ficção 33
    1.4 Narratividade 36
    1.5 Elementos do gênero narrativo 43

Capítulo 2
O gênero *conto* **72**
    2.1 O conto: um texto figurativo 73
    2.2 Uma breve história do conto 78
    2.3 Manifestações do conto 82
    2.4 Teorias do conto 100
    2.5 Tipos de conto 104

Capítulo 3
O conto: percurso gerativo do sentido **134**
    3.1 Os níveis do conteúdo do texto 136

Capítulo 4
A história como é contada **182**
    4.1 O percurso da ação 183
    4.2 Diegese e enredo 185
    4.3 Anacronias 188

Capítulo 5
O narrador 232
    5.1   A enunciação 233
    5.2   Debreagem 240
    5.3   O foco narrativo 250

Capítulo 6
A personagem 296
    6.1   Pessoa e personagem 297
    6.2   Actante e personagem 299
    6.3   A personagem de ficção 306

Capítulo 7
O tempo 346
    7.1   Algumas breves reflexões sobre o tempo 348
    7.2   Tempo físico, tempo cronológico e tempo linguístico 349
    7.3   Tempo enunciativo e tempo enuncivo 352
    7.4   Tempo da diegese e tempo do enredo 356
    7.5   Tempo psicológico 361
    7.6   O sistema temporal em português 364

Capítulo 8
O espaço 394
    8.1   Espaço enunciativo e espaço enuncivo 395
    8.2   Espaço físico, espaço social e espaço psicológico 399
    8.3   Organização do espaço narrativo 401

Considerações finais *434*

Glossário *440*

Referências *450*

Sobre os autores *458*

apresentação

Foi um longo percurso até a finalização deste livro. Antes de começarmos a escrevê-lo, maturamos por muito tempo as ideias aqui contidas por meio de conversas informais em que trocamos nossas vivências sobre leitura.

Nessas conversas, um enriquecia o outro com a própria experiência de leitor. O conhecimento teórico, mais acadêmico, associou-se a uma forma de conhecimento mais intuitiva, sensível e pragmática, um saber que está longe de se aprender na academia, tão cheia de formalismos. Os gregos dão a essa espécie de conhecimento o nome de *méthis*, que se refere a uma experiência longamente adquirida por meio da flexibilidade de espírito, da atenção vigilante, da sensibilidade, da previsão, enfim, de habilidades diversas aprendidas de modo não sistemático.

As conversas travadas mostraram que um poderia enriquecer o outro não apenas com o próprio conhecimento, mas principalmente com o olhar, com o ponto de vista sobre o objeto de estudo. Motivados, começamos a registrar por escrito nossas experiências, nosso conhecimento teórico e intuitivo e nosso repertório de leitura, transformando-os em textos destinados à publicação em revistas científicas. Os artigos produzidos versavam sobre o gênero *conto*, enfocando, sobretudo, sua leitura. Neles, procurávamos mostrar, a partir de uma base teórica sólida, como se constrói o sentido dos contos.

Colegas professores e leitores nos solicitavam constantemente que os artigos científicos fossem transformados em um livro que pudesse orientar seu trabalho pedagógico e no qual os temas recebessem um tratamento mais pragmático e menos acadêmico, de forma que os conceitos teóricos se tornassem mais acessíveis ao leitor não especializado e fossem acrescentadas sugestões de leituras e atividades para a aplicação dos conceitos abordados.

A proposta nos motivou bastante porque nos permitiria apresentar, em uma linguagem não acadêmica, saberes que normalmente circulam somente no âmbito universitário. Por outro lado, víamos na elaboração de um livro um meio bastante eficaz de divulgar nossas pesquisas para um público mais amplo. Estava dada a largada.

Do ponto de vista objetivo, para a elaboração desta obra, estabelecemos algumas diretrizes, a fim de dar coerência teórica ao texto. Optamos por trabalhar com a leitura de contos e não de outras formas narrativas em virtude da extensão do gênero *conto*. Por ser uma narrativa condensada, é possível lê-lo em pouco tempo, o que se pode fazer na própria sala de aula, ou, como diria Poe, é possível ler o conto "numa assentada", sobrando tempo para que se possa efetuar uma discussão sobre o que foi lido e compartilhar experiências de leitura. Além disso, o conto é um gênero que apresenta diferentes categorias (policial, de mistério, de terror, fantástico, maravilhoso etc.), cobrindo um leque de temas muito amplo e acessível a leitores de todos os gostos e idades. Não é à toa que está sempre presente em antologias escolares. Trabalhar com o conto também possibilita que se entre em contato com um maior número de produções. Podem ser lidos textos de autores, épocas, estilos e temas diversos, o que permite ao leitor constituir um conhecimento bastante amplo sobre o gênero.

Outro fator que nos fez escolher o conto foi o fato de que muitas de suas características estão presentes em outros gêneros narrativos. As informações que apresentamos neste livro sobre narrador, narratividade, personagem, tempo e espaço podem ser aplicadas ao romance e à novela, o que significa que o leitor poderá fazer a transposição dos conceitos examinados aqui para gêneros narrativos de maior extensão.

Também partimos do pressuposto de que deveríamos construir o livro sobre um alicerce sólido, o que implicou a escolha de uma base teórica que permitisse mostrar como se constrói o sentido dos textos. Afinal, ler é construir sentidos. Portanto, toda a teoria apresentada está voltada à consecução desse objetivo.

Escolhemos a semiótica discursiva como fundamento teórico-metodológico para a elaboração do livro. Essa opção deveu-se, em primeiro lugar, ao fato de realizarmos pesquisas em nível acadêmico nessa área. Em segundo lugar, entendemos que essa disciplina é capaz não só de possibilitar que se identifiquem os sentidos do texto, mas também de esclarecer o que se faz para que os textos expressem os sentidos que podemos reconhecer neles, ou seja, a partir dessa base teórica, não nos limitamos a fornecer uma interpretação ao conto – buscamos, principalmente, evidenciar que estratégias foram empregadas para a construção de sentidos.

Procuramos abordar essa teoria de forma bastante didática, sem incorrer no uso de um jargão excessivamente técnico. Quando foi necessário empregar um termo mais específico, diferente do linguajar comum, fizemos o devido esclarecimento no próprio texto e também o incluímos no glossário que se encontra no final do livro, caso o leitor queira fazer uma verificação rápida.

Para facilitar a leitura e a consulta a conteúdos específicos, optamos por dividir o livro em oito capítulos, cada um centrado em um tema. Como cada capítulo constitui uma unidade autônoma, a leitura poderá ser feita sequencialmente, do primeiro ao último capítulo, ou alternadamente, caso o leitor pretenda estudar sobre um item específico. Além dos oito capítulos e deste texto de apresentação, há também as considerações finais, um glossário e a lista final de referências.

No Capítulo 1, intitulado "O conto: gênero narrativo", apresentamos uma breve teoria do conto, considerando-o em sua classificação do ponto de vista do gênero. Para isso, trabalhamos os conceitos de gênero e de narratividade. Para tratarmos de gênero, recuperamos os ensinamentos de Aristóteles e de Bakhtin relativos à matéria. Nesse capítulo, examinamos ainda os conceitos de ficcionalidade, de *mímesis* e de verossimilhança.

No Capítulo 2, cujo título é "O gênero *conto*", aprofundamos conceitos enfocados no primeiro capítulo e trazemos uma breve história do conto. Mostramos também que o conto é um texto figurativo, tendo em vista a diferença entre textos temáticos e textos figurativos e os efeitos de sentido que cada categoria produz. Na sequência, demonstramos que os temas nos contos estão recobertos por figuras que se encadeiam, o que lhes dá coerência semântica.

No Capítulo 3, denominado "O conto: percurso gerativo do sentido", analisamos como se constroem os sentidos dos textos, particularmente dos contos. Esclarecemos que o sentido se constrói em um percurso que vai do mais simples e abstrato ao mais complexo e concreto. O percurso gerativo do sentido é apresentado como um modelo teórico-metodológico que permite a construção dos sentidos de textos em geral. Expomos como se configura cada um dos níveis do percurso e comentamos o esquema narrativo, um modelo que possibilita ao analista recompor a estrutura do conto.

No Capítulo 4, intitulado "A história como é contada", centramos nosso foco na distinção entre diegese e enredo. Explicamos que a história que o texto narra (a diegese, ou fábula) tem nos contos um tratamento literário, o enredo, que é a forma como o narrador organiza a diegese. Mostramos que, se, no nível da história, há uma linearidade; no nível do enredo, esta é comumente subvertida, havendo avanços e recuos na diegese. Nesse capítulo, o leitor verá que dar sentido a um conto não significa apenas compreender a história narrada e reproduzi-la com suas palavras, mas também perceber como a história é contada e que temas recobre.

No Capítulo 5, que tem como título "O narrador", tratamos daquele que conta a história. Esclarecemos que o narrador pode ou não deixar marcas linguísticas no texto, o que produz efeitos de sentido diferentes. A presença de um narrador manifestado no texto é reconhecível por meio das marcas linguísticas que ele deixa espalhadas pela superfície textual. Tratar do narrador é falar do foco narrativo, ou seja, da perspectiva assumida para proceder à narração dos fatos, o que interfere no conhecimento qualitativo e quantitativo que o narrador tem das personagens e da história que narra. Procuramos evidenciar que a opção por narrar em primeira ou em terceira pessoa é uma estratégia discursiva relacionada aos efeitos de sentido pretendidos, à busca por maior ou menor objetividade. Para analisarmos o papel do narrador, enfocamos um dos assuntos que consideramos de grande importância para os estudos do discurso: a enunciação. Expomos como, por meio dela, se instalam nos textos as categorias de pessoa, tempo e espaço. Nesse capítulo, o leitor perceberá uma aproximação entre a análise do discurso e os estudos linguísticos.

No Capítulo 6, intitulado "A personagem", destacamos que o conto é um gênero narrativo elaborado por seres humanos para seres humanos e que, portanto, trata de valores humanos, mesmo quando as personagens não são humanas. Nesse contexto, trabalhamos a distinção entre pessoa e personagem. Há uma ligação estreita entre esse capítulo e o Capítulo 3, na medida em que mostramos que a personagem é a figurativização de actantes do nível narrativo.

No Capítulo 7, sob a denominação "O tempo", analisamos esse importante componente do conto, considerando que toda história se desenvolve no tempo. Partindo da distinção entre tempo físico, tempo cronológico e tempo linguístico, direcionamos nossa atenção a este último e descrevemos como nos contos se organiza a temporalização. Para tanto, retomamos os estudos da enunciação a fim de expor que, por meio dela, se instaura um *agora*, base da organização temporal das línguas. Também nesse capítulo os estudos linguísticos são apresentados como suporte dos estudos discursivos.

No Capítulo 8, intitulado "O espaço", voltamos aos estudos da enunciação e examinamos como se instala a categoria *espaço* nos enunciados. Comentamos que o espaço, ao contrário do tempo (o qual é unidimensional), é tridimensional e organiza-se a partir de um *aqui*. Para esclarecermos a organização espacial dos contos, destacamos as categorias linguísticas que marcam o espaço – os pronomes demonstrativos e os advérbios.

Todos os capítulos estão estruturados conforme o mesmo padrão. Começam por uma introdução, em que procuramos situar o leitor em relação àquilo que vai ler, e avançam para uma espécie de aquecimento, em que buscamos familiarizar o leitor com o tema. Segue-se a parte teórica propriamente dita, dividida em seções e com farta exemplificação. Na sequência, apresentamos um conto comentado à luz da teoria descrita.

Entendemos que o aprendizado se faz também pela prática contínua, por isso, em todos os capítulos, propomos atividades que possibilitam ao leitor colocar em prática os conceitos analisados. Ao final de cada capítulo, também listamos algumas sugestões de leituras que visam complementar e enriquecer o que foi tratado. Indicamos obras não apenas teóricas, mas também de ficção, relacionadas a assuntos examinados no capítulo. Além das leituras, há também sugestões de filmes que possam ser associados aos temas contemplados. No capítulo que trata do tempo, por exemplo, sugerimos filmes em que esse aspecto da narrativa é relevante. Apresentamos, ainda, algumas sugestões de filmes produzidos com base em um conto estudado ou comentado no capítulo, o que permite o estabelecimento de comparações entre expressões textuais diferentes.

A gratidão é o maior dos deveres, por isso deixamos expressos aqui nossos agradecimentos à Editora InterSaberes, que depositou em nós sua confiança e nos deu todo o suporte para a elaboração do livro. Agradecemos, ainda, a todos que trabalharam na edição desta obra, com sua inestimável colaboração.

Um livro é um trabalho coletivo. Os autores não o escrevem sozinhos. Escrevem um texto que, com a cooperação de muitas pessoas, transforma-se no objeto *livro*, que posteriormente chega às mãos do leitor. De todo modo, ressaltamos que qualquer falha que, porventura, possa ser identificada aqui deve ser imputada exclusivamente a seus autores.

Verão de 2017.
Os autores

Capítulo 1

conto
o conto: gênero narrativo

Neste capítulo, mostraremos que o conto se materializa em textos do gênero narrativo. Assim, iniciaremos nossa abordagem examinando os conceitos de texto, de gênero e de narratividade. O conto é um gênero de natureza ficcional, por isso examinaremos também os conceitos de ficção e de verossimilhança. Encerrando a parte teórica, apresentaremos uma definição de conto.

1.1
Uma breve teoria do gênero narrativo

Quando nos propomos a estudar gêneros literários, devemos começar por um filósofo que nos legou uma teoria sobre essa matéria. Trata-se de Aristóteles, um filósofo grego que viveu entre 384 a.C. e 322 a.C. e cuja teoria sobre os gêneros literários se encontra em uma obra denominada Poética, a qual não chegou inteira até nós. Além disso, no século passado, o russo Mikhail Bakhtin (1895-1975) trouxe-nos importantes contribuições para o estudo dos gêneros. Neste capítulo, exporemos as principais ideias que esses dois pensadores nos legaram sobre o gênero. Antes de tratarmos desse conteúdo, porém, é importante esclarecermos em que sentido estamos empregando a palavra *gênero*.

Chamamos de **gênero** uma classe de textos que desempenha propósitos comunicativos comuns. **Texto** é aqui entendido como um todo organizado, dotado de sentido, que estabelece comunicação entre sujeitos. Como exemplos de textos, podemos citar uma aula, uma fotografia, um filme, uma conversa, um conto. O sentido dos textos é manifestado por uma linguagem, que constitui o plano da expressão e pode ser verbal, não verbal ou sincrética. Assim, temos diversos tipos de textos, dependendo da linguagem em que se manifesta o plano da expressão. Se for verbal, teremos um texto verbal, como um conto (oral ou escrito), um romance, uma novela, um editorial de jornal ou um artigo científico. Se o plano da expressão for representado por linguagem não verbal, teremos um texto não verbal, como uma pintura, um desenho ou uma fotografia. Quando, no plano da expressão, tivermos mais de um tipo de linguagem, teremos um texto sincrético, como um filme ou uma história em quadrinhos com balões.

Os textos são formados por dois planos interdependentes: o **plano do conteúdo**, que corresponde ao sentido, e o **plano da expressão**, que manifesta o sentido por meio de uma linguagem qualquer. A separação que fazemos entre expressão e conteúdo é meramente metodológica, pois um plano não existe sem o outro.

Dizer que o texto é uma unidade de sentido significa dizer que o sentido vai além da soma das partes que o constituem. Várias disciplinas se ocupam em estudar o sentido dos textos, como a semiótica, a linguística textual e a análise do discurso. Como unidade de comunicação produzida por sujeitos para circular entre sujeitos, o texto deve ser visto como um produto cultural inserido em uma sociedade específica e, portanto, determinado pelas crenças, pelas ideologias e pelos valores dessa sociedade. Acrescentamos ainda que os textos literários (poemas, romances, contos etc.) também devem ser entendidos como unidades de comunicação entre sujeitos, e não apenas como expressão estética. Na medida em que o fenômeno literário se consubstancia em uma linguagem, é inerente à literatura o caráter intersubjetivo, isto é, de relação entre sujeitos. Em resumo: texto é um objeto de comunicação e de significação que apresenta dois planos interdependentes: o conteúdo (o sentido) e a expressão (uma linguagem).

Os textos se manifestam em diversos gêneros e representam práticas de linguagem que se codificaram social e historicamente. Os gêneros, por representarem classes de textos que servem a propósitos comunicativos comuns, constituem-se em "modelos" para os parceiros na comunicação. Aqueles que produzem os textos, os enunciadores, valem-se do gênero para produzir novos textos e, para aqueles a quem são dirigidos, os enunciatários, o gênero funciona como um horizonte de expectativas para a atribuição de sentidos. Vejamos um exemplo: se você for solicitado a escrever uma receita culinária, não encontrará problemas porque tem armazenado na memória um "modelo" de receita culinária. Sabe que esse gênero textual tem um propósito comunicativo, que consiste em passar instruções de como se faz determinado prato. Quanto à sua estrutura, primeiro são apresentados os ingredientes e depois o modo de preparo. Com relação à linguagem, empregam-se frases com verbos no imperativo (*reserve, corte, separe, refogue, mexa* etc.) e constituídas, predominantemente, por orações independentes. Uma receita nunca é exatamente igual a outra. Há aquelas que apresentam o número de calorias, o tempo de preparo, o rendimento; contudo, há algo em uma receita que faz com que a reconheçamos como tal, porque a receita culinária é um gênero de texto e, portanto, não se confunde, por exemplo, com um convite, uma piada ou um requerimento. Observe que receita, convite, piada, requerimento pertencem a esferas de comunicação diferentes, têm propósitos comunicativos, estrutura e linguagem distintos.

Os gêneros textuais não formam um sistema fechado. Por serem produtos culturais que circulam socialmente, refletem os valores da cultura de que fazem parte; por isso, um gênero que faz parte de uma cultura pode não aparecer em outra.

Novas necessidades comunicativas fazem surgir novos gêneros; por outro lado, certos gêneros deixam de ser usados. Consideremos estes dois gêneros textuais: mensagens pelo WhatsApp e telegrama. O primeiro se constitui em um gênero relativamente recente, que surgiu em uma sociedade tecnológica em que o uso da internet se disseminou. Nesse caso, temos mensagens curtas, em linguagem sem marcas de formalismo e, muitas vezes, sincréticas, já que o verbal pode vir acompanhado do visual, como ocorre quando há o emprego de *emojis*. O segundo é um gênero bastante antigo, cujo uso vem cada vez mais diminuindo. Se antes as pessoas mandavam um telegrama para felicitar alguém pelo seu aniversário, hoje a mensagem pode ser mandada via *e-mail*, WhatsApp ou redes sociais.

1.1.1 A perspectiva de Aristóteles

Em *Arte poética* (1959), Aristóteles trata dos gêneros literários que circulavam em sua época. Entre eles, neste livro, interessam-nos a **tragédia**, a **comédia** e a **epopeia**, gêneros ligados à *mímesis*, palavra que pode ser traduzida como "imitação" ou "representação". A arte é, para Aristóteles, representação da natureza. As formas da *mímesis* dependem do objeto que representam, dos meios de que se valem para representar e do modo como representam.

Detenhamo-nos na representação pela perspectiva do objeto representado. Na tragédia, na comédia e na epopeia, o objeto da representação são ações humanas, por isso esses gêneros apresentam personagens que encarnam as ações, seja praticando, seja sofrendo essas ações.

As personagens podem ser vistas sob o prisma da oposição /virtude v. vício/, categorias semânticas relativas a ações humanas, de sorte que podemos ter personagens virtuosas ou viciosas. É importante lembrar que a categoria /virtude v. vício/ não configura uma oposição radical entre os dois polos, mas um *continuum*, isto é, há uma gradação entre eles, de modo que há personagens mais virtuosas, menos virtuosas, mais viciosas, menos viciosas.

Além disso, as personagens também podem ser representadas de três formas: melhores, piores ou iguais a nós, ao homem comum. Quando as personagens são apresentadas como piores do que o homem comum, temos a comédia; quando são melhores do que o homem comum, temos a tragédia ou a epopeia. Portanto, se tomarmos como marco o homem comum, na tragédia e na epopeia, teremos melhoração e, na comédia, pejoração. Na *Poética*, Aristóteles não faz referência a gêneros em que as personagens são representadas como iguais a nós.

A diferença entre a tragédia e a epopeia não reside, pois, no objeto que representam, mas no modo como o representam. Na tragédia, o modo de representação é o dramático, que consiste em apresentar atos humanos por meio de atores em cena, visando à catarse, isto é, à purificação das emoções, na medida em que esse gênero suscita nos espectadores o terror ou a compaixão.

Na epopeia, não há representação por meio de atores, mas a narração de ações de personagens apresentadas como melhores do que o homem comum. Chegamos aqui a uma das palavras-chave deste livro: **narração**. Isso quer dizer que, na epopeia, diferentemente do que ocorre na tragédia, as ações humanas não são representadas, mas narradas, ou seja, as ações do herói épico são contadas por alguém, enquanto as do herói trágico são representadas em um palco por atores.

Antes de prosseguirmos, façamos uma breve consideração sobre a comédia. Como a tragédia, a comédia é uma representação por meio de atores; portanto, pertence ao modo dramático. Difere da tragédia em razão do objeto que representa. Na comédia, representam-se ações de personagens piores do que o homem comum, sendo evidenciados os maus costumes, o vício. Com relação ao meio de que se valem para representar, o trágico, o cômico e o épico utilizam a linguagem verbal, a palavra.

No Quadro 1.1, apresentamos os três gêneros conforme a perspectiva aristotélica e destacamos alguns textos que servem de exemplos em cada caso.

Quadro 1.1 – Os gêneros segundo Aristóteles

Gênero	Objeto da *mímesis*	Modo da *mímesis*	Exemplos
Trágico	Ações de personagens melhores do que o homem comum (heróis trágicos)	Dramático	*Édipo rei, Antígona, As troianas, Medeia*
Cômico	Ações de personagens piores do que o homem comum (heróis cômicos)	Dramático	*As nuvens, As rãs*
Épico	Ações de personagens melhores do que o homem comum (heróis épicos)	Narrativo	*Ilíada, Odisseia*

Nesse quadro, citamos como exemplos dos gêneros mencionados obras da Antiguidade grega. Excetuando-se a epopeia, comédias e tragédias continuam a ser produzidas e representadas até hoje. O romance é o gênero literário que atualmente equivaleria à epopeia, embora, ao contrário do que alguns acreditavam, não tenha sua origem na poesia épica.

Nos Quadros 1.2 e 1.3, apresentamos alguns exemplos de tragédias e comédias com a indicação do respectivo autor e época de produção. Na seção "Sugestões de leituras e filmes", você encontra indicações de filmes que dialogam com as comédias e as tragédias citadas.

Quadro 1.2 – Exemplos de tragédias

Tragédia	Autor	Época
Prometeu acorrentado	Ésquilo	Século V a.C.
Antígona	Sófocles	Século V a.C.
As Bacantes	Eurípedes	Século V a.C.
Macbeth	William Shakespeare	Século XVII
A tempestade	William Shakespeare	Século XVII
Gota d'água	Chico Buarque e Paulo Pontes	Século XX

Quadro 1.3 – Exemplos de comédias

Comédia	Autor	Época
As rãs	Aristófanes	Século V a.C.
Lisístrata	Aristófanes	Século V a.C.
A megera domada	William Shakespeare	Século XVI
Muito barulho por nada	William Shakespeare	Século XVII
O avarento	Molière	Século XVII
O auto da Compadecida	Ariano Suassuna	Século XX

Foi intencional o fato de não termos feito menção ao gênero lírico, em que a subjetividade se manifesta em versos. Originalmente, esse gênero era cantado, acompanhado por um instrumento de cordas chamado lira, daí seu nome. Só posteriormente ganhou forma escrita. Esse gênero subsiste até hoje e é representado pela poesia lírica, que pode apresentar-se em formas fixas, como o soneto, ou formas livres. Veja a seguir um exemplo de poema lírico.

> Hoje de manhã saí muito cedo,
> Por ter acordado ainda mais cedo
> E não ter nada que quisesse fazer...
>
> Não sabia por caminho tomar
> Mas o vento soprava forte, varria para um lado,
> E segui o caminho para onde o vento me soprava
>   [nas costas.
>
> Assim tem sido sempre a minha vida, e
> assim quero que possa ser sempre —
> Vou onde o vento me leva e não me
> Sinto pensar.
>
> Fonte: Pessoa, 1972, p. 245.

A epopeia também era escrita em versos, mas difere da lírica. Enquanto esta é a expressão da subjetividade de um indivíduo, aquela é a expressão do coletivo, da *pólis*, palavra grega que significa "cidade". Como exemplo, citamos Os lusíadas, de Camões, o mais importante poema épico escrito em língua portuguesa. O que se canta nele são os feitos heroicos de um povo, os portugueses. Portanto, o herói do poema não é o indivíduo, mas o coletivo, daí o poema chamar-se Os lusíadas, isto é, os lusitanos, os portugueses.

A epopeia deu lugar a um gênero bastante apreciado atualmente: o romance. Ambos são narrativos (contam algo) – a epopeia, em versos; o romance, em prosa. Na epopeia, como mencionamos, o herói representa o coletivo, o povo; no romance, o individual. É preciso que expliquemos melhor isso: no romance pode haver a representação do coletivo, mas, nesse caso, o coletivo não representa a totalidade da sociedade, mas determinada classe social. Por exemplo, determinado personagem representa a burguesia; outro, o proletariado.

1.1.2 A perspectiva de Bakhtin

Em um ensaio que já se tornou clássico, intitulado "Os gêneros do discurso", que faz parte do livro *Estética da criação verbal*, Mikhail Bakhtin (2000) trata dos gêneros. Ressaltamos que a palavra *discurso* tem acepções diferentes dependendo da corrente teórica (semiótica, linguística textual, análise do discurso etc.). Para alguns, o discurso se confunde com o texto; para outros, o discurso é o texto acrescido de suas condições de produção; outros entendem que o discurso é o texto mais as condições de produção e de recepção. A semiótica considera o discurso um dos níveis do plano do conteúdo do texto, que é a manifestação do conteúdo por meio de uma expressão. Isso será explicado em detalhes no Capítulo 3.

Dado o caráter desta obra, não cabe aqui uma discussão sobre as várias acepções que o termo *discurso* comporta.

Para simplificarmos ao máximo a questão, vamos tomar a expressão *gênero do discurso* como equivalente a *gênero textual*. Na prática, isso é muito comum, assim como o uso da palavra *gênero* sem os qualificativos *do discurso* ou *textual*. Por isso, você certamente já deve ter ouvido pessoas falando algo como "O conto é um gênero literário" ou "Nesta aula vamos tratar do gênero *carta*".

Para Bakhtin (2000), os gêneros do discurso são tipos relativamente estáveis de enunciados. Isso quer dizer que os gêneros não são formas engessadas; pelo contrário, admitem certa plasticidade. O filósofo russo ressalta que as esferas da atividade humana são inesgotáveis e que cada uma delas comporta um repertório de gêneros que vai aumentando e se diferenciando à medida que a atividade se desenvolve e se torna complexa. Desse modo, os gêneros formam uma classe aberta, ou seja, novas esferas da atividade humana fazem com que surjam novos gêneros (pense no tuíte, por exemplo). Como novos gêneros surgem, outros desaparecem ou se transmudam em novos gêneros.

A questão dos gêneros não começa com Bakhtin. O que ele fez foi mostrar que o estudo dos gêneros se realizava desde a Antiguidade sob o ângulo de suas características artístico-literárias.

Bakhtin (2000) estabelece a diferença entre **gêneros primários**, também chamados de *simples*, e **gêneros secundários**, chamados de *complexos*. Os gêneros simples estão ligados à comunicação oral cotidiana; os secundários surgem em uma situação cultural mais complexa e evoluída e estão relacionados à escrita. São exemplos de gêneros secundários o romance, a novela, o conto, os ensaios e artigos científicos, os contratos e as leis. Os gêneros secundários absorveram os primários. Por exemplo, o conto, um gênero secundário, absorveu a conversação, um gênero primário. Assim, é comum encontrarmos no conto diálogos entre personagens.

A comunicação entre sujeitos é possível porque os parceiros do ato comunicativo conhecem os gêneros. O conhecimento que temos de discursos anteriores nos permite reconhecer a intenção discursiva daquele que fala logo que ouvimos suas primeiras palavras. Quando alguém começa a dizer "Era uma vez um rei que...", já sabemos que estamos diante de um conto maravilhoso. Antes mesmo de começarmos a dizer algo, intuitivamente já escolhemos o gênero adequado ao nosso propósito comunicativo, recorrendo a determinadas realizações de texto que conhecemos. Do ponto de vista do enunciatário, o conhecimento do gênero lhe permite reconhecer o texto que lê ou ouve e dar-lhe sentido, ou seja, se é uma reza, um convite, um bilhete, uma sentença judicial, uma nota fiscal, um recibo, um conto, um poema etc.

Bakhtin (2000) afirma ainda que a comunicação humana se efetua por meio de enunciados concretos, irrepetíveis, orais ou escritos, que têm origem nos integrantes de determinada esfera da atividade humana, refletindo, portanto, as condições e as finalidades dessa esfera. É a manifestação desses enunciados concretos que constitui os gêneros do discurso, os quais, segundo o teórico russo, apresentam três características que se fundem em um todo: **conteúdo temático**, **estilo verbal** e **estrutura composicional**.

O conteúdo temático não é o assunto (tema) em si, mas os diversos sentidos que determinado gênero comporta. Por exemplo, em um gênero como a carta de amor, cada texto tem um assunto específico, um enunciador e enunciatários específicos, mas todas as cartas apresentam o mesmo conteúdo temático – as relações amorosas. O estilo verbal diz respeito aos recursos linguísticos (gramaticais e lexicais) que são usados pelo falante, e a estrutura composicional refere-se à estruturação do texto, isto é, como ele é apresentado e reconhecido na sociedade.

Consideremos novamente o exemplo da receita culinária. O modo como nos é apresentada (a divisão em seções específicas, destinadas à descrição dos ingredientes e do preparo) permite-nos reconhecer o texto como uma receita, e não como uma bula de remédio, por exemplo. Essa organização é seu conteúdo composicional. Quanto ao estilo, a receita contém na seção "Preparo", frases diretas, com verbos no imperativo na segunda pessoa do singular e orações independentes. Na seção "Ingredientes", não há períodos, mas uma enumeração dos itens, representados por substantivos concretos, que podem estar acompanhados por numerais e adjetivos ("dois tomates maduros", por exemplo). O conteúdo temático consiste no discurso culinário, referente à comida e à preparação de alimentos.

1.2
Verossimilhança

Vamos voltar a Aristóteles a fim de analisar outro conceito importante: verossimilhança. O substantivo *verossimilhança* e o adjetivo *verossímil* contêm dois radicais: *vero*, que significa "verdadeiro", e *símil*, que significa "semelhante", "parecido". Logo, *verossímil* é aquilo que parece ser verdadeiro, que é semelhante à verdade, que pode acontecer na realidade. O verossímil, como podemos notar, é um simulacro da verdade, na medida em que é verdadeiro apenas na aparência. Mia Couto (2012b) assim começa o conto "O cachimbo de Felizbento", que integra a obra *Estórias abensonhadas*: "Toda a estória se quer fingir verdade. Mas a palavra é um fumo, leve de mais para se prender na vigente realidade. Toda a verdade aspira ser estória". Em uma linguagem poética, Mia Couto nos faz refletir sobre a oposição /ficção v. realidade/ e, portanto, sobre a verossimilhança: a ficção finge ser verdade, mas ela é contada pela palavra, que é como fumaça, leve demais para se prender ao real. Há, para ele, uma relação simbiótica entre ficção e verdade, pois esta também quer se tornar aquela. Em outras palavras, Couto retoma a questão de que a arte imita a vida, mas a vida também imita a arte.

Retomemos o conceito de *mímesis*. Para Aristóteles, a arte representa o real, é uma imagem do real. Dessa forma, a arte não é o real, mas uma imitação, como um quadro ou uma fotografia. O quadro não é a coisa (o real), mas uma representação da coisa real. Você certamente conhece o quadro de René Magritte, que reproduzimos a seguir.

Figura 1.1 – La trahison des images (A traição das imagens) – René Magritte

MAGRITTE, R. **La trahison des images (A traição das imagens)**. 1929. Óleo sobre tela. 59 × 65 cm. Los Angeles County Museum, Los Angeles.

A legenda informa: "Isto não é um cachimbo". De fato, o que você vê na tela não é o objeto *cachimbo*, mas uma representação do objeto, tanto que não é feito de madeira e não se pode usar o cachimbo do quadro para fumar. É nesse sentido que Aristóteles emprega a palavra *mímesis*. Apesar de não ser um cachimbo verdadeiro, você o identifica como um cachimbo porque a representação que se faz dele é semelhante ao real. Em outras palavras, a imagem que Magritte nos apresenta do cachimbo é verossímil.

Até aqui tratamos da **verossimilhança externa**, isto é, da correspondência entre a obra de arte e um referente que está no mundo natural, afirmando que a obra é verossímil quando o objeto que ela representa é semelhante ao que existe no mundo natural.

Há também a **verossimilhança interna**, que diz respeito à articulação entre as partes do texto, à sua estrutura, à sua organização. Recordemos que, quando conceituamos *texto*, mencionamos que ele é um todo de sentido. Isso quer dizer que existe uma solidariedade entre os elementos que formam um texto, que o sentido decorre da articulação entre os elementos que o constituem. Para ser verossímil, não basta que o objeto representado seja semelhante ao que existe no mundo natural, é preciso que o texto esteja articulado de tal forma que o enunciatário possa compreendê-lo, ou seja, um texto que tenha contradições internas as quais sejam inexplicáveis não será verossímil.

A verossimilhança interna está relacionada com a coerência narrativa. Se um texto, no primeiro parágrafo, apresenta a personagem X como homem, ela não pode aparecer no parágrafo seguinte como mulher, a menos que o texto apresente uma explicação verossímil para essa transformação. É o que acontece, por exemplo, em *Grande sertão: veredas*, de Guimarães Rosa (1995a): a personagem Diadorim é apresentada, no início da obra, como homem, no entanto, no final, o leitor descobre que se trata de uma mulher; Diadorim mantinha um segredo, que apenas no final é revelado.

A esta altura, você pode estar se perguntando: As narrativas fantásticas, os contos de fadas e os de ficção científica são inverossímeis? Quanto à verossimilhança interna, evidentemente é necessário analisar caso a caso. Quanto à verossimilhança externa, é preciso observar que a arte cria uma suprarrealidade com suas próprias normas que pode aceitar como verossímeis fatos que, se tomássemos por referência o real, não aceitaríamos como tal. Por outro lado, o conceito de realidade é amplo, abrangendo não somente o mundo natural, mas o mundo criado pela imaginação, de modo que podemos criar textos verossímeis com elementos tirados do mundo da fantasia, como fadas, ogros e duendes. Se há verossimilhança interna (coerência narrativa), aceitamos como verdadeiro que seres humanos voem em tapetes, voltem ao passado ou se transformem em insetos, por exemplo. O conhecimento do gênero nos leva a aceitar como verossímeis narrativas que representam fatos, acontecimentos e personagens que não seriam plausíveis no mundo real. Quando começamos a ler uma fábula, já está em nossa expectativa como leitores que animais falem; assim, aceitamos que o lobo converse com o cordeiro. Em um conto de ficção científica, há um contrato entre autor e leitor, pelo qual este último aceita como lógico que um ser humano viaje para outra galáxia e retorne à Terra. Para refletir melhor sobre essa ideia, leia a seguir um trecho do conto "A terceira expedição", de Ray Bradbury, extraído da obra *Contos fantásticos no labirinto de Borges*.

> A nave desceu do espaço sideral. Vinha das estrelas e das negras velocidades, e dos movimentos cintilantes, dos golfos silenciosos do céu. Era uma nave novíssima, tinha fogo em seu corpo e homens em suas cabines, e movia-se num límpido silêncio, cheio de fogo e calor. Dentro dela estavam 17 homens, incluindo o capitão. A partida do campo de Ohio teve gritos e acenos à luz do sol, enquanto o foguete criava uma enorme flor colorida de chamas e seguia em direção à imensidão espacial para a terceira viagem terráquea a Marte.

Fonte: Bradbury, 2005. p. 163.

Aceitamos narrativas em que naves espaciais venham do espaço sideral e façam viagens tripuladas a Marte e as apreciamos porque sabemos que, por serem uma obra literária, estamos no domínio da ficção, e não do real.

Há um conto bastante conhecido do escritor norte-americano F. Scott Fitzgerald intitulado "O curioso caso de Benjamin Button" (Fitzgerald, 2016), que foi adaptado para o cinema em um filme dirigido por David Fincher, com Brad Pitt no papel principal. Nesse conto, para espanto de médicos e enfermeiras e do próprio pai, Benjamin Button, quando nasce, já é um idoso, parecendo ter 70 anos de idade; à medida que o tempo passa, ele vai rejuvenescendo. Em síntese: para todos nós, o tempo avança e vamos ficando cada vez mais velhos, até chegarmos à morte, mas, para Button, ocorre o inverso, isto é, à medida que o tempo passa, Button vai ficando cada vez mais moço, a ponto de ele parecer uma criança e seu filho, um adulto.

Nosso conhecimento de mundo nos diz que não pode ser real que, à medida que o tempo passa, vamos voltando à infância, nem que uma criança possa ter um filho que é adulto. Contudo, quando lemos o conto (ou assistimos ao filme), aceitamos a história como verossímil porque sabemos que está no nível da ficção e porque percebemos nela uma verossimilhança interna.

Por trás dessa curiosa história, tomamos contato com temas que o autor vai nos apresentando com muito humor, como o do conflito de gerações e o da não aceitação do outro em decorrência da aparência ou da idade. Button tem 20 anos, mas aparência de 50, quando conhece Hildegard, por quem se apaixona e com quem vem a se casar. Entretanto, como ele rejuvenesce e ela envelhece, em determinada época, ele é bastante jovem e ela já uma senhora com certa idade. Button passa, então, a rejeitar a própria esposa por considerá-la velha. No livro, até o próprio protagonista manifesta intolerância em relação a outras pessoas, em decorrência da aparência física e da idade.

Vejamos mais um exemplo. No conto "Bobók", de Fiódor Dostoiévski (2012), a ação se passa em um cemitério. Há várias personagens, todas mortas recentemente e enterradas, que conversam entre si no conto. A genialidade dessa narrativa está justamente no fato de as personagens estarem mortas e, portanto, falarem o que bem entendem, já que a vergonha não atinge os mortos. As personagens representam diversas classes sociais, mas, como estão mortas, as diferenças de classe se anulam e, portanto, todos se igualam; não há entre elas, pois, qualquer regra ou hierarquia que ponha limites na interação, como ocorre no mundo dos vivos.

A verossimilhança não é característica apenas de obras literárias, mas de qualquer forma de narrativa, inclusive as populares, as não verbais e as sincréticas. Assim como nas obras literárias, a verossimilhança de um filme (um texto sincrético), por exemplo, deve levar em conta a coerência narrativa (verossimilhança interna) e o gênero.

No filme *Sonhos* (1990), de Akira Kurosawa, em um dos episódios, um pintor (ou estudante de pintura) está em uma galeria (ou museu) observando vários quadros do artista Vincent van Gogh, ali expostos. Em determinado momento, ao olhar para uma das telas, entra dentro dela e pergunta para algumas mulheres ali retratadas e que estão lavando roupa sob uma ponte onde pode encontrar Van Gogh. As lavadeiras dão a informação a ele, que sai à procura do pintor. Quando se encontram, travam um diálogo enquanto percorrem lugares que podem ser reconhecidos em outras pinturas do artista holandês. O que esse episódio nos propicia é uma bela viagem ao mundo de Van Gogh e às suas obras.

Nosso conhecimento de mundo mostra-nos que não é passível de ser verdade uma pessoa entrar em uma pintura que está exposta em uma galeria, encontrar-se com o autor da tela e estabelecer um diálogo com ele. No entanto, esse episódio do filme (e os demais) é verossímil na medida em que faz parte de uma narrativa onírica. O que o filme narra em seus oito episódios são sonhos, como se depreende do próprio título, e, na linguagem onírica, as imagens revelam a linguagem do inconsciente, razão pela qual é verossímil que se narre que alguém consiga entrar em um quadro, voltar à Holanda do século XIX e conversar com Van Gogh.

1.3
Ficção

Uma das características das narrativas literárias é seu caráter ficcional. Consideramos que o sentido de uma palavra é dado por uma relação, em geral com seu contrário. Por exemplo, o sentido de *cozido* se estabelece por oposição a *cru*; o sentido de *heterossexualidade* se dá por oposição a *homossexualidade*. Assim, o sentido de *ficção* é dado por oposição a *realidade*. Fictício é aquilo que não é real; portanto, trata-se de algo que é construído, voluntária ou involuntariamente, pela imaginação. Os dicionários definem *ficção* como "ato ou efeito de fingir", "criação imaginária"; "simulação", "fingimento", "criação ou invenção de coisas imaginárias".

A ficcionalidade de uma obra pode ser mais ou menos intensa, dependendo da relação que guarda com o mundo natural. Nas fábulas, nos contos maravilhosos e fantásticos e nas narrativas de ficção científica, existe um alto grau de ficcionalidade, já que o afastamento da realidade objetiva é bastante grande. Por outro lado, há obras de ficção que, de uma maneira ou outra, guardam uma relação bem próxima com o real. Nesse caso, o grau de ficcionalidade é menor. Certamente, você já viu algum filme em que consta o aviso "Baseado em fatos reais". Os fatos são reais, mas a construção narrativa que reproduz aqueles fatos é ficcional. O narrador (ou diretor do filme) seleciona alguns fatos para apresentar, omite outros, de modo que a narrativa lembra de certa forma o real (para quem conhece o real, evidentemente), mas não deixa de ser ficcional.

Mesmo quando um conto reconstrói um acontecimento real, há a voz do narrador, que usa estratégias narrativas e discursivas para tornar criativo aquilo que está sendo contado, estimulando a imaginação do leitor. O narrador pode narrar o fato em uma sequência temporal diferente daquela que de fato aconteceu, a fim de, por exemplo, criar efeitos de suspense.

A ficção tem um **caráter contratual**, ou seja, autor e leitor ou diretor e espectador ajustam tacitamente que o que se produz ou o que se vê na tela não é real, mas produto de uma imaginação criadora, isto é, ficção. Em certos livros e filmes, há até mesmo uma advertência para alertar sobre o fato de que o que se verá ou lerá só ocorreu no universo da ficção. Portanto, o horizonte de expectativas de quem lê um conto ou assiste a um filme é o de que se trata de obra ficcional e assim deve ser entendida. A não percepção de que é ficcional pode, eventualmente, acarretar situações esdrúxulas, como aquelas em que certas pessoas, ao encontrarem em público um ator que desempenha o papel de vilão em uma novela de tevê, passam a ofendê-lo por tomarem como real o que só existe no universo da ficção.

É preciso observar, todavia, que, em certas narrativas, o autor intencionalmente procura criar uma ilusão de referente, por meio de um procedimento denominado *iconização*, que consiste em ancorar o texto ficcional em elementos do real, nomeando-se, por exemplo, lugares e coisas. Com isso, passa-se ao leitor a impressão de que aquilo que ele está lendo é real. Mas insistimos: é apenas um efeito de sentido de realidade, uma ilusão de real.

A seguir, leia um trecho do livro *Eles eram muitos cavalos*, de Luiz Ruffato.

> O elástico preto prende os cabelos num rabo de cavalo, caminha devagar pela rua Sérgio Cardoso enfiado numa camiseta preta, estampa do Halloween, calça big cor indefinível, tênis Reebok imundo, uma argola pendendo do lóbulo da orelha direita, na padaria da esquina compra um maço de L&M, um mini-isqueiro Bic. Toma o ônibus até a estação Saúde do metrô, baldeia na Sé para a estação República. Da escada-rolante emerge, o Edifício Itália funda-se nos seus ombros, a fumaça de carros e caminhões tachos de acarajés coxinhas quibes pastéis, vozes atropelam-se, amalgamam-se, aniquilam-se, em bancas de revistas, jornais, livros usados, pulseiras brincos colares gargantilhas anéis, lã em gorros ponches blusas mantas xales, pontos de ônibus lotados, trombadinhas, engraxates, carrinhos de pipoca, doces caseiros, vagabundos, espalhados caídos arrastando-se bêbados mendigos meninos drogados aleijados.

Fonte: Ruffato, 2013, p. 36.

O uso de expressões como "Rua Sérgio Cardoso", "tênis Reebok", "maço de L&M", "mini-isqueiro Bic", "estação Saúde do metrô", "baldeia na Sé", "estação República" e "Edifício Itália" confere ao texto um efeito de sentido de realidade, na medida em que essas expressões estão ancoradas em lugares e coisas reais. Em outras palavras: a iconização cria a ilusão de que o que se narra é real.

Devemos acrescentar, por fim, que o caráter ficcional da narrativa não se restringe à história narrada (aos acontecimentos); ele abrange a narrativa como um todo. Assim, personagens, narrador, tempo e espaço são ficcionais.

1.4
Narratividade

Antes de tratarmos das características do gênero narrativo, ao qual pertence o conto, é importante que você entenda bem o conceito de narratividade.

A narratividade está ligada a **transformações**, ou seja, a **mudanças de estado**; implica, portanto, passagem de um estado a outro. Por exemplo, em um texto em que se fala que alguém estava desempregado e, depois de muito procurar, conseguiu um emprego, temos narratividade na medida em que houve mudança de estado de um sujeito: de desempregado para empregado. Nesse caso, houve uma aquisição, pois a pessoa não tinha algo (o emprego) e conseguiu algo (o emprego). Imaginemos outra situação: uma pessoa tinha um livro e o doou à biblioteca. Há também narratividade porque ocorreu uma mudança de estado: a pessoa tinha algo e passa a não ter esse algo. Nesse caso, em vez de adquirir, ela se viu privada de algo (o livro). Mas note: do ponto de vista de quem trabalha na biblioteca, houve uma aquisição, pois a biblioteca não tinha o livro e passou a tê-lo, isto é, houve também uma transformação, uma mudança de estado em relação à biblioteca.

Desse modo, podemos vislumbrar dois tipos de mudanças de estado: no primeiro, o sujeito não tem algo e passa a ter (aquisição); no segundo, ele tem algo e passa a não ter (privação). Vamos chamar esse algo que se adquire ou se perde de *objeto*. Mas o que são esses objetos com que os sujeitos se relacionam? Podem ser objetos materiais, concretos, como um livro, um carro, um computador, um relógio, um anel ou uma pulseira, ou objetos abstratos, como a saúde, a felicidade, o amor, a alegria, a fé, a esperança, o medo, o sucesso, a ambição, o poder ou o querer. Os objetos materiais podem representar valores abstratos. Por exemplo, uma joia pode representar riqueza; uma roupa, jovialidade, esportividade; um diploma, saber; na história da galinha dos ovos de ouro, os ovos representam a riqueza. É preciso identificar na narrativa o que o objeto representa, já que não há um valor que seja universal para os objetos, isto é, um carro pode representar o valor *trabalho* para um taxista ou o valor *meio de transporte* para quem vai ao trabalho de ônibus; para muitas pessoas em nossa sociedade, o objeto *carro* está investido do valor *status*.

O importante é perceber que os objetos (concretos ou abstratos) têm um valor para os sujeitos que se relacionam com esses objetos. A narrativa mostra a busca de valores que circulam em um espaço sociocultural: prestígio, sucesso, conforto, saúde, amor, justiça, fama, prazer etc. Como a narratividade implica mudança de um estado de conjunção para um de disjunção e vice-versa, temos dois tipos de narrativas: as de **aquisição** (o sujeito adquire um valor) e as de **privação** (o sujeito perde um valor).

É importante ter bem claro que sujeito e objeto são **funções narrativas**, e não pessoas ou coisas. Faça uma analogia com a análise sintática que aprendemos nas aulas de gramática. Sujeito e objeto são funções sintáticas, e elas podem ser representadas por pessoas, animais, coisas, ações, sentimentos, fenômenos etc. É preciso também perceber que, nos textos, há implícitos, ou seja, o enunciador não diz tudo o que precisa dizer, porque conta com a participação do enunciatário para recuperar esses implícitos. Em um enunciado narrativo como "João perdeu o emprego", está implícita a mudança de João do estado de empregado para o estado de desempregado, considerando-se que só se pode perder algo que se tem.

A narratividade é o princípio organizador de todas as formas de discurso, inclusive os não verbais. Isso quer dizer que um filme, uma história em quadrinhos, um desenho animado e até mesmo uma pintura repousam em uma estrutura narrativa. A propósito, observe a tela reproduzida a seguir.

O conto: gênero narrativo

Figura 1.2 – *Três de maio de 1808 (Os fuzilamentos de três de maio)*, de Francisco de Goya

GOYA, F. de. **Três de maio de 1808 (Os fuzilamentos de três de maio).** 1814. Óleo sobre tela. 268 × 347 cm. Museu do Padro, Madri.

Não é nosso objetivo neste livro, que trata do conto, fazer uma análise exaustiva de textos não verbais. Apresentamos essa tela apenas a título de ilustração e para que você compreenda que a narratividade não é exclusividade de textos verbais.

Nessa tela, o artista narra um fato: o fuzilamento de espanhóis pelas tropas napoleônicas, ocorrido em 3 de maio de 1808, nos arredores de Madri. No nível mais profundo, o artista trabalha com a oposição /morte v. vida/. No nível narrativo, o quadro nos mostra transformações de sujeitos por atuação de outros sujeitos. Observe que há espanhóis mortos, portanto sujeitos que sofreram mudanças de estado (da vida para a morte) e sujeitos que ainda vão passar por essa transformação (estão vivos, mas em seguida estarão disjuntos do valor *vida*).

Em um nível mais concreto, o artista instala no texto personagens, que podem ser divididos em protagonistas (os espanhóis) e antagonistas (os franceses). Enquanto os protagonistas são vistos em seu desespero, os antagonistas são retratados em sua frieza. Note que sequer vemos seus rostos. Entre os protagonistas, um se destaca – a luz da lanterna incide sobre ele, que mantém os braços abertos, formando uma cruz.

As mudanças de estado (passagem da vida para a morte) instalam no quadro uma temporalidade, cujo marco é o **agora** (presente). Há um **antes** (passado recente), representado por alguns espanhóis já mortos e que estão empilhados e desfigurados, e um **depois** (futuro próximo), representado por outros que aguardam desesperados o momento de serem fuzilados. Isso tudo ocorre em uma noite escura, sem estrelas, em um espaço localizado junto a um monte próximo a Madri.

Leia a seguir o início do texto "Anúncio de João Alves", de Carlos Drummond de Andrade.

À procura de uma besta

A partir de 6 de outubro do ano cadente, sumiu-me uma besta vermelho-escura com os seguintes característicos: calçada e ferrada de todos os membros locomotores, um pequeno quisto na base da orelha direita e crina dividida em duas seções em consequência de um golpe, cuja extensão pode alcançar de 4 a 6 centímetros, produzido por jumento.

Essa besta, muito domiciliada nas cercanias deste comércio, é muito mansa e boa de sela, e tudo me induz ao cálculo de que foi roubada, assim que hão sido falhas todas as indagações.

O conto: gênero narrativo

> Quem, pois, apreendê-la em qualquer parte e a fizer entregue aqui ou pelo menos notícia exata ministrar, será razoavelmente remunerado.
> Itambé do Mato Dentro, 19 de novembro de 1899.
>
> (a) João Alves Júnior
>
> Fonte: Andrade, 1973, p. 954-955.

Com a leitura desse texto, ficamos sabendo do seguinte fato: João Alves possuía uma besta, que agora está sumida; ele, então, coloca um anúncio em um jornal com uma minuciosa descrição do animal a fim de tentar recuperá-lo.

Quanto ao gênero, não há qualquer dúvida. Trata-se de um anúncio, como já se depreende do título. O estilo difere bastante do observado nos anúncios atuais. Nem poderia ser diferente, pois se trata de um anúncio publicado no final do século XIX. Lembre-se de que os gêneros são manifestações **relativamente** estáveis de enunciados.

Como você já deve ter percebido, há narratividade nesse texto, uma vez que houve mudança de estado do sujeito João Alves, que passa de um estado de conjunção com o objeto *besta* para um estado de disjunção; portanto, houve privação. Os valores investidos no objeto *besta* são "mansa" e "boa de sela"; logo, trata-se de um objeto-valor, o que leva João Alves a supor que tenha sido roubada e a tentar reavê-la, prometendo recompensa.

Os objetos-valor circulam em um determinado espaço sociocultural. Isso significa que, quando um sujeito se vê privado de um objeto investido de valor, outro sujeito entra em conjunção com esse objeto. João Alves estava em conjunção com a besta e passou a um estado de disjunção. O provável ladrão, que estava em disjunção com a besta, passou a estar em conjunção. Isso mostra que o objeto-valor circulou, passou de um para o outro. Há uma classe de objetos-valor que, mesmo transferidos a outrem, não deixam o sujeito no estado de privação. Trata-se de objetos-valor ligados ao saber. Um professor que ensina algo a seus alunos transferiu um saber, mas não ficou privado dele.

Vamos avançar mais um pouco em nossa análise. Os textos, que são unidades de sentido, estabelecem comunicação entre sujeitos. Um enunciador estabelece uma relação comunicativa e persuasiva com um enunciatário, ou seja, o enunciador não quer apenas comunicar algo, quer também que o enunciatário aceite seu texto como verdadeiro ou útil.

O enunciador exerce, pois, dois fazeres: um **fazer comunicativo** e um **fazer persuasivo**, que correspondem, do ponto de vista do enunciatário, a um **fazer receptivo** e a um **fazer interpretativo**, respectivamente.

Em "À procura de uma besta", um enunciador delega a palavra a João Alves, que se dirige ao universo de possíveis leitores do anúncio por ele escrito.

Essas ideias estão representadas no esquema da Figura 1.3.

Figura 1.3 – Relação entre enunciador e enunciatário

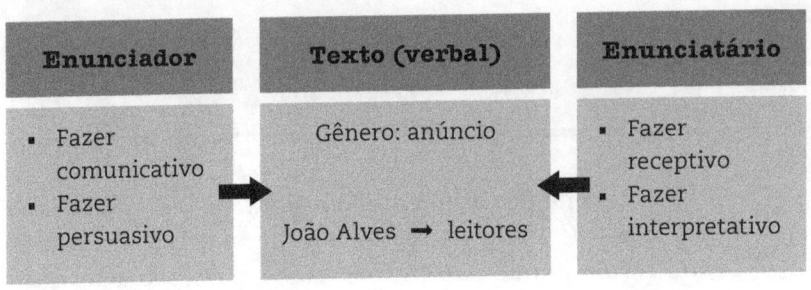

Enunciador	Texto (verbal)	Enunciatário
- Fazer comunicativo - Fazer persuasivo	Gênero: anúncio João Alves → leitores	- Fazer receptivo - Fazer interpretativo

Enunciador e enunciatário não são sujeitos do texto, mas da relação comunicativa, a qual se efetiva por meio do texto. Oportunamente, veremos os elementos do texto, mas é importante que por ora você considere o seguinte: no texto é possível identificar um *eu* que está falando ("sumiu-me uma besta"). Chamamos esse *eu* que fala no texto de *narrador*. Observe que o narrador é um elemento do texto e o enunciador é um elemento da comunicação. O Capítulo 5 deste livro é dedicado exclusivamente ao estudo do narrador.

Vamos agora analisar a narratividade no texto apresentado a seguir, um convite de casamento, que não é propriamente uma narração.

> Lucy Ferreira Antunes
> Ivan Carlos Antunes
>
> Lúcia Cardoso
> Alexandre Cardoso
>
> convidam para o casamento de seus filhos
>
> *Luana e Valmir*
>
> a realizar-se no dia dez de outubro de dois mil e dezoito, às dezenove horas, na Igreja Matriz.
>
> Rua Casa Nova, 107
> Remanso – BA
>
> Rua São Francisco, 13
> Pilão Arcado – BA

Um convite de casamento apresenta narratividade uma vez que revela mudança de estado de sujeitos. Os noivos, Luana e Valmir, que não eram casados, passarão a ser casados. Na medida em que há transformação de sujeitos, há narratividade.

1.5
Elementos do gênero narrativo

Esclarecidos os conceitos de gênero e de narratividade, trataremos dos elementos constituintes do gênero narrativo, porque o conto, objeto de estudo deste livro, assim como o romance e a novela, é um gênero narrativo.

Observemos inicialmente que a narratividade é o princípio organizador do discurso, seja ele qual for. Isso quer dizer que os textos, inclusive os não verbais e os sincréticos, repousam em uma estrutura narrativa, transformada em discurso, em que aparecem elementos como personagens, ação, narrador, tempo e espaço. Vejamos, de maneira bem simples e objetiva, cada um desses elementos, devendo-se ressaltar que eles serão examinados em separado em outros capítulos deste livro.

1.5.1 Narrador

O elemento do texto que exerce a função de narrar é o narrador, o qual pode ser ou não uma personagem do texto, principal ou de outra categoria. Quando é personagem da história, o texto apresenta as marcas linguísticas do narrador e temos uma **narração em primeira pessoa**. Quando não participa como personagem da história que narra, temos uma **narração em terceira pessoa**, com o apagamento no texto das marcas linguísticas do narrador. Nesse caso, é como se a história narrasse a si própria.

A seguir, leia o primeiro parágrafo do conto "A nova Califórnia", de Lima Barreto.

> Ninguém sabia donde viera aquele homem. O agente do correio pudera apenas informar que acudia ao nome de Raimundo Flamel, pois assim era subscrita a correspondência que recebia. E era grande. Quase diariamente, o carteiro lá ia a um dos extremos da cidade, onde morava o desconhecido, sopesando um maço alentado de cartas vindas do mundo inteiro, grossas revistas em línguas arrevesadas, livros, pacotes...

Fonte: Barreto, 2017.

Esse trecho conta algo: a chegada de um homem estranho e desconhecido a uma cidade. Se algo é contado, está pressuposto que alguém contou. Esse alguém que conta os acontecimentos é o narrador. Lembremos que o narrador é um elemento do texto. No entanto, não conseguimos encontrar no texto nada que permita identificar o narrador de "A nova Califórnia". Nesse caso, temos narração em terceira pessoa.

Leia agora o primeiro parágrafo do conto "Passeio noturno", de Rubem Fonseca.

> Cheguei em casa carregando a pasta cheia de papéis, relatórios, estudos, pesquisas, propostas, contratos. Minha mulher, jogando paciência na cama, um copo de uísque na mesa de cabeceira, disse, sem tirar os olhos das cartas, você está com um ar cansado. Os sons da casa: minha filha no quarto dela treinando impostação de voz, a música quadrifônica do quarto do meu filho. Você não vai largar essa mala?, perguntou minha mulher, tira essa roupa, bebe um uisquinho, você precisa aprender a relaxar.

Fonte: Fonseca, 2001, p. 283.

Esse parágrafo conta a chegada do marido em casa depois de um dia de trabalho, situação em que a mulher, vendo-o tenso, propõe que ele relaxe. Se o trecho conta algo, há alguém que o conta, o narrador. Ao contrário do que ocorre em "A nova Califórnia", podemos ver as marcas linguísticas deixadas por esse narrador no texto, que são as formas verbais e pronominais de primeira pessoa: (*eu*) "Cheguei em casa", "Minha mulher", "minha filha", "meu filho". Portanto, temos um narrador em primeira pessoa. Nesse caso, ele é também personagem da história. Veja que há um sincretismo de funções em uma mesma personagem, pois ela exerce duas funções narrativas, a de narrador e a de personagem daquilo que narra.

Se há essas duas formas de narrar, em primeira e terceira pessoa, por que se opta por uma e não por outra? Isso está ligado ao efeito de sentido que se pretende alcançar. Em uma narração em terceira pessoa, o efeito de sentido é o de **objetividade**, na medida em que há um afastamento do narrador em relação àquilo que narra. Quando se opta por uma narração em primeira pessoa, o efeito de sentido é o de **subjetividade**.

Devemos considerar ainda que o narrador está presente em todos os textos narrativos, inclusive nos textos não verbais e sincréticos. Logo, há narrador também em histórias em quadrinhos, filmes, novelas etc. Habitue-se a identificá-lo.

1.5.2 Personagem

Como mencionamos, narratividade implica transformações, mudanças de estado de um sujeito que está em busca de valores, que podem ser coisas concretas, como um castelo, ou abstratas, como a justiça; além disso, o sujeito pode estar em conjunção ou em disjunção com tais valores. Esse sujeito é representado por uma personagem, ou seja, a personagem é a concretização de um sujeito narrativo, que toma corpo. Portanto, a personagem recebe uma identificação, tem características físicas e psicológicas, pode falar, enfim, ela representa (*mímesis*) um comportamento humano, mesmo que às vezes possa ser identificada como animal ou coisa, como no célebre conto machadiano em que as personagens são a agulha e a linha.

Um conto é sempre a história de uma personagem. Como a matéria do conto é sempre humana, ele sempre vai contar a história de **sujeitos antropomorfizados**, isto é, que têm características humanas. Lembre-se de que nas fábulas as personagens são animais apenas na aparência. As personagens podem ser identificadas por um nome, como Raimundo Flamel, ou por elementos como sua profissão, seu trabalho ou sua classe social, por exemplo, o porteiro, o padre, o operário, o patrão. Quanto à função, podemos ter a personagem principal, também chamada de *protagonista*, a personagem que se opõe ao protagonista, chamada de *antagonista*, e personagens secundárias. De todo modo, não devemos esquecer que a personagem é um ser ficcional.

1.5.3 Ação

Se há mudança de estado, há ação, ou seja, um fazer, uma **transformação**. Nas narrativas, há passagens de estados de conjunção (a personagem tem algo) para estados de disjunção (a personagem se vê privada de algo que possuía) e vice-versa. Isso dá dinamicidade à narrativa. Portanto, ela se caracteriza por ações de sujeitos cujos estados se transformam em percursos em que se buscam valores. Ocorre que, na busca de valores, o sujeito normalmente encontra obstáculos para alcançá-los, já que um outro sujeito se opõe a esse intento. Por isso, a ação se centra em um conflito.

Quando usamos a palavra *sujeito*, estamos nos referindo a uma função narrativa, que, em um outro nível, é assumida por uma personagem. Façamos uma analogia com a análise sintática: sujeito e objeto são funções sintáticas; pertencem, portanto, à estrutura da frase. Essas funções podem ser exercidas por "personagens" diversas, como exemplificado no Quadro 1.4.

Quadro 1.4 – Estrutura da frase em português

Sujeito (S)	Verbo (V)	Objeto (O)
O lobo	matou	o cordeiro
João Alves	perdeu	a besta
Um desconhecido	roubou	o animal
Cinderela	calçou	os sapatos
Raimundo Flamel	fazia	experiências

Observe que, a partir de uma estrutura, podemos criar infinitas frases. O mesmo ocorre com as narrativas. A partir de transformações de sujeitos, podemos criar infinitas narrativas.

1.5.4 Tempo

As narrativas se desenvolvem em um determinado período de tempo. Há aquelas que cobrem cem anos de história, como *Cem anos de solidão*, de Gabriel García Márquez; outras, oitenta dias, como *A volta ao mundo em oitenta dias*, de Júlio Verne; outras ainda, apenas um dia, como *Ulisses*, de James Joyce, e *Mrs. Dalloway*, de Virginia Woolf. Esse é o **tempo de duração dos acontecimentos**, que é variável. Mas há outro tempo – as narrativas situam o acontecimento narrado em um tempo que pode ser **passado**, **presente** ou **futuro**.

O tempo daquilo que é narrado nem sempre é exposto cronologicamente, do passado para o futuro, pois podem ocorrer anacronias, isto é, rupturas na ordem cronológica dos fatos narrados, já que o narrador pode voltar ao passado (*flashback*) para esclarecer algum ponto da história que julgue importante; pode também avançar no tempo e contar algo que ainda vai suceder. Por outro lado, há acontecimentos que ocorrem simultaneamente, mas, como a língua se caracteriza pela linearidade (um fonema após outro fonema, uma palavra após outra palavra), o narrador é obrigado a contá-los como se ocorressem um após o outro.

1.5.5 Espaço

As narrativas também se desenvolvem em um determinado espaço, um **lugar físico** – uma cidade, uma sala, um quarto, uma escola etc. Mas, ao contrário do tempo, o espaço nem sempre está explicitado na narrativa. Em outros casos, o espaço assume papel relevante na história narrada. O conto "A nova Califórnia" é um exemplo disso, como você já pode notar pelo título. O nome *Califórnia* refere-se ao estado norte-americano no qual houve a célebre corrida do ouro na metade do século XIX e que atraiu milhares de pessoas em busca da riqueza que esse metal poderia proporcionar. O adjetivo *nova* indica que o narrado guarda semelhanças com o ocorrido no passado na Califórnia.

Encerrando a seção que destinamos para tratar dos elementos do gênero narrativo, chamamos sua atenção para o fato de que deve haver na narrativa uma articulação entre esses elementos: as ações, que se desenrolam no tempo e são contadas por um narrador, referem-se a personagens que circulam em determinado espaço. Como mencionamos anteriormente, todos os elementos constitutivos da narrativa serão abordados em profundidade em capítulos específicos deste livro.

• • • • • •

Agora, considerando os conceitos examinados até este ponto, como síntese, podemos apresentar uma **definição de conto**:

Trata-se de um gênero narrativo de curta extensão, que apresenta **narratividade**, isto é, transformações, mudanças de estado. No plano da expressão, apresenta linguagem verbal: oral, nos contos populares; escrita, nos contos literários. Por ser um gênero narrativo, apresenta os elementos desse gênero: narrador, ação, personagem(ns), tempo e espaço (que pode não estar explicitado).

Esses elementos constitutivos do conto servem como modelo de **previsibilidade**, facilitando-lhe a análise. Portanto, ao analisar um conto, siga esse modelo. Procure identificar o narrador, se pertence ou não à história, a(s) personagem(ns) e as transformações que sofre(m), o tempo e, se estiver explicitado, o espaço. Lembre-se de que a história narrada em um conto encobre um ou vários temas, ou seja, o conto fala de algo abstrato: morte, vida, amor, desejo, vingança, ódio, paixão, justiça etc. É fundamental que você reconheça esse(s) tema(s).

Conto comentado

O conto que você vai ler foi escrito por Franz Kafka (1883-1924), um escritor checo, de origem judia, que escrevia em alemão. É considerado um dos mais importantes escritores da literatura ocidental. Suas obras revelam o insólito, o absurdo da condição humana, mostrando, em uma atmosfera de pesadelo, o homem em pleno conflito com os valores sociais. Entre suas obras mais conhecidas estão A *metamorfose*, *O processo* e *O castelo*.

Aqui vamos analisar o conto intitulado "Diante da lei", que integra a obra *Um médico rural*.

Diante da lei

Diante da lei está um porteiro. Um homem do campo chega a esse porteiro e pede para entrar na lei. Mas o porteiro diz que agora não pode permitir-lhe a entrada. O homem do campo reflete e depois pergunta se então não pode entrar mais tarde.

— É possível — diz o porteiro — mas agora não.

Uma vez que a porta da lei continua como sempre aberta e o porteiro se põe de lado o homem se inclina para olhar o interior através da porta. Quando nota isso o porteiro ri e diz:

— Se o atrai tanto, tente entrar apesar da minha proibição. Mas veja bem: eu sou poderoso. E sou apenas o último dos porteiros. De sala para sala porém existem porteiros cada um mais poderoso que o outro. Nem mesmo eu posso suportar a simples visão do terceiro.

O homem do campo não esperava tais dificuldades: a lei deve ser acessível a todos e a qualquer hora, pensa ele; agora, no entanto, ao examinar mais de perto o porteiro, com o seu casaco de pele, o grande nariz pontudo, a longa barba tártara, rala e preta, ele decide que é melhor aguardar até receber a permissão de entrada. O porteiro lhe dá um banquinho e deixa-o sentar-se ao lado da porta. Ali fica sentado dias e anos. Ele faz muitas tentativas para ser admitido e cansa o porteiro com os seus pedidos. Às vezes o porteiro submete o homem a pequenos interrogatórios, pergunta-lhe a respeito da sua terra natal e de muitas outras coisas, mas são perguntas indiferentes, como as que os grandes senhores fazem, e para concluir repete-lhe sempre que ainda não pode deixá-lo entrar. O homem, que havia se equipado com muitas coisas para a viagem, emprega tudo, por mais valioso que seja, para subornar o porteiro. Com efeito, este aceita tudo, mas sempre dizendo:

— Eu só aceito para você não julgar que deixou de fazer alguma coisa.

Durante todos esses anos o homem observa o porteiro quase sem interrupção. Esquece os outros porteiros e este primeiro parece-lhe o único obstáculo para a entrada na lei. Nos primeiros anos amaldiçoa em voz alta e desconsiderada o acaso infeliz; mais tarde, quando envelhece, apenas resmunga consigo mesmo. Torna-se infantil e uma vez que, por estudar o porteiro anos a fio, ficou conhecendo até as pulgas da sua gola de pele, pede a estas que o ajudem a fazê-lo mudar de opinião. Finalmente sua vista enfraquece e ele não sabe se de fato está ficando mais escuro em torno ou se apenas os olhos o enganam. Não obstante reconhece agora no escuro um brilho que irrompe inextinguível da porta da lei. Mas já não tem mais muito tempo de vida. Antes de morrer, todas as experiências daquele tempo convergem na sua cabeça para uma pergunta que até então não havia feito ao porteiro. Faz-lhe um aceno para que se aproxime, pois não pode mais endireitar o corpo enrijecido. O porteiro precisa curvar-se profundamente até ele, já que a diferença de altura mudou muito em detrimento do homem:

— O que é que você ainda quer saber? — pergunta o porteiro. — Você é insaciável.

— Todos aspiram à lei — diz o homem. — Como se explica que em tantos anos ninguém além de mim pediu para entrar?

> O porteiro percebe que o homem já está no fim e para ainda alcançar sua audição em declínio ele berra:
> — Aqui ninguém mais podia ser admitido, pois esta entrada estava destinada só a você. Agora eu vou embora e fecho-a.
>
> Fonte: Kafka, 1999, p. 27-29.

Quanto ao gênero, não paira nenhuma dúvida. Temos aí um conto, cujo sentido é manifestado no plano da expressão por meio de linguagem verbal. Observe que se trata de uma narração de curta extensão, muito menor que um romance ou uma novela, materializada em um texto, ou seja, há um sentido decorrente de sua organização interna, o que torna a narrativa verossímil, mesmo que, em uma primeira leitura, possamos achá-la absurda. Por ser uma narrativa, o texto apresenta narrador, personagem, ação, tempo e espaço. Vejamos cada um desses elementos em separado.

Narrador

Não é possível encontrar no texto nenhuma marca linguística que identifique o narrador (pronomes e verbos na primeira pessoa); portanto, temos uma narração em terceira pessoa, o que produz um efeito de sentido de objetividade. É como se os fatos fossem narrados por si mesmos, provocando um afastamento daquele que diz em relação àquilo que diz. Embora não consigamos enxergar no texto as marcas linguísticas do narrador, ele é um elemento do texto.

Personagens

No conto, as personagens não são identificadas por um nome próprio, mas por sua função, seu trabalho ou sua origem: o porteiro, o homem do campo. Isso cria um efeito de sentido diferente daquele que resulta quando as personagens são identificadas por um nome próprio, na medida em que o papel social se sobrepõe ao individual. As denominações "o homem do campo" e "o porteiro" referem-se não a um determinado homem do campo ou a um determinado porteiro, mas a homens do campo e a porteiros da lei em geral, ou seja, não se trata de uma narrativa centrada em conflitos de ordem subjetiva, mas em conflitos decorrentes da relação de um *eu* com a realidade objetiva que vive. Esse conflito deriva de uma oposição entre duas personagens, que representam valores diferentes, pois, enquanto uma busca determinado valor, outra a impede de alcançá-lo. Quanto à função, o homem do campo é o protagonista, e o porteiro, o antagonista.

Costuma-se pensar a oposição /protagonista v. antagonista/ como correspondente à oposição /bem v. mal/. Embora isso seja frequente em muitas narrativas, protagonista e antagonista nem sempre correspondem ao bem e ao mal, pois se trata de funções narrativas. Protagonista é aquela personagem da narrativa cujos passos são seguidos pelo narrador, mesmo que possa encarnar o mal.

Ação

Há mudanças de estado, portanto narratividade. Quanto à personagem *homem do campo*, em um primeiro momento, ele está fora da lei e tem por objetivo entrar na lei, passar de um estado de disjunção (sem a lei) para um estado de conjunção com um objeto-valor (a lei). Em outros termos, trata-se de uma narrativa de aquisição de valores. Como você deve ter notado, todas as ações para entrar na lei são infrutíferas, porque há sempre alguém (o porteiro) a impedir que a mudança de estado (a aquisição) se concretize.

Tempo

Como mencionamos, a narrativa apresenta dois tempos distintos: o tempo em que ocorrem os fatos (passado, presente ou futuro) e o tempo de duração dos acontecimentos, o tempo da matéria narrada, que é variável. O tempo em que se deram os acontecimentos é identificado por marcas linguísticas presentes no texto, sobretudo pelo sistema verbal, que situa o discurso no passado, no presente ou no futuro. No conto, os verbos indicam que a história narrada ocorre no momento em que se narra, o presente, como mostram as formas dos verbos: "está", "vem", "pede", "diz", "pode", "considera" etc.

O tempo de duração dos acontecimentos também é dado por marcas linguísticas. Embora não haja uma indicação precisa do tempo que durou a história, é possível saber que ela teve duração longa, como apontam as expressões que indicam passagem do tempo: "Ali fica, dias e anos", "durante anos seguidos". Observe que esses anos seguidos vão avançando até aproximar-se o momento da morte do homem do campo. Os acontecimentos são expostos em ordem cronológica.

Espaço

A indicação de espaço restringe-se à informação de que os fatos se passam diante de uma porta (porta da lei). Supõe-se, então, que os fatos ocorram diante de um local que guarda a lei, ou em que se zela pela lei, como um tribunal ou uma corte de justiça. O espaço do conto é descontínuo, na medida em que há uma porta que separa a lei do que está fora dela. A deslocação espacial pretendida pelo homem do campo consiste na passagem do espaço sem lei para o espaço com lei. Em "Diante da lei", privilegia-se o espaço social.

Tema

Os textos tratam de temas, que são conceitos, ideias, expressos, portanto, por palavras abstratas, como *justiça*, *liberdade*, *coragem*, *inveja*, *solidão*. Os textos podem abranger mais de um tema. Em textos literários, os temas costumam vir "escondidos", isto é, normalmente vêm revestidos por palavras concretas (no conto lido, "lei", "porteiro", "homem do campo", "porta", "banquinho", "interrogatórios"). Assim, *pássaro*, palavra concreta, em determinado conto pode fazer referência ao tema *liberdade*, assim como a palavra concreta *ilha* pode estar "escondendo" o tema solidão ou isolamento. Igualmente, lei pode remeter à ideia de justiça, e porteiro, à de dificuldade; banquinho pode expressar o conceito de espera, e interrogatório, o de intimidação. É preciso observar que a relação entre palavra concreta e tema varia de texto para texto. Se você analisar os célebres quadros em que Van Gogh pintou girassóis, verá que alguns recobrem o tema da vida; outros, o da morte. No conto "Diante da lei", podem ser observados os temas da liberdade, da justiça, da burocracia, do absurdo, da inacessibilidade, do direito, entre outros.

Por último, devemos lembrar que os textos literários comportam várias leituras, mas não qualquer leitura. O sentido deles é construído pelo leitor com base em seus conhecimentos prévios. Assim, leitores diferentes construirão sentidos diferentes para um mesmo texto.

Sugestões de atividades

Neste capítulo, refletimos sobre o conto "A nova Califórnia", de Lima Barreto. A seguir, reproduzimos esse texto integralmente. Leia o conto para poder responder às questões propostas.

A nova Califórnia

I

Ninguém sabia donde viera aquele homem. O agente do Correio pudera apenas informar que acudia ao nome de Raimundo Flamel, pois assim era subscrita a correspondência que recebia. E era grande. Quase diariamente, o carteiro lá ia a um dos extremos da cidade, onde morava o desconhecido, sopesando um maço alentado de cartas vindas do mundo inteiro, grossas revistas em línguas arrevesadas, livros, pacotes...

Quando Fabrício, o pedreiro, voltou de um serviço em casa do novo habitante, todos na venda perguntaram-lhe que trabalho lhe tinha sido determinado.

— Vou fazer um forno, disse o preto, na sala de jantar.

Imaginem o espanto da pequena cidade de Tubiacanga, ao saber de tão extravagante construção: um forno na sala de jantar! E, pelos dias seguintes, Fabrício pôde contar que vira balões de vidros, facas sem corte, copos como os da farmácia — um rol de coisas esquisitas a se mostrarem pelas mesas e prateleiras como utensílios de uma bateria de cozinha em que o próprio diabo cozinhasse.

O alarme se fez na vila. Para uns, os mais adiantados, era um fabricante de moeda falsa; para outros, os crentes e simples, um tipo que tinha parte com o tinhoso.

Chico da Tirana, o carreiro, quando passava em frente da casa do homem misterioso, ao lado do carro a chiar, e olhava a chaminé da sala de jantar a fumegar, não deixava de persignar-se e rezar um "credo" em voz baixa; e, não fora a intervenção do farmacêutico, o subdelegado teria ido dar um cerco à casa daquele indivíduo suspeito, que inquietava a imaginação de toda uma população.

Tomando em consideração as informações de Fabrício, o boticário Bastos concluíra que o desconhecido devia ser um sábio, um grande químico, refugiado ali para mais sossegadamente levar avante os seus trabalhos científicos.

Homem formado e respeitado na cidade, vereador, médico também, porque o doutor Jerônimo não gostava de receitar e se fizera sócio da farmácia para mais em paz viver, a opinião de Bastos levou tranquilidade a todas as consciências e fez com que a população cercasse de uma silenciosa admiração a pessoa do grande químico, que viera habitar a cidade.

De tarde, se o viam a passear pela margem do Tubiacanga, sentando-se aqui e ali, olhando perdidamente as águas claras do riacho, cismando diante da penetrante melancolia do crepúsculo, todos se descobriam e não era raro que às "boas noites" acrescentassem "doutor". E tocava muito o coração daquela gente a profunda simpatia com que ele tratava as crianças, a maneira pela qual as contemplava, parecendo apiedar-se de que elas tivessem nascido para sofrer e morrer.

Na verdade, era de ver-se, sob a doçura suave da tarde, a bondade de Messias com que ele afagava aquelas crianças pretas, tão lisas de pele e tão tristes de modos, mergulhadas no seu cativeiro moral, e também as brancas, de pele baça, gretada e áspera, vivendo amparadas na necessária caquexia dos trópicos.

Por vezes, vinha-lhe vontade de pensar qual a razão de ter Bernardin de Saint-Pierre gasto toda a sua ternura com Paulo e Virgínia e esquecer-se dos escravos que os cercavam...

Em poucos dias a admiração pelo sábio era quase geral, e não o era unicamente porque havia alguém que não tinha em grande conta os méritos do novo habitante.

Capitão Pelino, mestre-escola e redator da Gazeta de Tubiacanga, órgão local e filiado ao partido situacionista, embirrava com o sábio. "Vocês hão de ver, dizia ele, quem é esse tipo... Um caloteiro, um aventureiro ou talvez um ladrão fugido do Rio."

A sua opinião em nada se baseava, ou antes, baseava-se no seu oculto despeito vendo na terra um rival para a fama de sábio de que gozava. Não que Pelino fosse químico, longe disso; mas era sábio, era gramático. Ninguém escrevia em Tubiacanga que não levasse bordoada do Capitão Pelino, e mesmo quando se falava em algum homem notável lá no Rio, ele não deixava de dizer: "Não há dúvida! O homem tem talento, mas escreve: 'um outro', 'de resto'..." E contraía os lábios como se tivesse engolido alguma cousa amarga.

Toda a vila de Tubiacanga acostumou-se a respeitar o solene Pelino, que corrigia e emendava as maiores glórias nacionais. Um sábio...

Ao entardecer, depois de ler um pouco o Sotero, o Cândido de Figueiredo ou o Castro Lopes, e de ter passado mais uma vez a tintura nos cabelos, o velho mestre-escola saía vagarosamente de casa, muito abotoado no seu paletó de brim mineiro, e encaminhava-se para a botica do Bastos a dar dous dedos de prosa. Conversar é um modo de dizer, porque era Pelino avaro de palavras, limitando-se tão somente a ouvir. Quando, porém, dos lábios de alguém escapava a menor incorreção de linguagem, intervinha e emendava. "Eu asseguro, dizia o agente do Correio, que..." Por aí, o mestre-escola intervinha com mansuetude evangélica: "Não diga 'asseguro' Senhor Bernardes; em português é garanto."

E a conversa continuava depois da emenda, para ser de novo interrompida por uma outra. Por essas e outras, houve muitos palestradores que se afastaram, mas Pelino, indiferente, seguro dos seus deveres, continuava o seu apostolado de vernaculismo. A chegada do sábio veio distraí-lo um pouco da sua missão. Todo o seu esforço voltava-se agora para combater aquele rival, que surgia tão inopinadamente.

Foram vãs as suas palavras e a sua eloquência: não só Raimundo Flamel pagava em dia as suas contas, como era generoso — pai da pobreza — e o farmacêutico vira numa revista de específicos seu nome citado como químico de valor.

II

Havia já anos que o químico vivia em Tubiacanga, quando, uma bela manhã, Bastos o viu entrar pela botica adentro. O prazer do farmacêutico foi imenso. O sábio não se dignara até aí visitar fosse quem fosse e, certo dia, quando o sacristão Orestes ousou penetrar em sua casa, pedindo-lhe uma esmola para a futura festa de Nossa Senhora da Conceição, foi com visível enfado que ele o recebeu e atendeu.

Vendo-o, Bastos saiu de detrás do balcão, correu a recebê-lo com a mais perfeita demonstração de quem sabia com quem tratava e foi quase em uma exclamação que disse:

— Doutor, seja bem-vindo.

O sábio pareceu não se surpreender nem com a demonstração de respeito do farmacêutico, nem com o tratamento universitário. Docemente, olhou um instante a armação cheia de medicamentos e respondeu:

— Desejava falar-lhe em particular, Senhor Bastos.

O espanto do farmacêutico foi grande. Em que poderia ele ser útil ao homem, cujo nome corria mundo e de quem os jornais falavam com tão acendrado respeito? Seria dinheiro? Talvez... Um atraso no pagamento das rendas, quem sabe? E foi conduzindo o químico para o interior da casa, sob o olhar espantado do aprendiz que, por um momento, deixou a "mão" descansar no gral, onde macerava uma tisana qualquer.

Por fim, achou ao fundo, bem no fundo, o quartinho que lhe servia para exames médicos mais detidos ou para as pequenas operações, porque Bastos também operava. Sentaram-se e Flamel não tardou a expor:

— Como o senhor deve saber, dedico-me à química, tenho mesmo um nome respeitado no mundo sábio...

— Sei perfeitamente, doutor, mesmo tenho disso informado, aqui, aos meus amigos.

— Obrigado. Pois bem: fiz uma grande descoberta, extraordinária...

Envergonhado com o seu entusiasmo, o sábio fez uma pausa e depois continuou:

— Uma descoberta... Mas não me convém, por ora, comunicar ao mundo sábio, compreende?

— Perfeitamente.

— Por isso precisava de três pessoas conceituadas que fossem testemunhas de uma experiência dela e me dessem um atestado em forma, para resguardar a prioridade da minha invenção... O senhor sabe: há acontecimentos imprevistos e...

— Certamente! Não há dúvida!

— Imagine o senhor que se trata de fazer ouro...

— Como? O quê? — fez Bastos, arregalando os olhos.

— Sim! Ouro! — disse, com firmeza, Flamel.

— Como?

— O senhor saberá, disse o químico secamente. A questão do momento são as pessoas que devem assistir à experiência, não acha?

— Com certeza, é preciso que os seus direitos fiquem resguardados, porquanto...

— Uma delas, interrompeu o sábio, é o senhor; as outras duas, o Senhor Bastos fará o favor de indicar-me.

O boticário esteve um instante a pensar, passando em revista os seus conhecimentos e, ao fim de uns três minutos, perguntou:

— O Coronel Bentes lhe serve? Conhece?

— Não. O senhor sabe que não me dou com ninguém aqui.

— Posso garantir-lhe que é homem sério, rico e muito discreto.

— E religioso? Faço-lhe esta pergunta, acrescentou Flamel logo, porque temos que lidar com ossos de defunto e só estes servem...
— Qual! É quase ateu...
— Bem! Aceito. E o outro?
Bastos voltou a pensar e dessa vez demorou-se um pouco mais consultando a sua memória... Por fim, falou:
— Será o Tenente Carvalhais, o coletor, conhece?
— Como já lhe disse...
— É verdade. É homem de confiança, sério, mas...
— Que é que tem?
— E maçom.
— Melhor.
— E quando é?
— Domingo. Domingo, os três irão lá em casa assistir à experiência e espero que não me recusarão as suas firmas para autenticar a minha descoberta.
— Está tratado.
Domingo, conforme prometeram, as três pessoas respeitáveis de Tubiacanga foram à casa de Flamel, e, dias depois, misteriosamente, ele desaparecia sem deixar vestígios ou explicação para o seu desaparecimento.

III

Tubiacanga era uma pequena cidade de três ou quatro mil habitantes, muito pacífica, em cuja estação, de onde em onde, os expressos davam a honra de parar. Há cinco anos não se registrava nela um furto ou roubo. As portas e janelas só eram usadas... porque o Rio as usava.
O único crime notado em seu pobre cadastro fora um assassinato por ocasião das eleições municipais; mas, atendendo que o assassino era do partido do governo, e a vítima da oposição, o acontecimento em nada alterou os

hábitos da cidade, continuando ela a exportar o seu café e a mirar as suas casas baixas e acanhadas nas escassas águas do pequeno rio que a batizara.

Mas, qual não foi a surpresa dos seus habitantes quando se veio a verificar nela um dos repugnantes crimes de que se tem memória! Não se tratava de um esquartejamento ou parricídio; não era o assassinato de uma família inteira ou um assalto à coletoria; era cousa pior, sacrílega aos olhos de todas as religiões e consciências: violavam-se as sepulturas do "Sossego", do seu cemitério, do seu campo-santo.

Em começo, o coveiro julgou que fossem cães, mas, revistando bem o muro, não encontrou senão pequenos buracos. Fechou-os; foi inútil. No dia seguinte, um jazigo perpétuo arrombado e os ossos saqueados; no outro, um carneiro e uma sepultura rasa. Era gente ou demônio. O coveiro não quis mais continuar as pesquisas por sua conta, foi ao subdelegado e a notícia espalhou-se pela cidade.

A indignação na cidade tomou todas as feições e todas as vontades. A religião da morte precede todas e certamente será a última a morrer nas consciências. Contra a profanação, clamaram os seis presbiterianos do lugar — os bíblicos, como lhes chama o povo; clamava o Agrimensor Nicolau, antigo cadete, e positivista do rito Teixeira Mendes; clamava o Major Camanho, presidente da Loja Nova Esperança; clamavam o turco Miguel Abudala, negociante de armarinho, e o cético Belmiro, antigo estudante, que vivia ao deus-dará, bebericando parati nas tavernas. A própria filha do engenheiro residente da estrada de ferro, que vivia desdenhando aquele lugarejo, sem notar sequer os suspiros dos apaixonados locais, sempre esperando que o expresso trouxesse um príncipe a desposá-la —, a linda e desdenhosa Cora não pôde deixar de compartilhar da indignação e do horror que tal ato provocara em todos do lugarejo. Que tinha ela com o túmulo de antigos escravos e humildes roceiros? Em que podia interessar aos seus lindos olhos pardos o destino de tão humildes ossos? Porventura o furto deles perturbaria o seu sonho de fazer radiar a beleza de sua boca, dos seus olhos e do seu busto nas calçadas do Rio?

Decerto, não; mas era a Morte, a Morte implacável e onipotente, de que ela também se sentia escrava, e que não deixaria um dia de levar a sua linda caveirinha para a paz eterna do cemitério. Aí Cora queria os seus ossos sossegados, quietos e comodamente descansando num caixão bem feito e num túmulo seguro, depois de ter sido a sua carne encanto e prazer dos vermes...

O mais indignado, porém, era Pelino. O professor deitara artigo de fundo, imprecando, bramindo, gritando: "Na estória do crime, dizia ele, já bastante rica de fatos repugnantes, como sejam: o esquartejamento de Maria de Macedo, o estrangulamento dos irmãos Fuoco, não se registra um que o seja tanto como o saque às sepulturas do 'Sossego'."

E a vila vivia em sobressalto. Nas faces não se lia mais paz; os negócios estavam paralisados; os namoros suspensos. Dias e dias por sobre as casas pairavam nuvens negras e, à noite, todos ouviam ruídos, gemidos, barulhos sobrenaturais... Parecia que os mortos pediam vingança...

O saque, porém, continuava. Toda noite eram duas, três sepulturas abertas e esvaziadas de seu fúnebre conteúdo. Toda a população resolveu ir em massa guardar os ossos dos seus maiores. Foram cedo, mas, em breve, cedendo à fadiga e ao sono, retirou-se um, depois outro e, pela madrugada, já não havia nenhum vigilante. Ainda nesse dia o coveiro verificou que duas sepulturas tinham sido abertas e os ossos levados para destino misterioso.

Organizaram então uma guarda. Dez homens decididos juraram perante o subdelegado vigiar durante a noite a mansão dos mortos.

Nada houve de anormal na primeira noite, na segunda e na terceira; mas, na quarta, quando os vigias já se dispunham a cochilar, um deles julgou lobrigar um vulto esgueirando-se por entre a quadra dos carneiros. Correram e conseguiram apanhar dous dos vampiros. A raiva e a indignação, até aí sopitadas no ânimo deles, não se contiveram mais e deram tanta bordoada nos macabros ladrões, que os deixaram estendidos como mortos.

A notícia correu logo de casa em casa e, quando, de manhã, se tratou de estabelecer a identidade dos dous malfeitores, foi diante da população inteira que foram neles reconhecidos o Coletor Carvalhais e o Coronel Bentes, rico fazendeiro e presidente da Câmara. Este último ainda vivia e, a perguntas repetidas que lhe fizeram, pôde dizer que juntava os ossos para fazer ouro e o companheiro que fugira era o farmacêutico.

Houve espanto e houve esperanças. Como fazer ouro com ossos? Seria possível? Mas aquele homem rico, respeitado, como desceria ao papel de ladrão de mortos se a cousa não fosse verdade!

Se fosse possível fazer, se daqueles míseros despojos fúnebres se pudesse fazer alguns contos de réis, como não seria bom para todos eles!

O carteiro, cujo velho sonho era a formatura do filho, viu logo ali meios de consegui-la. Castrioto, o escrivão do juiz de paz, que no ano passado conseguiu comprar uma casa, mas ainda não a pudera cercar, pensou no muro, que lhe devia proteger a horta e a criação. Pelos olhos do sitiante Marques, que andava desde anos atrapalhado para arranjar um pasto, pensou logo no prado verde do Costa, onde os seus bois engordariam e ganhariam forças...

Às necessidades de cada um, aqueles ossos que eram ouro viriam atender, satisfazer e felicitá-los; e aqueles dous ou três milhares de pessoas, homens, crianças, mulheres, moços e velhos, como se fossem uma só pessoa, correram à casa do farmacêutico.

A custo, o subdelegado pôde impedir que varejassem a botica e conseguir que ficassem na praça, à espera do homem que tinha o segredo de todo um Potosi. Ele não tardou a aparecer. Trepado a uma cadeira, tendo na mão uma pequena barra de ouro que reluzia ao forte sol da manhã, Bastos pediu graça, prometendo que ensinaria o segredo, se lhe poupassem a vida. "Queremos já sabê-lo," gritaram. Ele então explicou que era preciso redigir a receita, indicar a marcha do processo, os reativos — trabalho longo que só poderia ser entregue impresso no dia seguinte. Houve um murmúrio, alguns chegaram a gritar, mas o subdelegado falou e responsabilizou-se pelo resultado.

Docilmente, com aquela doçura particular às multidões furiosas, cada qual se encaminhou para casa, tendo na cabeça um único pensamento: arranjar imediatamente a maior porção de ossos de defunto que pudesse.

O sucesso chegou à casa do engenheiro residente da estrada de ferro. Ao jantar, não se falou em outra cousa. O doutor concatenou o que ainda sabia do seu curso, e afirmou que era impossível. Isto era alquimia, cousa morta: ouro é ouro, corpo simples, e osso é osso, um composto, fosfato de cal. Pensar que se podia fazer de uma cousa outra era "besteira". Cora aproveitou o caso para rir-se petropolimente da crueldade daqueles botocudos; mas sua mãe, Dona Emília, tinha fé que a cousa era possível.

À noite, porém, o doutor percebendo que a mulher dormia, saltou a janela e correu em direitura ao cemitério; Cora, de pés nus, com as chinelas nas mãos, procurou a criada para irem juntas à colheita de ossos. Não a encontrou, foi sozinha; e Dona Emília, vendo-se só, adivinhou o passeio e lá foi também. E assim aconteceu na cidade inteira. O pai, sem dizer nada ao filho, saía; a mulher, julgando enganar o marido, saía; os filhos, as filhas, os criados — toda a população, sob a luz das estrelas assombradas, correu ao satânico *rendez-vous* no "Sossego". E ninguém faltou. O mais rico e o mais pobre lá estavam. Era o turco Miguel, era o professor Pelino, o doutor Jerônimo, o Major Camanho, Cora, a linda e deslumbrante Cora, com os seus lindos dedos de alabastro, revolvia a sânie das sepulturas, arrancava as carnes, ainda podres agarradas tenazmente aos ossos e deles enchia o seu regaço até ali inútil. Era o dote que colhia e as suas narinas, que se abriam em asas rosadas e quase transparentes, não sentiam o fétido dos tecidos apodrecidos em lama fedorenta...

A desinteligência não tardou a surgir; os mortos eram poucos e não bastavam para satisfazer a fome dos vivos. Houve facadas, tiros, cachações. Pelino esfaqueou o turco por causa de um fêmur e mesmo entre as famílias questões surgiram. Unicamente, o carteiro e o filho não brigaram. Andaram juntos e de acordo e houve uma vez que o pequeno, uma esperta criança de onze anos, até aconselhou ao pai: "Papai vamos aonde está mamãe; ela era tão gorda..."

De manhã, o cemitério tinha mais mortos do que aqueles que recebera em trinta anos de existência. Uma única pessoa lá não estivera, não matara nem profanara sepulturas: fora o bêbedo Belmiro.

> Entrando numa venda, meio aberta, e nela não encontrando ninguém, enchera uma garrafa de parati e se deixara ficar a beber sentado na margem do Tubiacanga, vendo escorrer mansamente as suas águas sobre o áspero leito de granito — ambos, ele e o rio, indiferentes ao que já viram, mesmo à fuga do farmacêutico, com o seu Potosi e o seu segredo, sob o dossel eterno das estrelas.
>
> Fonte: Barreto, 2017.

Um dos métodos mais eficazes para analisar textos em geral, sobretudo os mais extensos, é proceder à sua segmentação.

Os textos já apresentam uma segmentação natural, que foi dada por seu autor. Nos textos em prosa, a segmentação é feita por meio da paragrafação. Em textos muito longos, o autor também pode proceder à segmentação em capítulos ou em partes, indicadas por algum recurso gráfico. Lima Barreto segmentou "A nova Califórnia" em três partes, como se fossem três atos de uma peça teatral. Cada uma dessas partes tem certa autonomia dentro da história.

1. Indique o que é tratado em cada um dos segmentos.
2. O narrador é personagem da história narrada ou alguém que relata os fatos a partir de uma visão de fora? Que efeito de sentido decorre da posição que o narrador ocupa em relação àquilo que narra?
3. Caracterize o espaço e o tempo da narrativa.
4. Qual foi a principal mudança de estado ocorrida? O que provocou essa mudança de estado?
5. Para você, quem é a principal personagem de "A nova Califórnia"?

Sugestões de leituras e filmes

Leituras

BAKHTIN, M. Os gêneros do discurso. In: ____. **Estética da criação verbal**. Tradução de Maria Ermantina Galvão. 3. ed. São Paulo: M. Fontes, 2000. p. 277-326.

COSTA, L. M. da. **A poética de Aristóteles**: mímese e verossimilhança. São Paulo: Ática, 1992. (Série Princípios).

FITZGERALD, F. S. **O curioso caso de Benjamin Button**. São Paulo: Mediafashion, 2016. (Coleção Folha Grandes Nomes da Literatura, v. 2).

SOARES, A. **Gêneros literários**. 7. ed. São Paulo: Ática, 2007. (Série Princípios).

TERRA, E. Os gêneros literários. In: ____. **A produção literária e a formação de leitores em tempos de tecnologia digital**. Curitiba: InterSaberes, 2015. p. 180-204.

Filmes

- AS TROIANAS. Direção: Michael Cacoyannis. Grécia/Estados Unidos/Inglaterra: Cult Classic, 1971. 105 min. (Filme baseado na tragédia homônima de Eurípedes)
- DIANTE da lei. Direção: Orson Welles. França/Alemanha/Itália: Continental, 1962. 3 min. Disponível em: <https://www.youtube.com/watch?v=Fo3l1xQnDHA>. Acesso em: 2 jan. 2017. (Vídeo com a primeira cena do filme *O processo*, a qual apresenta o conto "Diante da lei", de Franz Kafka, comentado neste capítulo)
- ELES não usam black-tie. Direção: Leon Hirszman. Brasil: Embrafilme, 1981. 123 min. (Filme baseado na obra homônima de Gianfrancesco Guarnieri)
- MACBETH. Direção: Roman Polanski. Estados Unidos/Reino Unido: Sony Pictures, 1971. 140 min. (Filme baseado na obra homônima de William Shakespeare)
- O AUTO da Compadecida. Direção: Guel Arraes. Brasil: Columbia Tristar, 2001. 104 min. (Filme baseado na peça homônima de Ariano Suassuna)
- O CURIOSO caso de Benjamin Button. Direção: David Fincher. Estados Unidos: Warner Bros., 2008. 166 min. (Filme baseado no conto homônimo de F. Scott Fitzgerald)
- O PROCESSO. Direção: Orson Welles. França/Alemanha/Itália: Continental, 1962. 118 min. (Filme baseado na obra homônima de Franz Kafka)

- SONHOS. Direção: Akira Kurosawa. Japão/Estados Unidos: Warnes Bros., 1990. 119 min.
- TRONO manchado de sangue. Direção: Akira Kurosawa. Japão: Continental, 1957. 110 min. (Filme baseado na peça *Macbeth*, de William Shakespeare)

Capítulo 2

gênero
o gênero *conto*

No capítulo anterior, começamos nosso estudo destacando que o conto é um gênero narrativo com características específicas e que os gêneros são tipos relativamente estáveis de enunciados. Isso significa que o conto sofreu (e ainda sofre) alterações, dado o caráter plástico dos gêneros. Um conto da tradição oral é, por exemplo, bastante diferente de um conto contemporâneo. Portanto, nos gêneros há algo que varia e algo invariante; para entendermos o gênero conto, temos de considerar essa invariância.

Neste capítulo, mostraremos que o conto tem uma história e foi sofrendo modificações no decorrer do tempo, mas sem descaracterizar sua natureza. Você também verá que o gênero *conto* abarca narrativas de diversas espécies e temas, razão pela qual podemos encontrar vários tipos de conto: o maravilhoso, o de terror, o policial, o de mistério, o fantástico, o erótico etc.

2.1
O conto: um texto figurativo

Em primeiro lugar, precisamos compreender que o conto é um texto figurativo. Para isso, é necessário fazer inicialmente uma distinção entre os conceitos de tema e figura, assunto que está relacionado à semântica do discurso.

Há tradicionalmente uma classificação das palavras da língua em concretas e abstratas. Você certamente ouviu falar

O gênero conto

disso quando estudou, em suas aulas de gramática, o substantivo e sua classificação. Usamos o termo concreto para nomear os seres que têm existência no mundo natural (*pedra, homem, árvore, rio* etc.) ou no mundo imaginado (*androide, fada, fantasma, ogro* etc.) e reservamos o termo abstrato para nos referirmos a conceitos, ideias (*amor, ódio, inveja, raiva* etc.).

A distinção entre palavras concretas e abstratas pode ser aplicada a outras classes além dos substantivos. Assim, temos verbos concretos, como *lavar, regar, polir* e *pintar*, e verbos abstratos, como *imaginar, sofrer* e *meditar*. O mesmo pode ser aplicado a adjetivos, que podem ser concretos, como *verde, amarelo, quente* e *frio*, ou abstratos, como *decepcionado, arrependido* e *angustiado*.

Feita essa distinção, podemos afirmar que **temas** são **palavras abstratas** com as quais exprimimos conceitos que não têm um referente no mundo natural ou imaginado, enquanto **figuras** são **palavras concretas** que têm um referente no mundo natural ou imaginado. Os temas são de ordem cognitiva, e as figuras, de ordem sensorial. As figuras representam o mundo; os temas o organizam.

Dependendo da dominância de temas ou de figuras nos textos, estes podem ser **temáticos** ou **figurativos**, respectivamente. É preciso deixar claro que essa classificação está ligada à dominância desses elementos no texto, e não simplesmente à presença deles. Todo texto tem um tema, que pode estar ou não recoberto por figuras. Melhor seria dizer que há textos figurativos (aqueles em que predominam as figuras) e os de figurativização esparsa, ou seja, há figuras, mas elas não são dominantes.

Como exemplos de textos figurativos, podemos citar os textos literários; como exemplos de textos temáticos (ou de figurativização esparsa), temos os editoriais e os textos científicos. Outro bom exemplo para percebermos a diferença entre temas e figuras são os ditados populares e as fábulas.

Os ditados populares são frases curtas com palavras concretas (figuras) que sintetizam uma ideia ou uma forma de conduta social ou moral (um tema).

Quadro 2.1 – Figuras e temas

Figuras (elementos concretos)	Temas (elementos abstratos)
"Água mole em pedra dura tanto bate até que fura."	Persistência
"Macaco velho não põe a mão em cumbuca."	Precaução
"Palavra de rei não volta atrás."	Firmeza
"Quem com ferro fere com ferro será ferido."	Retaliação, vingança

Como se sabe, a fábula é um gênero de texto que apresenta duas partes: a fábula propriamente dita (a história narrada) e a moralidade. A primeira parte é um texto figurativo, pois há o predomínio de palavras concretas que dão sensorialidade ao texto (*raposa, uvas, fome, faminta, esfomeada, subir, lobo, cordeiro, rio, água* etc.). A moralidade é temática, pois, por meio de palavras abstratas (*arrogância, orgulho, inveja, mentira, violência* etc.), transmite-se o tema diretamente, sem revestimento figurativo.

Quando lemos um conto, temos de estar atentos para o fato de as figuras recobrirem temas. Por exemplo, em um conto, a palavra concreta *ilha* pode recobrir os temas da solidão, do isolamento, do refúgio; uma figura como *pássaro* pode recobrir o tema da liberdade; uma sequência de figuras como *beijo, carícias, afagar, despir-se* pode revestir temas como os da sensualidade ou do erotismo.

No conto "Uma galinha", de Clarice Lispector (2016g), temos a história de uma galinha que ia ser morta para servir de almoço à família. No momento em que ia ser capturada, a galinha foge e bota um ovo, o que faz com que a família desista da ideia de sacrificá-la. Essa é a história. As figuras presentes no texto nos levam a ler o conto não como a história de uma galinha. Entre essas figuras, temos: "canto da cozinha", "nascida para a maternidade", "velha mãe", "jovem parturiente", "rainha da casa", "deu à luz". Observe que todas encobrem um mesmo tema, o da maternidade, referente, portanto, à mulher. É disso que o conto trata.

Se você voltar ao Capítulo 1 e reler o conto "Diante da lei" e os trechos de contos que lá citamos ("A nova Califórnia" e "Passeio noturno"), verá que são figurativos e que as figuras se relacionam umas às outras formando uma cadeia que confere coerência semântica a esses textos. Esse encadeamento de figuras recebe o nome de **isotopia**. Por exemplo, em um texto cujo tema é a liberdade, figuras como *pássaro*, *céu*, *voar*, *solto*, *asas* formam uma isotopia figurativa, já que mantêm entre si relação semântica, na medida em que podemos ver nelas o traço comum *liberdade*.

Leia a seguir o início de um conto popular de nossa tradição oral.

> Havia um homem que era muito amigo de caçar. O maior prazer de sua vida era passar dias inteiros no mato, passarinhando, fazendo esperas, armando laços e arapucas. De uma feita, estava ele de tocaia no alto de uma árvore, quando viu aproximar-se uma vara de porcos-do-mato. Com a sua espingardinha derrubou uns quantos. [...]

Fonte: Lisboa, 2002, p. 74.

As figuras "caçar", "mato", "passarinhando", "armando laços", "arapucas", "tocaia" e "espingardinha" formam uma isotopia, uma vez que mantêm entre si o traço semântico comum /caçada/, garantindo a coerência semântica do texto. Observe que a colocação de uma figura estranha ao tema *caçada* quebraria a coerência do texto, como no exemplo a seguir.

> Havia um homem que era muito amigo de caçar. O maior prazer de sua vida era passar dias inteiros no mato, passarinhando, fazendo esperas, armando laços e arapucas. De uma feita, estava ele de tocaia no alto de uma árvore, quando viu se aproximarem alguns escoceses tocando gaita de foles.

A introdução das figuras "escoceses", "tocando" e "gaita de foles" quebra a isotopia figurativa, deixando o texto incoerente. A inserção dessas figuras só seria razoável caso se quisesse produzir um efeito de sentido de estranhamento. Em um conto fantástico, essa quebra de isotopia não provocaria, portanto, incoerência textual.

A título de ilustração, vamos analisar as figuras de alguns contos citados no Capítulo 1.

"Diante da lei"

Entre as figuras, temos "porta", "porteiro", "entrar", "proibição", "dificuldades", "permissão de entrada", "interrogatório" e "obstáculo". Essas figuras, que formam uma isotopia, ligam-se aos temas da dificuldade, da inacessibilidade, do impedimento em se alcançar algo, ou, como já comentamos, revelam a dificuldade de o sujeito entrar em conjunção com o objeto-valor. Há no texto, evidentemente, outras figuras que se associam a outros temas.

"A nova Califórnia"

Consideremos as figuras "correspondência", "maço alentado de cartas", "do mundo inteiro", "grossas revistas", "línguas atravessadas", "livros" e "pacotes". Essas figuras formam uma isotopia que recobre o tema do conhecimento, do saber. Por meio dela, o leitor vai tomando conhecimento de que o desconhecido é um sujeito que está em conjunção com um saber. A leitura do conto por inteiro revela que saber é esse e as transformações decorrentes da doação desse saber a outros sujeitos.

"Passeio noturno"

Entre as figuras, temos "pasta", "papéis", "relatórios", "estudos", "pesquisas", "propostas", "contratos" e "ar cansado". Esse encadeamento de figuras (uma isotopia figurativa) liga-se ao tema do trabalho.

Os textos podem apresentar vários temas e várias isotopias figurativas. Veja que, em "Passeio noturno", há figuras como "relaxar", "jogar paciência" e "copo de uísque", que se associam ao tema do descanso, do relaxamento. Essa isotopia se opõe a outra, e o texto explora como tema a oposição /trabalho v. descanso/. Como você deve ter notado, o levantamento das isotopias figurativas possibilita depreender o(s) tema(s) do texto, uma vez que nos contos os temas recebem investimento figurativo.

2.2
Uma breve história do conto

O conto é um gênero narrativo presente em diversas culturas e cujas origens se perdem no tempo, por isso é praticamente impossível escrever uma história do conto.

Sabe-se que suas primeiras manifestações se deram na forma oral. Pessoas se reuniam em torno de uma fogueira e alguém narrava histórias que encantavam a todos. A autoria dessas narrativas transmitidas de geração em geração era desconhecida. Não se pode falar que essas primeiras manifestações do conto tivessem um narrador como conhecemos hoje. Aquele que contava o conto não era seu autor, sequer organizava a narrativa; era apenas um intérprete do texto.

Uma notícia publicada no *site* da BBC Brasil (2016) informa que estudos recentes divulgados na revista científica *Royal Society Open Science*, desenvolvidos pelo antropólogo Jamie Tehrani, da Universidade de Durham, e pela pesquisadora de folclore Sara Graça da Silva, da Universidade Nova de Lisboa, evidenciam que alguns contos populares remontam à Pré-História, e não aos séculos XVI e XVII, como se acreditava. Segundo a pesquisa, a origem do conto "João e o pé de feijão" remonta a mais de cinco mil anos, e os contos "A bela e a fera" e "O anão saltador" têm cerca de quatro mil anos.

Esse ancestral do conto moderno tinha suas raízes na cultura popular e veiculava temas ligados a essa cultura. Com relação à sua estrutura, eram narrativas bem simples, centradas em um único episódio, com uma sequência temporal cronológica, em que os acontecimentos sucediam na linha do tempo. Muitas delas apresentavam o elemento maravilhoso, integrado normalmente na narrativa.

Sabemos da existência desses contos porque, posteriormente, muitos deles foram compilados na forma escrita, o que possibilitou que continuassem a ser passados de geração em geração e chegassem a povos diferentes. Mesmo escritas, essas narrativas não perderam seu caráter de oralidade, já que muitos povos, em diversas culturas, têm o hábito de contar histórias, sobretudo para crianças que ainda não foram alfabetizadas. Com certeza, em sua infância, você ouviu algumas dessas histórias e, depois de adulto, pode tê-las contado para crianças de seu convívio.

Algumas dessas narrativas são bem conhecidas, em sua versão tradicional ou em adaptações feitas especialmente para crianças. As histórias do *Livro das mil e uma noites* são um bom exemplo de contos cuja origem se perde no tempo. Você certamente já ouviu (ou leu) alguns deles, como "Simbad, o navegante", "Ali Babá e os quarenta ladrões" e "Aladim e a lâmpada mágica".

Na Idade Média, entre 1349 e 1351 (ou 1353), logo após o advento da peste negra que assolou a Europa, Giovanni Boccaccio (1313-1375) escreve o *Decameron*, uma obra de qualidades artísticas inegáveis, com uma estrutura bem mais complexa do que a das narrativas toscanas da tradição oral. Em 1386, surgem na Inglaterra os *Contos de Canterbury*, de Geoffrey Chaucer (1343-1400), cuja estrutura é inspirada no *Decameron*, de Boccaccio. Em 1613, na Espanha, Miguel de Cervantes (1547-1616) publica o livro *Novelas exemplares*, no qual o autor apresenta histórias sobre temas diversos.

Na história do conto, Charles Perrault (1628-1703), considerado o pai da literatura infantil, ocupa lugar de destaque, pelo fato de ter dado tratamento literário a um gênero de grande aceitação, o conto de fadas. Entre os contos mais conhecidos desse gênero, podemos citar *Chapeuzinho vermelho*, *A bela adormecida*, *O pequeno polegar* e *O gato de botas*.

O que chamamos hoje de *conto moderno* surge no século XIX com o norte-americano Edgar Allan Poe (1809-1849), um grande contista e teórico do conto. Pode-se afirmar que foi Poe quem criou o conto policial ao escrever *Os mistérios da rua Morgue*. O século XIX vê surgirem ainda dois dos maiores contistas da literatura ocidental, o russo Anton Tchekhov (1860-1904) e o francês Guy de Maupassant (1850-1893). Esses dois autores serão considerados modelos para os contistas que a eles se seguem. De certa forma, a produção do conto clássico toma como parâmetro ou Tchekhov ou Maupassant. Isso significa que qualquer pessoa que queira conhecer com um pouco mais de profundidade esse gênero obrigatoriamente terá de ler contos desses dois autores. Neste capítulo, vamos comentar o conto "Despertar", de Maupassant.

Tchekhov é um mestre do conto cuja matéria é um incidente do cotidiano. Nas mãos desse autor, acontecimentos banais se transformam. No conto "Pamonha" (Tchekhov, 2011c), por exemplo, uma simples cena de um patrão acertando as contas com a governanta de seus filhos transforma-se em um conto que traz à tona o tema da exploração e da humilhação do pobre pelo rico.

Os contos de Maupassant encerram um viés de crítica social e abordagem psicológica. "Bola de Sebo" (Maupassant, 2005) é um conto magistral que mostra como, em decorrência da situação, uma pessoa pode ser vista como boa ou má. A personagem que dá título ao conto é uma prostituta que viaja durante a guerra da França com a Prússia em uma carruagem acompanhada por pessoas "de bem", representantes de diversas classes sociais e que desprezam e marginalizam a prostituta; porém, uma mudança dos acontecimentos faz com que passem a depender da mulher, o que altera o modo como agem em relação a ela.

Para nós, brasileiros, o século XIX também é o período da consolidação do conto literário com a publicação das obras do nosso maior contista, Machado de Assis. Seus contos não deixam nada a dever a seus romances, sendo muitos deles verdadeiras obras-primas, como "O espelho", "A cartomante", "O enfermeiro" e "A causa secreta".

O século XX é aquele em que mais uma vez se vê uma mudança no gênero. O conto passa a incorporar o elemento fantástico, há uma ruptura no modo tradicional de narrar, e o psicológico passa a se sobrepor ao cronológico. Sem dúvida, Franz Kafka, cujo conto "Diante da lei" reproduzimos no capítulo anterior, é um dos maiores representantes do que se pode chamar de *conto moderno* e influenciou muitos outros contistas dos séculos XX e XXI. No Brasil, há que se destacar a importância de Guimarães Rosa, tanto pela riqueza temática quanto pela forma como rompe com uma linguagem tradicional.

Como a lista dos grandes contistas surgidos a partir do século XX é muito extensa, destacamos aqui apenas alguns nomes entre contistas brasileiros e estrangeiros: Katherine Mansfield, Karen Blixen, Ernest Hemingway, Charles Bukowski, Bruno Schultz, Julio Cortázar, Jorge Luis Borges, Juan Carlos Onetti, Heitor Quiroga, Italo Calvino, Luigi Pirandello, Mário de Andrade, Antônio de Alcântara Machado, Monteiro Lobato, Murilo Rubião, José J. Veiga, Carlos Drummond de Andrade, Lygia Fagundes Telles, Dalton Trevisan, Clarice Lispector, João Antônio, Hilda Hilst, Rubem Fonseca.

2.3 Manifestações do conto

Roland Barthes (2011, p. 19), em um texto intitulado "Introdução à análise estrutural da narrativa", afirma que "a narrativa está em todos os tempos, em todos os lugares, em todas as sociedades; a narrativa começa com a própria história da humanidade; não há em parte alguma povo algum sem narrativa; todas as classes, todos os grupos humanos têm suas narrativas [...]".

Como mencionamos no Capítulo 1, o romance é um gênero relativamente novo (em termos históricos, é claro!) – na forma como o conhecemos hoje, ele apareceu no século XVIII. O conto, ao contrário, é uma das formas narrativas mais antigas que se conhecem.

Embora muito mais antigo que o romance, o conto costuma ser definido por oposição ao romance. Retomemos a definição de *conto* apresentada no capítulo anterior: gênero narrativo de curta extensão. A expressão *curta extensão* é dada por comparação aos parentes mais próximos do conto, o romance e a novela, também pertencentes ao gênero narrativo. Claro que, por ter extensão menor, o conto apresenta características próprias que o diferenciam desses outros gêneros, não apenas pela extensão, ou seja, o conto não é um romance encurtado nem o romance é um conto alongado. A novela é um gênero cuja extensão é maior que a do conto, mas menor que a do romance. Como exemplos de novelas, podemos citar A *metamorfose*, de Franz Kafka; A *morte e a morte de Quincas*

Berro D'água, de Jorge Amado; Não é uma coisa séria, de Luigi Pirandello; A briga dos dois Ivans, de Nikolai Gógol; e A lição do mestre, de Henry James.

O conto recebe esse nome justamente porque pode ser contado para um auditório; por isso mesmo é que tem extensão reduzida. Por ser curto (lembre-se de que, em inglês, o conto é chamado de *short story*), apresenta características próprias de uma narrativa condensada.

Referindo-se ao conto, por oposição ao romance, Raúl Castagnino (1977, p. 61) afirma que "no conto não pode sobrar nada, assim como no romance não pode faltar nada".

A extensão maior no romance e menor no conto tem reflexos na dimensão temporal da narrativa, o que se percebe nitidamente no ato da leitura. Enquanto no romance há expansão dos acontecimentos, no conto ocorre a contração, de modo que, na leitura do primeiro, temos a impressão de que os acontecimentos se desenvolvem no tempo da leitura e, no caso do segundo, a percepção é a de que lemos algo já acontecido. Lembremos, por exemplo, a sensação de história acabada que nos passam os contos maravilhosos cujo texto se inicia pela fórmula *Era uma vez*. Em suma: no romance, lemos o que se passa; no conto, o que se passou.

Para José Oiticica (1960), enquanto o romance representa a vida, o conto representa apenas um **acidente da vida**, como no caso do jagunço que vem perguntar ao doutor o sentido da palavra *famigerado* (em "Famigerado", de Guimarães Rosa) ou na circunstância de dois amigos que saem um dia para pescar nos arredores de Paris e são fuzilados pelo exército prussiano (em "Dois amigos", de Maupassant). No conto "Intimidade", de Edla Van Steen, um acontecimento corriqueiro como a quebra da alça do sutiã leva duas amigas a uma aproximação mais íntima.

No Capítulo 1, tratamos dos elementos da narrativa: personagens, ação, narrador, tempo e espaço. Um conto, portanto, apresenta esses elementos, considerando-se que o espaço em que ocorre a narrativa pode não estar explicitado. Não há diferenças entre o narrador de um conto literário e o de um romance, mas elas existem relativamente aos outros elementos. Vejamos como se apresentam:

- **Personagens** – Enquanto o romance admite um número grande de personagens, o conto tem um número pequeno de personagens, muitas vezes restritas ao protagonista e ao antagonista. Isso implica o fato de que personagens secundárias não são comuns em contos, ao contrário do que ocorre no romance.
- **Ação** – Quando falamos em ação, como já mencionamos, estamos nos referindo a transformações de sujeitos, à narratividade. Tanto no romance quanto no conto, há mudanças de estado de sujeitos. O que diferencia o conto do romance é que, no primeiro, existe uma única ação, ou seja, o conto desenvolve-se em torno de um único acontecimento, ao passo que, no segundo, pode haver uma pluralidade de ações. Se há mais personagens, evidentemente há mais sujeitos mudando de estado.
- **Tempo** – Aqui não estamos nos referindo ao tempo em que o narrador situa os acontecimentos narrados (no passado, no presente ou no futuro). Nesse sentido, não há qualquer diferença entre o romance e o conto. Porém, com relação ao tempo da história, podemos observar uma diferença. Enquanto a história de um romance pode se estender por anos ou por gerações, a história de um conto costuma se concentrar em um tempo relativamente curto (dias, semanas, meses). Mais adiante, quando formos tratar da programação temporal da narrativa, você verá que a ordem dos acontecimentos pode ser alterada pelo narrador, que pode retroceder ou avançar na história. Isso é comum

no romance, mas no conto é mais raro, de sorte que a programação temporal do conto costuma não apresentar recuos do narrado (*flashbacks*).

- **Espaço** – Quando explicitado, o espaço do conto costuma ser mais restrito do que o do romance. A ação narrada em um conto pode se passar em uma sala, um quarto, uma casa. No romance, o espaço é mais aberto, podendo haver deslocamentos espaciais amplos. Por exemplo, uma personagem que mora no Brasil vai viver na Europa por muitos anos e depois volta ao Brasil, onde reencontra um velho amigo.

Essas diferenças são genéricas e, provavelmente, você vai encontrar contos e romances que contrariam o que apresentamos. *Ulisses*, de James Joyce, é um romance, mas a ação se passa em um único dia. Há contos cuja ação narrada se estende por anos. No conto cuja leitura e análise sugerimos como tarefa no Capítulo 1, "A nova Califórnia", o tempo de duração da história é longo. A segunda parte começa assim: "Havia já anos que o químico vivia em Tubiacanga [...]"; portanto, entre a chegada de Raimundo Flamel e o ataque ao cemitério, passaram-se anos. Como o narrador resolve esse problema de dilatação temporal? Simplesmente se eximindo de contar o que aconteceu nesses anos todos.

Há romances com pouquíssimas personagens, e há contos com personagens secundárias. Em síntese: não há uma definição de conto que possa ser aplicada a todos os contos, tampouco pretendemos fazer isso neste livro. A cada capítulo, você vai perceber que aquela definição inicial de conto que propusemos vai sendo enriquecida. Nosso objetivo é oferecer-lhe subsídios para que possa ler contos (e outros gêneros narrativos) com proficiência. Em outros termos, nosso propósito não é dar uma definição de conto, mas apresentar-lhe uma **teoria do conto**.

> A seguir, sintetizamos as **características do conto**:
> a. narrativa breve;
> b. ação concentrada em um único episódio (o conto prescinde de episódios secundários);
> c. reduzido número de personagens (apenas as centrais);
> d. espaço e tempo reduzidos;
> e. final surpreendente.

Ressaltamos, ainda, que o conto é centrado em valores humanos. Trata-se de um gênero produzido por humanos para humanos e para falar de valores humanos; logo, mesmo que o conto tenha animais, objetos ou seres de outras galáxias como personagens, seu conteúdo será essencialmente humano.

2.3.1 Conto popular

Os textos, como explicamos, apresentam dois planos: o conteúdo e a expressão. O conto popular se caracteriza inicialmente pela sua **expressão**, que é oral, mas a distinção entre o conto oral e o escrito não se restringe à expressão. A escrita não deve ser entendida como uma mera reprodução da fala, pois escrita e oralidade são sistemas semióticos distintos. A linguagem oral, no que se refere tanto à produção quanto à reprodução, constitui-se de signos que não fazem parte da linguagem escrita, tais como a entoação, a gesticulação, as expressões faciais e o riso. Devemos acrescentar que o conto oral e o conto escrito são produtos de culturas diferentes. Portanto, a compreensão de um conto oral implica considerar que ele é manifestação de uma cultura marcada pela **oralidade.**

Além de mais antigo do que o escrito, o conto oral costuma ser **mais simples**. Por ser manifestação da oralidade, sua narração, que é percebida pela audição, tem, em geral, um caráter performático, isto é, a fala do narrador se faz acompanhar por gestos, mudanças no tom e no ritmo da voz, expressões faciais indicativas de que o narrador, além de narrar, interpreta o conto, de modo a manter o ouvinte sempre atento. O adjetivo *popular* refere-se a *povo*, o que já nos permite vislumbrar que esse tipo de conto é considerado **patrimônio coletivo**.

Os contos orais eram transmitidos oralmente, de geração em geração, praticamente sem alterações. Alguns ganharam, posteriormente, forma escrita. Como gênero antigo, circulavam em sociedades não letradas. Tanto o narrador quanto o auditório eram formados por pessoas analfabetas de todas as idades. No filme A *árvore dos tamancos* (1978), dirigido por Ermanno Olmi, há uma cena muito bonita em que um camponês reúne em torno de si habitantes da comunidade local e conta-lhes uma história cheia de emoções e suspense. O curioso é que, mesmo o auditório já conhecendo a história, ainda se emociona e se assusta com a narração.

Outra característica do conto oral refere-se à sua **autoria**. Enquanto, no caso dos contos escritos, sabemos quem os escreveu (Tchekhov, Maupassant, Kafka, Hemingway, Machado de Assis, Guimarães Rosa etc.), no caso dos orais, a autoria é desconhecida e se perde no tempo. O conto oral seria, segundo André Jolles (1976), uma forma simples, um tipo de narrativa que se mantém inalterada ao longo dos tempos.

O conto oral está na origem do conto literário. Jolles (1976) sustenta que este último surgiu no momento em que os Irmãos Grimm, em 1812, reuniram uma série de contos da tradição oral e os publicaram em um volume denominado *Contos para crianças e família*.

Transcrevemos a seguir um conto recolhido pelos Irmãos Grimm, ressaltando que, por estar escrito, já não se classifica mais como um conto oral, pois a recepção do conto se dá pela leitura, e não pela audição. Além disso, ao passarem os contos orais para a forma escrita, os Irmãos Grimm procederam a algumas alterações, uniformizando o estilo, e supressões, eliminando passagens que tivessem cunho sexual, uma vez que os leitores desses contos eram majoritariamente crianças.

Rumpelstichen

Era uma vez um moleiro muito pobre, que tinha uma filha linda. Um dia ele se encontrou com o rei e, para se dar importância, disse que sua filha sabia fiar palha, transformando-a em ouro.

— Esta é uma habilidade que me encanta — disse o rei. — Se é verdade o que diz, traga sua filha amanhã cedo ao castelo. Eu quero pô-la à prova.

No dia seguinte, quando a moça chegou, o rei levou-a para um quartinho cheio de palha, entregou-lhe uma roda e uma bobina e disse:

— Agora, ponha-se a trabalhar. Se até amanhã cedo não tiver fiado toda esta palha em ouro, você morrerá! — Depois saiu, trancou a porta e deixou a filha do moleiro sozinha.

A pobre moça sentou-se num canto e, por muito tempo, ficou pensando no que fazer. Não tinha a menor ideia de como fiar palha em ouro e não via jeito de escapar da morte. O pavor tomou conta da jovem, que começou a chorar desesperadamente. De repente, a porta se abriu e entrou um anãozinho muito esquisito.

— Boa tarde, minha linda menina — disse ele. — Por que chora tanto?

— Ah! — respondeu a moça entre soluços. — O rei me mandou fiar toda esta palha em ouro. Não sei como fazer isso!

— E se eu fiar para você? O que me dará em troca?

— Dou-lhe o meu colar.

O anãozinho pegou o colar, sentou-se diante da roda e, zum-zum-zum: girou-a três vezes e a bobina ficou cheia de ouro. Então começou de novo, girou a roda três vezes e a segunda bobina ficou cheia também. Varou a noite trabalhando assim e, quando acabou de fiar toda a palha e as bobinas ficaram cheias de ouro, sumiu.

No dia seguinte, mal o sol apareceu, o rei chegou e arregalou os olhos, assombrado e feliz ao ver todo aquele ouro. Contudo, seu ambicioso coração não se satisfez.

Levou a filha do moleiro para outro quarto um pouco maior, também cheio de palha, e ordenou-lhe que enchesse as bobinas de ouro, caso quisesse continuar viva.

A pobre moça ficou sentada olhando a palha, sem saber o que fazer. "Ah... se o anãozinho voltasse...", pensou, querendo chorar. Nesse instante a porta se abriu e ele entrou.

— O que você me dá, se eu fiar a palha? — perguntou.

— Dou-lhe o anel do meu dedo. Ele pegou o anel e se pôs a trabalhar. A cada três voltas da roda, uma bobina se enchia de ouro.

No outro dia, quando o rei chegou e viu as bobinas reluzindo de ouro, ficou mais radiante. Mas ainda dessa vez não se contentou. Levou a moça para outro quarto ainda maior, também cheio de palha e disse:

— Você vai fiar esta noite. Se puder repetir essa maravilha, quero que seja minha esposa.

O rei saiu, pensando: "Será que ela é mesmo filha do moleiro? Bah! O que importa é que vou me casar com a mulher mais rica do mundo!"

Quando a moça ficou sozinha, o anãozinho apareceu pela terceira vez e perguntou:

— O que você me dá, se ainda dessa vez eu fiar a palha?

— Eu não tenho mais nada...

— Se é assim, prometa que me dará seu primeiro filho, se você se tornar rainha.

"Isso nunca vai acontecer", pensou a filha do moleiro. E não tendo saída, prometeu ao anãozinho o que ele quis. Imediatamente ele se pôs a trabalhar, girando a roda a noite inteira.

De manhãzinha, quando o rei entrou no quarto, encontrou prontinho o que havia exigido. Cumprindo sua palavra, casou-se com a bela filha do moleiro, que assim se tornou rainha.

Um ano depois, ela deu à luz uma linda criança. Já nem se lembrava mais do misterioso anãozinho. Mas naquele mesmo dia, a porta se abriu repentinamente e ele entrou.

— Vim buscar o que você me prometeu — disse.

A rainha ficou apavorada e ofereceu-lhe todas as riquezas do reino, se ele a deixasse ficar com a criança. Mas ele não quis.

— Não! Uma coisa viva vale muito mais para mim que todos os tesouros do mundo!

A rainha ficou desesperada; tanto chorou e se lamentou, que o anãozinho acabou ficando com pena.

— Está bem — disse. — Vou lhe dar três dias. Se no fim desse prazo você adivinhar o meu nome, poderá ficar com a criança.

A rainha passou a noite lembrando os nomes que conhecia e mandou um mensageiro percorrer o reino em busca de novos nomes.

Na manhã seguinte, quando o anãozinho chegou, ela foi dizendo:

— Gaspar, Melquior, Baltazar — e assim continuou, falando todos os nomes anotados. Mas a cada um deles o anão respondia balançando a cabeça:

— Não é esse meu nome!

No segundo dia, a rainha pediu às pessoas da vizinhança que lhe dessem seus apelidos, e fez uma lista dos nomes mais esquisitos, como: João das Lonjuras, Carabelassim, Pernil-mal-assado e outros. Mas a todos a resposta do anão era a mesma:

— Não é esse meu nome!

No terceiro dia, o mensageiro que andava pelo reino à cata de novos nomes voltou e disse:

— Não descobri um só nome novo. Mas eu estava andando por um bosque no alto de um monte, onde raposas e coelhos dizem boa-noite uns aos outros, quando vi uma cabana. Diante da porta ardia uma fogueirinha e um anão muito esquisito, pulando num pé só ao redor do fogo, cantava:

— Hoje eu frito! Amanhã eu cozinho!

Depois de amanhã será meu o filho da rainha!

Coisa boa é ninguém saber

Que meu nome é

Rumpelstichen!

Pode-se imaginar a alegria da rainha, quando ouviu esse nome. E quando um pouco mais tarde o anãozinho veio e perguntou:

— Então, senhora rainha, qual é meu nome?

Ela disse antes:

— Será Fulano?

> — Não!
> — Será Beltrano?
> — Não!
> — Será por acaso Rumpelstichen?
> — Foi o diabo que te contou! — gritou o anãozinho furioso.
>
> E bateu o pé direito com tanta força no chão, que afundou até a virilha.
>
> Depois, tentando tirar o pé do buraco, agarrou com ambas as mãos o pé esquerdo e puxou-o para cima com tal violência, que seu corpo se rasgou em dois. Então, desapareceu.

Fonte: Grimm; Grimm, 2000, p. 24-27.

Mesmo que você ainda não tivesse lido esse conto, certamente reconheceu nele algumas características existentes em contos do mesmo gênero: o fato de iniciar com a expressão "Era uma vez", que situa a narrativa em um tempo passado indefinido; a presença do elemento mágico (a transformação de palha em ouro) e do elemento maravilhoso (o anão que pode transformar palha em ouro); a presença de uma personagem que representa o mal (o rei ambicioso) e da jovem ameaçada de morte em face das exigências do rei. Além disso, há a presença do número três, considerado mágico: são três as ofertas que a filha do moleiro faz ao anão: o colar, o anel e o primeiro filho; para transformar palha em ouro, o anão gira a roda três vezes; o anão dá à filha do moleiro três dias para que ela descubra o nome dele; a filha do moleiro só "descobre" o nome na terceira tentativa.

Nos contos da tradição oral, o **elemento maravilhoso** (ogros, fadas, bruxas, elfos, gnomos etc.) agrega-se ao conto naturalmente. Isso quer dizer que o acontecimento maravilhoso não desperta estranheza alguma. Nesse tipo de conto, o leitor considera verossímil, por exemplo, um caçador tirar Chapeuzinho Vermelho viva da barriga do lobo, o príncipe subir em uma torre alta agarrando-se nos cabelos da moça, um sapo virar príncipe ou um anão transformar palha em ouro.

No conto maravilhoso, não apenas o tempo é indeterminado; personagens e espaço também o são. Note que, em contos desse tipo, as personagens não são designadas por um nome próprio, mas pelo que fazem ou por aquilo que são: o rei, o moleiro, a filha do moleiro etc. O espaço em que se desenrolam as ações também não é determinado ou é determinado vagamente: na floresta, em um bosque etc. Outra característica do conto maravilhoso é a existência de uma prova que qualifica alguém para obter algo. No conto "Rumpelstichen", a prova a que é submetida a filha do moleiro consiste em descobrir em três dias o nome do gnomo.

> Era uma vez um homem rico que viveu feliz com sua mulher por muito tempo e juntos tiveram uma única filha. Um dia a mulher adoeceu e, quando sentiu o fim se aproximar, chamou a filha e disse: "Querida criança, vou ter de deixá-la, mas quando eu estiver no céu, sempre olharei por você. Plante uma árvore sobre o meu túmulo e, toda vez que desejar alguma coisa, balance a árvore que seu desejo será atendido, e quando estiver em perigo mandarei ajuda do céu. Continue boa e piedosa". Dito isto, fechou os olhos e morreu. A menina chorou e plantou a árvore sobre o túmulo, mas não precisou regá-la porque suas lágrimas já bastavam.

Fonte: Grimm; Grimm, 2012, p. 116.

Além do tempo indeterminado ("Era uma vez"), não há qualquer referência à espacialização da narrativa. Em síntese: não se sabe quando e onde ocorreram os fatos narrados. Quanto às personagens, não há qualquer individuação por nome próprio: um homem rico, a mulher, a filha. Observe que, quando a mãe se dirige à filha, não a chama pelo nome, mas por "querida criança".

Vladimir Propp, um pesquisador russo, analisou contos populares russos e escreveu uma obra muito importante para os estudos literários, narratológicos e semióticos: *Morfologia do conto maravilhoso*. Nele, Propp (2010) nos mostra que os contos maravilhosos russos têm uma mesma estrutura, ou seja, existem algumas ações que são constantes, que ele denominou de *funções*. Na teoria de Propp, são sete **classes de personagens**, correspondentes a sete **esferas de ação**: o agressor (o antagonista, aquele que faz o mal), o doador (aquele que dá o objeto mágico ao herói), o auxiliar (aquele que ajuda o herói), a princesa e o pai (o qual não tem de ser obrigatoriamente o rei), o mandante (aquele que manda), o herói e o falso herói. As funções, que são sempre as mesmas, podem ser exercidas por personagens diferentes em cada conto.

Esses ensinamentos de Propp serviram como fundamento para uma teoria semiótica segundo a qual todas as narrativas apresentam um certo número de **funções**, as quais são exercidas por **actantes**, que são figurativizados em **atores** (personagens), podendo haver sincretismo entre actantes e atores (personagens), ou seja, uma mesma personagem pode exercer várias funções actanciais e um mesmo actante pode ser representado por mais de uma personagem. A teoria semiótica tem a vantagem de poder ser aplicada a qualquer conto, e não apenas aos maravilhosos. Essa teoria será apresentada neste livro, à medida que os capítulos forem se sucedendo.

Mas voltemos aos contos recolhidos pelos Irmãos Grimm. Você deve ter observado que as personagens não são identificadas por um nome que as individualize, ao contrário do que costuma ocorrer nos contos literários, mas por seu papel social: mãe, filha, irmã. Essa é também uma característica do conto oral.

Ao contrário daquilo em que muitos acreditam, os contos da tradição oral não terminam sempre com a punição do mal e a glorificação do bem. O desfecho dos contos da tradição oral sempre apresenta uma sanção, ou seja, ao final do conto, verifica-se se o herói cumpriu ou não o que lhe cabia e aplica-se a ele uma sanção positiva ou negativa.

Encerrando esta seção, chamamos a atenção para o fato de que muitos contos literários retomam contos da tradição oral. É o caso de "Fita verde no cabelo", de João Guimarães Rosa, que retoma a história de Chapeuzinho Vermelho. O escritor moçambicano Mia Couto busca a matéria para seus contos na tradição oral de seu povo. Sobre a importância do conto de tradição oral, Walter Benjamim (1994, p. 215) afirma que "[O conto maravilhoso] é ainda hoje o primeiro conselheiro das crianças porque foi outrora o primeiro da humanidade, continua a viver secretamente na narrativa. O primeiro e verdadeiro narrador é e permanece sendo o narrador dos contos maravilhosos".

2.3.2 Conto literário

Podemos afirmar que a passagem do conto popular para o conto literário se dá pela introdução de um **narrador**. Como você viu na seção anterior, uma das características do conto popular é que ele é contado para um auditório, portanto sua forma de recepção é auditiva. Isso significa que quem conta apenas reproduz algo que ouviu, de sorte que esse contador é apenas um locutor, como alguém que, nos dias de hoje, pegasse um conto escrito e o lesse para um auditório ou o decorasse e simplesmente o reproduzisse para uma plateia. Já o conto literário é escrito, portanto sua recepção se dá pela leitura. No conto oral, há uma identificação daquele que conta com uma voz; no conto literário, essa voz é uma ficção que se manifesta pelo discurso narrativo. Como mencionamos quando tratamos da história do conto, pode-se considerar o *Decameron*, de Boccaccio, a primeira coletânea de contos literários, na medida em que as histórias são contadas por um narrador.

Temos aí um primeiro critério para definir o conto literário (a presença do narrador). Outro critério está no adjetivo *literário*, de que trataremos adiante. Antes é preciso destacar que, quando se define o conto pela sua extensão (narrativa curta, menor que a novela e o romance), devemos lembrar que esse critério é fluido. O conto "Bola de Sebo", de Maupassant, tem uma certa extensão, mas não deixa de ser um conto. Atualmente, é comum a publicação de romances de pequena extensão. Por outro lado, a nomenclatura *conto*, *novela* e *romance* sofre variações de significado dependendo do país. *Novel*, em inglês, e *novela*, em espanhol, não têm o mesmo significado de *novela*, equivalendo a *romance*. No entanto, quando Cervantes chama suas narrativas de *Novelas exemplares*, não significa que sejam romances.

Mário de Andrade (2012, p. 7) já chamava a atenção para o problema de se definir com rigor o que vem a ser conto ao afirmar que "em verdade, sempre será conto aquilo que seu autor batizou com o nome de conto". O conto "Vestida de preto", desse autor, assim se inicia: "Tanto andam agora preocupados em definir o conto que não sei bem si o que vou contar é conto ou não, sei que é verdade" (Andrade, 1976b, p. 7). Referindo-se à dificuldade de definir o conto, Castagnino (1977, p. 28) explica que "resulta da mais enganosa das espécies; tão enganosa que parece fácil falar dele, no entanto é difícil caracterizá-lo com precisão e nitidez inconfundível".

O adjetivo *literário* define o discurso em que se insere o conto, o **literário**. Não é fácil definir o que é literatura, uma vez que o que é literatura em determinada cultura e época pode não ser em outras. Pode-se dizer que literatura é arte. Mas o que é arte? Também não é fácil definir esse conceito, o qual também sofre variações dependendo de fatores históricos e culturais.

Em outras obras (Terra, 2014; 2015), comentamos que um dos critérios usados para se definir o que é literatura, entre vários outros, é o da **legitimação**, ou seja, consideram-se literárias as obras que foram legitimadas institucionalmente. Mas, afinal, quais são essas instâncias legitimadoras? São basicamente a universidade, a crítica e a escola. No entanto, nada garante que uma obra que hoje não seja legitimada como literária não venha a ser legitimada no futuro. A história apresenta vários exemplos de obras que só tiveram seu valor literário reconhecido muito tempo depois de dadas a público.

O conto literário deve ser compreendido, inicialmente, por oposição ao conto popular. A primeira oposição, como mencionamos, está no **plano da expressão**. O conto literário se manifesta na forma escrita, e o conto popular, na forma oral. Observe que entre escrita e literatura há uma relação, pois a palavra *literatura* provém da palavra latina *littera, ae*, que significa "letra". A outra oposição, também assinalada, está na **forma de recepção**. No conto literário, a recepção é diferida, isto é, ela não ocorre no momento da produção, mas depois dela. Quando lemos hoje, por exemplo, um conto de Edgar Allan Poe, estamos tomando contato com um texto que foi produzido no século XIX.

Por se constituir em expressão escrita, o conto literário adquire uma forma definitiva. Por exemplo, o texto de "A carta furtada", de Edgar Allan Poe (2001a), que lemos na atualidade é o mesmo que o autor publicou em 1845. No caso de um conto popular, transmitido oralmente, cada vez que ele é contado, temos uma nova *performance*, que pode variar de audição para audição, podendo haver acréscimos ou supressões.

O conto literário, sem dúvida, apresenta um trabalho mais elaborado do que o conto popular, não apenas quanto ao plano da expressão, mas também quanto à própria **estruturação**, o que o torna mais complexo que o popular. Essa complexidade pode ser observada em todos os elementos da narrativa: personagens mais ricas e complexas, ações mais intrincadas, maior elaboração em relação ao tempo e ao espaço, um narrador que pode ser também personagem e maior diversidade de temas.

Como mencionamos, um dos critérios para se definir o conto é a extensão. O conto é uma narrativa menor que o romance. Isso implica que, em comparação ao romance, o conto costuma ter menos personagens, um tempo menor dos acontecimentos e um espaço menos amplo. Outro aspecto que distingue o conto do romance é o **desfecho**. No conto, tudo caminha para o desfecho, que deve ser surpreendente e coincidir com o final da narrativa. No romance, o desfecho costuma ocorrer um pouco antes do final da narrativa, que se prolonga por mais um pouco, apresentando-se considerações sobre o destino das personagens em um epílogo. Por exemplo, no romance *Crime e castigo*, de Dostoiévski (2001), o protagonista, que é autor de um crime, acaba preso e condenado. Esse é o desfecho da narrativa. Após isso há ainda dois capítulos, em que o narrador nos conta que Raskólnikov está cumprindo sua pena a trabalhos forçados na Sibéria já há nove meses e está doente e sentindo-se muito envergonhado.

Muito se escreveu sobre o conto literário. Consideramos que as melhores teorias sobre o conto foram produzidas por contistas. Abordaremos algumas delas na sequência.

2.3.2.1 Conto dramático

Entre os contos literários, destaca-se o conto dramático, do qual um dos mestres é o norte-americano Ernest Hemingway. Abordaremos brevemente esse tipo de conto.

Quando, no Capítulo 1, tratamos dos gêneros, fizemos referência aos modos de representação com base em Aristóteles e afirmamos que o filósofo grego distinguia o modo dramático, em que há representação, do narrativo, em que um narrador conta algo.

O conto, como você viu, pertence ao modo narrativo. Isso significa que há um narrador que conta a história, o qual pode ou não fazer parte da história narrada. Evidentemente, a função de narrador vai além da função de contar a história. Compete a ele, também, organizar o discurso, dar voz às personagens, fazer descrições de ambientes e personagens, tecer comentários sobre o que é narrado.

Há contos, entretanto, em que a presença do narrador é mínima. Ele se limita a colocar as personagens em cena, dar voz a elas, que conduzem sozinhas a narrativa como se estivessem em cena em um teatro representando seus papéis diante de um público. Assim, quem ocupa o primeiro plano da narrativa não é o narrador, mas as **personagens**. Como nesse caso o que predomina são falas de personagens em discurso direto, há uma aproximação desse tipo de conto com a linguagem oral. É preciso considerar ainda que, em decorrência da verossimilhança, a personagem deve empregar uma variedade de linguagem adequada, não só à situação comunicativa, mas também ao seu nível sociocultural. Em razão dessas características, chamamos esse tipo de conto de *dramático*.

Leia o trecho a seguir, que é o início do conto "Cinquenta mil", de Ernest Hemingway.

> — E você como vai, Jack? — perguntei.
>
> — Viu esse Walcott?
>
> — No ginásio.
>
> — Vou precisar de muita sorte com esse garoto — falou Jack.
>
> — Ele não pode com você, Jack — afirmou Soldier.
>
> — Deus queira que não.
>
> — Ele não pode com você nem a chumbo.
>
> — Quem me dera fosse só com chumbo — admitiu Jack.
>
> — Ele parece fácil de acertar — falei.

> — Parece — concordou Jack. Ele não vai durar muito. Não vai durar como você e eu, Jerry. Mas, no momento, está com tudo.
> — Você despacha ele com a esquerda.
> — Pode ser. Pode até ser.
> — Trate ele como tratou Kid Lewis.
> — Kid Lewis. Aquele judeca — lembrou Jack.

Fonte: Hemingway, 2015a, p. 225.

Embora uma das personagens exerça também a função de narrador, não há praticamente narração, na medida em que a história vai sendo contada por meio das falas das personagens. Esse recurso confere ao texto um efeito de realidade, uma vez que a cena vai se desenrolando diante do leitor. Esse efeito é dado ainda pela adequação da linguagem usada em relação às personagens. Observe que a variedade linguística empregada no diálogo se afasta do que é estabelecido pelas gramáticas como norma culta.

Perceba que a personagem Jerry desempenha dupla função no conto: a de personagem, que fala em discurso direto, e a de narrador. Nesta última, seu papel é mínimo, limitando-se a indicar quem fala nos diálogos. Note ainda que o enxugamento do papel do narrador determina que no conto não haja descrições, nem de personagens, nem do espaço.

2.4
Teorias do conto

Em resenha sobre a obra *Twice-Told Tales*, de Nathanael Hawthorne, Edgar Allan Poe (1809-1849) afirma que o conto deve apresentar **unidade de efeito**, ou seja, deve provocar no leitor alguma sensação: de terror, de deslumbramento, de engano, de encantamento. Para Poe (2004), o conto é uma construção racional, ou seja, há um projeto que o contista deve levar adiante a fim de produzir interesse no leitor. Porém, para alcançar essa unidade de efeito, o conto não pode ter uma grande extensão – deve poder ser lido em uma única assentada, de modo a não desviar o interesse do leitor. H. G. Wells (1866-1946) defende a mesma ideia na medida em que considera que a leitura de um conto em voz alta deve ficar entre quinze e cinquenta minutos. O que o teórico do conto Poe preconiza é o que realmente fazia em seus contos – cuja extensão oscila entre dez e quinze páginas –, os quais, desde as primeiras linhas, prendem o interesse do leitor. O curioso é que o contista, que vivia em extrema dificuldade financeira, sustentava-se com o trabalho de escrever contos – recebia cinquenta centavos de dólares por página. Mesmo vivendo miseravelmente, não estendia o número de páginas de seus contos para ganhar uns dólares a mais.

Poe ainda argumenta que, para provocar os efeitos de emoção no leitor, o contista deve agir racionalmente, ou seja, nada no conto deve estar lá por acaso, tudo deve ser pensado previamente. Esse princípio, cuja concepção se atribui ao autor russo Anton Tchekhov, ficou conhecido como *arma de Tchekvov* e pode ser assim expresso: "Se no início da narrativa aparece uma espingarda pendurada na parede, na continuação, ela terá de disparar".

Um dos contos mais conhecidos de Poe é "O barril de *amontillado*"[1], publicado em 1846 (Poe, 2001b). Nele há apenas duas personagens, Montressor, o narrador, e Fortunato. O tema é dado já nas primeiras linhas: a vingança. Montressor pretende vingar-se de Fortunato em razão de este tê-lo ofendido.

---

[1] Sobre o conto "O barril de *amontillado*", sugerimos a leitura do artigo de Ernani Terra intitulado "O acontecimento e o mal em O barril de *amontillado*, de Edgar Allan Poe", publicado na revista Acta Semiótica et Linguística em 2016. Disponível em: <http://periodicos.ufpb.br/ojs2/index.php/actas/article/view/32550>.

Mas, para que a vingança funcione, o vingador quer ficar livre de risco, não quer ser punido e quer que Fortunato saiba que está sendo vingado. No conto, Montressor persuade Fortunato a ir à casa do primeiro, levando-o a crer que ele é um excelente conhecedor de vinhos. Fortunato cai na armadilha e vai à casa do outro para verificar se o vinho é mesmo um *amontillado*. Para que o plano saia perfeito, Montressor dispensa os empregados e, quando Fortunato chega ao local, faz com que este beba mais vinho, deixando-o sob os efeitos do álcool. Na casa, Fortunato é levado à adega em que estaria armazenado o *amontillado*. Nela há um nicho, e Montressor prende Fortunato na parede usando uma corrente e um cadeado. A seguir, começa lentamente a fechar o nicho com camadas de pedra que vai assentando com uma colher de pedreiro, emparedando o visitante. A vingança foi realizada.

Evidentemente, o resumo apresentado não tem o condão de provocar a unidade de efeito que a leitura do conto provoca. Nada no conto sobra; o fato de Fortunato ser apresentado como vaidoso e de estar um pouco alto será usado para fazê-lo cair na armadilha preparada (para conseguir seu objetivo, Montressor vai embebedá-lo). Ao descerem para a adega, vê-se o brasão dos Montressor, que tinha por divisa "*Nemo me impune lacessit*", isto é, "Ninguém me ofende impunemente"; portanto, o brasão não está ali para enfeitar, mas para reforçar ao leitor o projeto de vingança. À medida que vamos lendo o conto, percebemos que o narrador afirma uma coisa para significar outra, vale dizer, apesar de ser um conto de terror, o narrador se utiliza da ironia. Montressor diz repetidas vezes a Fortunato que ele não deve ir provar o vinho, quando o que quer é exatamente o contrário.

Se o tema está dado nas primeiras linhas, se durante toda a narrativa as pistas deixadas pelo narrador deixam entrever o final do conto, como ele pode provocar o efeito de suspense? Aí é que entra a genialidade de Poe. O narrador sabe o que aconteceu com Fortunato, o leitor praticamente vai desvendando o final da história, mas o único que não sabe o que lhe vai acontecer é o próprio Fortunato, e é para o percurso dele que Poe desvia os olhos do leitor. Nem o nome salvou Fortunato da sorte que lhe estava reservada. Ironia final.

Outro contista que teorizou sobre o conto foi Julio Cortázar (1914-1984). Ele sustenta que, embora possa haver muitas espécies de contos (maravilhosos, fantásticos, de terror, policiais etc.), há, no gênero *conto*, algo invariante. Essa mesma ideia é, como mencionamos, defendida por Vladimir Propp com relação aos contos maravilhosos russos e, posteriormente, pela semiótica de linha francesa com relação a todos os textos.

Cortázar (2011b) expõe sua teoria usando como contraponto o romance. Afirma que este, por ter extensão maior, é cumulativo, aberto, isto é, os episódios podem ser prolongados. Por outro lado, o conto é da ordem do fechado, ou seja, toda a concentração recai sobre um único episódio. Essa distinção fica clara quando Cortázar estabelece comparações com o cinema e a fotografia. Para ele, o romance se assemelha ao cinema, em que a narrativa tem um processo acumulativo: aparece algo em uma cena que vai prolongar-se em outra e assim por diante. O conto se assemelha a uma fotografia, uma vez que fixa um determinado episódio em seus limites. Ao fixá-lo como em uma fotografia, o contista isola a narrativa no tempo; no caso do conto, não há um antes nem um depois. O conto está centrado em um determinado acontecimento e, portanto, em uma versão limitada do comportamento humano. No romance, vários acontecimentos se juntam formando um todo. Enquanto o conto se caracteriza pela surpresa, o romance se caracteriza pelo processo, pela explicação.

Acrescentemos que, enquanto o romance faz uma **abordagem horizontal**, o conto faz uma **abordagem vertical**, eliminando tudo o que é acessório. Do ponto de vista do leitor, fazendo uma analogia com uma luta de boxe, Cortázar (2011b, p. 152) afirma que o romance, por ser da ordem do aberto, "ganha sempre por pontos, enquanto o conto deve ganhar por nocaute".

Atribui-se a Tchekhov uma colocação que ilustra bem o que é um conto: um homem vai a um cassino em Monte Carlo, ganha um milhão de dólares, volta para casa e se suicida. Temos aí um paradoxo, pois qualquer leitor esperaria que o homem se suicidasse se tivesse perdido um milhão de dólares. A surpresa decorre do inusitado (ganhar um milhão de dólares e suicidar-se). Assim funciona o conto.

2.5
Tipos de conto

O conto recobre um leque enorme de temas e situações. Daí ser comum fazer uma classificação deles com base na temática explorada. A classificação que expomos a seguir não é fechada nem exaustiva, mesmo porque há variações dentro de um mesmo tipo, além de haver contos que podem ser encaixados em mais de um tipo. Contos policiais costumam também envolver mistério, e contos fantásticos podem envolver terror. A distinção entre conto fantástico e conto maravilhoso reside no fato de que, no segundo, há aceitação do inverossímil. O conto fantástico, por outro lado, coloca o leitor em contato com a perplexidade diante de algo que é inacreditável. "Diante da lei", (comentado no primeiro capítulo) e "O barril de *amontillado*" são exemplos de contos fantásticos. Como exemplos de contos maravilhosos, podemos mencionar os contos de fada e as histórias de *As mil e uma noites*.

A melhor forma de conhecer os vários tipos de conto é pela leitura, por isso, em cada caso, em vez de definições, citamos contos e autores que caracterizam bem o tipo de conto em questão.

a. **Conto policial** – "Os crimes da rua Morgue" e "A carta furtada", de Edgar Allan Poe; os contos de Conan Doyle, em que a personagem principal é Sherlock Holmes; "O último cuba libre", de Marcos Rey.
b. **Conto de terror** – "O horror no museu", de H. P. Lovecraft; "A mão do macaco", de W. W. Jacobs; "Morte na sala de aula", de Walt Whitman; "O travesseiro de penas", de Horacio Quiroga; "O caso do sr. Valdemar", de Edgar Allan Poe.
c. **Conto erótico** – "Cartas de um sedutor", de Hilda Hilst; "Intimidade", de Edla Van Steen; "Alice", de Rubem Fonseca.
d. **Conto fantástico** – "No restaurante submarino", de Moacyr Scliar; "Um artista da fome", de Franz Kafka; "A usina atrás do morro", de José J. Veiga; "Os três nomes de Godofredo", de Murilo Rubião; "A biblioteca de Babel", de Jorge Luis Borges; "A autoestrada do sul", de Julio Cortázar; "O Horla", de Guy de Maupassant; "O nariz", de Nikolai Gogol.
e. **Conto de mistério** – "O navio das sombras", de Erico Verissimo; "A queda da casa de Usher", de Edgar Allan Poe; "A cartomante", de Machado de Assis.
f. **Conto de ficção científica** – "Ponto de Vista", de Isaac Asimov; "A terceira expedição", de Ray Bradbury.
g. **Conto psicológico** – "Amor", "O búfalo" e "A imitação da rosa", de Clarice Lispector; "Gato na chuva", de Ernest Hemingway; "A casa de bonecas", de Katherine Mansfield.

Como assinalamos, a classificação proposta não é fechada. Para elaborá-la, baseamo-nos em tipos de contos que circulam em nossa cultura. Os exemplos citados para cada tipo servem apenas como ilustração. Evidentemente, você pode ampliar a relação apresentada com contos de seu repertório.

O gênero conto

Conto comentado

O conto que você vai ler a seguir foi escrito pelo francês Guy de Maupassant (1850-1893), considerado um dos maiores contistas de todos os tempos. Seus contos retratam situações psicológicas e são marcados por crítica social.

Despertar

Fazia três anos que estava casada e durante todo esse tempo ela não tinha saído do vale de Ciré, onde seu marido possuía fiações. Vivia tranquila, sem filhos, feliz em sua casa escondida sob as árvores, que os operários chamavam de "o castelo".

O sr. Vasseur, bem mais velho do que ela, era bom. Ela o amava; e jamais um pensamento condenável tinha invadido seu coração. Sua mãe vinha passar todos os verões em Ciré e, assim que as folhas começavam a cair, voltava a se instalar em Paris no inverno.

A cada outono Jeanne tossia um pouco. O estreito vale por onde serpenteava o rio ficava então, durante cinco meses, coberto por uma bruma. Cerrações leves pairavam primeiro sobre as baixadas, fazendo de todas as propriedades algo semelhante a um grande lago de onde emergiam os telhados das casas. Depois, subindo como uma maré, aquela névoa branca envolvia tudo e fazia do vale uma região de fantasmas por onde os homens deixavam-se ir como sombras, sem se reconhecerem a dez passos. As árvores, cobertas pelo nevoeiro, se elevavam bolorentas naquela umidade.

Mas as pessoas que passavam sobre as encostas vizinhas, e que olhavam para o buraco branco do vale, viam surgir, por baixo das brumas concentradas no nível das colinas, as duas chaminés gigantes das fábricas do sr. Vasseur, que noite e dia vomitavam duas serpentes de fumaça negra no céu.

    Era o único indício de vida naquele oco que parecia preenchido por uma nuvem de algodão.

    Pois naquele ano, quando chegou outubro, o médico aconselhou a jovem senhora a passar o inverno em Paris na casa da mãe, pois o ar do vale tornava-se perigoso para o seu peito.

    Ela foi.

    Durante os primeiros meses pensou o tempo todo na casa que deixara, onde seus hábitos estavam enraizados, cujos móveis familiares e aspecto tranquilo ela amava. Depois acostumou-se à nova vida e tomou gosto por festas, jantares, dança.

    Até então conservara seus modos de moça, qualquer coisa de indeciso e adormecido, um caminhar um pouco arrastado, um sorriso um tanto enfastiado. Pois ela se tornou viva, alegre, sempre pronta a divertir-se. Alguns homens a cortejaram. Ela se divertia com suas conversas, brincava com seus galanteios, segura de sua resistência, um pouco enfastiada do amor pelo que aprendera sobre ele no casamento.

    A ideia de entregar seu corpo aos carinhos grosseiros daqueles homens barbados a fazia rir de pena e até arrepiar-se um pouco de nojo. Ela se perguntava, estupefata, como algumas mulheres podiam consentir essas relações degradantes com estranhos, quando estavam já comprometidas com um esposo legítimo. Teria amado mais ternamente seu marido se eles tivessem vivido como dois amigos, sem passar dos beijos castos, que são as carícias da alma.

    Mas divertia-se bastante com os cumprimentos, os desejos que surgiam nos olhares aos quais ela não correspondia, investidas diretas, declarações ditas no ouvido quando se retornava ao salão após os jantares, palavras balbuciadas tão baixo que era preciso quase adivinhá-las e que deixavam sua carne fria, o coração tranquilo, mas que, inconscientemente, estimulavam seu lado coquete, acendendo em seu íntimo uma chama de satisfação que fazia seus lábios entreabrirem-se, o olhar luzir, estremecer sua alma de mulher merecedora de elogios.

Gostava daqueles momentos em que se achava a sós com um admirador ao cair da noite, junto à lareira, no salão já escuro, quando então o homem fica apressado, balbucia, treme e põe-se de joelhos. Para ela era uma alegria delicada e nova sentir aquela paixão que não aflorava, dizer não com a cabeça e com os lábios, retirar as mãos, levantar-se e, com muito sangue-frio, tocar a sineta para pedir os lampiões, e ver enfim se aprumar, confuso e irritado ao ouvir os passos do criado, aquele que tremia a seus pés.

Tinha risos secos que gelavam as falas impetuosas, palavras duras que caíam como um jato de água fria sobre as argumentações ardentes, entonações capazes de fazer se matar aquele que a adorasse perdidamente.

Dois jovens, sobretudo, perseguiam-na com obstinação. Não se pareciam muito.

Um deles, o sr. Paul Péronel, era um rapaz mundano, galante e ousado, bem-sucedido em suas conquistas, que sabia esperar e escolher seu momento.

O outro, o sr. D'Avencelle, tremia ao se aproximar, ousava apenas insinuar seu amor, mas a seguia como uma sombra, exprimindo seu desejo desesperado através dos olhares perdidos e da assiduidade de sua presença junto dela.

Ela chamava o primeiro de "Capitão Rompante" e o segundo de "Carneiro Fiel"; acabou por fazer deste último uma espécie de escravo grudado a seus passos, que ela usava como a um doméstico.

Teria rido muito se dissessem que o amava.

Ela o amou, contudo, de maneira singular. Como o via sem cessar, ela se habituara a sua voz, a seus gestos, a toda a sua pessoa, como nos habituamos àqueles que vivem a nosso lado.

Com frequência seu rosto a perseguia em sonhos; ela o revia tal como era na vida real, doce, delicado, humildemente apaixonado; e despertava obcecada pela lembrança daqueles sonhos, julgando ainda ouvi-lo e senti-lo perto dela. Pois uma noite (estava com febre talvez), ela se viu a sós com ele, num pequeno bosque, sentados na grama.

Ele dizia palavras encantadoras, apertando e beijando-lhe as mãos. Ela sentia o calor de sua pele e o sopro de sua respiração; e de maneira muito natural, ela acariciava-lhe o cabelo.

No sonho somos um outro, diferente do que somos na vida. Ela se sentia cheia de ternura por ele, uma ternura tranquila e profunda, feliz de poder tocar sua cabeça e abraçá-la.

Pouco a pouco ele a enlaçava com os braços, beijava-lhe as faces e os olhos sem que ela fizesse algo para impedi-lo, e seus lábios se encontraram. Ela se entregou.

Foi (a realidade não tem desses êxtases), foi um segundo de uma felicidade intensificada e sobre-humana, ideal e carnal, perturbadora, inesquecível.

Ela despertou excitada, confusa, e não conseguiu dormir de novo, tanto se sentia obsedada, ainda possuída por ele.

E quando o reencontrou depois, ele, que desconhecia o distúrbio que produzira, ela se sentiu enrubescer; e enquanto ele falava timidamente sobre seu amor, ela recordava sem parar, sem poder se livrar daquela imagem, ela recordava o delicioso enlace do sonho.

Ela o amou, amou com uma estranha ternura, refinada e sensual, feita sobretudo da lembrança daquele sonho, ainda que temesse a realização do desejo que tinha despertado em sua alma.

Por fim ele se deu conta. E ela lhe contou tudo, inclusive o medo que sentia dos seus beijos. Ela o fez jurar que a respeitaria.

Ele a respeitou. Juntos, passavam longas horas de amor exaltado, onde apenas as almas se uniam. E em seguida eles se separavam, enfraquecidos, desfalecidos, febris.

Seus lábios por vezes se juntavam; e, fechando os olhos, saboreavam aquela demorada carícia, mas casta, apesar de tudo.

Ela compreendeu que não resistiria muito tempo; e, como não queria falhar, escreveu ao marido dizendo que desejava voltar para perto dele e retomar a vida tranquila e solitária.

Ele respondeu uma carta admirável, dissuadindo-a de voltar em pleno inverno, de se expor àquele brusco exílio nas brumas geladas do vale.

Ela ficou consternada e indignada com aquele homem confiante, que não compreendia, que não suspeitava das lutas do seu coração.

Fevereiro estava claro e ameno, e ainda que agora ela evitasse ficar muito tempo a sós com o Carneiro Fiel, por vezes aceitava fazer um passeio de carro com ele em torno do lago, ao crepúsculo.

Dir-se-ia que naquela noite todas as seivas despertavam, tamanha era a mornidão da brisa. O pequeno cupê ia devagar; a noite caía; eles estavam de mãos dadas, apertados um contra o outro. Ela se dizia: "É o fim, é o fim, estou perdida", sentindo por dentro uma rebelião de desejos, a imperiosa necessidade daquele supremo enlace que havia experimentado de forma tão completa no sonho. A todo instante suas bocas se procuravam, se uniam uma à outra e se repeliam para imediatamente se reencontrar.

Ele não ousou entrar na casa dela, e a deixou à porta, desfalecida e descontrolada.

O sr. Paul Péronel a esperava no pequeno salão às escuras.

Tocando sua mão, ele percebeu que uma febre a queimava. E pôs-se a falar a meia-voz, carinhoso e galante, embalando aquela alma esgotada no encanto de palavras amorosas. Ela escutava sem responder, pensando no outro, julgando ouvir o outro, julgando senti-lo contra si, numa espécie de alucinação. Era somente ele que ela via, não se lembrava da existência de nenhum outro homem no mundo; e quando seu ouvido estremecia àquelas três palavras: "Eu te amo", era ele, o outro, que as dizia, que beijava seus dedos, era ele que apertava seu peito como havia pouco no cupê, era ele que deitava em seus lábios aquelas carícias triunfantes, era ele que ela abraçava, que enlaçava, que o chamava com todo o ímpeto de seu coração, com todo o ardor exasperado de seu corpo.

Quando despertou daquele sonho, ela deu um grito assustador.

O Capitão Rompante, de joelhos a seu lado, agradecia apaixonadamente cobrindo de beijos o cabelo desfeito. Ela gritou: "Vá embora, vá embora daqui, vá embora".

E como ele não entendia e tentava abraçar-lhe a cintura, ela se retorceu, balbuciando: "Você é infame, eu o odeio, você me enganou, vá embora daqui".

Ele se reergueu, aturdido, pegou o chapéu e foi embora.

* * *

No dia seguinte, ela retornava ao Vale de Ciré. Seu marido, surpreso, censurou aquela decisão impensada. "Eu não podia mais viver longe de você", ela disse.

Ele achou-a mudada, mais triste do que antes, e quando perguntava: "Mas o que é que você tem? Parece infeliz. O que você quer?, ela respondia: "Nada. De bom na vida, não há nada além dos sonhos".

O Carneiro Fiel foi vê-la no verão seguinte.

Ela o recebeu sem confusão nem arrependimentos, compreendendo imediatamente que jamais o amara senão em um sonho do qual Paul Pérone a despertara brutalmente.

Mas o moço, que continuava a adorá-la, pensava ao voltar para casa: "As mulheres são de fato muito estranhas, complicadas e inexplicáveis".

MAUPASSANT, G. de. Despertar. In: MORITZ, N. (Org.). Contos de Guy de Maupassant. Tradução de Amílcar Bettega Barbosa. São Paulo: Companhia da Letras, 2009. p. 203-208. © by Amílcar Bettega.

Os comentários que seguem são feitos à luz da teoria exposta até aqui, o que significa que deixamos de lado uma análise mais profunda de elementos do conto que dependem de aspectos teóricos ainda não abordados neste livro.

Trata-se de um conto literário. Como mencionamos neste capítulo, Tchekhov e Maupassant servem como modelos do conto literário moderno. "Despertar" pode ser considerado um conto psicológico, aquele em que a sondagem do mundo interior da personagem se sobrepõe à ação propriamente dita. O que vem à tona no conto é a imagem das ilusões que alimentam a protagonista, um movimento de desconstrução de uma fantasia. A narrativa é breve e apresenta unidade de ação, tempo e espaço. Há um único episódio e um número reduzido de personagens, apenas quatro: Jeanne Vasseur, a protagonista; seu marido, o sr. Vasseur; Paul Péronel (Capitão Rompante); e d'Avencelle (Carneiro Fiel).

O espaço é praticamente fechado e uno: Paris. O Vale do Ciré aparece para indicar de onde vem e para onde volta a protagonista, servindo de espaço de oposição a Paris. O tempo também é reduzido: a protagonista sai de sua casa no outono e retorna no inverno. A história tem um final surpreendente. Todos os elementos da narrativa estão presentes no conto, sendo que o narrador não está instalado no texto. Trata-se, pois, de uma narração em terceira pessoa, o que confere sentido de objetividade ao texto, na medida em que há um apagamento das marcas linguísticas do narrador. É como se a história narrasse a si própria.

O tempo dos acontecimentos é passado, e os fatos ocorrem três anos após o casamento da protagonista com o sr. Vasseur, um industrial bem-sucedido, bem mais velho do que ela, Jeanne, e que a amava. O passar do tempo é marcado pelas mudanças de estação: a mãe costuma visitar Jeanne no verão e retornar a Paris no outono para passar aí o inverno; as crises de tosse de Jeanne se manifestam no outono; ela volta para casa no inverno; Carneiro Fiel a visita no verão seguinte.

Além desse tempo físico, objetivo, evidenciado pelas mudanças de estação, há um tempo psicológico da personagem principal, o qual apresenta dois planos distintos: aquilo que acontece na realidade e aquilo que acontece no sonho. Há o tempo do sonho e o tempo do despertar. Este último, aliás, aparece como título do conto. Normalmente, os títulos condensam a significação mínima de um texto e sugerem o tema principal. No caso, já sabemos que o tema do conto se refere a um despertar. Como o sentido se dá por uma oposição mínima, temos de construir uma oposição semântica em que um dos termos seja *despertar*.

Os temas disseminados no conto são, essencialmente, o amor, a atração, o desejo, a culpa, a fidelidade, o sonho, a realidade e o despertar. Quanto às figuras, o texto é totalmente coberto por elas, formando várias isotopias figurativas, identificadas na sequência.

Como mencionamos, o sentido se constrói a partir do estabelecimento de relações de oposição. No conto, há algumas oposições bem marcadas. Comentamos a seguir essas oposições e as respectivas figuras.

a) Oposição espacial: dois espaços se opõem no conto

Quadro 2.2 – Oposição espacial no conto "Despertar"

Vale do Ciré: figuras	Paris: figuras
"brumas"	"festas"
"cerrações"	"jantares"
"névoa"	"dança"
"fantasmas"	"alegre"
"sombras"	"divertir-se"
"nevoeiro"	"cortejaram"
"fumaça"	"galanteios"

O espaço em que vive o casal é figurativizado como sombrio, esfumaçado, triste, de pouca vida; Paris é o espaço da vida, da alegria, do divertimento. Portanto, o deslocamento de um espaço para o outro implica a mudança da tristeza e da reclusão para a alegria e para a exposição, o que corresponde à passagem do não visto para o visto, do isolamento para a integração.

b) Oposição entre Paul Péronel e d'Avancelle

Quadro 2.3 – Paul Péronel v. d'Avancelle

Paul Péronel: figuras	d'Avancelle: figuras
"Capitão Rompante"	"Carneiro Fiel"
"galante"	"tímido"
"ousado"	"doce, delicado"
"mundano"	"respeitador"
"conquistador"	"humildemente apaixonado"

Como podemos observar, Paul Péronel e d'Avancelle constituem uma dicotomia, um é a antítese do outro e eles figurativizam valores distintos, a começar pelos apelidos recebidos. Enquanto Péronel é o que manda, o que tem autoridade (capitão), o que é impetuoso, arrebatado (rompante), d'Avancelle é o que obedece (carneiro), o que é leal, dedicado (fiel). O primeiro é conquistador, galanteador, atrevido e representa a paixão física, carnal, reprimida por Jeanne em decorrência de sua formação feminina; o segundo é tímido, delicado, respeitador e representa o amor romântico, idealizado, casto, que não ultrapassa os limites da fantasia.

c) Oposição entre sr. Vasseur e sra. Vasseur (Jeanne)

A oposição marcante entre o sr. Vasseur e a sra. Vasseur reside na idade: "O sr. Vasseur, bem mais velho do que ela [...]". Ele demonstra muita confiança na esposa; ela, por sua vez, acha que ele não a compreende. A princípio, Jeanne não vê problemas na vida que leva com o marido, pois o sr. Vasseur é um homem bom, que ama Jeanne e provê suas necessidades. Tem uma vida simples no campo, está satisfeita com isso e jamais pensara em trair o marido. Observe que há por parte do narrador uma avaliação negativa a respeito da infidelidade conjugal, explícita no adjetivo "condenável" no trecho "jamais um pensamento condenável tinha invadido seu coração".

d) Oposição entre sonho e realidade

O tempo em que Jeanne fica em Paris é marcado por fatos que ocorrem no nível da realidade e fatos cuja ocorrência está restrita ao plano dos sonhos. É real o conhecimento que ela tem dos dois pretendentes, mas a relação com eles se dá ora no plano do real, ora no plano dos sonhos. Há momentos em que ela teme o que ocorre nos sonhos, e há momentos em que ela quer que os sonhos sejam reais. A oposição /sonho v. realidade/ é marcada pela tensão. A personagem oscila entre um nível mais tenso e um menos tenso.

Quadro 2.4 – Sonho v. realidade no conto "Despertar"

Sonho: figuras	Realidade: figuras
"desejos"	"beijos castos"
"declarações"	"carícias da alma"
"chama de satisfação"	"amigos"
"felicidade intensificada", "inesquecível"	"confusa"
não resistência (entrega)	resistência

O plano do sonho é marcado pela sensualidade, pelo amor físico, pelo desejo da união dos corpos, que acaba ocorrendo ("ela se entregou"), o que trouxe à protagonista "uma felicidade intensificada e sobre-humana, ideal e carnal, perturbadora, inesquecível".

Jeanne transforma-se em uma mulher cindida, vivendo o conflito /sonho v. realidade/. É como se ela sonhasse acordada. A felicidade alcançada no sonho é reprimida na realidade, pois Jeanne temia "a realização do desejo que tinha despertado em sua alma" e passa a ter um relacionamento casto com Carneiro Fiel, que respeita o pacto proposto por ela de evitarem uma aproximação física mais ampla, embora o desejo nela fosse cada vez mais crescente ("sentindo por dentro uma rebelião de desejos, a imperiosa necessidade daquele supremo enlace que havia experimentado de forma tão completa no sonho").

Enfim, Jeanne atua no sentido de que o prazer do sonho não se transforme em realidade.

Por oposição a Carneiro Fiel, que é respeitador da vontade de Jeanne e nem chega a entrar na casa dela, há o Capitão Rompante, que é ousado e adentra na casa de Jeanne, onde a espera. Capitão Rompante a envolve em palavras amorosas, manipulando-a por sedução. Ela, no entanto, desloca-se do plano do real para o do sonho, em um processo alucinatório em que, em vez de ouvir as palavras do Capitão Rompante, ouve as de Carneiro Fiel. Há a fuga do real para o sonho. Ao acordar desse sonho, assusta-se e grita para que o outro vá embora.

Como última oposição, queremos chamar a atenção para aquela que se constitui com base em um termo presente no título do conto, "Despertar". Lembre-se de que a significação decorre de uma relação; assim, é preciso ver a que a palavra *despertar* se opõe. Entre suas diversas acepções, *despertar* pode se opor, por exemplo, a: a) *dormir*, como em *Jeanne despertou às seis horas da manhã*; b) *dar origem, provocar, estimular*, como em *A leitura do conto de Maupassant me despertou a vontade de ler outros contos desse autor*; c) *sair de um estado de torpor, de inércia, de apatia, de insensibilidade emocional*, como em *A visita do amigo despertou-o do desânimo*.

Em todas essas acepções, *despertar* contém em si narratividade, na medida em que implica a passagem de um estado a outro, de uma transformação do sujeito, do sono para a vigília, do desinteresse para o interesse, da inércia para o movimento. O sujeito a quem o termo *despertar* se refere, evidentemente, é Jeanne, o que significa dizer que ela passa de um estado a outro.

Todo conto, como destacamos, é marcado pela narratividade, ou seja, por mudanças de estado. No conto de Maupassant, a mudança de estado liga-se ao despertar. Dessa forma, devemos verificar qual é o estado inicial de Jeanne e qual é seu estado final para entendermos qual foi o despertar de Jeanne, que transformação, afinal, ela sofreu.

A palavra *despertar*, que dá título ao conto, pode ser lida em dois sentidos:

1. passagem do sonho ao real, situação que acontece com Jeanne quando se dá conta de que está com Capitão Rompante (plano do real), e não com Carneiro Fiel (plano do sonho);
2. mudança de um estado de vacuidade para um de vitalidade, de um estado de apatia e desinteresse para um de paixão e interesse.

As mudanças de estado das personagens estão ligadas à busca de valores, investidos em objetos que, por isso mesmo, são denominados *objetos-valor*. Todas as transformações por que Jeanne passa decorrem do caráter intencional da narrativa, ou seja, os sujeitos da narrativa sofrem transformações com uma finalidade: entrar em conjunção ou em disjunção com um valor. No caso do conto "Despertar", o valor buscado por Jeanne é a paixão.

Sugestões de atividades

A seguir, você lerá o conto "A igreja do Diabo", de Machado de Assis. Embora publicado inicialmente no século XIX, ele é atualíssimo. Depois da leitura, responda às questões propostas.

A igreja do Diabo

Capítulo I
De uma ideia mirífica

Conta um velho manuscrito beneditino que o Diabo, em certo dia, teve a ideia de fundar uma igreja. Embora os seus lucros fossem contínuos e grandes, sentia-se humilhado com o papel avulso que exercia desde séculos, sem organização, sem regras, sem cânones, sem ritual, sem nada. Vivia, por assim dizer, dos remanescentes divinos, dos descuidos e obséquios humanos. Nada fixo, nada regular. Por que não teria ele a sua igreja? Uma igreja do Diabo era o meio eficaz de combater as outras religiões, e destruí-las de uma vez.

— Vá, pois, uma igreja, concluiu ele. Escritura contra Escritura, breviário contra breviário. Terei a minha missa, com vinho e pão à farta, as minhas prédicas, bulas, novenas e todo o demais aparelho eclesiástico. O meu credo será o núcleo universal dos espíritos, a minha igreja uma tenda de Abraão. E depois, enquanto as outras religiões se combatem e se dividem, a minha igreja será única; não acharei diante de mim, nem Maomé, nem Lutero. Há muitos modos de afirmar; há só um de negar tudo.

Dizendo isto, o Diabo sacudiu a cabeça e estendeu os braços, com um gesto magnífico e varonil. Em seguida, lembrou-se de ir ter com Deus para comunicar-lhe a ideia, e desafiá-lo; levantou os olhos, acesos de ódio, ásperos de vingança, e disse consigo: — Vamos, é tempo. E rápido, batendo as asas, com tal estrondo que abalou todas as províncias do abismo, arrancou da sombra para o infinito azul.

Capítulo II
Entre Deus e o Diabo

Deus recolhia um ancião, quando o Diabo chegou ao céu. Os serafins que engrinaldavam o recém-chegado, detiveram-se logo, e o Diabo deixou-se estar à entrada com os olhos no Senhor.

— Que me queres tu? perguntou este.

— Não venho pelo vosso servo Fausto, respondeu o Diabo rindo, mas por todos os Faustos do século e dos séculos.

— Explica-te.

— Senhor, a explicação é fácil; mas permiti que vos diga: recolhei primeiro esse bom velho; dai-lhe o melhor lugar, mandai que as mais afinadas cítaras e alaúdes o recebam com os mais divinos coros...

— Sabes o que ele fez? perguntou o Senhor, com os olhos cheios de doçura.

— Não, mas provavelmente é dos últimos que virão ter convosco. Não tarda muito que o céu fique semelhante a uma casa vazia, por causa do preço, que é alto. Vou edificar uma hospedaria barata; em duas palavras, vou fundar uma igreja. Estou cansado da minha desorganização, do meu reinado casual e adventício. É tempo de obter a vitória final e completa. E então vim dizer-vos isto, com lealdade, para que me não acuseis de dissimulação... Boa ideia, não vos parece?

— Vieste dizê-la, não legitimá-la, advertiu o Senhor.

— Tendes razão, acudiu o Diabo; mas o amor-próprio gosta de ouvir o aplauso dos mestres. Verdade é que neste caso seria o aplauso de um mestre vencido, e uma tal exigência... Senhor, desço à terra; vou lançar a minha pedra fundamental.

— Vai.

— Quereis que venha anunciar-vos o remate da obra?

— Não é preciso; basta que me digas desde já por que motivo, cansado há tanto da tua desorganização, só agora pensaste em fundar uma igreja.

O Diabo sorriu com certo ar de escárnio e triunfo. Tinha alguma ideia cruel no espírito, algum reparo picante no alforje de memória, qualquer coisa que, nesse breve instante de eternidade, o fazia crer superior ao próprio Deus. Mas recolheu o riso, e disse:

— Só agora concluí uma observação, começada desde alguns séculos, e é que as virtudes, filhas do céu, são em grande número comparáveis a rainhas, cujo manto de veludo rematasse em franjas de algodão. Ora, eu proponho-me a puxá-las por essa franja, e trazê-las todas para minha igreja; atrás delas virão as de seda pura...

— Velho retórico! murmurou o Senhor.

— Olhai bem. Muitos corpos que ajoelham aos vossos pés, nos templos do mundo, trazem as anquinhas da sala e da rua, os rostos tingem-se do mesmo pó, os lenços cheiram aos mesmos cheiros, as pupilas centelham de curiosidade e devoção entre o livro santo e o bigode do pecado. Vede o ardor, — a indiferença, ao menos, — com que esse cavalheiro põe em letras públicas os benefícios que liberalmente espalha, — ou sejam roupas ou botas, ou moedas, ou quaisquer dessas matérias necessárias à vida... Mas não quero parecer que me detenho em coisas miúdas; não falo, por exemplo, da placidez com que este juiz de irmandade, nas procissões, carrega piedosamente ao peito o vosso amor e uma comenda... Vou a negócios mais altos...

Nisto os serafins agitaram as asas pesadas de fastio e sono. Miguel e Gabriel fitaram no Senhor um olhar de súplica. Deus interrompeu o Diabo.

— Tu és vulgar, que é o pior que pode acontecer a um espírito da tua espécie, replicou-lhe o Senhor. Tudo o que dizes ou digas está dito e redito pelos moralistas do mundo. É assunto gasto; e se não tens força, nem originalidade para renovar um assunto gasto, melhor é que te cales e te retires. Olha; todas as minhas legiões mostram no rosto os sinais vivos do tédio que lhes dás. Esse mesmo ancião parece enjoado; e sabes tu o que ele fez?

— Já vos disse que não.

— Depois de uma vida honesta, teve uma morte sublime. Colhido em um naufrágio, ia salvar-se numa tábua; mas viu um casal de noivos, na flor da vida, que se debatiam já com a morte; deu-lhes a tábua de salvação e mergulhou na eternidade. Nenhum público: a água e o céu por cima. Onde achas aí a franja de algodão?

— Senhor, eu sou, como sabeis, o espírito que nega.

— Negas esta morte?

— Nego tudo. A misantropia pode tomar aspecto de caridade; deixar a vida aos outros, para um misantropo, é realmente aborrecê-los...

— Retórico e sutil! exclamou o Senhor. Vai, vai, funda a tua igreja; chama todas as virtudes, recolhe todas as franjas, convoca todos os homens... Mas, vai! vai!

Debalde o Diabo tentou proferir alguma coisa mais. Deus impusera-lhe silêncio; os serafins, a um sinal divino, encheram o céu com as harmonias de seus cânticos. O Diabo sentiu, de repente, que se achava no ar; dobrou as asas, e, como um raio, caiu na terra.

Capítulo III
A boa nova aos homens

Uma vez na terra, o Diabo não perdeu um minuto. Deu-se pressa em enfiar a cogula beneditina, como hábito de boa fama, e entrou a espalhar uma doutrina nova e extraordinária, com uma voz que reboava nas entranhas do século. Ele prometia aos seus discípulos e fiéis as delícias da terra, todas as glórias, os deleites mais íntimos. Confessava que era o Diabo; mas confessava-o para retificar a noção que os homens tinham dele e desmentir as histórias que a seu respeito contavam as velhas beatas.

— Sim, sou o Diabo, repetia ele; não o Diabo das noites sulfúreas, dos contos soníferos, terror das crianças, mas o Diabo verdadeiro e único, o próprio gênio da natureza, a que se deu aquele nome para arredá-lo do coração dos homens. Vede-me gentil e airoso. Sou o vosso verdadeiro pai. Vamos lá: tomai daquele nome, inventado para meu desdouro, fazei dele um troféu e um lábaro, e eu vos darei tudo, tudo, tudo, tudo, tudo, tudo...

Era assim que falava, a princípio, para excitar o entusiasmo, espertar os indiferentes, congregar, em suma, as multidões ao pé de si. E elas vieram; e logo que vieram, o Diabo passou a definir a doutrina. A doutrina era a que podia ser na boca de um espírito de negação. Isso quanto à substância, porque, acerca da forma, era umas vezes sutil, outras cínica e deslavada.

Clamava ele que as virtudes aceitas deviam ser substituídas por outras, que eram as naturais e legítimas. A soberba, a luxúria, a preguiça foram reabilitadas, e assim também a avareza, que declarou não ser mais do que a mãe da economia, com a diferença que a mãe era robusta, e a filha uma esgalgada. A ira tinha a melhor defesa na existência de Homero; sem o furor de Aquiles, não haveria a *Ilíada*: "Musa, canta a cólera de Aquiles, filho de Peleu..." O mesmo disse da gula, que produziu as melhores páginas de Rabelais, e muitos bons versos de *Hissope*; virtude tão superior, que ninguém se lembra das batalhas de Luculo, mas das suas ceias; foi a gula que realmente o fez imortal. Mas, ainda pondo de lado essas razões de ordem literária ou histórica, para só mostrar o valor intrínseco daquela virtude, quem negaria que era muito melhor sentir na boca e no ventre os bons manjares, em grande cópia, do que os maus bocados, ou a saliva do jejum? Pela sua parte o Diabo prometia substituir a vinha do Senhor, expressão metafórica, pela vinha do Diabo, locução direta e verdadeira, pois não faltaria nunca aos seus com o fruto das mais belas cepas do mundo. Quanto à inveja, pregou friamente que era a virtude principal, origem de propriedades infinitas; virtude preciosa, que chegava a suprir todas as outras, e ao próprio talento.

As turbas corriam atrás dele entusiasmadas. O Diabo incutia-lhes, a grandes golpes de eloquência, toda a nova ordem de coisas, trocando a noção delas, fazendo amar as perversas e detestar as sãs.

Nada mais curioso, por exemplo, do que a definição que ele dava da fraude. Chamava-lhe o braço esquerdo do homem; o braço direito era a força; e concluía: Muitos homens são canhotos, eis tudo. Ora, ele não exigia que todos fossem canhotos; não era exclusivista. Que uns fossem canhotos, outros destros; aceitava a todos, menos os que não fossem nada. A demonstração, porém, mais rigorosa e profunda, foi a da venalidade. Um casuísta do tempo chegou a confessar que era um monumento de lógica. A venalidade, disse o Diabo, era o exercício de um direito superior a todos os direitos. Se tu podes vender a tua casa, o teu boi, o teu sapato, o teu chapéu, coisas que são tuas por uma razão jurídica e legal, mas que, em todo caso, estão fora de ti, como é que não podes vender a tua opinião, o teu voto, a tua palavra, a tua fé, coisas que são mais do que tuas, porque são a tua própria consciência, isto é, tu mesmo? Negá-lo é cair no absurdo e no contraditório. Pois não há mulheres que vendem os cabelos? não pode um homem vender uma parte do seu sangue para transfundi-lo a outro homem anêmico? e o sangue e os cabelos, partes físicas, terão um privilégio que se nega ao caráter, à porção moral do homem? Demonstrado assim o princípio, o Diabo não se demorou em expor as vantagens de ordem temporal ou pecuniária; depois, mostrou ainda que, à vista do preconceito social, conviria dissimular o exercício de um direito tão legítimo, o que era exercer ao mesmo tempo a venalidade e a hipocrisia, isto é, merecer duplicadamente.

    E descia, e subia, examinava tudo, retificava tudo. Está claro que combateu o perdão das injúrias e outras máximas de brandura e cordialidade. Não proibiu formalmente a calúnia gratuita, mas induziu a exercê-la mediante retribuição, ou pecuniária, ou de outra espécie; nos casos, porém, em que ela fosse uma expansão imperiosa da força imaginativa, e nada mais, proibia receber nenhum salário, pois equivalia a fazer pagar a transpiração. Todas as formas de respeito foram condenadas por ele, como elementos possíveis de um certo decoro social e pessoal; salva, todavia, a única exceção do interesse. Mas essa mesma exceção foi logo eliminada, pela consideração de que o interesse, convertendo o respeito em simples adulação, era este o sentimento aplicado e não aquele.

    Para rematar a obra, entendeu o Diabo que lhe cumpria cortar por toda a solidariedade humana. Com efeito, o amor do próximo era um obstáculo grave à nova instituição. Ele mostrou que essa regra era uma simples invenção de parasitas e negociantes insolváveis; não se devia dar ao próximo senão indiferença; em alguns casos, ódio ou desprezo. Chegou mesmo à demonstração de que a noção de próximo era errada, e citava esta frase de um padre de Nápoles, aquele fino e letrado Galiani, que escrevia a uma das marquesas do antigo regime: "Leve a breca o próximo! Não há próximo!" A única hipótese em que ele permitia amar ao próximo era quando se tratasse de amar as damas alheias, porque essa espécie de amor tinha a particularidade de não ser outra coisa mais do que o amor do indivíduo a si mesmo. E como alguns discípulos achassem que uma tal explicação, por metafísica, escapava à compreensão das turbas, o Diabo recorreu a um apólogo: — Cem pessoas tomam ações de um banco, para as operações comuns; mas cada acionista não cuida realmente senão nos seus dividendos: é o que acontece aos adúlteros. Este apólogo foi incluído no livro da sabedoria.

Capítulo IV
Franjas e franjas

A previsão do Diabo verificou-se. Todas as virtudes cuja capa de veludo acabava em franja de algodão, uma vez puxadas pela franja, deitavam a capa às urtigas e vinham alistar-se na igreja nova. Atrás foram chegando as outras, e o tempo abençoou a instituição. A igreja fundara-se; a doutrina propagava-se; não havia uma região do globo que não a conhecesse, uma língua que não a traduzisse, uma raça que não a amasse. O Diabo alçou brados de triunfo.

Um dia, porém, longos anos depois notou o Diabo que muitos dos seus fiéis, às escondidas, praticavam as antigas virtudes. Não as praticavam todas, nem integralmente, mas algumas, por partes, e, como digo, às ocultas. Certos glutões recolhiam-se a comer frugalmente três ou quatro vezes por ano, justamente em dias de preceito católico; muitos avaros davam esmolas, à noite, ou nas ruas mal povoadas; vários dilapidadores do erário restituíam-lhe pequenas quantias; os fraudulentos falavam, uma ou outra vez, com o coração nas mãos, mas com o mesmo rosto dissimulado, para fazer crer que estavam embaçando os outros.

A descoberta assombrou o Diabo. Meteu-se a conhecer mais diretamente o mal, e viu que lavrava muito. Alguns casos eram até incompreensíveis, como o de um droguista do Levante, que envenenara longamente uma geração inteira, e, com o produto das drogas, socorria os filhos das vítimas. No Cairo achou um perfeito ladrão de camelos, que tapava a cara para ir às mesquitas. O Diabo deu com ele à entrada de uma, lançou-lhe em rosto o procedimento; ele negou, dizendo que ia ali roubar o camelo de um drogomano; roubou-o, com efeito, à vista do Diabo e foi dá-lo de presente a um muezim, que rezou por ele a Alá. O manuscrito beneditino cita muitas outras descobertas extraordinárias, entre elas esta, que desorientou completamente o Diabo. Um dos seus melhores apóstolos era um calabrês, varão de cinquenta anos, insigne falsificador de documentos, que possuía uma bela casa na campanha romana, telas, estátuas, biblioteca, etc. Era a fraude em pessoa; chegava a meter-se na cama para não confessar que estava são. Pois esse homem, não só não furtava ao jogo, como ainda dava gratificações aos criados. Tendo angariado a amizade de um cônego, ia todas as semanas confessar-se com ele, numa capela solitária; e, conquanto não lhe desvendasse nenhuma das suas ações secretas, benzia-se duas vezes, ao ajoelhar-se, e ao levantar-se. O Diabo mal pôde crer tamanha aleivosia. Mas não havia que duvidar; o caso era verdadeiro.

Não se deteve um instante. O pasmo não lhe deu tempo de refletir, comparar e concluir do espetáculo presente alguma coisa análoga ao passado. Voou de novo ao céu, trêmulo de raiva, ansioso de conhecer a causa secreta de tão singular fenômeno. Deus ouviu-o com infinita complacência; não o interrompeu, não o repreendeu, não triunfou, sequer, daquela agonia satânica. Pôs os olhos nele, e disse-lhe:

> — Que queres tu, meu pobre Diabo? As capas de algodão têm agora franjas de seda, como as de veludo tiveram franjas de algodão. Que queres tu? É a eterna contradição humana.
>
> Fonte: Assis, 2017c.

1. Trata-se de um conto literário. Sob a história narrada, o conto apresenta um tema. Um termo só significa por uma relação opositiva a outro termo, por isso costuma-se apresentar o tema por meio de uma oposição de dois contrários. Em um conto cujo tema é *morte*, esse tema é assim representado: /vida v. morte/. O tema *felicidade* é assim expresso: /felicidade v. infelicidade/.

   Levando-se isso em conta, sob qual oposição temática se articula o conto? Atenção: quando falamos em tema, como você viu neste capítulo, estamos nos referindo a palavras abstratas. Portanto, você deve opor duas palavras abstratas.

2. Considerando-se a resposta à questão anterior, que figuras correspondem àquela oposição temática? Lembre-se de que essas figuras também vão constituir uma oposição, de modo que você poderá confeccionar um quadro com duas colunas, como o que segue.

Tema 1 Exemplo: vida	x	Tema 2 Exemplo: morte
figura 1	x	figura 2
figura 3	x	figura 4
figura 5	x	figura 6
figura n	x	figura n + 1

3. Você viu que a passagem do conto popular para o conto literário, entre outras razões, ocorreu pela introdução do narrador. Caracterize o narrador de "A igreja do Diabo".

4. Nas narrativas, temos mudanças de estado de sujeitos. Os sujeitos da narrativa exercem funções, como a de entrar em conjunção com determinado objeto, investido de um valor. Os sujeitos e os objetos pertencem ao nível narrativo dos textos e são denominados *actantes*. Em um nível mais superficial e concreto, esses actantes são corporificados em personagens. Em resumo: actante é uma função e pertence ao nível narrativo. Os actantes não têm um nome, são designados apenas como *sujeito* ou *objeto*. Personagem é o actante que ganha presença física (tem um nome, características físicas) e psicológica. As personagens têm voz e, portanto, podem dialogar.

"A igreja do Diabo" se desenvolve em torno de uma personagem principal, também chamada de *protagonista*. Quem é o protagonista do conto? Essa personagem corporifica um actante narrativo, ou seja, um sujeito que quer entrar em conjunção com um objeto investido de um valor. Qual é esse objeto?

5. Uma das características de muitas obras de Machado de Assis é a ironia. Essa figura de retórica decorre da superposição de duas vozes que falam no texto. No enunciado, isto é, naquilo que foi dito, diz-se uma coisa; na enunciação, isto é, no ato de dizer, diz-se outra, que é o contrário daquilo que está escrito. O cruzamento dessas duas vozes produz o efeito de sentido irônico, que evidentemente só será percebido pelo leitor (ou ouvinte) se for reconhecido que o que está dito no enunciado é o contrário daquilo que efetivamente foi dito.

Com base nisso, comente o caráter irônico do texto, destacando passagens em que o que está expresso no enunciado contraria o que efetivamente se disse.

6. Esse conto, o que não é comum no gênero, segmenta-se em capítulos. Cada capítulo corresponde a um episódio do conto. Explique em torno de que se desenvolve cada um dos quatro capítulos, levando em conta como eles se relacionam para formar a totalidade, que é o conto.

7. Considerando-se a teoria de Edgar Allan Poe de que o conto deve apresentar unidade de efeito, que sensação "A igreja do Diabo" visa provocar no leitor? Comente.

Sugestões de leituras e filmes

Leituras

A CAUSA secreta e outros contos de horror. São Paulo: Companhia das Letras, 2013.

BOCCACCIO, G. **Decameron**: 10 novelas selecionadas. São Paulo: Cosac Naify, 2013.

CALVINO, I. **Fábulas italianas**: coletadas na tradição popular durante os últimos cem anos e transcritas a partir de diferentes dialetos. São Paulo: Companhia da Letras, 2006.

CORTÁZAR, J. Alguns aspectos do conto. In: ____. **Valise de cronópio**. Tradução de Davi Arrigucci Júnior e João Alexandre Barbosa. 2. ed. São Paulo: Perspectiva, 2011. p. 147-163.

____. As babas do diabo. In: ____. **As armas secretas**. Tradução de Eric Nepomuceno. Rio de Janeiro: Edições BestBolso, 2012. p. 56-71.

Leituras

COUTO, M. **Estórias abensonhadas**. São Paulo: Companhia das Letras, 2012.

GOTLIB, N. B. **Teoria do conto**. 11. ed. São Paulo: Ática, 2006. (Série Princípios).

LE GUIN, U. K. **A mão esquerda da escuridão**. Tradução de Susana L. de Alexandria. 2. ed. São Paulo: Aleph, 2014.

LISBOA, H. **Literatura oral para a infância e a juventude**: lendas, contos e fábulas populares no Brasil. São Paulo: Peirópolis, 2002.

LISPECTOR, C. Uma galinha. In: ____. **Todos os contos**. Rio de Janeiro: Rocco, 2016. p. 156-158.

MALZIEU, M. **A mecânica do coração**. Tradução de André Telles. São Paulo: Galera Record, 2011.

NO RESTAURANTE submarino: contos fantásticos. São Paulo: Companhia das Letras, 2012.

TERRA, E. Mas, afinal, o que é literatura? In: ____. **A produção literária e a formação do leitor em tempos de tecnologia digital**. Curitiba: InterSaberes, 2015. p. 46-80.

Filmes

- A JANELA secreta. Direção: David Koepp. Estados Unidos: Columbia Pictures, 2004. 106 min.
- A VIDA marinha com Steve Zissou. Direção: Wes Anderson. Estados Unidos: Buena Vista International, 2004. 119 min.
- DEPOIS daquele beijo. Direção: Michelangelo Antonioni. Reino Unido/Itália: Zeta Filmes, 1966. 111 min. (Filme baseado no conto "As babas do diabo", de Julio Cortázar)
- JACK e a mecânica do coração. Direção: Mathias Malzieu e Stéphane Berla. Bégica/França, 2013. 94 min.
- O DECAMERON. Direção: Pier Paolo Pasolini. Itália, 1971. 112 min. (Filme baseado na obra homônima de Giovanni Boccaccio; também disponível no YouTube)
- PSICOSE. Direção: Alfred Hitchcock. Estados Unidos: Universal Pictures, 1960. 109 min. (Filme baseado na obra homônima de Robert Bloch)
- RUMPELSTILTSKIN. Direção: Emile Ardolino. Estados Unidos, 1982. 50 min. Disponível em: <https://www.youtube.com/watch?v=ZevUDlfqyo4>. Acesso em: 3 jan. 2017.
- SOLARIS. Direção: Andrei Tarkovski. Rússia: Versátil, 1972. 166 min. (Filme baseado na obra homônima de Stanisław Lem, de 1961)

Capítulo 3

sentido
o conto: percurso gerativo do sentido

Ler é reconstruir o sentido do texto. O autor, ao produzir um texto, pretendeu dar-lhe um sentido. Cabe ao leitor reconstruí-lo, o que ocorre mediante a interação entre autor e leitor.
Na conversação, essa interação é on-line. Isso permite que os parceiros reformulem seus textos em tempo real, a fim de atender a seus propósitos comunicativos e, ao contrário do que acontece no texto escrito, as marcas das reformulações se constituem como parte do texto.

Neste livro, trabalhamos com a leitura de contos, alguns deles produzidos há muitos anos. No caso de textos escritos, a recepção é diferida, isto é, o momento da produção não coincide com o da recepção, como na conversação, o que significa que, no conto escrito, o contexto de produção pode ser diferente do de recepção.

Se o sentido do texto decorre de uma interação entre autor e leitor, como se dá essa interação na leitura de contos? A resposta é simples: a interação é mediada pelo texto, conforme ilustra a Figura 3.1.

Figura 3.1 – Interação entre autor e leitor no texto escrito

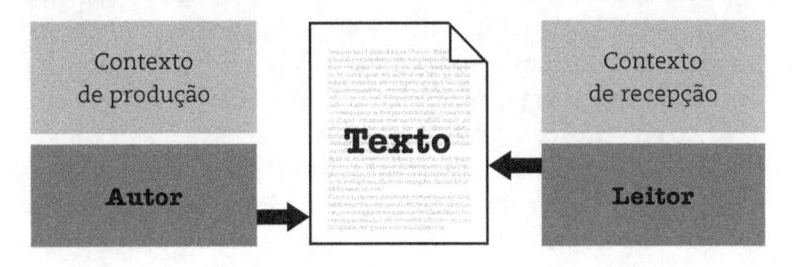

Contexto de produção	Texto	Contexto de recepção
Autor		Leitor

O conto: percurso gerativo do sentido

O texto é o lugar onde autor e leitor se encontram e estabelecem um diálogo. Como comentamos no Capítulo 1, os textos apresentam dois planos: a expressão e o conteúdo. Neste capítulo, nossa atenção recairá sobre o plano do conteúdo.

3.1
Os níveis do conteúdo do texto

Nos textos verbais (orais ou escritos), a expressão se desenvolve linearmente, ou seja, um fonema após o outro, uma palavra após a outra. Para usarmos a nomenclatura estabelecida por Ferninand de Saussure, podemos afirmar que o **plano da expressão** dos textos verbais ocupa o **eixo do sintagma**, já que se desenvolve **horizontalmente**. No caso dos textos escritos em língua portuguesa, o sentido é da esquerda para a direita, de cima para baixo. Nos textos pictóricos, como a tela de Goya que reproduzimos no Capítulo 1, a expressão não é linear, mas simultânea.

Quanto ao **plano do conteúdo**, podemos imaginá-lo no **eixo do paradigma**, isto é, **verticalmente**. Como o conteúdo se manifesta por meio de uma expressão, a leitura primeira que fazemos dos textos verbais é uma leitura sintagmática, vale dizer, linear, horizontal, palavra após palavra, período após período, já que duas palavras ou dois períodos não podem ocupar o mesmo lugar na linha do plano da expressão.

No entanto, como mencionamos, ler é reconstruir o sentido, o que significa dizer que essa leitura linear deve nos levar a uma outra leitura do texto, paradigmática, isto é, vertical, em que se percorre um caminho, uma vez que o sentido dos textos obedece a um percurso vertical, como mostramos na Figura 3.2.

Figura 3.2 – Os eixos da expressão e do conteúdo

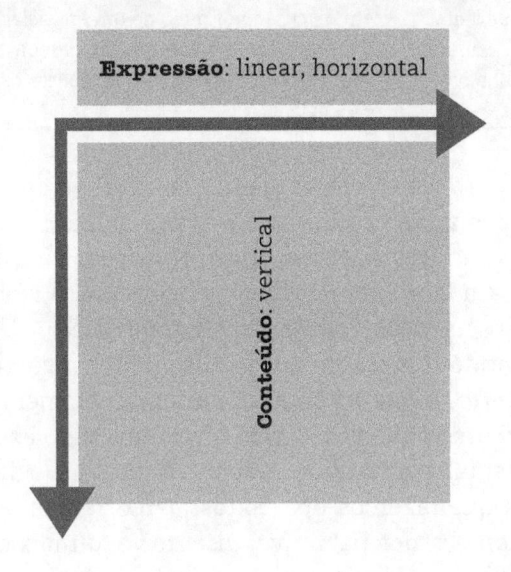

Expressão: linear, horizontal

Conteúdo: vertical

Como a expressão e o conteúdo são indissociáveis, a reconstituição do conteúdo do texto se faz pelo cotejo concomitante entre os dois planos.

O plano do conteúdo apresenta três níveis: um mais profundo e abstrato, outro mais superficial e concreto e, entre eles, um nível intermediário. A esse percurso damos o nome de **percurso gerativo do sentido**, que esquematizamos no Quadro 3.1.

Quadro 3.1 – Percurso gerativo do sentido

Nível fundamental (o mais profundo, simples e abstrato)	Contém o mínimo de significado, expresso normalmente por uma oposição semântica, como /vida v. morte/, /natureza v. cultura/, /liberdade v. opressão/, /identidade v. alteridade/.
Nível narrativo (intermediário)	Os valores presentes no nível fundamental são assumidos por sujeitos que sofrem mudanças de estado por ação de outros sujeitos.

(continua)

O conto: percurso gerativo do sentido

(Quadro 3.1 – conclusão)

Nível discursivo (o mais superficial, complexo e concreto e que engloba os outros dois)	As estruturas narrativas são convertidas em discurso por meio de um enunciador que instaura as categorias de pessoa, tempo e espaço. Neste nível estão presentes os temas e as figuras.

O Quadro 3.1 refere-se apenas ao nível do conteúdo dos textos, ou seja, não contempla o plano da expressão, que é dado por uma linguagem qualquer – verbal, não verbal ou sincrética. Cada um desses níveis pode ser estudado isoladamente, em seus aspectos sintático e semântico.

O sentido dos textos constrói-se pela conversão de um nível ao outro, o que representa um enriquecimento de sentido. O percurso do sentido vai do nível mais simples e abstrato (o fundamental) para o mais complexo e concreto (o discursivo). Na leitura que fazemos dos textos, percorremos o caminho inverso: começamos pelo nível discursivo, o mais complexo, e vamos até o nível fundamental, o mais simples.

A junção entre o plano da expressão e o plano do conteúdo tem como resultado o **texto** (ver Figura 3.3). Portanto, o texto é a manifestação de um conteúdo por meio de uma expressão, o que equivale a dizer que o texto se configura como um signo no sentido saussuriano, formado pela união indissolúvel entre um conteúdo e uma expressão; devemos lembrar, no entanto, que o texto, na condição de signo, não é apenas objeto de sentido, mas também objeto de comunicação.

Figura 3.3 – Texto = plano da expressão + plano do conteúdo

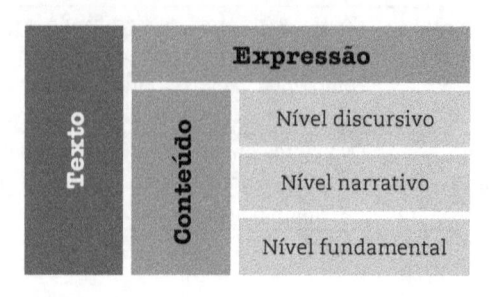

Texto	Conteúdo	Expressão
		Nível discursivo
		Nível narrativo
		Nível fundamental

Podemos reconstruir o sentido do quadro de Goya que examinamos no Capítulo 1 pela análise dos três níveis do percurso gerativo.

Nosso primeiro contato com qualquer texto se dá pelo nível mais superficial e concreto, o discursivo, o qual apresenta a maior diversidade de signos. Por baixo dele se "escondem" os conteúdos mais abstratos.

No nível discursivo da tela de Goya, observarmos as personagens, que podemos dividir em dois grupos: de um lado, aquelas que formam um pelotão de fuzilamento e, de outro, as que foram e as que serão fuziladas. Entre as personagens do primeiro grupo, não conseguimos visualizar seus rostos; elas formam uma massa anônima. Entre as do segundo grupo, destaca-se uma personagem (observe que a luz incide sobre ela) cuja expressão é de desespero, com os braços abertos formando uma cruz. Nesse nível estão expressos o tempo (uma noite escura) e o local. Depreendemos, ainda, como tema principal, a morte, revestida por figuras como fuzis, soldados sem rosto, a escuridão e a cor negra.

Em um nível mais abaixo e mais abstrato, o narrativo, que mostra a ação do homem no mundo, temos sujeitos que praticam ações (matar) e sujeitos que sofrem ações (serem mortos). Há, portanto, uma narratividade, na medida em que há mudança de estado – a passagem da vida para a morte. Sujeitos que estão em conjunção com o valor *vida* serão privados desse valor por ação de outros sujeitos, aqueles que representam o exército napoleônico.

Em um nível mais abstrato ainda, o fundamental, o quadro opõe dois valores: /vida v. morte/. Na oposição fundamental, nega-se um valor e afirma-se outro. No caso, há a negação da morte (valor negativo) e a afirmação da vida (valor positivo). O que a pintura de Goya condena é a morte.

Esse é o conteúdo do quadro. Para sua expressão, o artista usou signos, como cores, traços e formas. Mostrou a oposição /vida v. morte/ por meio do contraste entre o claro e o escuro, entre o rosto descoberto mostrando o desespero diante da morte e os rostos ocultos daqueles que matam. No quadro de Goya, a expressão não é só expressão, pois também significa, ou seja, é conteúdo também. Em suma: o escuro e sem rosto associa-se à morte, e o claro e com rosto, à vida.

O texto, seja ele qual for, não é apenas um todo de sentido, é também um objeto de comunicação entre sujeitos, um enunciador e um enunciatário, em que o primeiro objetiva persuadir o segundo. Todo texto, em maior ou menor grau, visa persuadir o enunciatário, isto é, levá-lo a um fazer-crer ou a um fazer-fazer. Com a tela, pretende-se levar os enunciatários a crer e a aceitar um valor. Goya visa persuadir o enunciatário do horror cometido pelos soldados napoleônicos contra civis espanhóis.

Quando comentamos sobre essa tela no Capítulo 1, afirmamos que ela é narrativa, pois conta algo (o fuzilamento de espanhóis por soldados franceses). Mas o que difere essa narrativa de um conto? Simplesmente o plano da expressão. Na tela, Goya usou signos não verbais – cores, formas, traços, luminosidade etc. Se Goya fosse contista ou poeta em vez de pintor, expressaria esse conteúdo usando signos verbais, palavras; se fosse músico, teria composto uma sinfonia. Observe que, para reconstituirmos o conteúdo da tela de Goya, o tempo todo cotejamos a expressão com o conteúdo, já que aquela é expressão deste.

O percurso gerativo do sentido é um modelo que você pode usar para construir o sentido de qualquer texto, independentemente do plano da expressão em que o conteúdo se manifeste. Habitue-se a usá-lo em qualquer texto, mesmo os não verbais, como um filme, lembrando-se de que, nos filmes, a expressão é dada por outros sistemas de signos além do verbal.

3.1.1 Nível fundamental

O nível mais profundo, simples e abstrato é o nível fundamental. Ele contém a **significação mínima** de um texto qualquer. Quando dizemos *significação mínima*, estamos nos referindo a uma expressão semântica desvinculada de sujeito, espaço e tempo.

Como mencionamos em outra oportunidade, a significação decorre de uma relação. Na ocasião, usamos o exemplo /cru v. cozido/: cru é aquilo que não está cozido; cozido é aquilo que não está cru. Em uma sociedade primitiva em que não se conhecesse o cozimento de alimentos, não haveria a palavra *cru*, porque não existiria a necessidade de diferenciação, pois todos os alimentos seriam crus. Quando se passa ao cozimento, surge então a necessidade de distinguir o cru do cozido. Em resumo: a significação é dada por uma relação em que se observam **diferenças**. Pai é aquele que tem filho; avô é aquele que tem neto. No tocante à tela de Goya, dizemos que os que são fuzilados são civis, porque não são militares, e que o fuzilamento ocorreu à noite, porque não era dia.

O nível fundamental dos textos se articula em uma **oposição semântica** entre dois contrários, em geral abstratos, como nos casos de /vida v. morte/, /natureza v. cultura/, /liberdade v. opressão/, /alegria v. tristeza/, /altruísmo v. egoísmo/, /tristeza v. alegria/, /masculinidade v. feminilidade/. Observe que a oposição é sempre feita entre termos que apresentam algo em comum. No par /masculinidade v. feminilidade/, o traço comum é a sexualidade. Não é possível, por exemplo, estabelecer a oposição /masculinidade v. vida/ ou /feminilidade v. altruísmo/, porque não há traço comum entre esses termos.

Na oposição do nível fundamental, um dos termos tem valor **positivo**, e o outro, **negativo**. A atribuição do valor positivo ou negativo aos termos da oposição básica não é dada pelo enunciatário, já que ela está inscrita no texto, competindo-lhe apenas verificar o que o enunciador toma como positivo e o que toma como negativo. Há textos em que o termo *morte* da oposição /vida v. morte/ é o positivo, como naqueles que exaltam a morte como forma de se atingir um grau maior na espiritualidade. Podemos observar isso nos discursos de religiosos em uma cerimônia fúnebre: enquanto toda a família lamenta a morte, o discurso religioso a enaltece, mostrando que o morto irá para um plano melhor. Em outros textos, o que se valoriza como positivo é a vida. No próximo capítulo, você lerá um conto de Eça de Queirós e poderá constatar que a morte tem valor positivo para uma das personagens e negativo para outra.

Você certamente conhece o poema "Canção do exílio", de Gonçalves Dias ("Minha terra tem palmeiras/Onde canta o sabiá"). No nível fundamental, o poema se articula na oposição fundamental /pertencimento v. não pertencimento/, que corresponde à oposição semântica /pátria v. exílio/, respectivamente. No nível discursivo, a oposição entre os advérbios *lá* e *aqui*, citados no poema, deixa isso claro. No texto de Gonçalves Dias, a pátria é o valor positivo, e o exílio, o negativo. No poema, afirma-se que na pátria há coisas que não há no exílio, e o sujeito quer voltar para a pátria. "Canção do exílio" manifesta o tema do nacionalismo, bem ao gosto dos autores românticos. Se você atentar para as figuras presentes no nível discursivo, verá ainda que, além do nacionalismo, estão presentes temas como o da natureza, revestido por figuras como "palmeiras", "sabiá", "aves", "gorjeiam", "bosques", "estrelas", "céu". Além disso, as marcas linguísticas da enunciação no texto ("minha", "aqui", "nosso", "nossa", "eu") produzem um efeito de sentido de subjetividade, próprio do estilo romântico.

A construção do sentido dos textos é feita a partir de uma operação em que se nega um dos termos do nível fundamental e se afirma o outro. Em "Canção do exílio", nega-se o exílio (o exílio não tem o que a pátria tem) e afirma-se a pátria ("Não permita Deus que eu morra/Sem que volte para lá"). A partir dessa operação de negação/afirmação, os valores do nível fundamental são investidos em objetos, por isso mesmo denominados *objetos-valor*, que poderão estar ou não em conjunção com sujeitos. Mas isso já representa outro nível do percurso gerativo, que veremos na seção seguinte.

3.1.2 Nível narrativo

Na etapa intermediária entre o nível fundamental e o discursivo – o nível narrativo –, há um enriquecimento de sentido, pois os valores presentes no nível fundamental são assumidos por sujeitos que, pela ação de outros sujeitos, vão em busca de objetos, considerados como valores. Nesse nível, é preciso distinguir dois tipos de sujeito: o sujeito de estado e o sujeito do fazer, que vão constituir os dois tipos de enunciados principais: os enunciados de estado e os enunciados de fazer.

Nos **enunciados de estado**, há um **sujeito de estado**, aquele que está em conjunção ou em disjunção com o objeto no qual está investido um valor. Normalmente, esses enunciados são expressos por meio dos verbos *ser* ou *ter*. Vejamos alguns exemplos:

> *Luana é vaidosa.*
> (O sujeito *Luana* está em conjunção com o objeto *vaidade*.)
>
> *"Minha terra tem primores"*
> (O sujeito *minha terra* está em conjunção com o valor *primores*.)
>
> *Os amantes não eram felizes.*
> (O sujeito *amantes* está disjunto do objeto *felicidade*.)
>
> *O Diabo não tinha uma igreja.*
> (O sujeito *Diabo* está em disjunção com o objeto *igreja*.)

Nos **enunciados de fazer**, há a presença de um **sujeito do fazer**, aquele que modifica a situação do sujeito de estado, fazendo passá-lo de um estado de conjunção para um de disjunção ou vice-versa. Consideremos os seguintes exemplos:

A deusa do amor fez com que Narciso se apaixonasse.

O egocentrismo levou Narciso à morte.

No primeiro exemplo, um sujeito (Narciso) está em disjunção com o objeto *paixão* e, por ação de um outro sujeito (*a deusa do amor*), seu estado passa a ser de conjunção com o objeto *paixão*. No segundo, o sujeito (Narciso) passa de um estado de disjunção com o objeto *morte* para um estado de conjunção, por meio da ação do sujeito *egocentrismo*.

Se você retomar o poema "Canção do exílio", verificará que há um sujeito disjunto de um valor, que é a pátria, com a qual quer entrar em conjunção ("Não permita Deus que eu morra/Sem que volte para lá"). Trata-se de um sujeito de estado, portanto. A saudade é que lhe vai dar o querer, que consiste em voltar à pátria. A saudade é, pois, o sujeito do fazer. Como você verá adiante, o sujeito do fazer não é necessariamente representado por um sujeito humano.

São os enunciados de fazer que conferem narratividade aos textos, uma vez que, como frisamos, a narratividade implica mudanças de estado e isso ocorre pela ação de sujeitos que transformam o estado de outros sujeitos. O sujeito responsável pela transformação dos sujeitos de estado é denominado *sujeito do fazer*. Em resumo:

- **Sujeito de estado** – É aquele que está em conjunção ou em disjunção com um objeto.
- **Sujeito do fazer** – É aquele que realiza uma transformação no sujeito de estado, fazendo passá-lo de um estado de conjunção para um de disjunção ou vice-versa.

É evidente que uma narrativa não se faz com apenas um enunciado de fazer. Na prática, há um encadeamento desse tipo de enunciado que vai expressar transformações sucessivas de sujeitos. A narrativa se faz por meio de uma sucessão de vários enunciados de fazer responsáveis pelas transformações de sujeitos por ação de outros sujeitos, formando o que chamamos de *programa narrativo*. Há, como você verá ainda neste capítulo, três tipos de programas narrativos: o da manipulação, o da ação (ou do sujeito) e o da sanção.

Para finalizarmos esta seção, é importante acrescentarmos algumas observações:

1. O sujeito do fazer pode ser diferente do sujeito de estado, como em: *O pai emancipou o filho*.
   O filho (sujeito de estado) passa do estado de não emancipado para o de emancipado pela ação do pai (sujeito do fazer).
2. O sujeito do fazer pode ser igual ao do sujeito de estado, ou seja, um sujeito provoca a mudança de estado dele próprio, como em: *Luciana finalmente reconheceu sua culpa no acidente*.
   Luciana (sujeito de estado) altera seu estado de inocente para culpada pela ação dela própria (sujeito do fazer).
3. O sujeito (de estado ou do fazer) não precisa ser necessariamente humano. Ele pode ser representado por animais (*A raposa estava com fome*), por coisas (*A agulha era arrogante*), por acontecimentos ou fenômenos (*Uma tempestade destruiu a casa*), por paixões e sentimentos (*O ciúme foi a causa do fim do casamento de Bentinho; O egocentrismo levou Narciso à morte*).
   No primeiro exemplo, o sujeito de estado é representado por um animal; no segundo, por uma coisa. No terceiro, que é um enunciado de fazer, o sujeito do fazer é um fenômeno natural (tempestade), e o sujeito de estado é a casa, uma coisa, que passa de um estado

de não destruição para o de destruição. Nos dois últimos, também enunciados de fazer, os sujeitos do fazer são o ciúme, que transforma o estado de Bentinho de casado para não casado, e o egocentrismo, que transforma o estado de Narciso de vida em morte. No poema de Gonçalves Dias, como observamos, o sujeito do fazer é representado pela saudade.

4. Quanto ao objeto, assim como o sujeito, ele não é necessariamente um objeto material e concreto, mas algo que possui um valor para o sujeito, ou seja, o objeto pode ser abstrato, como a justiça, buscada pelo homem da lei; a vingança, que move Montressor a matar Fortunato (em "O barril de *amontillado*", de Edgar Allan Poe); a saudade, que leva o sujeito a querer voltar à pátria; por isso mesmo esse objeto é chamado de *objeto-valor*. É evidente que o objeto-valor pode ser representado por algo concreto – uma casa, um livro, um automóvel, a natureza etc. No entanto, é preciso observar que esse objeto concreto só será objeto-valor se estiver investido de um valor abstrato: por exemplo, abrigo, saber, prestígio e saudade, associados, respectivamente, aos objetos *casa*, *livro*, *automóvel* e *natureza*.

Em síntese: no nível narrativo temos transformações de sujeitos pela ação de outros sujeitos. Em outros termos, temos mudanças de estado, na medida que um sujeito de estado, aquele que está em conjunção ou disjunção com um objeto-valor, tem seu estado alterado pela ação de um outro sujeito, denominado *sujeito do fazer*.

3.1.2.1 Esquema narrativo

Como mencionamos, a narratividade implica mudanças de estado de sujeitos por ação de outros sujeitos. Damos o nome de *programa narrativo* ao enunciado elementar de toda narrativa. Nele, um sujeito do fazer opera transformações em um sujeito de estado. Portanto, no programa narrativo, há **estados** e **transformações**.

Os programas narrativos encadeiam-se uns nos outros, formando o percurso narrativo. O encadeamento de percursos narrativos constitui o esquema narrativo, que é um modelo de **previsibilidade**, e nele nos baseamos para entender a estrutura dos textos narrativos. Em síntese:

- **Programa narrativo** – É o enunciado elementar de toda narrativa. Um sujeito do fazer modifica o estado de um sujeito de estado.
- **Percurso narrativo** – É o encadeamento lógico de programas narrativos.
- **Esquema narrativo** – É o encadeamento lógico de percursos narrativos. Constitui a estrutura do texto, ou seja, sua gramática.

O esquema narrativo é um modelo que apresenta três percursos narrativos: o percurso da manipulação, o percurso da ação (ou do sujeito) e o percurso da sanção.

Na **manipulação**, um sujeito manipula outro para que este faça algo. Há uma relação comunicativa entre o sujeito manipulador e o sujeito da ação e entre eles se estabelece um contrato. Se o sujeito acredita no manipulador e aceita o contrato que este propõe, inicia-se a ação propriamente dita. Podemos ampliar, portanto, o conceito de narratividade apresentado no Capítulo 1: a narratividade decorre das mudanças de estado de sujeitos pela ação de outros sujeitos, bem como do estabelecimento e da ruptura de contratos entre sujeitos.

O **percurso da ação** descreve as transformações do sujeito da ação, ou seja, nele se descreve a *performance* do sujeito. No **percurso da sanção**, um sujeito avalia se o sujeito da ação realizou a *performance* e cumpriu o contrato, sancionando-o positiva ou negativamente; pode aplicar-lhe uma punição ou uma recompensa. A sanção é também a fase da narrativa em que ocorre a revelação dos segredos e das mentiras. É nesse momento que, por exemplo, o vilão é desmascarado. Isso pode ser visualizado no Quadro 3.2.

Quadro 3.2 – Esquema narrativo

Manipulação	Um sujeito manipula outro para fazer algo, atribuindo-lhe um querer ou um dever fazer.
Ação	O sujeito da ação adquire um saber e um poder (uma competência) e executa a ação (uma *performance*).
Sanção	O sujeito da ação é julgado positiva ou negativamente, podendo receber um castigo ou uma recompensa.

Na sequência, vamos examinar mais detalhadamente cada um desses percursos, com base em alguns exemplos.

Na manipulação, um sujeito, o manipulador, persuade outro sujeito a realizar uma ação (casar com a princesa, achar um tesouro, passar pelas portas da lei, encontrar uma besta perdida, saber quem é o misterioso homem que chegou a Tubiacanga, enamorar-se de Narciso, voltar à pátria etc.). A manipulação pode ocorrer por várias formas, entre as quais destacamos as descritas a seguir:

a. **Provocação** – O manipulador força o sujeito da ação a fazer algo, desafiando-o. Para isso, costuma apresentar uma visão negativa do sujeito da ação. Por exemplo: *Você jamais será capaz de ir lá sozinho* ou *Duvido de que você pule desse trampolim*.

b. **Sedução** – O manipulador apresenta uma imagem positiva do sujeito da ação, elogiando-o. Por exemplo: *Você, uma moça tão inteligente e esforçada, consegue passar nessa prova com facilidade*.

c. **Intimidação** – O manipulador leva o sujeito da ação a realizar algo, amedrontando-o. Por exemplo: *Se você não entregar a encomenda no prazo, receberá uma pesada multa e será processado*.

d. **Tentação** – O manipulador propõe alguma vantagem ao sujeito da ação para que realize algo. Embora antigo, mas com novas formas e meios, o chamado *conto do vigário* é um exemplo de como as pessoas são manipuladas por tentação. O vigarista convence o sujeito da ação a lhe dar dinheiro, prometendo que, se o manipulado realizar a ação proposta, terá uma boa vantagem.

No conto "A nova Califórnia", apresentado no Capítulo 1, as personagens violam as sepulturas movidas pela tentação. Acreditam que, pegando ossos humanos, terão uma vantagem, pois eles serão transformados em ouro.

Vejamos agora o esquema narrativo aplicado a um conto. Você certamente conhece o texto "A roupa nova do imperador", de Hans Christian Andersen. Para quem não se lembra da história, nós a recontamos a seguir.

> Era uma vez um imperador que era tão apaixonado por roupas que chegava a gastar com elas todo o dinheiro que possuía, além de não cumprir suas obrigações, pois passava a maior parte do tempo preocupado em como vestir-se. Certo dia, apareceram no reino dois malandros que se diziam capazes de confeccionar os tecidos mais belos do mundo. Mais ainda: conseguiriam confeccionar um maravilhoso tecido que se mantinha invisível a quem não tivesse as qualidades para exercer suas funções ou que fosse burro. O imperador ficou encantado com a proposta, porque assim poderia descobrir quem era incapacitado ou burro, e concedeu aos malandros um adiantamento para que dessem início ao trabalho. Pediram também que o imperador lhes entregasse fios de ouro e de seda para confeccionar o tecido. Esconderam o ouro e a seda e começaram o trabalho em um tear vazio.
>
> O imperador, curioso em saber como andava o trabalho, pediu a seu ministro que fosse verificar se o tecido era realmente maravilhoso. O ministro

evidentemente não viu nada. Com medo de ser julgado incapaz e de perder o cargo, disse ao imperador que o tecido era maravilhoso.

Os vigaristas continuaram a pedir mais dinheiro e fios de ouro e de seda, no que foram atendidos. Vendo que o trabalho demorava, o imperador enviou outro fiel cortesão para ver o tecido. Ocorreu com este o mesmo que tinha acontecido com o ministro: não viu nada, mas, com medo de ser julgado tolo, disse ao rei que o tecido era maravilhoso.

Finalmente, o próprio imperador foi ver o tecido e ele mesmo, não vendo nada e temendo que seus súditos o considerassem desqualificado, aprovou o trabalho e resolveu se vestir com o tecido inexistente. Apareceu diante de seus súditos, que, com júbilo, disseram, para não serem julgados tolos: "Como Vossa Majestade está bem vestido!".

Eis que do meio do povo surgiu uma criança dizendo que o imperador não vestia roupa alguma. O que a criança disse foi repetido então por todo o povo, que gritava: "O imperador está nu". O imperador sabia que o que gritavam era verdade, mas pensou: "O desfile tem de continuar". E continuou, com os camaristas segurando a cauda da roupa invisível.

No percurso da manipulação, o imperador é manipulado por tentação por malandros que se diziam capazes de confeccionar tecidos maravilhosos. A manipulação dá resultado porque os valores apresentados pelos malandros são valores que o imperador almeja. O imperador é vaidoso, e os malandros lhe propõem fazer uma roupa encantada. Com isso, estabelece-se um contrato entre o manipulador (representado pelos malandros) e o sujeito *imperador*, que então encomenda o tecido. O contrato é aceito pelo imperador porque, além de querer o tecido, ele crê que os malandros farão o que prometeram.

No percurso da ação, o imperador dá dinheiro aos malandros, além de fios de ouro e de seda para obter o tecido. Pede ao ministro notícias do trabalho dos falsos tecelões. Manda em seguida outro cortesão, para que dê notícias do trabalho. Por fim, o próprio imperador vai conferir o trabalho. Ninguém vê nada, mas, para não passarem por incompetentes ou burros, todos declaram ter visto o tecido inexistente. O imperador "veste o traje" e aparece diante de seus súditos, que o aplaudem para não serem julgados tolos.

No percurso da sanção, o povo sanciona o imperador negativamente e o desmascara gritando a verdade: o imperador está nu.

Esse esquema narrativo está representado no Quadro 3.3.

Quadro 3.3 – Esquema narrativo do conto "A roupa nova do imperador"

Manipulação	Os vigaristas manipulam o imperador por tentação. Há um contrato pelo qual o manipulador se compromete a fazer um traje encantado para o imperador.
Ação	O imperador aguarda que os falsos tecelões façam o traje encantado e paga a eles por isso. Os auxiliares do imperador e ele próprio dizem ver um tecido maravilhoso sendo feito pelos falsos tecelões. O imperador aparece em público "vestido" com o traje.
Sanção	O povo sanciona o imperador negativamente gritando que o imperador está nu.

Evidentemente, esse esquema narrativo não dá conta de todos os sentidos do conto, mas apenas expõe sua estrutura narrativa, que é convertida em uma estrutura mais complexa, com a presença de narrador, personagens, tempo, espaço, temas e figuras, elementos que constituem o nível discursivo. Antes de prosseguirmos, é importante tecermos mais algumas considerações sobre o esquema narrativo.

O percurso da ação, como você viu, evidencia a *performance* do sujeito (a ação propriamente dita). Para que um sujeito realize uma ação (um fazer), ele tem de **querer fazer** ou **dever fazer**. Observe que, no caso do imperador, o que o leva à ação é um querer (ele contrata os "tecelões" porque quer se valer dos poderes do tecido encantado). Então, guarde bem isto: para que um sujeito realize algo, é preciso que ele queira fazer ou deva fazer. Os malandros dão ao imperador esse querer, manipulando-o por sedução, pois o imperador espera obter alguma vantagem.

No percurso da ação, para que haja a *performance*, pressupõe-se que o sujeito da ação seja dotado de uma competência para realizar a ação. A competência é, portanto, um pressuposto da *performance* e é dada pelos verbos *poder* ou *saber*. Isso significa que, para realizar algo, não basta ao sujeito querer ou dever fazer, é preciso também que ele **saiba** e **possa fazê-lo**.

Vejamos o que acontece com o imperador. Ele não apenas quer um tecido encantado, ele também pode ter um tecido encantado, pois tem dinheiro para pagar os falsos tecelões. Ele também sabe como obter o tecido: pagando aos malandros. Se o imperador dá dinheiro e fios de ouro e de seda aos malandros, está pressuposto que ele tinha esses bens para dar aos malandros. A narrativa não precisa contar isso na medida em que está pressuposto. Em síntese: o imperador é um sujeito que detém uma competência para realizar uma ação, ou seja, ele **quer**, **pode** e **sabe fazer**.

Esclarecemos que o modelo de esquema narrativo que apresentamos pode aparecer incompleto, faltando, por exemplo, um dos seus percursos. Quando isso ocorre, devemos recuperá-lo, pois ele está pressuposto. Consideremos como exemplo o conto "Sinhá Secada", de Guimarães Rosa (1995b), que se inicia assim: "Vieram tomar o menino da Senhora". O texto começa pela ação de sujeitos que vieram tomar o filho pequeno da personagem que dá título ao conto. Pressupõe-se que esses sujeitos foram manipulados por um outro sujeito para que fossem buscar o menino. Quando se diz *Os bombeiros foram chamados para apagar o incêndio*, está pressuposto que eles têm uma competência para isso, ou seja, eles podem e sabem combater incêndios. Não é necessário dizer isso ao leitor.

Reiteramos, por fim, que o esquema narrativo é um modelo de previsibilidade. As narrativas mais tradicionais seguem rigidamente esse modelo. Nas narrativas modernas, o esquema necessariamente não aparece na ordem que expusemos. Há muitos textos que se iniciam pela sanção, por exemplo. Outros textos enfatizam mais um percurso que o outro e, evidentemente, as narrativas costumam apresentar mais de um esquema narrativo. Paralelamente ao esquema narrativo do herói, pode existir o do anti-herói, ou do sujeito e do antissujeito[1]. Lembre-se, ainda, de que no esquema narrativo há uma pressuposição lógica dos programas. Se o sujeito executa uma ação, pressupõe-se que tem competência para realizá-la.

Em contos "água com açúcar", o esquema narrativo é sempre o mesmo: a moça ama o rapaz e com ele quer se casar, mas há algo que impede que os dois se unam. No fim, o obstáculo é vencido e eles se casam, vivendo felizes para sempre.

Esse esquema narrativo recebe revestimentos figurativos diferentes no nível discursivo, dando a impressão de que se trata de narrativas diferentes; mas, se atentarmos à estrutura narrativa e mesmo ao nível fundamental, veremos que a história é sempre a mesma. No nível discursivo, há personagens diferentes, mas que exercem a mesma função narrativa; o antissujeito pode variar, pode ser um rival, uma doença, a diferença de classe social ou de idade, os pais etc. Em suma: no nível concreto, há personagens, tempo, espaço e figuras diferentes encobrindo um mesmo esquema narrativo.

Esse esquema narrativo está representado no Quadro 3.4.

---

[1] Preferimos a nomenclatura *sujeito* e *antissujeito* porque estão isentas de caráter ideológico, ao contrário do que ocorre com *herói* e *anti-herói*.

Quadro 3.4 – Esquema narrativo dos contos "água com açúcar"

Manipulação	O manipulador é sempre o mesmo: o amor romântico que dá ao sujeito da ação o querer.
Competência	A moça quer casar, mas falta-lhe o poder casar, pois há algum obstáculo (pobreza, diferença de idade, um rival, doença etc.), representado pelo antissujeito. Ela vai se tornar competente quando adquirir esse poder casar, que pode ser dado a ela por outro sujeito ou alcançado por seus próprios meios.
Performance	A *performance* do sujeito é marcada por ações que visam eliminar o obstáculo à união. O obstáculo é eliminado porque o sujeito tem a competência necessária para isso. Na *performance*, o sujeito da ação pode receber ajuda de outro sujeito.
Sanção	É sempre positiva (final feliz). A recompensa é o casamento e a felicidade eterna. Nesta fase, os segredos e as mentiras são revelados.

Evidentemente, esse esquema narrativo pode produzir contos criativos, fugindo do lugar comum, com um percurso da sanção não convencional. A originalidade estará no modo como esse esquema será transformado em discurso e também na forma da expressão por meio da qual se manifestará.

3.1.3 Nível discursivo

No nível mais concreto e superficial, o discursivo, temos a instalação do narrador, das personagens, do tempo e do espaço. Portanto, aqueles sujeitos do nível narrativo tomam corpo e se transformam em personagens no nível discursivo.

Quando tratamos das mudanças de estado de sujeitos, não havia qualquer referência ao momento e ao lugar em que essas transformações ocorrem. No nível discursivo, as transformações dos sujeitos, agora personagens com características físicas e psicológicas, operam-se em determinado tempo e espaço.

A conversão do nível narrativo em discursivo se dá por meio da **enunciação**, que instala no texto um **narrador**, o qual se dirige a um **narratário**, explícito ou não, um *aqui* (espaço) e um *agora* (um tempo), por isso essas categorias (*eu, aqui, agora*) são chamadas *categorias da enunciação*, assunto que examinaremos em detalhes no Capítulo 5. Além da presença do narrador, das personagens, do tempo e do espaço, no nível discursivo aparecem os temas e as figuras, a que nos referimos no Capítulo 2.

O nível discursivo não é apenas mais concreto que os níveis fundamental e narrativo, é também mais rico e mais complexo; por isso, na análise de textos, é preciso verificar o que se "esconde" por trás dessa diversidade, realizando-se abstrações. Em síntese: o caminho a ser percorrido se caracteriza como uma leitura vertical do texto, de cima para baixo, do mais concreto para o mais abstrato, do mais complexo para o mais simples, do nível discursivo para o nível fundamental.

Encerrando essas considerações, lembramos a você que o nível discursivo subsume os demais e, portanto, representa todo o plano do conteúdo do texto.

Figura 3.4 – Plano do conteúdo do texto

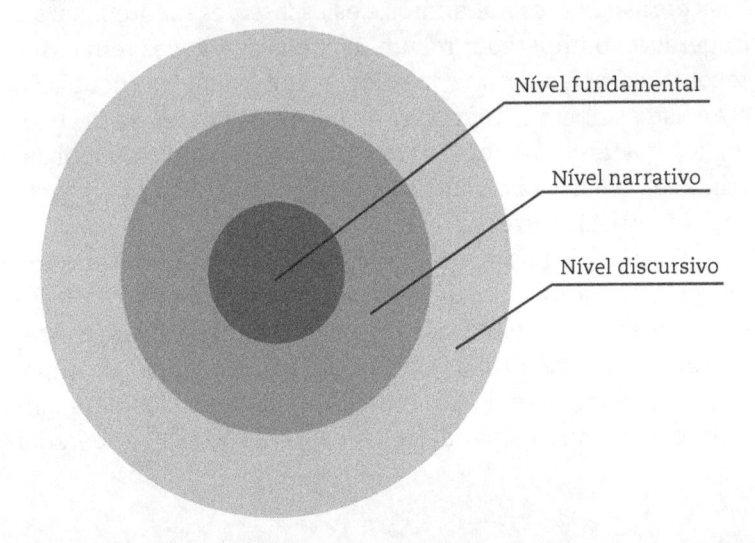

Um mesmo discurso pode ser manifestado por expressões diferentes; portanto, teremos textos diferentes e, evidentemente, com sentidos diferentes. Você pode, por exemplo, observar como um mesmo discurso se manifesta por meio de expressões diferentes comparando um conto com sua filmagem. Sugerimos que você leia o conto A festa de Babette, de Karen Blixen, e depois assista ao filme homônimo, dirigido por Gabriel Axel.

Voltemos à história "A roupa nova do imperador". Os comentários que fizemos estavam restritos ao nível narrativo. Vejamos agora os outros níveis.

No nível discursivo, temos um narrador que não deixa marcas no texto. Trata-se, pois, de uma narração em terceira pessoa, cujo efeito de sentido é o de objetividade. Esse narrador instala no texto algumas personagens: o imperador, os falsos tecelões, o menino e o povo, uma personagem coletiva. Há também um tempo, que é indeterminado, bem típico do conto popular. A narrativa começa pelo "Era uma vez", que situa os acontecimentos em um tempo distante e indefinido. O espaço é representado pelo palácio, onde vive o imperador. Os temas são os da vaidade, da irresponsabilidade, da mentira (o imperador era apaixonado por roupas; descumpria suas obrigações; os malandros e os assessores mentem para o imperador; o imperador mente para o povo). Esses temas são recobertos pelas figuras "paixão por roupas", "preocupação em vestir-se bem", "roupas com fios de ouro e de seda" (vaidade), "gastar dinheiro", "descumprir obrigações" (irresponsabilidade), "tear vazio", "tecido inexistente", "roupa invisível", "nu" (mentira), entre outras.

No nível fundamental, o texto se articula em torno da oposição semântica /verdade v. mentira/, em que a verdade é o termo positivo e a mentira, o negativo. O imperador finge estar vestido, mas está nu, e os súditos elogiam a "roupa" do imperador; logo, trata-se de uma mentira, que é negada pela afirmação do menino, repetida pelo povo, que grita: "O imperador está nu". O imperador reconhece que é verdade que está nu. A negação da mentira faz aparecer a verdade.

Essa é uma das possíveis leituras do texto. Há outras, evidentemente, que poderiam ser feitas com base nas oposições fundamentais /aparência v. essência/ ou /ser v. parecer/, em que se poderiam mostrar as contradições entre aquilo que se é (a essência) e aquilo que se aparenta ser (a aparência), que se ligam à oposição /verdade v. mentira/. Com isso, estamos dizendo que os textos literários são plurissignificativos, isto é, comportam mais de um sentido, o que não significa que todo sentido atribuído a eles seja válido. É sempre preciso verificar se esse sentido está inscrito no texto.

O conto "O curioso caso de Benjamin Button", de F. Scott Fitzgerald, a que fizemos referência no primeiro capítulo, explora a oposição fundamental /aparência v. essência/. Se você leu o conto ou assistiu ao filme, deve se lembrar de que Button nasce com a aparência física de quem tem 70 anos e, à medida que o tempo passa, vai rejuvenescendo. Assim, na aparência, ele é algo, mas na essência é outra coisa. Por trás da aparência de um homem de 60 anos está uma criança de 10.

Vamos agora reforçar a compreensão desses aspectos teóricos por meio de sua aplicação ao conto que segue.

Narciso

Mitologia grega

Há muito tempo, na floresta passeava Narciso, o filho do sagrado rio Kiphissos. Era lindo, porém, tinha um modo frio e egoísta de ser, era muito convencido de sua beleza e sabia que não havia no mundo ninguém mais bonito que ele.

Vaidoso, a todos dizia que seu coração jamais seria ferido pelas flechas de Eros, filho de Afrodite, pois não se apaixonava por ninguém.

As coisas foram assim até o dia em que a ninfa Eco o viu e imediatamente se apaixonou por ele.

Ela era linda, mas não falava, o máximo que conseguia era repetir as últimas sílabas das palavras que ouvia.

Narciso, fingindo-se desentendido, perguntou:

— Quem está se escondendo aqui perto de mim?

— ... de mim — repetiu a ninfa assustada.

— Vamos, apareça! — ordenou — Quero ver você!

— ... ver você! — repetiu a mesma voz em tom alegre.

Assim, Eco aproximou-se do rapaz. Mas nem a beleza e nem o misterioso brilho nos olhos da ninfa conseguiram amolecer o coração de Narciso.

— Dê o fora! — gritou, de repente — Por acaso pensa que eu nasci para ser um da sua espécie? Sua tola!

— Tola! — repetiu Eco, fugindo de vergonha.

A deusa do amor não poderia deixar Narciso impune depois de fazer uma coisa daquelas. Resolveu, pois, que ele deveria ser castigado pelo mal que havia feito.

Um dia, quando estava passeando pela floresta, Narciso sentiu sede e quis tomar água.

Ao debruçar-se num lago, viu seu próprio rosto refletido na água. Foi naquele momento que Eros atirou uma flecha direto em seu coração.

Sem saber que o reflexo era de seu próprio rosto, Narciso imediatamente se apaixonou pela imagem.

Quando se abaixou para beijá-la, seus lábios se encostaram na água e a imagem se desfez. A cada nova tentativa, Narciso ia ficando cada vez mais

> desapontado e recusando-se a sair de perto da lagoa. Passou dias e dias sem comer nem beber, ficando cada vez mais fraco.
>
> Assim, acabou morrendo ali mesmo, com o rosto pálido voltado para as águas serenas do lago.
>
> Esse foi o castigo do belo Narciso, cujo destino foi amar a si próprio.
>
> Eco ficou chorando ao lado do corpo dele, até que a noite a envolveu. Ao despertar, Eco viu que Narciso não estava mais ali, mas em seu lugar havia uma bela flor perfumada. Hoje, ela é conhecida pelo nome de "narciso", a flor da noite.

Fonte: Narciso, 2000, p. 126-127.

O conto narra a história de Narciso, jovem vaidoso e muito bonito, que dizia que não se apaixonaria por ninguém. Uma jovem ninfa chamada Eco apaixona-se por ele. Como ele a desprezasse, a deusa do amor resolve castigá-lo, lançando-lhe uma flecha no coração enquanto bebia água. Vendo seu rosto refletido na água, Narciso apaixona-se pela própria imagem. Cada vez que tenta beijá-la, ela some, então ele acaba morrendo com o rosto voltado para a água do lago. No dia seguinte, Eco vê que Narciso havia se transformado em uma flor, chamada de *narciso*.

Observamos ainda um narrador que não é personagem, um tempo indeterminado ("há muito tempo") em que ocorrem os fatos e um lugar ("na floresta"). Quanto aos temas e às figuras, identificamos os temas da beleza, do amor e da vaidade, figurativizados em expressões como "lindo", "bonito"; "Eros", "coração", "flechas de Eros", "Afrodite", "apaixonar", "beijar"; "vaidoso", "frio", "egoísta", "convencido".

No nível narrativo, há a presença de dois sujeitos, representados no nível discursivo por duas personagens, Narciso e Eco, ambas, em um estado inicial, disjuntas do objeto *amor*. Eco encontra em Narciso o objeto que busca (o amor), mas não consegue entrar em conjunção com esse objeto, porque Narciso a recusa. Um terceiro sujeito (Eros) castiga Narciso, fazendo com que se apaixone pela própria imagem. Narciso quer entrar em conjunção com o objeto *amor*, investido na própria imagem, e, assim como Eco, não consegue a conjunção. Há uma mudança de estado em Narciso, que morre e se transforma em uma flor. O nível narrativo pode ser representado pelo esquema do Quadro 3.5.

Quadro 3.5 – Esquema narrativo do conto "Narciso"

Manipulação	O egoísmo e a vaidade exercem o papel de manipulador do sujeito Narciso. Manipulado por sedução, quer não amar.
Ação	Narciso quer não se apaixonar e despreza Eco, que por ele se apaixona. Narciso é flechado por Eros e apaixona-se pela própria imagem refletida no lago.
Sanção	Afrodite sanciona Narciso negativamente, impondo-lhe uma punição: transforma-o em uma flor.

Em um nível mais abstrato ainda, o fundamental, temos a oposição /amor v. egoísmo/. Narciso nega o amor, valor negativo, e afirma o egoísmo, valor positivo.

Chamamos a atenção para o fato de a narrativa ter um caráter polêmico, isto é, além do percurso narrativo do sujeito da ação, há o de outro sujeito que se lhe opõe. Para ficarmos nos exemplos comentados neste capítulo, na narrativa "água com açúcar" da moça que quer se casar, há o percurso narrativo do antissujeito que quer evitar o casamento. No conto "A roupa nova do imperador", ao percurso do sujeito imperador que quer o tecido contrapõe-se o percurso dos malandros. Ao percurso de Narciso opõe-se o de Eco. Portanto, ao analisar as narrativas, fique sempre atento a seu caráter polêmico.

Conto comentado

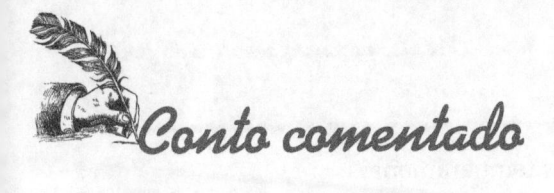

A seguir, você vai ler um conto de João do Rio (1881-1921), pseudônimo de João Paulo Emílio Cristóvão dos Santos Coelho Barreto, ou simplesmente Paulo Barreto, como era mais conhecido. Trata-se de um dos mais importantes jornalistas brasileiros do início do século XX. Destacou-se como excelente cronista, sendo considerado o criador da crônica social moderna. João do Rio, além de cronista, foi também contista e teatrólogo. Pertenceu à Academia Brasileira de Letras, ocupando a cadeira de número 26. Granjeou enorme popularidade em vida. Por ocasião de seu falecimento, seu cortejo fúnebre foi acompanhado por mais de cem mil pessoas.

O bebê de tarlatana rosa

— Oh! uma história de máscaras! quem não a tem na sua vida? O carnaval só é interessante porque nos dá essa sensação de angustioso imprevisto... Francamente. Toda a gente tem a sua história de carnaval, deliciosa ou macabra, álgida[1] ou cheia de luxúrias atrozes. Um carnaval sem aventuras não é carnaval. Eu mesmo este ano tive uma aventura...

E Heitor de Alencar esticava-se preguiçosamente no divã, gozando a nossa curiosidade.

Havia no gabinete o barão Belfort, Anatólio de Azambuja de que as mulheres tinham tanta implicância, Maria de Flor, a extravagante boêmia, e todos ardiam por saber a aventura de Heitor. O silêncio tombou expectante. Heitor, fumando um gianaclis[2] autêntico, parecia absorto.

— É uma aventura alegre? indagou Maria.

— Conforme os temperamentos.
— Suja?
— Pavorosa ao menos
— De dia?
— Não. Pela madrugada.
— Mas, homem de Deus, conta! suplicava Anatólio. Olha que está adoecendo a Maria.
Heitor puxou um largo trago à cigarreta.
— Não há quem não saia no Carnaval disposto ao excesso, disposto aos transportes da carne e às maiores extravagâncias. O desejo, quase doentio é como incutido, infiltrado pelo ambiente. Tudo respira luxúria, tudo tem da ânsia e do espasmo, e nesses quatro dias paranoicos, de pulos, de guinchos, de confianças ilimitadas, tudo é possível. Não há quem se contente com uma...
— Nem com um, atalhou Anatólio.
— Os sorrisos são ofertas, os olhos suplicam, as gargalhadas passam como arrepios de urtiga pelo ar. É possível que muita gente consiga ser indiferente. Eu sinto tudo isso. E saindo, à noite, para a porneia[3] da cidade, saio como na Fenícia saíam os navegadores para a procissão da primavera, ou os alexandrinos para a noite de Afrodite.
— Muito bonito! ciciou Maria de Flor.
— Está claro que este ano organizei uma partida com quatro ou cinco atrizes e quatro ou cinco companheiros. Não me sentia com coragem de ficar só como um trapo no vagalhão de volúpia e de prazer da cidade. O grupo era o meu salva-vidas. No primeiro dia, no sábado, andamos de automóvel a percorrer os bailes. Íamos indistintamente beber champanhe aos clubes de jogo que anunciavam bailes e aos maxixes[4] mais ordinários. Era divertidíssimo e ao quinto clube estávamos de todo excitados. Foi quando lembrei uma visita ao baile público do Recreio. — "Nossa Senhora! disse a primeira estrela de revistas, que

ia conosco. Mas é horrível! Gente ordinária, marinheiros à paisana, fúfias[5] dos pedaços mais esconsos[6] da rua de S. Jorge[7], um cheiro atroz, rolos constantes..." — Que tem isso? Não vamos juntos?

    Com efeito. Íamos juntos e fantasiadas as mulheres. Não havia o que temer e a gente conseguia realizar o maior desejo: acanalhar-se, enlamear-se bem. Naturalmente fomos e era uma desolação com pretas beiçudas e desdentadas esparrimando belbutinas[8] fedorentas pelo estrado da banda militar, todo o pessoal de azeiteiros das ruelas lôbregas[9] e essas estranhas figuras de larvas diabólicas, de íncubos[10] em frascos de álcool, que tem as perdidas de certas ruas, moças, mas com os traços como amassados e todas pálidas, pálidas feitas de pasta de mata-borrão e de papel de arroz. Não havia nada de novo. Apenas, como o grupo parara diante dos dançarinos, eu senti que se roçava em mim, gordinho e apetecível, um bebê de tarlatana[11] rosa. Olhei-lhe as pernas de meia curta. Bonitas. Verifiquei os braços, o caído das espáduas, a curva do seio. Bem agradável. Quanto ao rosto era um rostinho atrevido, com dois olhos perversos e uma boca polpuda como se ofertando. Só postiço trazia o nariz, um nariz tão bem-feito, tão acertado, que foi preciso observar para verificá-lo falso. Não tive dúvida. Passei a mão e preguei-lhe um beliscão. O bebê caiu mais e disse num suspiro: — ai que dói! Estão vocês a ver que eu fiquei imediatamente disposto a fugir do grupo. Mas comigo iam cinco ou seis damas elegantes capazes de se desabrochar mas não perdoar os excessos alheios, e era sem linha correr assim, abandonando-as, atrás de uma frequentadora dos bailes do Recreio. Voltamos para os automóveis e fomos cear no clube mais chic e mais secante[12] da cidade.

    — E o bebê?

— O bebê ficou. Mas no domingo, em plena avenida, indo eu ao lado do chauffeur, no burburinho colossal, senti um beliscão na perna e uma voz rouca dizer: "para pagar o de ontem". Olhei. Era o bebê rosa, sorrindo, com o nariz postiço, aquele nariz tão bem feito. Ainda tive tempo de indagar: onde vais hoje?

— A toda parte! respondeu, perdendo-se num grupo tumultuoso.

— Estava perseguindo-te! comentou Maria de Flor.

— Talvez fosse um homem... soprou desconfiado o amável Anatólio.

— Não interrompam o Heitor! fez o barão, estendendo a mão. Heitor acendeu outro gianaclis, ponta de ouro, sorriu, continuou:

— Não o vi mais nessa noite, e segunda-feira não o vi também. Na terça desliguei-me do grupo e caí no mar alto da depravação, só, com uma roupa leve por cima da pele todos os maus instintos fustigados. De resto a cidade inteira estava assim. É o momento em que por trás das máscaras as meninas confessam paixões aos rapazes, é o instante em que as ligações mais secretas transparecem, em que a virgindade é dúbia e todos nós a achamos inútil, a honra uma caceteação, o bom senso uma fadiga. Nesse momento tudo é possível, os maiores absurdos, os maiores crimes; nesse momento há um riso que galvaniza[13] os sentidos e o beijo se desata naturalmente.

Eu estava trepidante, com uma ânsia de acanalhar-me, quase mórbida. Nada de raparigas do galarim[14] perfumadas e por demais conhecidas, nada do contato familiar, mas o deboche anônimo, o deboche ritual de chegar, pegar, acabar, continuar. Era ignóbil. Felizmente muita gente sofre do mesmo mal no carnaval.

— A quem o dizes!... suspirou Maria de Flor.

— Mas eu estava sem sorte, com a *guigne*[15], com o caiporismo[16] dos defuntos índios. Era aproximar-me, era ver fugir a presa projetada. Depois de uma dessas caçadas pelas avenidas e pelas praças, embarafustei pelo S. Pedro, meti-me nas danças, rocei-me àquela gente em geral pouco limpa, insisti aqui, ali. Nada!
— É quando se fica mais nervoso!
— Exatamente. Fiquei nervoso até o fim do baile, vi sair toda a gente, e saí mais desesperado. Eram três horas da manhã. O movimento das ruas abrandara. Os outros bailes já tinham acabado. As praças, horas antes incendiadas pelos projetores elétricos e as cambiantes enfurnadas dos fogos de bengala, caíam em sombras — sombras cúmplices da madrugada urbana. E só, indicando a folia, a excitação da cidade, um ou outro carro arriado levando máscaras aos beijos ou alguma fantasia tilintando guizos pelas calçadas fofas de confete. Oh! a impressão enervante dessas figuras irreais na semissombra das horas mortas, roçando as calçadas, tilintando aqui, ali um som perdido de guizo! Parece qualquer coisa de impalpável, de vago, de enorme, emergindo da treva aos pedaços... E os dominós embuçados, as dançarinas amarfanhadas[17], a coleção indecisa dos máscaras de último instante arrastando-se extenuados! Dei para andar pelo largo do Rocio e ia caminhando para os lados da secretaria do interior, quando vi, parado, o bebê de tarlatana rosa.
Era ele! Senti palpitar-me o coração. Parei.
— "Os bons amigos sempre se encontram" disse. bebê sorriu sem dizer palavra. Estás esperando alguém? Fez um gesto com a cabeça que não. Enlacei-o. — Vens comigo? — Onde? indagou a sua voz áspera e rouca. — Onde quiseres! Peguei-lhe nas mãos. Estavam úmidas mas eram bem tratadas. Procurei dar-lhe um beijo. Ela recuou.

Os meus lábios tocaram apenas a ponta fria do seu nariz. Fiquei louco.
— Por pouco...
— Não era preciso mais no Carnaval, tanto mais quanto ela dizia com a sua voz arfante e lúbrica[18]: —"Aqui não!" Passei-lhe o braço pela cintura e fomos andando sem dar palavra. Ela apoiava-se em mim, mas era quem dirigia o passeio e os seus olhos molhados pareciam fruir todo o bestial desejo que os meus diziam. Nessas fases do amor não se conversa. Não trocamos uma frase. Eu sentia a ritmia desordenada do meu coração e o sangue em desespero. Que mulher! Que vibração! Tínhamos voltado o jardim. Diante da entrada que fica fronteira à rua Leopoldina, ela parou, hesitou. Depois arrastou-me, atravessou a praça, metemo-nos pela rua, escura e sem luz. Ao fundo, o edifício das Belas Artes era desolador e lúgubre. Apertei-a mais. Ela aconchegou-se mais. Como os seus olhos brilhavam! Atravessamos a rua Luís de Camões, ficamos bem em baixo das sombras espessas do Conservatório de Música. Era enorme o silêncio e o ambiente tinha uma cor vagamente russa com a treva espancada um pouco pela luz dos combustores distantes. O meu bebê gordinho e rosa parecia um esquecimento do vício naquela austeridade da noite. — Então, vamos? indaguei. — Para onde? — Para a tua casa. — Ah! não, em casa não podes... Então por aí. — Entrar, sair, despir-me. Não sou disso! — Que queres tu, filha? É impossível ficar aqui na rua. Daqui a minutos passa a guarda. — Que tem? — Não é possível que nos julguem aqui para bom fim, na madrugada de cinzas. Depois, às quatro tens que tirar a máscara. — Que máscara? — O nariz. — Ah! sim! E sem mais dizer puxou-me. Abracei-a. Beijei-lhe os braços, beijei-lhe o colo, beijei-lhe o pescoço. Gulosamente a sua boca

se oferecia. Em torno de nós o mundo era qualquer coisa de opaco e de indeciso. Sorvi-lhe o lábio.

Mas o meu nariz sentiu o contato do nariz postiço dela, um nariz com cheiro a resina, um nariz que fazia mal. — Tira o nariz! — Ela segredou: Não! não! custa tanto a colocar! Procurei não tocar no nariz tão frio naquela carne de chama.

O pedaço de papelão, porém, avultava, parecia crescer, e eu sentia um mal-estar curioso, um estado de inibição esquisito. — Que diabo! Não vás agora para casa com isso! Depois não te disfarça nada. — Disfarça sim! — Não! Procurei-lhe nos cabelos o cordão. Não tinha. Mas abraçando-me, beijando-me, o bebê de tarlatana rosa parecia uma possessa tendo pressa. De novo os seus lábios aproximaram-se da minha boca. Entreguei-me. O nariz roçava o meu, o nariz que não era dela, o nariz de fantasia. Então, sem poder resistir, fui aproximando a mão, aproximando, enquanto com a esquerda a enlaçava mais, e de chofre agarrei o papelão, arranquei-o. Presa dos meus lábios, com dois olhos que a cólera e o pavor pareciam fundir, eu tinha uma cabeça estranha, uma cabeça sem nariz, com dois buracos sangrentos atulhados de algodão, uma cabeça que era alucinadamente — uma caveira com carne...

Despeguei-a, recuei num imenso vômito de mim mesmo. Todo eu tremia de horror, de nojo. O bebê de tarlatana rosa emborcara no chão com a caveira voltada para mim, num choro que lhe arregaçava o beiço mostrando singularmente abaixo do buraco do nariz os dentes alvos.

— Perdoa! Perdoa! Não me batas. A culpa não é minha! Só no Carnaval é que eu posso gozar. Então, aproveito, ouviste? aproveito. Foste tu que quiseste...

Sacudi-a com fúria, pu-la de pé num safanão que a devia ter desarticulado. Uma vontade de cuspir, de lançar apertava-me a glote, e vinha-me o imperioso desejo de esmurrar aquele nariz, de quebrar aqueles dentes, de matar aquele atroz reverso da Luxúria... Mas um apito trilou. O guarda estava na esquina e olhava-nos, reparando naquela cena da semitreva. Que fazer? Levar a caveira ao posto policial? Dizer a todo a mundo que a beijara? Não resisti. Afastei-me, apressei o passo e ao chegar ao largo inconscientemente deitei a correr como um louco para a casa, os queixos batendo, ardendo em febre.

Quando parei à porta de casa para tirar a chave, é que reparei que a minha mão direita apertava uma pasta oleosa e sangrenta. Era o nariz do bebê de tarlatana rosa...

Heitor de Alencar parou, com o cigarro entre os dedos, apagado. Maria de Flor mostrava uma contração de horror na face e o doce Anatólio parecia mal. O próprio narrador tinha a camarinhar-lhe[19] a fronte gotas de suor. Houve um silêncio agoniento. Afinal o barão Belfort ergueu-se, tocou a campainha para que o criado trouxesse refrigerantes, e resumiu:

— Uma aventura, meus amigos, uma bela aventura. Quem não tem do carnaval a sua aventura? Esta é pelo menos empolgante.

E foi sentar-se ao piano.

1. Fria.
2. Marca de charuto.
3. Depravação, luxúria (pronuncia-se pornÉIa).
4. Uma espécie de dança bastante sensual.
5. Prostituta de baixa categoria.
6. Escondido, oculto.
7. Atual Gonçalves Lêdo. No início do século XX era o centro do baixo meretrício.
8. Tecido de algodão aveludado.
9. Escuras, sombrias.
10. Demônio masculino que vem à noite copular com uma mulher durante o sono.
11. Tecido encorpado usado para forro.

> 12. Chato. Aborrecido.
> 13. Arrebata. Reanima.
> 14. Camada rica da sociedade.
> 15. Palavra francesa que significa azar, infortúnio.
> 16. Estado de quem está com azar.
> 17. Maltratadas, humilhadas.
> 18. Sensual, lasciva, que desperta luxúria.
> 19. Molhar com gotas (de suor ou de orvalho).
>
> Fonte: Rio, 2001, p. 28-33.

Neste capítulo, analisamos o percurso gerativo do sentido, um modelo proposto para análise de textos. Como você viu, no percurso gerativo, abstrai-se o plano da expressão e procura-se restabelecer o sentido do texto, levando-se em conta os níveis fundamental, narrativo e discursivo, sendo que a passagem de um nível a outro representa um enriquecimento de sentido.

Embora o sentido se construa em um percurso ascendente, que vai do nível fundamental ao discursivo, a análise pode ser feita em um percurso descendente, partindo-se do nível discursivo, que é o mais concreto e superficial, até chegar ao nível fundamental, o mais abstrato e profundo. Alguns estudiosos do discurso propõem que se inicie a análise pelo nível narrativo, montando a "historinha".

Na verdade, não há um ponto de partida que se possa dizer ideal para se proceder à análise do texto. Em nosso entendimento, ela pode se iniciar pelo nível narrativo ou pelo discursivo. Não recomendamos apenas que se comece pelo nível fundamental, dado seu caráter simples e abstrato. A opção por partir do nível narrativo ou do discursivo é uma escolha pessoal do analista, determinada pelo texto que tem pela frente. Para esse conto, iniciaremos nossa análise pelo nível narrativo.

O conto: percurso gerativo do sentido

Em "O bebê de tarlatana rosa", um narrador instala no texto uma personagem que narra a própria história (Heitor de Alencar), ocorrida em um carnaval no Rio de Janeiro no mesmo ano em que os fatos são narrados.

Um sujeito de estado (Heitor) está em disjunção com um objeto-valor (a conjunção carnal). Como assinalamos, a narrativa se caracteriza pelas transformações de sujeitos em busca de valores. Portanto, para que haja narratividade, essa situação inicial sofrerá transformações. O sujeito da ação é instalado pelo **querer**. A luxúria, que funciona como destinador desse sujeito, dá a ele o querer. Modalizado pelo querer, o sujeito passa de sujeito de estado a sujeito do fazer. O objeto-valor está investido no bebê de tarlatana rosa. Assim, Heitor quer ter a posse do bebê para passar de um estado de disjunção para um de conjunção com o objeto-valor.

Para executar a ação, não basta que o sujeito da ação seja modalizado por um querer (ou um dever), é preciso que ele tenha a competência necessária para executar a ação, isto é, deve também poder ou saber fazer isso. Portanto, além do **querer**, ele deverá obter a competência do **poder** e do **saber**. Heitor não só quer, como sabe e pode executar a ação. De sujeito virtualizado passa a ser sujeito atualizado.

O bebê está em busca do mesmo objeto-valor que Heitor e é manipulado pelo mesmo destinador (a luxúria). Ela também quer, sabe e pode executar a ação. Observe que há uma relação de reciprocidade entre os sujeitos: Heitor é sujeito em relação ao bebê, que é objeto em relação a ele; o bebê é sujeito em relação a Heitor, que é objeto em relação ao bebê. Há, pois, dois programas narrativos, o de Heitor e o do bebê, que buscam o mesmo objeto-valor, investido em objetos diferentes. Os sujeitos se manipulam reciprocamente por sedução e por tentação, cada qual querendo levar o outro a um **querer-fazer**. Nesse processo de manipulação, eles têm uma imagem positiva um do outro.

O último percurso do esquema narrativo é o da sanção, em que se avalia se o sujeito realizou ou não a ação, recebendo uma sanção positiva ou negativa, que pode vir acompanhada de uma recompensa ou de uma punição. Na sanção, são desvelados também os segredos e as mentiras.

Em "O bebê de tarlatana rosa", a conjunção com o objeto-valor não ocorre, porque um actante, figurativizado no nariz do bebê, impede que isso ocorra. Heitor não consegue cumprir o contrato a que fora destinado e se autossanciona negativamente. Quanto ao bebê, ela também é sancionada negativamente por Heitor, que a agride. No percurso da sanção, a mentira é desvelada: o bebê parece ter nariz, mas não tem. Guardava um segredo (não tinha nariz).

No nível discursivo, temos a enunciação, os temas e as figuras. Quanto à enunciação, há uma personagem, não identificada, que delega a voz a uma das personagens, Heitor, para que este narre sua própria história para os demais.

Quanto ao tempo, trata-se de uma narração de fato não concomitante à enunciação. O fato narrado situa-se em um passado recente, o carnaval daquele ano, como podemos constatar por esta passagem bem no início do conto: "Eu mesmo **este ano** tive uma aventura...". Há, portanto, uma defasagem temporal pequena entre o narrar (enunciação) e o narrado (enunciado), de sorte que Heitor pode narrar com riqueza de detalhes o acontecimento.

Ainda com relação ao tempo, devemos considerar o tempo dos acontecimentos. Como fica claro desde o início do conto, os fatos narrados ocorreram durante o carnaval e duraram exatamente os quatro dias dos festejos, que são chamados por Heitor de "quatro dias paranoicos", terminando na madrugada de quarta-feira de cinzas. A passagem do tempo é marcada por expressões linguísticas, a exemplo das que estão em destaque nos seguintes trechos: "**No primeiro dia, no sábado**, andamos de automóvel [...]"; "Mas **no domingo**, em plena avenida, [...] senti um beliscão [...]"; "e **segunda-feira** não o vi também"; "**Na terça** desliguei-me do grupo [...]"; "Não é possível que nos julguem aqui para bom fim, **na madrugada de cinzas**".

Quanto ao espaço, temos a cidade do Rio de Janeiro. Sobre esse elemento, destacamos dois aspectos: 1) a ancoragem da narrativa a lugares reais do Rio de Janeiro, como "Recreio", "rua de S. Jorge", "largo do Rocio", "rua Leopoldina", "edifício das Belas Artes", "rua Luís de Camões", confere um sentido de realidade ao texto, procedimento, como mencionado no capítulo anterior, que recebe o nome de *iconização*; 2) embora, no momento da narração, Heitor relate os fatos em um espaço fechado, reclinado em um divã, os acontecimentos ocorrem em espaços abertos, as ruas do Rio de Janeiro.

Com relação aos temas e às figuras, podemos afirmar que "O bebê de tarlatana rosa" se constrói sobre o tema da luxúria. O tema é revestido por figuras relativas ao comportamento lascivo, relacionadas aos festejos carnavalescos: "transportes da carne", "desejo", "vagalhão de volúpia", "prazer da cidade", "íncubos", "depravação". Quanto ao bebê, encontramos figuras como "rostinho atrevido", "dois olhos perversos", "boca polpuda como se ofertando", "voz arfante e lúbrica", "bestial desejo".

Todas essas figuras subsumem-se em uma arquifigura, o carnaval, na medida em que não só reveste o tema da luxúria, como também figurativiza o tempo da luxúria. É no carnaval que as coerções sociais que cerceiam os instintos e a busca do prazer sexual dos sujeitos se manifestam com menor intensidade, como se o carnaval fosse a época da libertinagem. Observe a fala do bebê: "Só no Carnaval é que eu posso gozar". Há uma tonificação dos desejos marcados pelo excesso, para assinalar o transbordamento das paixões nessa data, como fica evidente em: "Não há quem não saia no Carnaval disposto ao excesso, disposto aos transportes da carne e às maiores extravagâncias".

A satisfação dos instintos reprimidos e que se liberam no carnaval está associada a figuras que remetem ao sórdido, àquilo que é considerado baixo, marginal, escondido, como atestam figuras como "maxixes mais ordinários", "gente ordinária", "fúfias", "acanalhar-se", "enlamear-se", "ruelas lôbregas", "maiores crimes", "rua, escura e sem luz". Como podemos notar, Heitor, embora possa frequentar ambientes mais luxuosos, por ser um homem de posses, vai buscar o prazer em lugares escondidos e "mal frequentados".

Outra figura-chave do conto e que se associa ao carnaval é a máscara. Se nessa data há a busca da satisfação dos instintos, a máscara favorece o alcance desse intento, pelo fato de esconder o sujeito, apagando-o como figura social, passível de sanções. No caso do bebê, a máscara era a única formar de possibilitar-lhe a realização do desejo lascivo.

No nível fundamental, identificamos a oposição fundamental /luxúria v. temperança/, que engloba a oposição /pulsões individuais v. coerções sociais/. Negam-se a temperança e as coerções sociais e afirmam-se a luxúria e as pulsões individuais, que no conto são valores eufóricos. No entanto, é preciso observar que essa liberação de instintos tem duração efêmera, pois, como diz a letra de uma canção popular, "Amanhã tudo volta ao normal".

Sugestões de atividades

1. No comentário que fizemos ao texto "Narciso", elaboramos o esquema narrativo da personagem que dá nome ao conto. Faça o mesmo com a personagem Eco.

   A seguir, leia o conto "Plebiscito", de Artur de Azevedo.

Plebiscito

A cena passa-se em 1890.

A família está toda reunida na sala de jantar.

O senhor Rodrigues palita os dentes, repimpado numa cadeira de balanço. Acabou de comer como um abade.

Dona Bernardina, sua esposa, está muito entretida a limpar a gaiola de um canário belga.

Os pequenos são dois, um menino e uma menina. Ela distrai-se a olhar para o canário. Ele, encostado à mesa, os pés cruzados, lê com muita atenção uma das nossas folhas diárias.

Silêncio.

De repente, o menino levanta a cabeça e pergunta:

— Papai, que é plebiscito?

O senhor Rodrigues fecha os olhos imediatamente para fingir que dorme.

O pequeno insiste:

— Papai?

Pausa:

— Papai?

Dona Bernardina intervém:

— Ó seu Rodrigues, Manduca está lhe chamando. Não durma depois do jantar, que lhe faz mal.

O senhor Rodrigues não tem remédio senão abrir os olhos.

— Que é? que desejam vocês?

— Eu queria que papai me dissesse o que é plebiscito.

— Ora essa, rapaz! Então tu vais fazer doze anos e não sabes ainda o que é plebiscito?

— Se soubesse, não perguntava.

O senhor Rodrigues volta-se para dona Bernardina, que continua muito ocupada com a gaiola:

— Ó senhora, o pequeno não sabe o que é plebiscito!
— Não admira que ele não saiba, porque eu também não sei.
— Que me diz?! Pois a senhora não sabe o que é plebiscito?
— Nem eu, nem você; aqui em casa ninguém sabe o que é plebiscito.
— Ninguém, alto lá! Creio que tenho dado provas de não ser nenhum ignorante!
— A sua cara não me engana. Você é muito prosa. Vamos: se sabe, diga o que é plebiscito! Então? A gente está esperando! Diga!...
— A senhora o que quer é enfezar-me!
— Mas, homem de Deus, para que você não há de confessar que não sabe? Não é nenhuma vergonha ignorar qualquer palavra. Já outro dia foi a mesma coisa quando Manduca lhe perguntou o que era proletário. Você falou, falou, falou, e o menino ficou sem saber!
— Proletário — acudiu o senhor Rodrigues — é o cidadão pobre que vive do trabalho mal remunerado.
— Sim, agora sabe porque foi ao dicionário; mas dou-lhe um doce, se me disser o que é plebiscito sem se arredar dessa cadeira!
— Que gostinho tem a senhora em tornar-me ridículo na presença destas crianças!
— Oh! ridículo é você mesmo quem se faz. Seria tão simples dizer: — Não sei, Manduca, não sei o que é plebiscito; vai buscar o dicionário, meu filho.
O senhor Rodrigues ergue-se de um ímpeto e brada:
— Mas se eu sei!
— Pois se sabe, diga!
— Não digo para me não humilhar diante de meus filhos! Não dou o braço a torcer! Quero conservar a força moral que devo ter nesta casa! Vá para o diabo!

E o senhor Rodrigues, exasperadíssimo, nervoso, deixa a sala de jantar e vai para o seu quarto, batendo violentamente a porta.

No quarto havia o que ele mais precisava naquela ocasião: algumas gotas de água de flor de laranja e um dicionário...

A menina toma a palavra:

— Coitado de papai! Zangou-se logo depois do jantar! Dizem que é tão perigoso!

— Não fosse tolo — observa dona Bernardina — e confessasse francamente que não sabia o que é plebiscito!

— Pois sim — acode Manduca, muito pesaroso por ter sido o causador involuntário de toda aquela discussão — pois sim, mamãe; chame papai e façam as pazes.

— Sim! Sim! façam as pazes! — diz a menina em tom meigo e suplicante. — Que tolice! Duas pessoas que se estimam tanto zangaram-se por causa do plebiscito!

Dona Bernardina dá um beijo na filha, e vai bater à porta do quarto:

— Seu Rodrigues, venha sentar-se; não vale a pena zangar-se por tão pouco.

O negociante esperava a deixa. A porta abre-se imediatamente.

Ele entra, atravessa a casa, e vai sentar-se na cadeira de balanço.

— É boa! — brada o senhor Rodrigues depois de largo silêncio — é muito boa! Eu! eu ignorar a significação da palavra *plebiscito*! Eu!...

A mulher e os filhos aproximam-se dele.

O homem continua num tom profundamente dogmático:

— Plebiscito...

E olha para todos os lados a ver se há ali mais alguém que possa aproveitar a lição.

> — Plebiscito é uma lei decretada pelo povo romano, estabelecido em comícios.
> — Ah! — suspiram todos, aliviados.
> — Uma lei romana, percebem? E querem introduzi-la no Brasil! É mais um estrangeirismo!...
>
> Fonte: Azevedo, 2017.

Em linhas gerais, o conto mostra a transformação de um estado de não saber para um estado de saber. O menino está disjunto de um objeto a que atribui um valor (um saber: o que significa a palavra *plebiscito*, que lera no jornal) e incumbe o pai de um dever-fazer, por pressupor que o pai tem esse conhecimento e pode transferi-lo. Entretanto, ao pai falta a competência necessária para executar a ação proposta pelo filho, porque ele também está disjunto desse saber, embora finja possuí-lo. Temos então, com relação ao pai, uma mentira, já que a aparência está em contradição com a essência. Para não ter a mentira revelada, isola-se no quarto, onde, por sorte, encontra um dicionário, objeto em que está investido o saber de que precisa para dar a resposta ao filho. De posse desse saber, transmite-o aos demais membros da família. Dessa forma, sanciona a si mesmo positivamente por crer ter cumprido o contrato.

Agora, realize as atividades 2 a 9 com base na leitura desse conto.

2. Como mencionamos, uma das formas eficazes para analisar textos mais longos é proceder à sua segmentação, usando para isso algum critério, como disjunções espaciais e/ou temporais. Como você segmentaria esse conto? Justifique.

3. O conto tem características de um conto dramático, na medida em que o narrador dá voz a personagens que, por

O conto: percurso gerativo do sentido

meio de diálogos, nos dão conhecimento da ação. A propósito, Artur de Azevedo (1855-1908) – irmão de Aluísio de Azevedo (autor de *O cortiço* e *O mulato*) – foi contista e importante dramaturgo. Além dos diálogos, que constituem o centro do conto, que outras características dramáticas do texto você apontaria?

4. Considere apenas o esquema narrativo do pai, o senhor Rodrigues. Por quem ele é manipulado inicialmente? O manipulador lhe propõe um contrato. Qual?

5. O pai, de imediato, não consegue cumprir o contrato proposto pelo filho. Por quê?

6. Analise agora o esquema narrativo do filho:
   a) O filho está em disjunção com um objeto e quer entrar em conjunção com ele. Que objeto é esse?
   b) Para executar uma ação, o sujeito tem de querer ou dever fazê-lo. A ação do filho é decorrente de um querer ou de um dever?
   c) O sujeito da ação, aquele que é movido por um querer ou um dever, é manipulado por outro. Quem é o manipulador do menino? Lembre-se de que o manipulador, aquele que dá ao sujeito da ação o querer ou o dever, não precisa ser necessariamente uma pessoa.

7. No nível fundamental, os textos se articulam em torno de uma oposição semântica. Em torno de qual oposição semântica fundamental se constrói o conto?

8. O conto é marcado pela ironia. Nessa figura, o que está dito no enunciado não corresponde ao que o enunciador efetivamente disse, ou seja, ele diz uma coisa para significar outra. Considerando isso, responda:
   a) O sujeito *pai* sabia o que é plebiscito?
   b) O contrato que ele tinha com o filho de esclarecer o sentido de plebiscito foi cumprido?

9. No nível discursivo, há a instalação de um sujeito, de um tempo e de um espaço. O enunciador abre o conto afirmando que "A cena passa-se em 1890". Observe a sequência das formas verbais e identifique em que tempo elas estão. Que efeito de sentido é conferido à narrativa pela utilização desse tempo verbal?

10. O conto, por ser uma narrativa breve, caracteriza-se por apresentar unidade de ação, de tempo e de espaço. Isso ocorre em "Plebiscito"? Comente.

Sugestões de leituras, filmes e vídeos

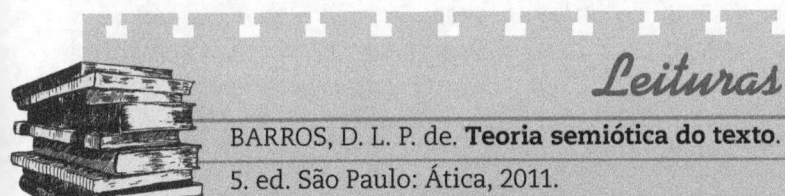

Leituras

BARROS, D. L. P. de. **Teoria semiótica do texto**. 5. ed. São Paulo: Ática, 2011.

BLIXEN, K. **A festa de Babette**. Tradução de Cássio Arantes Leite. São Paulo: Cosac Naify, 2012.

FIORIN, J. L. **Elementos de análise do discurso**. 13. ed. São Paulo: Contexto, 2005.

Filmes e vídeos

- A FESTA de Babette. Direção: Gabriel Axel. Dinamarca: Playarte Pictures, 1987. 102 min. (Filme baseado no conto homônimo de Karen Blixen)
- O BEBÊ de tarlatana rosa. **Contos da Meia-Noite**. São Paulo: TV Cultura Digital, 2012. 7 min. Disponível em: <https://www.youtube.com/watch?v=BOCuTjyBV4s>. Acesso em: 3 jan. 2017. (Interpretação de Antônio Abujamra).
- O BEBÊ de tarlatana rosa. Direção: Renato Jevoux. Brasil, 2012. 25 min. Disponível em: <https://www.youtube.com/watch?v=poP-g8jvuww>. Acesso em 3 jan. 2017. (Adaptação do conto homônimo de João do Rio)
- O CURIOSO caso de Benjamin Button. Direção: David Fincher. EUA: Warner Bros., 2008. 166 min. (Filme baseado no conto homônimo de F. Scott Fitzgerald)
- O PLEBISCITO. **Contos da Meia-Noite**. São Paulo: TV Cultura, 2003. 6 min. Disponível em: <https://www.youtube.com/watch?v=egIIOMkyLBg>. Acesso em: 3 jan. 2017. (Interpretação de Antônio Abujamra)

Capítulo 4

história
a história como é contada

O conto narra uma história investida de valores humanos, mesmo que as personagens sejam não humanos, como nas fábulas. Neste capítulo, trataremos da distinção entre a história propriamente dita e a maneira como é narrada, pois uma mesma história pode ser contada de formas diferentes, acarretando efeitos de sentido diferentes.

No Capítulo 3, afirmamos que o esquema narrativo nem sempre se apresenta na ordem canônica: manipulação, competência, *performance*, sanção. Alguns percursos narrativos podem não vir explicitados, pois são considerados como pressupostos; por outro lado, nada impede que se comece a contar a história pelo percurso da sanção e depois se volte ao percurso da ação. Em outros casos, intencionalmente o narrador retarda o percurso da ação para criar efeitos de sentido de suspense. Neste ponto de nossa abordagem, vamos recuperar também um conceito tratado no capítulo anterior: a linearidade da expressão do texto verbal.

4.1
O percurso da ação

O cerne de um conto reside no percurso da ação (*performance*) de um sujeito que, no nível discursivo, é encarnado em uma personagem, ou seja, aquele sujeito manipulado que estabeleceu um contrato com outro sujeito e que está em busca de um objeto-valor agora tem nome, características físicas e psicológicas, tem voz, interage com outras personagens, enfim, torna-se uma pessoa de papel, na medida em que é um ser ficcional.

Esse sujeito narrativo está em busca de valores e, por ação de outro(s) sujeito(s), sofrerá transformações para alcançá-los. Em seu percurso, encontrará sujeito(s) que estará(ão) em oposição a ele. Lembre-se de que a narrativa tem um caráter polêmico e simula o agir do homem no mundo.

No percurso narrativo, há um encadeamento de enunciados que se relacionam logicamente, isto é, um enunciado guarda com o(s) que o antecede(m) uma **relação de causa e efeito** e também **de anterioridade e posterioridade**. Essas são duas maneiras lógicas de se relacionarem enunciados narrativos. Mas fique atento: nem tudo o que antecede algo é causa desse algo.

No conto "Despertar", de Guy de Maupassant, analisado no Capítulo 2, os problemas de saúde são a causa de Jeanne mudar do Vale do Ciré para Paris, onde conhece Carneiro Fiel e Capitão Rompante. Nesse caso, há uma relação de anterioridade e posterioridade que coincide com uma relação de causa e consequência.

No conto "Plebiscito", reproduzido no Capítulo 3, entre o jantar em família e a pergunta do menino ao pai a fim de saber o significado da palavra *plebiscito*, há uma relação de anterioridade e posterioridade, mas não de causa e efeito. A pergunta do menino ao pai não ocorre por causa do jantar, mas em razão de ele ter visto no jornal que lia a palavra cujo sentido desconhecia. Entre não saber o sentido da palavra e perguntar ao pai, há uma relação de causa e efeito. Na construção do enredo, os acontecimentos não devem estar relacionados apenas em ordem cronológica (o antes e o depois), mas também por causa e consequência.

Devemos observar, ainda, que uma história, quando recebe tratamento literário, não é necessariamente narrada na sequência em que os fatos aconteceram. Isso porque o narrador pode não só antecipar eventos que ainda não sucederam, avançando no tempo, como também recuar no tempo para esclarecer eventos já ocorridos. Como salientamos, nada impede que a narrativa comece pelo seu final. Além disso, o fato de o plano da expressão ser linear, em que a uma frase se segue outra, obriga o narrador a apresentar, um após outro, acontecimentos que, na história, ocorreram simultaneamente.

4.2 Diegese e enredo

Uma das formas de verificar se alguém compreendeu um texto é pedir que o reproduza para outra pessoa. A capacidade de resumir textos é um indicador de que o leitor ou ouvinte compreendeu o que leu ou o que ouviu.

Quando lemos um conto, se conseguimos atribuir sentido a ele, somos capazes de reproduzi-lo para alguém. O que de fato reproduzimos? Sem dúvida alguma, a história narrada; em outros termos, a sucessão de ações e transformações de sujeitos por ação de outros sujeitos. Nessa reprodução, dispomos os percursos narrativos em determinada ordem, de modo que a história que contamos faça sentido para quem não a leu. Normalmente, essa ordem implica um antes e um depois, ou seja, recuperamos a história em sua cronologia, em seu desenvolvimento na ordem do tempo.

A história propriamente dita recebe o nome de **diegese**. Outros autores a chamam de **fábula** (não confundir com um tipo de conto em que os personagens são animais). A reprodução que alguém faz de uma história que leu ou a que assistiu recebe o nome de **paráfrase**. O tempo todo fazemos paráfrases, isto é, recontamos com nossas palavras a diegese de alguma narrativa.

Neste ponto, chamamos a atenção para um fato de ordem prática. Muitos estudantes, quando solicitados a realizar a análise de um texto, em vez de o analisarem, acabam por fazer uma paráfrase. Analisar textos não é reproduzir a história narrada (paráfrase), mas explicitar os procedimentos discursivos que esclareçam o que o texto diz e como faz para dizer o que diz. Isso implica que se verifiquem os vários níveis do texto e, no nível discursivo, que se mostre como estão organizados o tempo, o espaço, o tipo de narrador, os temas e as figuras.

Em seu *Dicionário de semiótica*, Algirdas Julien Greimas e Joseph Courtés (2012) explicam que a diegese é o aspecto narrativo do discurso, a história, a narrativa propriamente dita. Corresponderia, então, ao narrado, "que se distingue assim do 'discurso' (entendido como a maneira de apresentar o narrado)" (Greimas; Courtés, 2012, p. 139). Carlos Reis e Ana Cristina M. Lopes (2011, p. 108), em seu *Dicionário de narratologia*, conceituam *diegese* como "o universo do significado, o 'mundo possível' que enquadra, valida e confere inteligibilidade à história".

A diegese é, pois, a história narrada. A forma como os acontecimentos são narrados chamamos de **enredo**; outros autores preferem o nome **trama**. Se aquela diz respeito à história propriamente dita, este se refere à forma como está estruturado o texto. Pela diegese, o leitor sabe o que ocorreu; o enredo é a maneira pela qual ele toma contato com a história narrada. O enredo, portanto, é relativo às estratégias discursivas do narrador para apresentar o narrado de modo a obter determinados efeitos de sentido. A diegese é, por assim dizer, o material pré-literário. O enredo é o tratamento que se dá à diegese, de modo a se obterem efeitos de **literariedade**, entendendo-se por essa palavra os procedimentos discursivos que caracterizam um texto como pertencente ao domínio da literatura.

Considerando a opção pelo termo *diegese*, faremos uso de termos dele derivados, como o adjetivo *diegético*, empregado para nos referirmos a tipos de narrador, matéria a ser tratada no próximo capítulo. Assim, quando falarmos em *narrador autodiegético*, *homodiegético* e *heterodiegético*, estaremos nos referindo à posição que o narrador ocupa em relação à diegese – respectivamente, quando participa da história como personagem principal, quando participa como personagem secundária ou quando não participa da história (narração em terceira pessoa).

Retomamos aqui um conceito examinado no Capítulo 1, o de verossimilhança. Ela decorre muito mais do enredo do que da diegese. Uma história que, em princípio, poderia parecer inverossímil ganha efeitos de sentido de verossimilhança em decorrência da forma como é contada, isto é, de seu enredo. Lembre-se de que verossimilhança tem a ver com coerência narrativa, a qual resulta da forma como a história é organizada, portanto, do enredo.

Naquele capítulo, destacamos que uma situação considerada inicialmente como absurda poderia parecer inverossímil. É o caso de um homem que durante anos fica diante da porta da lei e nunca consegue por ela adentrar. Nesses anos todos, nenhuma outra pessoa, além dele, quis entrar na lei. Depois de passar praticamente a vida toda diante da lei, descobre que aquela porta estava destinada apenas a ele. O porteiro, então, fecha a porta e vai embora.

Essa é a história, ou melhor, uma paráfrase da história, que pode parecer inverossímil, mas você deve lembrar que o modo como é contada, isto é, seu enredo, produz efeitos de sentido de verossimilhança, revelando, por meio de uma atmosfera de pesadelo, a situação absurda do homem.

No Capítulo 2, comentamos que, segundo Edgar Allan Poe (2004), o conto deve apresentar unidade de efeito, ou seja, deve provocar no leitor alguma sensação: de terror, de deslumbramento, de engano, de encantamento. Essa unidade de efeito decorre do trabalho, ou, no dizer de Poe, de uma construção racional, a fim de produzir interesse no leitor. Ela resulta não só da história narrada (diegese), mas principalmente do enredo. Volte a esse capítulo e releia o comentário que fizemos sobre o conto "O barril de *amontillado*", em que mostramos que o efeito de sentido de suspense é resultado da maneira como é organizado o enredo.

A distinção que fazemos entre diegese (ou fábula) e enredo tem caráter meramente metodológico, pois, na leitura do texto, não separamos esses elementos. Lembre-se de que tomamos contato com a diegese pela maneira como esta é contada, ou seja, por meio do enredo.

4.3
Anacronias

Afirmamos que o plano da expressão dos textos verbais apresenta caráter linear, isto é, uma palavra depois de outra, um período depois de outro. Duas palavras ou duas frases não podem ocupar o mesmo lugar na linha da expressão. A linearidade é um dos fatores de coerção do discurso (o outro é o gênero), de sorte que se é obrigado a apresentar acontecimentos que ocorreram simultaneamente um após o outro. Compete ao narrador escolher qual quer apresentar primeiro e qual quer apresentar depois.

Comentamos ainda que os percursos narrativos se encadeiam logicamente e que uma das formas de se encadearem esses programas é por meio de sua organização temporal. Nas narrativas, há sempre um antes e um depois. Quando contamos uma história para uma criança, esta sempre pergunta "E depois?" quando fazemos uma pausa, porque sabe que nas narrativas um acontecimento sempre sucede o outro. Edward Forster (2005, p. 55), referindo-se à história, a define como

> a narrativa de eventos dispostos conforme a sequência do tempo – o jantar depois do almoço, a terça-feira depois da segunda, a decomposição depois da morte, e assim por diante. Enquanto tal, a estória só pode ter um mérito: conseguir que a audiência queira saber o que vai acontecer depois. Inversamente, só pode ter um defeito: conseguir que a audiência não queira saber o que vai acontecer depois.

Quando apresentamos o conceito de narratividade, insistimos no fato de que ela decorre de mudanças de estado de sujeitos que estavam em conjunção com determinado objeto e passam a estar em disjunção (ou vice-versa), o que implica transformações que sucedem umas às outras, dando dinamicidade ao narrado.

Essas mudanças de estado de sujeitos constituem o nível narrativo. No nível discursivo, são instaladas as categorias de pessoa, tempo e espaço; portanto, nesse nível, as transformações dos sujeitos, agora corporificados em personagens, ocorrem no tempo, o que significa que a história narrada apresenta uma ordem cronológica, em geral do passado para o futuro. Isso vale para a diegese, pois, como observamos, é possível enredar a história de forma que ela não siga rigidamente a ordem cronológica dos acontecimentos. A quebra da sequência temporal de uma narrativa recebe o nome de **anacronia**.

A palavra *anacronia* é da mesma família de *anacrônico* e *anacronismo*, e seu sentido é de algo que está fora do tempo, que contraria a cronologia. Popularmente, as pessoas usam a palavra *anacrônico* para se referirem a algo que está fora de época, algo que é do passado, antigo. Podemos dizer, por exemplo, que disquetes de computador são anacrônicos.

As anacronias narrativas não se referem apenas a um passado, mas também a um futuro, de sorte que o narrador pode interromper a sequência cronológica da narrativa, tanto para voltar ao passado quanto para adiantar fatos futuros. As anacronias relativas ao passado recebem o nome de **analepse**, e as relativas ao futuro, de **prolepse**. A analepse é também conhecida por uma expressão inglesa bastante comum entre nós: *flashback*.

O importante não é você guardar esses nomes, mas saber que, quando se narra uma história, é possível intercalar fatos passados e fatos futuros na sequência cronológica dos acontecimentos. Como o conto é um gênero narrativo cuja característica é a brevidade, decorrente da unidade de ação, espaço e tempo, não é muito comum que nele ocorram anacronias.

Em alguns contos modernos, há o abandono do tempo cronológico, e os fatos são narrados a partir das lembranças de uma personagem. Nesses contos, normalmente de natureza introspectiva e psicológica, o narrador exprime o discurso mental não pronunciado da personagem. A esse tipo de recurso damos o nome de **monólogo interior**, que difere do monólogo tradicional pelo fato de não ser exteriorizado e não se dirigir a um interlocutor específico, manifestando o fluxo de consciência da personagem. Como os pensamentos da personagem afloram sem que o narrador intervenha na organização de sua expressão linguística, esse tipo de discurso apresenta certa fluidez sintática, ou seja, as frases podem não se apresentar sintaticamente organizadas. No monólogo interior, os pensamentos da personagem se sobrepõem ao discurso do narrador. Você pode observar a técnica do monólogo interior em muitos contos de Clarice Lispector e de Lygia Fagundes Telles.

Vejamos um exemplo de monólogo interior no fragmento a seguir, extraído de um conto de Clarice Lispector intitulado "Trecho".

> Bem, o tempo está correndo. Um garçom de bigode louro dirige-se a Flora, segurando acrobaticamente uma bandeja com refresco escuro no copo suado. Sem lhe perguntar nada, pousa a bandeja, aproxima o copo de suas mãos e se afasta. Mas quem pediu refresco, pensa ela angustiada. Fica quieta, sem se mover. Ah! Cristiano, venha logo. Todos contra mim... Eu não quero refresco, eu quero Cristiano! Tenho vontade de chorar, porque hoje é um grande dia, porque hoje é o maior dia da minha vida. Mas vou conter em algum cantinho escondido de mim (atrás da porta? que absurdo) tudo o que me atormentar até a chegada de Cristiano. [...]

Fonte: Lispector, 2016f, p. 95.

Há um narrador em terceira pessoa que acompanha os passos da personagem Flora, que está em um café à espera de Cristiano. Note que, a partir de "Ah! Cristiano", não é mais a fala do narrador, mas a expressão do pensamento de Flora em monólogo interior. Observe ainda que o discurso passa de terceira para primeira pessoa.

Como outro exemplo de monólogo interior, citamos o conto "Eu era mudo e só", de Lygia Fagundes Telles (2009a), que faz parte do livro *Antes do baile verde*. Nele encontramos também exemplos de anacronias (analepse e prolepse), por isso sugerimos sua leitura integral.

Na leitura do conto, é importante que você distinga actante de personagem. Como expusemos no Capítulo 2, o actante é uma função narrativa que, no nível discursivo, é assumida por uma personagem. Explicamos ainda que uma mesma personagem pode exercer mais de uma função actancial e que um mesmo actante pode ser representado por mais de uma personagem.

Em "Eu era mudo e só", a personagem Manuel exerce duas funções actanciais: a de sujeito do fazer e a de narrador; portanto, temos uma narrativa em primeira pessoa, que, como já mencionamos, produz efeitos de sentido de subjetividade. A função de sujeito do fazer é do nível narrativo, e a de narrar, do nível discursivo.

Nesse tipo de narrativa, devemos estar atentos ao duplo papel da personagem, o de narrador e o de personagem da diegese, e distinguir o que é discurso de um e de outro. No livro *Grande sertão: veredas*, de Guimarães Rosa (1995a), o narrador é Riobaldo, que conta a um narratário sua história. Riobaldo é também personagem da história que narra. No nível da diegese, ele se sente atraído por Diadorim. Ao final, vem a descobrir que Diadorim não é homem, mas mulher. Observe que o narrador sabe que Diadorim é mulher, mas a personagem Riobaldo não sabe. Portanto, há um jogo entre /parecer v. ser/ – Diadorim parece homem e não é, o que configura uma mentira que só será desvelada no final. Em *Dom Casmurro*, de Machado de Assis (1979), o narrador é Dom Casmurro e não Bentinho, que é personagem da história. Quem relata os fatos é um homem de idade, que vive só, já separado da mulher e que conta os fatos com o "fim evidente de atar as duas pontas da vida, e restaurar na velhice a adolescência" (Assis, 1979, p. 810).

O trecho a seguir, extraído do conto "Eu era mudo e só", apresenta os pensamentos de Manuel. Mas note: os pensamentos são da personagem, porém a expressão deles é feita não por Manuel, mas pelo narrador.

> Ela sorriu e eu sorrio também ao vê-la consertar quase imperceptivelmente a posição das mãos. Agora o livro parece flutuar entre seus dedos tipo Gioconda. Acendo um cigarro. Tia Vicentina dizia sempre que eu era muito esquisito. "Ou esse seu filho é meio louco ou então..." Não tinha coragem de completar a frase, só ficava me olhando, sinceramente preocupada com meu destino. Penso agora como ela ficaria se me visse aqui nesta sala que mais parece a página de uma dessas revistas da arte de decorar, bem-vestido, bem barbeado e bem casado, solidamente casado com uma mulher divina-maravilhosa, quando borda, o trabalho parece sair das mãos de uma freira e quando cozinha!... Verlaine em sua boca é aquela pronúncia, a voz impostada, uma voz rara. E se tem um filho então, tia Vicentina? A criança nasce uma dessas coisas, entende? Tudo tão harmonioso, tão perfeito. "Que gênero de poesia a senhora prefere?", perguntou o repórter à poetisa peituda e a poetisa peituda revirou os olhos, "O senhor sabe, existe a poesia realista e a poesia sublime. Eu prefiro a sublime!". Pois aí está, tia Vicentina.

Fonte: Telles, 2009a, p. 145-146.

Nesse trecho, o narrador descreve uma cena em que está em frente à mulher (Fernanda). Em determinado momento, vem à tona o pensamento da personagem (Manuel), um acontecimento passado (analepse), uma conversa que sua tia Vicentina teve com sua mãe. O narrador deixa a cena objetiva em que estava a personagem Manuel e passa a seguir seus pensamentos.

No próximo trecho, o narrador acompanha o pensamento de Manuel, que se projeta para um futuro (prolepse) imaginando o que viria a acontecer com a filha de Manuel e Fernanda (Gisela).

> Um dia Gisela diria à mãe qual era o escolhido. Fernanda o convidaria para jantar conosco, exatamente como a mãe dela fizera comigo. O arzinho de falsa distraída em pleno funcionamento na inaparente teia das perguntas, "Diz que prolonga a vida a gente amar o trabalho que faz. Você ama o seu?..." A perplexidade do moço diante de certas considerações tão ingênuas, a mesma perplexidade que um dia senti.

Fonte: Telles, 2009a, p. 150.

Observe as seguintes formas verbais: "diria" e "convidaria". Trata-se de formas do futuro do pretérito, que, como o próprio nome indica, exprime um fato futuro em relação a um fato passado. A narrativa conta um fato passado. Nesse tempo pretérito, o pensamento da personagem se projeta para o futuro (prolepse), mais precisamente para a época em que sua filha Gisela, então pequena, estaria para se casar.

Esses dois trechos do conto de Lygia Fagundes Telles evidenciam que:

- no nível do enredo, a narrativa pode interromper a ordem cronológica dos acontecimentos voltando ao passado (analepse) ou projetando-se em um futuro (prolepse);
- a sequência cronológica dos acontecimentos pode dar lugar a um tempo interior, em que vem à tona o pensamento da personagem.

Ainda com relação à temporalidade, chamamos a atenção para o fato de que há narrativas que podem começar pelo fim (**in ultima res**) ou já no meio dos acontecimentos (**in media res**). Nesse caso, o enredo subverte a cronologia dos acontecimentos da diegese.

O conceito de *in media res* foi formulado por Horácio em sua *Arte poética*. Literalmente, *in media res* significa "no meio da coisa". Para as narrativas, devemos tomá-lo no sentido de "no meio dos acontecimentos". Segundo Horácio, no gênero épico (e você já viu que as narrativas pertencem a esse gênero), não se deveria iniciar a narrativa pela sua origem, mas em um momento adiantado da ação.

No trecho a seguir, extraído do conto "Colomba", de Prosper Mérimée, o narrador dirige-se explicitamente ao narratário (o leitor) para adverti-lo de que sua narração começa *in media res*, a fim de atender ao preceito de Horácio.

> Foi para me conformar ao preceito de Horácio que me lancei a princípio *in media res*.
>
> Agora que tudo dorme, a bela Colomba, o coronel e a filha, aproveito o ensejo para informar meu leitor de certas particularidades que não deve ignorar, se quiser aprofundar-se mais nesta verídica história.

Fonte: Mérimée, 2015, p. 261.

O leitor já vinha acompanhando a narrativa quando, em determinado momento, o narrador a interrompe para esclarecer algo que pertence ao início dos acontecimentos e que ainda não contou, uma vez que optou por começar a narrativa não pelo seu início, mas já no meio dos acontecimentos, para atender ao preceito horaciano de que, nas narrativas, as consequências devem preceder às causas, a fim de que o leitor extraia dos acontecimentos a causa que lhes deu origem.

"A morte de Ivan Ilitch", de Liev Tolstói, inicia-se pelo funeral do protagonista. Leia a seguir o início desse conto.

> No Palácio da Justiça, que era um grande edifício, durante uma pausa no julgamento do processo movido contra a família Melvinski, os juízes e o promotor se reuniram no gabinete de Ivan Iegoróvitch Chebek e a conversação recaiu sobre a famosa questão Krassov. Fiódor Vassilievitch sustentava calorosamente a incompetência do tribunal, Ivan Ierogoróvitch mantinha ponto de vista contrário e Piotr Ivánovitch, que fugira à discussão, passava ligeiramente os olhos pelas principais páginas do jornal que acabavam de lhe trazer. De repente disse:
>
> — Meus senhores, morreu Ivan Ilitch!
>
> — Como assim?
>
> — Aqui está. Pode ler — respondeu, e pôs nas mãos de Fiódor Vassilievitch o jornal, que cheira a tinta fresca.
>
> Cercado por uma tarja, publicava-se o seguinte anúncio: "Prascóvia Fiodorovna Golovina tem o profundo pesar de comunicar, a seus parentes e amigos, o falecimento de seu querido esposo, o juiz Ivan Ilitch Golovin, ocorrido a 2 de fevereiro de 1882. O féretro sairá sexta-feira, à uma hora da tarde".

Fonte: Tolstói, 2004, p. 145-146.

Trata-se de conto de certa extensão, tanto que o autor o dividiu em onze partes. O conto se inicia *in ultima res*, pela notícia do falecimento do protagonista. Toda a primeira parte é centrada na morte de Ivan Ilitch e do que acontece imediatamente após. A partir da segunda parte, a narrativa segue a ordem cronológica dos acontecimentos. Na última, são narrados os instantes finais de Ivan Ilitch, o que, na ordem cronológica dos acontecimentos, está emendado com o início da narrativa, conferindo a ela uma estrutura circular. Começar a narrativa *in ultima res*, colocando primeiro no discurso acontecimentos que, no nível da diegese, ocorrem no final, é uma estratégia discursiva, portanto do nível do enredo, e não da diegese.

Como exemplo de conto que se inicia *in media res*, citamos "A causa secreta", de Machado de Assis. Reproduzimos a seguir o início desse conto.

> Garcia, em pé, mirava e estalava as unhas; Fortunato, na cadeira de balanço, olhava para o teto; Maria Luísa, perto da janela, concluía um trabalho de agulha. Havia já cinco minutos que nenhum deles dizia nada. Tinham falado do dia, que estivera excelente, — de Catumbi, onde morava o casal Fortunato, e de uma casa de saúde, que adiante se explicará. Como os três personagens aqui presentes estão agora mortos e enterrados, tempo é de contar a história sem rebuço.
>
> Tinham falado também de outra coisa, além daquelas três, coisa tão feia e grave, que não lhes deixou muito gosto para tratar do dia, do bairro e da casa de saúde. Toda a conversação a este respeito foi constrangida. Agora mesmo, os dedos de Maria Luísa parecem ainda trêmulos, ao passo que há no rosto de Garcia uma expressão de severidade, que lhe não é habitual. Em verdade, o que se passou foi de tal

> natureza, que para fazê-lo entender é preciso remontar à origem da situação.
>
> Garcia tinha-se formado em medicina, no ano anterior, 1861. No de 1860, estando ainda na Escola, encontrou-se com Fortunato, pela primeira vez, à porta da Santa Casa; entrava, quando o outro saía. Fez-lhe impressão a figura; mas, ainda assim, tê-la-ia esquecido, se não fosse o segundo encontro, poucos dias depois. Morava na rua de D. Manoel. Uma de suas raras distrações era ir ao teatro de S. Januário, que ficava perto, entre essa rua e a praia; ia uma ou duas vezes por mês, e nunca achava acima de quarenta pessoas. Só os mais intrépidos ousavam estender os passos até aquele recanto da cidade. Uma noite, estando nas cadeiras, apareceu ali Fortunato, e sentou-se ao pé dele.

Fonte: Assis, 2017b.

Pela leitura desses três parágrafos, podemos constatar que se trata de um conto narrado em terceira pessoa. Essa estratégia discursiva confere ao texto efeitos de sentido de objetividade. O primeiro parágrafo coloca o leitor na cena narrativa, e o narrador dirige-se ao narratário a fim de esclarecer alguns aspectos da narração: que as três personagens já morreram e que vai passar a "contar a história sem rebuço", isto é, sem rodeios.

Esse primeiro parágrafo não pertence à diegese. O narrador ainda não entrou na história propriamente dita. Ele é parte do enredo e tem a função de explicitar ao leitor o que e como será contado.

O segundo parágrafo continua apresentando a cena inicial em que estão reunidas as três personagens. Observe que ele termina com a seguinte frase: "Em verdade, o que se passou foi de tal natureza, que para fazê-lo entender é preciso remontar à origem da situação". Portanto, o início da diegese será contado no parágrafo seguinte. O narrador começa a história em um ponto qualquer de seu desenvolvimento para depois voltar a seu início e retomar a ordem cronológica dos acontecimentos, que se refere à forma como as personagens Garcia e Fortunato se conheceram ("Garcia tinha-se formado em medicina, no ano anterior, 1861. No de 1860, estando ainda na Escola, encontrou-se com Fortunato, pela primeira vez, à porta da Santa Casa; entrava, quando o outro saía").

A história prossegue e vamos conhecendo as três personagens. Em determinado momento, aquela cena inicial retorna, e o narrador faz referência explícita a ela, como atesta o trecho que segue: "Maria Luísa defendeu-se a medo, disse que era nervosa e mulher; depois foi sentar-se à janela com as suas lãs e agulhas, e os dedos ainda trêmulos, tal qual a vimos no começo desta história. Hão de lembrar-se que, depois de terem falado de outras coisas, ficaram calados os três, o marido sentado e olhando para o teto, o médico estalando as unhas". Esse acontecimento, que pertence ao meio da diegese, abre o conto, por isso trata-se de narrativa *in media res*.

No nível da diegese, o conto narra que Garcia, um estudante de Medicina, por acaso conhece Fortunato, cujo comportamento deixa Garcia muito intrigado e curioso. Encontrando Fortunato no teatro, Garcia observa que ele se deliciava com as cenas de sangue e violência e que, quando o "dramalhão, cosido a facadas", terminou e ia começar uma comédia, Fortunato vai embora.

Algumas semanas depois, Fortunato socorre um homem ferido e o leva aonde mora Garcia. Fortunato desdobra-se em cuidados com o ferido, olhando-o friamente, sem que nada o perturbasse. O ferido, seis dias depois, vai à casa de Fortunato para agradecer-lhe; este o recebe constrangido e ouve impaciente o agradecimento do homem.

Fortunato, que agora está casado com Maria Luísa, e Garcia tornam-se amigos. Amizade estabelecida, Garcia passa a frequentar a casa de Fortunato, e eles se tornam sócios em uma casa de saúde. Fortunato cuida praticamente de tudo e é dedicado ao máximo aos doentes. Garcia descobre que o sócio costumava rasgar e envenenar cães e gatos. Esse comportamento estranho de Fortunato faz com que Maria Luísa, "criatura nervosa e frágil", sofra muito na convivência com o marido.

Certa feita, Garcia surpreende Fortunato em uma cena em que está segurando um rato amarrado pela cauda e o faz descer até uma chama para queimá-lo, depois de cortar uma a uma as patas do animal com uma tesoura. Fortunato não quer que o animal morra de imediato. Enquanto o animal "estorcia-se, guinchando, ensanguentado, chamuscado, e não acabava de morrer", Fortunato apresentava "um sorriso único, reflexo de alma satisfeita, alguma coisa que traduzia a delícia íntima das sensações supremas".

Maria Luísa, atacada pela tuberculose, morre. O marido e o amigo velam o cadáver. Vendo que Fortunato estava cansado, Garcia lhe propõe que vá descansar um pouco; ele iria depois. Fortunato se retira, adormece e vinte minutos depois acorda e volta à sala no momento em que Garcia está junto à morta, beijando-lhe a testa. Quando vai lhe dar outro beijo, rompe em "soluços, e os olhos não puderam conter as lágrimas, que vieram em borbotões, lágrimas de amor calado, e irremediável desespero". Fortunato, ao ver essa cena, descobre que o amigo amava sua mulher e sofria com a morte dela. Não sente ciúme nem raiva, pelo contrário, "saboreou tranquilo essa explosão de dor moral que foi longa, muito longa, deliciosamente longa".

A reconstrução do sentido do conto vai muito além do trabalho de se recuperar a diegese. É necessário que se reconstitua o percurso gerativo do sentido, partindo-se do nível mais superficial, o discursivo, até chegar à estrutura profunda.

No nível discursivo, é preciso observar como se dá a instalação de um narrador, delegado do enunciador, das categorias de tempo e espaço, dos temas e das figuras.

Em "A causa secreta", temos uma narrativa de um fato já ocorrido, logo, do sistema do passado. No primeiro parágrafo,

A história como é contada

o narrador nos alerta de que "os três personagens aqui presentes estão agora mortos e enterrados".

No próximo capítulo, examinaremos como o tempo se instala no discurso. Neste ponto, queremos apenas chamar sua atenção para um fato que lhe pode causar estranheza. Afirmamos que se trata de uma narrativa de um fato passado, portanto do "então" e não do "agora". Observe que ela começa assim: "Garcia em pé, mirava e estalava as unhas; Fortunato, na cadeira de balanço, olhava para o teto; Maria Luísa, perto da janela, concluía um trabalho de agulha". O narrador coloca as três personagens em cena descrevendo o que faziam por meio de verbos no passado: "mirava", "olhava" e "concluía", todos no pretérito imperfeito. Como se sabe, a diferença entre as formas do perfeito e do imperfeito reside no aspecto, e não no tempo (ambos são do sistema do passado). O perfeito indica ação concluída, enquanto o imperfeito mostra o processo verbal em sua duração.

Consideremos agora a última frase desse primeiro parágrafo: "Como os três personagens aqui presentes estão agora mortos e enterrados, tempo é de contar a história sem rebuço". Você certamente deve estar se perguntando sobre o advérbio de tempo "agora" e a forma verbal "estão", que indicam tempo presente.

Para entender esse jogo de tempos verbais em que o passado se mescla com o presente, é preciso perceber que nas narrativas há dois tempos: o tempo da diegese – isto é, o tempo do narrado, o tempo da história propriamente dita – e o tempo em que o narrador toma a palavra para contá-la (o tempo do dizer). Em síntese: na narração, distinguimos o tempo da enunciação, entendido como o tempo em que o enunciador diz, a partir do qual se instala um presente (o *agora*), e o tempo do enunciado, definido como o tempo daquilo que é narrado, que pode ser passado, presente ou futuro em relação ao momento da enunciação. Portanto, como você pode notar, o tempo da narrativa não é o tempo físico ou cronológico, mas o tempo do discurso. Esse assunto será tratado em detalhes nos Capítulos 5 e 7 deste livro.

No nível narrativo, é preciso estabelecer o esquema narrativo dos sujeitos da ação. Em "A causa secreta", interessa-nos de perto o esquema narrativo de Fortunato, o protagonista. O querer fazer dele decorre de um processo de manipulação. Devemos lembrar que o manipulador não é necessariamente uma pessoa. No caso de Fortunato, quem lhe atribui o querer fazer o sofrimento dos outros é o sadismo. O valor que busca é o prazer decorrente do sofrimento alheio. Fortunato dispõe da competência para a ação, pois sabe e pode obter esse prazer (considere, a propósito, o episódio do sofrimento que ele impinge ao rato). A sanção que Fortunato sofre é positiva, já que, embora perca a mulher, atinge o prazer por meio do sofrimento do amigo.

No nível mais abstrato ainda, o conto se articula em torno da oposição semântica /prazer v. aflição/, em que o prazer é o valor positivo e a aflição, o negativo. Fortunato nega a aflição, a dor, o sofrimento e afirma o prazer – o que ele busca é o prazer à custa do sofrimento do outro. Esse prazer que ele busca no nível narrativo aparece, no nível discursivo, sob os temas *sadismo*, *sofrimento* e *dor*, revestidos por diversas figuras, como explicitamos no Quadro 4.1.

Quadro 4.1 – Temas e figuras do conto "A causa secreta"

Tema: dor, sofrimento	Tema: sadismo, prazer
Figuras	Figuras
"ganindo"	"envenenar gatos e cães"
"enfermidades"	"rato atado pela cauda"
"casa de saúde"	"cortara o rato"
"ensanguentado"	"cortou a pata devagar"
"gemia"	"rato meio cadáver"
"ferido"	"cortar-lhe o focinho"
"padecer"	"castigar sem raiva"
"moléstia"	"dor alheia"
"curativo"	"sensação de prazer"
"lances dolorosos"	"saboreou tranquilamente"

É importante ressaltarmos, ainda, o fato de que o sentido de um conto não se restringe à diegese; portanto, reiteramos que a análise de um texto não pode ser confundida com sua paráfrase. Após a reconstituição do sentido do texto por meio do percurso gerativo, é necessário observarmos a relação entre conteúdo e expressão, já que é por meio desta que aquele se manifesta.

A organização temporal da narrativa diz respeito ao enredo e é manifestada na expressão, por meio do arranjo do sistema verbal que vai relacionar os acontecimentos narrados em termos de concomitância e não concomitância, sendo que esta se organiza em termos de anterioridade e posterioridade. No próximo capítulo, isso será examinado em detalhes.

Conto comentado

O conto que segue foi escrito por Eça de Queirós (1845-1900), um dos mais importantes escritores portugueses. Entre seus romances, destacam-se *O primo Basílio* e *O crime do padre Amaro*. Além de romances, escreveu também alguns contos.

A aia

Era uma vez um rei, moço e valente, senhor de um reino abundante em cidades e searas, que partira a batalhar por terras distantes, deixando solitária e triste a sua rainha e um filhinho, que ainda vivia no seu berço, dentro das suas faixas.

A lua cheia que o vira marchar, levado no seu sonho de conquista e de fama, começava a minguar, quando um dos seus cavaleiros apareceu, com as armas rotas, negro do sangue seco e do pó dos caminhos, trazendo a amarga nova de uma batalha perdida e da morte do rei, trespassado por sete lanças entre a flor da sua nobreza, à beira de um grande rio.

A rainha chorou magnificamente o rei. Chorou ainda desoladamente o esposo, que era formoso e alegre. Mas, sobretudo, chorou ansiosamente o pai, que assim deixava o filhinho desamparado, no meio de tantos inimigos da sua frágil vida e do reino que seria seu, sem um braço que o defendesse, forte pela força e forte pelo amor.

Desses inimigos o mais temeroso era seu tio, irmão bastardo do rei, homem depravado e bravio; consumido de cobiças grosseiras, desejando só a realeza por causa dos seus tesouros, e que havia anos vivia num castelo sobre os montes, com uma horda de rebeldes, à maneira de um lobo que, de atalaia no seu fojo, espera a presa. Ai! a presa agora era aquela criancinha, rei de mama, senhor de tantas províncias, e que dormia no seu berço com seu guizo de ouro fechado na mão!

Ao lado dele, outro menino dormia noutro berço. Mas era um escravozinho, filho da bela e robusta escrava que amamentava o príncipe. Ambos tinham nascido na mesma noite de verão. O mesmo seio os criara. Quando a rainha, antes de adormecer, vinha beijar o principezinho, que tinha o cabelo louro e fino, beijava também, por amor dele, o escravozinho, que tinha o cabelo negro e crespo. Os olhos de ambos reluziam como pedras preciosas. Somente, o berço de um era magnífico de marfim entre brocados, e o berço de outro, pobre e de verga. A leal escrava, porém, a ambos cercava de carinho igual, porque, se um era o seu filho, o outro seria o seu rei.

A história como é contada

Nascida naquela casa real, ela tinha a paixão, a religião dos seus senhores. Nenhum pranto correra mais sentidamente do que o seu pelo rei morto à beira do grande rio. Pertencia, porém, a uma raça que acredita que a vida da terra se continua no céu. O rei seu amo, decerto, já estaria agora reinando em outro reino, para além das nuvens, abundante também em searas e cidades. O seu cavalo de batalha, as suas armas, os seus pajens tinham subido com ele às alturas. Os seus vassalos, que fossem morrendo, prontamente iriam, nesse reino celeste, retomar em torno dele a sua vassalagem. E ela, um dia, por seu turno, remontaria num raio de lua a habitar o palácio do seu senhor, e a fiar de novo o linho das suas túnicas, e a acender de novo a caçoleta dos seus perfumes; seria no céu como fora na terra, e feliz na sua servidão.

Todavia, também ela tremia pelo seu principezinho! Quantas vezes, com ele pendurado do peito, pensava na sua fragilidade, na sua longa infância, nos anos lentos que correriam, antes que ele fosse ao menos do tamanho de uma espada, e naquele tio cruel, de face mais escura que a noite e coração mais escuro que a face, faminto do trono, e espreitando de cima do seu rochedo entre os alfanjes da sua borda! Pobre principezinho da sua alma! Com uma ternura maior o apertava nos braços. Mas o seu filho chalrava ao lado, era para ele que os seus braços corriam com um ardor mais feliz. Esse, na sua indigência, nada tinha a recear a vida. Desgraças, assaltos da sorte má nunca o poderiam deixar mais despido das glórias e bens do mundo do que já estava ali no seu berço, sob o pedaço de linho branco que resguardava a sua nudez. A existência, na verdade, era para ele mais preciosa e digna de ser conservada que a do seu príncipe, porque nenhum dos duros cuidados com que ela enegrece a alma dos senhores roçaria sequer a sua alma livre e simples de escravo. E, como se o amasse mais por aquela humildade ditosa, cobria o seu corpinho gordo de beijos pesados e devoradores, dos beijos que ela fazia ligeiros sobre as mãos do seu príncipe.

No entanto, um grande temor enchia o palácio, onde agora reinava uma mulher entre mulheres. O bastardo, o homem de rapina, que errava no cimo das serras, descera à planície com a sua horda, e já através de casais e aldeias felizes ia deixando um sulco de matança e ruínas. As portas da cidade tinham sido seguras com cadeias mais fortes. Nas atalaias ardiam lumes mais altos. Mas à defesa faltava disciplina viril. Uma roca não governa como uma espada. Toda a nobreza fiel perecera na grande batalha. E a rainha desventurosa apenas sabia correr a cada instante ao berço do seu filhinho e chorar sobre ele a sua fraqueza de viúva. Só a ama leal parecia segura, como se os braços em que estreitava o seu príncipe fossem muralhas de uma cidadela que nenhuma audácia pode transpor.

Ora uma noite, noite de silêncio e de escuridão, indo ela a adormecer, já despida, no seu catre, entre os seus dois meninos, adivinhou, mais que sentiu, um curto rumor de ferro e de briga, longe, à entrada dos vergéis reais. Embrulhada à pressa num pano, atirando os cabelos para trás, escutou ansiosamente. Na terra areada, entre os jasmineiros, corriam passos pesados e rudes. Depois houve um gemido, um corpo tombando molemente, sobre lajes, como um fardo. Descerrou violentamente a cortina. E além, ao fundo da galeria, avistou homens, um clarão de lanternas, brilhos de armas... Num relance tudo compreendeu: o palácio surpreendido, o bastardo cruel vindo roubar, matar o seu príncipe! Então, rapidamente, sem uma vacilação, uma dúvida, arrebatou o príncipe do seu berço de marfim, atirou-o para o pobre berço de verga, e, tirando o seu filho do berço servil, entre beijos desesperados, deitou-o no berço real que cobriu com um brocado.

Bruscamente um homem enorme, de face flamejante, com um manto negro sobre a cota de malha, surgiu à porta da câmara, entre outros, que erguiam lanternas. Olhou, correu o berço de marfim onde os brocados luziam, arrancou a criança como se arranca uma bolsa de oiro, e, abafando os seus gritos no manto, abalou furiosamente.

O príncipe dormia no seu novo berço. A ama ficara imóvel no silêncio e na treva.

Mas brados de alarme atroaram, de repente, o palácio. Pelas janelas perpassou o longo flamejar das tochas. Os pátios ressoavam com o bater das armas. E desgrenhada, quase nua, a rainha invadiu a câmara, entre as aias, gritando pelo seu filho! Ao avistar o berço de marfim, com as roupas desmanchadas, vazio, caiu sobre as lajes num choro, despedaçada. Então, calada, muito lenta, muito pálida, a ama descobriu o pobre berço de verga... O príncipe lá estava quieto, adormecido, num sonho que o fazia sorrir, lhe iluminava toda a face entre os seus cabelos de oiro. A mãe caiu sobre o berço, com um suspiro, como cai um corpo morto.

E nesse instante um novo clamor abalou a galeria de mármore. Era o capitão das guardas, a sua gente fiel. Nos seus clamores havia, porém, mais tristeza que triunfo. O bastardo morrera! Colhido, ao fugir, entre o palácio e a cidadela, esmagado pela forte legião de archeiros, sucumbira, ele e vinte da sua horda. O seu corpo lá ficara, com flechas no flanco, numa poça de sangue. Mas, ai dor sem nome! O corpinho tenro do príncipe lá ficara também envolto num manto, já frio, roxo ainda das mãos ferozes que o tinham esganado! Assim tumultuosamente lançavam a nova cruel os homens de armas, quando a rainha, deslumbrada, com lágrimas entre risos, ergueu nos braços, para lho mostrar, o príncipe que despertara.

    Foi um espanto, uma aclamação. Quem o salvara? Quem?... Lá estava junto do berço de marfim vazio, muda e hirta, aquela que o salvara! Serva sublimemente leal! Fora ela que, para conservar a vida ao seu príncipe, mandara à morte o seu filho... Então, só então, a mãe ditosa, emergindo da sua alegria extática, abraçou apaixonadamente a mãe dolorosa, e a beijou, e lhe chamou irmã do seu coração... E de entre aquela multidão que se apertava na galeria veio uma nova, ardente aclamação, com súplicas de que fosse recompensada magnificamente a serva admirável que salvara o rei e o reino.

    Mas como? Que bolas de ouro podem pagar um filho? Então um velho de casta nobre lembrou que ela fosse levada ao Tesouro real, e escolhesse de entre essas riquezas, que eram como as maiores dos maiores tesouros da Índia, todas as que o seu desejo apetecesse...

    A rainha tomou a mão da serva. E sem que a sua face de mármore perdesse a rigidez, com um andar de morta, como um sonho, ela foi assim conduzida para a Câmara dos Tesouros. Senhores, aias, homens de armas, seguiam, num respeito tão comovido, que apenas se ouvia o roçar das sandálias nas lajes. As espessas portas do Tesouro rodaram lentamente. E, quando um servo destrancou as janelas, a luz da madrugada, já clara e rósea, entrando pelos gradeamentos de ferro, acendeu um maravilhoso e faiscante incêndio de ouro e pedrarias! Do chão de rocha até às sombrias abóbadas, por toda a câmara, reluziam, cintilavam, refulgiam os escudos de oiro, as armas marchetadas, os montões de diamantes, as pilhas de moedas, os longos fios de pérolas,

> todas as riquezas daquele reino, acumuladas por cem reis durante vinte séculos. Um longo – Ah! – lento e maravilhado, passou por sobre a turba que emudecera. Depois houve um silêncio ansioso. E no meio da câmara, envolta na refulgência preciosa, a ama não se movia... Apenas os seus olhos, brilhantes e secos, se tinham erguido para aquele céu que, além das grades, se tingia de rosa e de ouro. Era lá, nesse céu fresco de madrugada, que estava agora o seu menino. Estava lá, e já o Sol se erguia, e era tarde, e o seu menino chorava decerto, e procurava o seu peito!... E então a ama sorriu e estendeu a mão. Todos seguiam, sem respirar aquele lento mover da sua mão aberta. Que joia maravilhosa, que fio de diamantes, que punhado de rubis ia ela escolher?
> A ama estendia a mão, e sobre um escabelo ao lado, entre um molho de armas, agarrou um punhal. Era um punhal de um velho rei, todo cravejado de esmeraldas, e que valia uma província.
> Agarrara o punhal, e com ele apertado fortemente na mão, apontando para o céu, onde subiam os primeiros raios do Sol, encarou a rainha, a multidão, e gritou:
> — Salvei o meu príncipe, e agora... vou dar de mamar ao meu filho.
> E cravou o punhal no coração.
>
> Fonte: Queirós, 2002, p. 26-29.

Trata-se de um conto tradicional, que se insere no campo das fábulas e das lendas. Seu início prenuncia isso. O "Era uma vez" situa a narrativa em um tempo passado como nos contos da tradição popular. Figuras como "rei", "rainha", "príncipe", "castelo" e "palácio" possibilitam a associação do tempo dos acontecimentos com a Idade Média. Temos então uma defasagem temporal entre o tempo da enunciação (o conto é do final do século XIX) e o tempo da história (Idade Média).

Quanto ao espaço, privilegia-se o espaço social, a corte, como podemos observar pelas figuras que apontamos no parágrafo antecedente. Isso é reforçado pelo fato de as personagens não serem designadas por um nome próprio que as individualize, mas pelo seu papel social: o rei, a rainha, o príncipe, a aia.

Quanto à diegese, temos uma história condensada com aceleração dos acontecimentos, portanto com o predomínio da ação. Antes que a protagonista entre em cena, toda a configuração da história já é dada: a morte do rei, a ameaça ao reino, a presença do antagonista (o irmão bastardo). Trata-se de um conto em que não há avanços nem recuos na diegese, ou seja, a história prolonga-se unidirecionalmente do passado para o futuro. É preciso observar ainda que, no nível da diegese, os acontecimentos não se encadeiam apenas cronologicamente, em um "antes" e um "depois".

O narrador não se limita a apresentar os acontecimentos em sua cronologia; há também entre eles um encadeamento causal que relaciona dois acontecimentos por causa e efeito. Por exemplo: a morte do rei relaciona-se cronologicamente com a tentativa de tomada do poder pelo irmão bastardo do rei, pois antecede no tempo a tentativa de tomada do poder; mas há também entre esses dois acontecimentos uma relação de causa e consequência: a morte do rei é causa da tentativa de tomada do poder (consequência).

Adotamos aqui os ensinamentos de Forster (2005), para quem o enredo se diferencia da história, porque apresenta uma relação de causalidade. Na história (diegese), a relação é de temporalidade (um "antes" e um "depois"). Nunca é demais citar as palavras desse autor, que, de forma simples e objetiva, distingue o enredo da história:

> Vamos definir o enredo. Definimos a estória como uma narrativa de eventos dispostos conforme a sequência do tempo. O enredo também é uma narrativa de eventos, na qual a ênfase recai na causalidade. "O rei morreu, e depois a rainha morreu" é uma história. "O rei morreu, e depois a rainha morreu de

desgosto" é um enredo. A sequência do tempo é mantida, mas o senso de causalidade a ofusca. (Forster, 2005, p. 107)

Releia o conto e observe que o narrador, embora mantenha a sequência cronológica dos acontecimentos, faz o encadeamento entre eles por uma relação de causalidade. O que sobressai nesse conto não é necessariamente o que aconteceu, mas o porquê de ter acontecido. Em outras, palavras o enredo ofusca a diegese.

Vamos agora proceder ao comentário acerca do conto à luz do percurso gerativo do sentido. O nível discursivo, como já frisamos, além de apresentar as categorias de pessoa, tempo e espaço, contém ainda os temas e as figuras. Quanto aos temas disseminados pelo texto, temos a lealdade, a morte, a servidão, o amor materno e a religiosidade, que vêm recobertos por figuras, como mostramos no Quadro 4.1.

Quadro 4.2 – Temas e figuras do conto "A aia"

Temas	Figuras
Lealdade	"ama leal", "estreitava o seu príncipe", "arrebatou o príncipe do seu berço", "serva sublimemente leal", "conservar a vida ao seu príncipe"
Morte	"sangue seco", "sete lanças", "matanças", "poça de sangue", "punhal", "cravou o punhal"
Servidão	"escravozinho", "escrava", "seu amo", "vassalos", "vassalagem", "senhor"
Amor materno	"beijos", "mãe ditosa", "procurava o seu peito", "dar de mamar"
Religiosidade	"vida eterna", "céu", "reinando em outro reino, para além das nuvens" "subido às alturas", "reino celeste"

No nível narrativo, aquele em que se configura um simulacro da ação do homem no mundo, temos uma série de transformações e estabelecimentos de rupturas de contratos.

Uma primeira transformação se dá pela morte do rei, que passa de um estado de conjunção (com a vida, com o reino, com a esposa, com o filho) para um de disjunção desses valores. O rei está morto; a rainha, viúva; o filho, órfão; e o reino, sem rei. Esse vazio possibilita a ação do antissujeito, representado pelo irmão bastardo do rei.

Nesse mesmo nível, temos ainda o percurso do sujeito, representado pela aia, que, no nível discursivo, é a protagonista do conto. Há um contrato de fidelidade dela para com o rei – ela é escrava e deve servir e obedecer a seu senhor. A aia mantém também um contrato pelo qual, decorrente de sua posição servil, deve cuidar do filho do rei e da rainha, um menino que tem a mesma idade que seu filho, a quem também deve cuidar e proteger em decorrência de seu papel de mãe. Os vários sujeitos do nível narrativo mantêm relações de oposição identificadas a seguir:

> rei v. irmão bastardo
> rainha (nobre) v. aia (plebeia)
> filho da rainha (nobre, rico, louro) v. filho da aia (plebeu, pobre, cabelo negro)

Paralelamente ao percurso do sujeito *aia*, temos o percurso do irmão bastardo do rei, o antissujeito, cujo objeto-valor é o reino, no qual estão investidos os valores *poder* e *riqueza*. O irmão bastardo é movido, portanto, por um querer. Para executar a *performance*, ele deve ser dotado de uma competência, ou seja, deve também saber e poder se apoderar do trono. O irmão bastardo dispõe desse saber e desse poder. Sabe que, matando o sobrinho, o trono ficará vago; sabe, ainda, que o reino está desprotegido pela morte do rei. O poder lhe é dado pelas armas e pelos homens que possui para atacar o palácio.

Para impedir que o antissujeito *irmão bastardo* entre em conjunção com o reino, a aia, que está presa ao reino por um contrato de fidelidade, vale-se de um estratagema para impedir a morte do herdeiro e a consequente apropriação do poder pelo antissujeito. Faz a troca do príncipe herdeiro pelo próprio filho, conseguindo enganar o bastardo, que mata o filho da aia pensando ser o filho do rei.

No percurso da sanção, o irmão bastardo do rei é sancionado negativamente com a morte. Nesse percurso, como explicamos, verifica-se se o sujeito executou a ação e cumpriu o contrato estabelecido, sendo punido ou recompensado. Quanto à aia, a sanção é positiva, na medida em que ela cumpriu o contrato de proteger o filho do rei, sendo por isso recompensada.

Quanto à articulação fundamental, em que um termo tem valoração positiva e o outro, negativa, é preciso considerar que a valoração se dá a partir do momento em que um sujeito assume o valor. No nível fundamental, uma oposição como /morte v. vida/ em si não tem valor ideológico. Quando esses valores são assumidos por um sujeito, passam a ser positivos ou negativos. A morte pode ser positiva em alguns discursos e negativa em outros.

No conto "A aia", a morte, para o irmão bastardo do rei, é uma forma de punição. Esse irmão é sancionado negativamente com a perda da vida, em razão de ter descumprido o contrato de lealdade. No entanto, para a aia, a morte é um valor positivo, uma vez que, pela morte, poderá juntar-se ao filho morto.

A morte, como valor positivo, aparece frequentemente nos discursos de natureza religiosa, pois, segundo a perspectiva que os embasa, é pela morte que o indivíduo passa para uma vida melhor, o reino dos céus. Você deve ter notado que a aia age movida não só por lealdade, mas também por uma forte religiosidade.

A sanção é, ainda, o momento em que os segredos são revelados. Em "A aia", é a passagem na qual se descobre que a criança morta pelo irmão bastardo não é o filho do rei, mas o filho da aia.

No nível fundamental, o conto se articula em torno da oposição semântica /bem v. mal/, em que o bem é o valor positivo e o mal, o negativo. Há uma afirmação do mal, na figura do irmão bastardo; uma negação do mal, pela morte do irmão bastardo; e, finalmente, uma afirmação do bem, pela salvação do herdeiro e do reino.

A construção do sentido de um conto pressupõe que o leitor encontre por trás da diversidade de figuras presentes no nível discursivo os temas que elas encobrem. Implica, pois, uma tarefa de abstração, em que se parte do concreto (as figuras) e se passa para o abstrato (os temas), levando-se em conta também as categorias da enunciação, que permitem ao leitor recuperar o contexto de produção.

"A aia" é um texto altamente figurativo, possibilitando diversas leituras. Destacamos duas a seguir.

Uma leitura possível do conto é relativa ao papel social da mulher. O reino se encontra ameaçado, embora tenha uma rainha. A morte do rei provoca um vazio no trono. Está implícito que a rainha não teria condições de governar.

No texto, afirma-se que as mulheres sequer têm condições de proteger o reino. Atente para estes trechos: "Mas à defesa faltava disciplina viril"; "Uma roca não governa como uma espada". Por trás dessas figuras está dito que as mulheres não têm disciplina para executar a defesa do reino e que elas (representadas por uma roca, instrumento usado para fiar, portanto de uso de mulheres) não sabem governar como os homens, figurativizados na espada.

Entretanto, ao mesmo tempo que mostra a mulher como um ser inferior e incapaz, o conto – suprema ironia – indica que é por ação de uma mulher, a aia, que o reino se salva. A aia, uma mulher, paga com a própria vida e a vida de seu filho a salvação do reino movida pela lealdade.

Uma outra leitura possível do conto remete à ideia de que na história se diz uma coisa para significar outra. Isso é uma figura de linguagem denominada *ironia*, o que obriga o leitor a não fazer uma leitura literal do conto.

A diegese narra um fato incomum: a mãe sacrificar o próprio filho para salvar o filho do rei. O tema do sacrifício do filho dialoga com o episódio bíblico de Abraão. Contudo, se na Bíblia o sacrifício não se consuma por interdição divina, em "A aia" o filho é morto pela mãe. Esse acontecimento cria um efeito de sentido de absurdo, na medida em que o dever de fidelidade da aia ao rei é levado a grau extremo, suplantando o amor materno. A construção da verossimilhança obriga a uma leitura desvinculada de uma realidade histórica (não foi à toa que Eça de Queirós optou por uma narrativa do tipo *Era uma vez...*), sem que se questionem os valores ideológicos veiculados pela história narrada. O conto evidencia, em síntese, que o comportamento da aia só se explica em decorrência de uma alienação absoluta da personagem, decorrente de seu servilismo ao rei e a Deus.

Nessa leitura, a sanção da aia deve ser vista como negativa e punitiva: sua total alienação tem por castigo a morte do filho e a sua própria. A rainha e seu filho são sancionados positivamente e premiados com a manutenção da riqueza e do poder. A mensagem que fica dessa leitura do conto é que o poder se perpetua pela alienação.

Sugestões de atividades

Para realizar a primeira atividade, você deve ler na íntegra o conto "A causa secreta", de Machado de Assis, reproduzido a seguir.

A causa secreta

Garcia, em pé, mirava e estalava as unhas; Fortunato, na cadeira de balanço, olhava para o teto; Maria Luísa, perto da janela, concluía um trabalho de agulha. Havia já cinco minutos que nenhum deles dizia nada. Tinham falado do dia, que estivera excelente, — de Catumbi, onde morava o casal Fortunato, e de uma casa de saúde, que adiante se explicará. Como os três personagens aqui presentes estão agora mortos e enterrados, tempo é de contar a história sem rebuço.

    Tinham falado também de outra coisa, além daquelas três, coisa tão feia e grave, que não lhes deixou muito gosto para tratar do dia, do bairro e da casa de saúde. Toda a conversação a este respeito foi constrangida. Agora mesmo, os dedos de Maria Luísa parecem ainda trêmulos, ao passo que há no rosto de Garcia uma expressão de severidade, que lhe não é habitual. Em verdade, o que se passou foi de tal natureza, que para fazê-lo entender é preciso remontar à origem da situação.

    Garcia tinha-se formado em medicina, no ano anterior, 1861. No de 1860, estando ainda na Escola, encontrou-se com Fortunato, pela primeira vez, à porta da Santa Casa; entrava, quando o outro saía. Fez-lhe impressão a figura; mas, ainda assim, tê-la-ia esquecido, se não fosse o segundo encontro, poucos dias depois. Morava na rua de D. Manoel. Uma de suas raras distrações era ir ao teatro de S. Januário, que ficava perto, entre essa rua e a praia; ia uma ou duas vezes por mês, e nunca achava acima de quarenta pessoas. Só os mais intrépidos ousavam estender os passos até aquele recanto da cidade. Uma noite, estando nas cadeiras, apareceu ali Fortunato, e sentou-se ao pé dele.

A história como é contada

A peça era um dramalhão, cosido a facadas, ouriçado de imprecações e remorsos; mas Fortunato ouvia-a com singular interesse. Nos lances dolorosos, a atenção dele redobrava, os olhos iam avidamente de um personagem a outro, a tal ponto que o estudante suspeitou haver na peça reminiscências pessoais do vizinho. No fim do drama, veio uma farsa; mas Fortunato não esperou por ela e saiu; Garcia saiu atrás dele. Fortunato foi pelo beco do Cotovelo, rua de S. José, até o largo da Carioca. Ia devagar, cabisbaixo, parando às vezes, para dar uma bengalada em algum cão que dormia; o cão ficava ganindo e ele ia andando. No largo da Carioca entrou num tílburi, e seguiu para os lados da praça da Constituição. Garcia voltou para casa sem saber mais nada.

Decorreram algumas semanas. Uma noite, eram nove horas, estava em casa, quando ouviu rumor de vozes na escada; desceu logo do sótão, onde morava, ao primeiro andar, onde vivia um empregado do arsenal de guerra. Era este que alguns homens conduziam, escada acima, ensanguentado. O preto que o servia acudiu a abrir a porta; o homem gemia, as vozes eram confusas, a luz pouca. Deposto o ferido na cama, Garcia disse que era preciso chamar um médico.

— Já aí vem um, acudiu alguém.

Garcia olhou: era o próprio homem da Santa Casa e do teatro. Imaginou que seria parente ou amigo do ferido; mas rejeitou a suposição, desde que lhe ouvira perguntar se este tinha família ou pessoa próxima. Disse-lhe o preto que não, e ele assumiu a direção do serviço, pediu às pessoas estranhas que se retirassem, pagou aos carregadores, e deu as primeiras ordens. Sabendo que o Garcia era vizinho e estudante de medicina pediu-lhe que ficasse para ajudar o médico. Em seguida contou o que se passara.

— Foi uma malta de capoeiras. Eu vinha do quartel de Moura, onde fui visitar um primo, quando ouvi um barulho muito grande, e logo depois um ajuntamento. Parece que eles feriram também a um sujeito que passava, e que entrou por um daqueles becos; mas eu só vi a este senhor, que atravessava a rua no momento em que um dos capoeiras, roçando por ele, meteu-lhe o punhal. Não caiu logo; disse onde morava e, como era a dois passos, achei melhor trazê-lo.

— Conhecia-o antes? perguntou Garcia.

— Não, nunca o vi. Quem é?

— É um bom homem, empregado no arsenal de guerra. Chama-se Gouveia.

— Não sei quem é.

Médico e subdelegado vieram daí a pouco; fez-se o curativo, e tomaram-se as informações. O desconhecido declarou chamar-se Fortunato Gomes da Silveira, ser capitalista, solteiro, morador em Catumbi. A ferida foi reconhecida grave. Durante o curativo ajudado pelo estudante, Fortunato serviu de criado, segurando a bacia, a vela, os panos, sem perturbar nada, olhando friamente para o ferido, que gemia muito. No fim, entendeu-se particularmente com o médico, acompanhou-o até o patamar da escada, e reiterou ao subdelegado a declaração de estar pronto a auxiliar as pesquisas da polícia. Os dois saíram, ele e o estudante ficaram no quarto.

Garcia estava atônito. Olhou para ele, viu-o sentar-se tranquilamente, estirar as pernas, meter as mãos nas algibeiras das calças, e fitar os olhos no ferido. Os olhos eram claros, cor de chumbo, moviam-se devagar, e tinham a expressão dura, seca e fria. Cara magra e pálida; uma tira estreita de barba, por baixo do queixo, e de uma têmpora a outra, curta, ruiva e rara. Teria quarenta anos. De quando em quando, voltava-se para o estudante, e perguntava alguma coisa acerca do ferido; mas tornava logo a olhar para ele, enquanto o rapaz lhe dava a resposta. A sensação que o estudante recebia era de repulsa ao mesmo tempo que de curiosidade; não podia negar que estava assistindo a um ato de rara dedicação, e se era desinteressado como parecia, não havia mais que aceitar o coração humano como um poço de mistérios.

Fortunato saiu pouco antes de uma hora; voltou nos dias seguintes, mas a cura fez-se depressa, e, antes de concluída, desapareceu sem dizer ao obsequiado onde morava. Foi o estudante que lhe deu as indicações do nome, rua e número.

— Vou agradecer-lhe a esmola que me fez, logo que possa sair, disse o convalescente.

Correu a Catumbi daí a seis dias. Fortunato recebeu-o constrangido, ouviu impaciente as palavras de agradecimento, deu-lhe uma resposta enfastiada e acabou batendo com as borlas do chambre no joelho. Gouveia, defronte dele, sentado e calado, alisava o chapéu com os dedos, levantando os olhos de quando em quando, sem achar mais nada que dizer. No fim de dez minutos, pediu licença para sair, e saiu.

— Cuidado com os capoeiras! disse-lhe o dono da casa, rindo-se.

O pobre-diabo saiu de lá mortificado, humilhado, mastigando a custo o desdém, forcejando por esquecê-lo, explicá-lo ou perdoá-lo, para que no coração só ficasse a memória do benefício; mas o esforço era vão. O ressentimento, hóspede novo e exclusivo, entrou e pôs fora o benefício, de tal modo que o desgraçado não teve mais que trepar à cabeça e refugiar-se ali como uma simples ideia. Foi assim que o próprio benfeitor insinuou a este homem o sentimento da ingratidão.

Tudo isso assombrou o Garcia. Este moço possuía, em gérmen, a faculdade de decifrar os homens, de decompor os caracteres, tinha o amor da análise, e sentia o regalo, que dizia ser supremo, de penetrar muitas camadas morais, até apalpar o segredo de um organismo. Picado de curiosidade, lembrou-se de ir ter com o homem de Catumbi, mas advertiu que nem recebera dele o oferecimento formal da casa. Quando menos, era-lhe preciso um pretexto, e não achou nenhum.

Tempos depois, estando já formado e morando na Rua de Mata-cavalos, perto da do Conde, encontrou Fortunato em uma gôndola, encontrou-o ainda outras vezes, e a frequência trouxe a familiaridade. Um dia Fortunato convidou-o a ir visitá-lo ali perto, em Catumbi.

— Sabe que estou casado?

— Não sabia.

— Casei-me há quatro meses, podia dizer quatro dias. Vá jantar conosco domingo.

— Domingo?

— Não esteja forjando desculpas; não admito desculpas. Vá domingo.

Garcia foi lá domingo. Fortunato deu-lhe um bom jantar, bons charutos e boa palestra, em companhia da senhora, que era interessante. A figura dele não mudara; os olhos eram as mesmas chapas de estanho, duras e frias; as outras feições não eram mais atraentes que dantes. Os obséquios, porém, se não resgatavam a natureza, davam alguma compensação, e não era pouco. Maria Luísa é que possuía ambos os feitiços, pessoa e modos. Era esbelta, airosa, olhos meigos e submissos; tinha vinte e cinco anos e parecia não passar de dezenove. Garcia, à segunda vez que lá foi, percebeu que entre eles havia alguma dissonância de caracteres, pouca ou nenhuma afinidade moral, e da parte da mulher para com o marido uns modos que transcendiam o respeito e confinavam na resignação e no temor. Um dia, estando os três juntos, perguntou Garcia a Maria Luísa se tivera notícia das circunstâncias em que ele conhecera o marido.

— Não, respondeu a moça.
— Vai ouvir uma ação bonita.
— Não vale a pena, interrompeu Fortunato.
— A senhora vai ver se vale a pena, insistiu o médico.

Contou o caso da rua de D. Manoel. A moça ouviu-o espantada. Insensivelmente estendeu a mão e apertou o pulso ao marido, risonha e agradecida, como se acabasse de descobrir-lhe o coração. Fortunato sacudia os ombros, mas não ouvia com indiferença. No fim contou ele próprio a visita que o ferido lhe fez, com todos os pormenores da figura, dos gestos, das palavras atadas, dos silêncios, em suma, um estúrdio. E ria muito ao contá-la. Não era o riso da dobrez. A dobrez é evasiva e oblíqua; o riso dele era jovial e franco.

"Singular homem!" pensou Garcia.

Maria Luísa ficou desconsolada com a zombaria do marido; mas o médico restituiu-lhe a satisfação anterior, voltando a referir a dedicação deste e as suas raras qualidades de enfermeiro; tão bom enfermeiro, concluiu ele, que, se algum dia fundar uma casa de saúde, irei convidá-lo.

— Valeu? perguntou Fortunato.
— Valeu o quê?
— Vamos fundar uma casa de saúde?
— Não valeu nada; estou brincando.
— Podia-se fazer alguma coisa; e para o senhor, que começa a clínica, acho que seria bem bom. Tenho justamente uma casa que vai vagar, e serve.

Garcia recusou nesse e no dia seguinte; mas a ideia tinha-se metido na cabeça ao outro, e não foi possível recuar mais. Na verdade, era uma boa estreia para ele, e podia vir a ser um bom negócio para ambos. Aceitou finalmente, daí a dias, e foi uma desilusão para Maria Luísa. Criatura nervosa e frágil, padecia só com a ideia de que o marido tivesse de viver em contato com enfermidades humanas, mas não ousou opor-se-lhe, e curvou a cabeça. O plano fez-se e cumpriu-se depressa. Verdade é que Fortunato não curou de mais nada, nem então, nem depois. Aberta a casa, foi ele o próprio administrador e chefe de enfermeiros, examinava tudo, ordenava tudo, compras e caldos, drogas e contas.

Garcia pôde então observar que a dedicação ao ferido da rua D. Manoel não era um caso fortuito, mas assentava na própria natureza deste homem. Via-o servir como nenhum dos fâmulos. Não recuava diante de nada, não conhecia moléstia aflitiva ou repelente, e estava sempre pronto para tudo, a qualquer hora do dia ou da noite. Toda a gente pasmava e aplaudia. Fortunato estudava, acompanhava as operações, e nenhum outro curava os cáusticos.

— Tenho muita fé nos cáusticos, dizia ele.

A comunhão dos interesses apertou os laços da intimidade. Garcia tornou-se familiar na casa; ali jantava quase todos os dias, ali observava a pessoa e a vida de Maria Luísa, cuja solidão moral era evidente. E a solidão como que lhe duplicava o encanto. Garcia começou a sentir que alguma coisa o agitava, quando ela aparecia, quando falava, quando trabalhava, calada, ao canto da janela, ou tocava ao piano umas músicas tristes. Manso e manso, entrou-lhe o amor no coração. Quando deu por ele, quis expeli-lo para que entre ele e Fortunato não houvesse outro laço que o da amizade; mas não pôde. Pôde apenas trancá-lo; Maria Luísa compreendeu ambas as coisas, a afeição e o silêncio, mas não se deu por achada.

No começo de outubro deu-se um incidente que desvendou ainda mais aos olhos do médico a situação da moça. Fortunato metera-se a estudar anatomia e fisiologia, e ocupava-se nas horas vagas em rasgar e envenenar gatos e cães. Como os guinchos dos animais atordoavam os doentes, mudou o laboratório para casa, e a mulher, compleição nervosa, teve de os sofrer. Um dia, porém, não podendo mais, foi ter com o médico e pediu-lhe que, como coisa sua, alcançasse do marido a cessação de tais experiências.

— Mas a senhora mesma...

Maria Luísa acudiu, sorrindo:

— Ele naturalmente achará que sou criança. O que eu queria é que o senhor, como médico, lhe dissesse que isso me faz mal; e creia que faz...

Garcia alcançou prontamente que o outro acabasse com tais estudos. Se os foi fazer em outra parte, ninguém o soube, mas pode ser que sim. Maria Luísa agradeceu ao médico, tanto por ela como pelos animais, que não podia ver padecer. Tossia de quando em quando; Garcia perguntou-lhe se tinha alguma coisa, ela respondeu que nada.

— Deixe ver o pulso.

— Não tenho nada.

Não deu o pulso, e retirou-se. Garcia ficou apreensivo. Cuidava, ao contrário, que ela podia ter alguma coisa, que era preciso observá-la e avisar o marido em tempo.

Dois dias depois, — exatamente o dia em que os vemos agora, — Garcia foi lá jantar. Na sala disseram-lhe que Fortunato estava no gabinete, e ele caminhou para ali; ia chegando à porta, no momento em que Maria Luísa saía aflita.

— Que é? perguntou-lhe.

— O rato! O rato! exclamou a moça sufocada e afastando-se.

    Garcia lembrou-se que, na véspera, ouvira ao Fortunado queixar-se de um rato, que lhe levara um papel importante; mas estava longe de esperar o que viu. Viu Fortunato sentado à mesa, que havia no centro do gabinete, e sobre a qual pusera um prato com espírito de vinho. O líquido flamejava. Entre o polegar e o índice da mão esquerda segurava um barbante, de cuja ponta pendia o rato atado pela cauda. Na direita tinha uma tesoura. No momento em que o Garcia entrou, Fortunato cortava ao rato uma das patas; em seguida desceu o infeliz até a chama, rápido, para não matá-lo, e dispôs-se a fazer o mesmo à terceira, pois já lhe havia cortado a primeira. Garcia estacou horrorizado.

— Mate-o logo! disse-lhe.

— Já vai.

    E com um sorriso único, reflexo de alma satisfeita, alguma coisa que traduzia a delícia íntima das sensações supremas, Fortunato cortou a terceira pata ao rato, e fez pela terceira vez o mesmo movimento até a chama. O miserável estorcia-se, guinchando, ensanguentado, chamuscado, e não acabava de morrer. Garcia desviou os olhos, depois voltou-os novamente, e estendeu a mão para impedir que o suplício continuasse, mas não chegou a fazê-lo, porque o diabo do homem impunha medo, com toda aquela serenidade radiosa da fisionomia. Faltava cortar a última pata; Fortunato cortou-a muito devagar, acompanhando a tesoura com os olhos; a pata caiu, e ele ficou olhando para o rato meio cadáver. Ao descê-lo pela quarta vez, até a chama, deu ainda mais rapidez ao gesto, para salvar, se pudesse, alguns farrapos de vida.

    Garcia, defronte, conseguia dominar a repugnância do espetáculo para fixar a cara do homem. Nem raiva, nem ódio; tão somente um vasto prazer, quieto e profundo, como daria a outro a audição de uma bela sonata ou a vista de uma estátua divina, alguma coisa parecida com a pura sensação estética. Pareceu-lhe, e era verdade, que Fortunato havia-o inteiramente esquecido. Isto posto, não estaria fingindo, e devia ser aquilo mesmo. A chama ia morrendo, o rato podia ser que tivesse ainda um resíduo de vida, sombra de sombra; Fortunato aproveitou-o para cortar-lhe o focinho e pela última vez chegar a carne ao fogo. Afinal deixou cair o cadáver no prato, e arredou de si toda essa mistura de chamusco e sangue.

Ao levantar-se deu com o médico e teve um sobressalto. Então, mostrou-se enraivecido contra o animal, que lhe comera o papel; mas a cólera evidentemente era fingida.

"Castiga sem raiva", pensou o médico, "pela necessidade de achar uma sensação de prazer, que só a dor alheia lhe pode dar: é o segredo deste homem".

Fortunato encareceu a importância do papel, a perda que lhe trazia, perda de tempo, é certo, mas o tempo agora era-lhe preciosíssimo. Garcia ouvia só, sem dizer nada, nem lhe dar crédito. Relembrava os atos dele, graves e leves, achava a mesma explicação para todos. Era a mesma troca das teclas da sensibilidade, um diletantismo *sui generis*, uma redução de Calígula.

Quando Maria Luísa voltou ao gabinete, daí a pouco, o marido foi ter com ela, rindo, pegou-lhe nas mãos e falou-lhe mansamente:

— Fracalhona!

E voltando-se para o médico:

— Há de crer que quase desmaiou?

Maria Luísa defendeu-se a medo, disse que era nervosa e mulher; depois foi sentar-se à janela com as suas lãs e agulhas, e os dedos ainda trêmulos, tal qual a vimos no começo desta história. Hão de lembrar-se que, depois de terem falado de outras coisas, ficaram calados os três, o marido sentado e olhando para o teto, o médico estalando as unhas. Pouco depois foram jantar; mas o jantar não foi alegre. Maria Luísa cismava e tossia; o médico indagava de si mesmo se ela não estaria exposta a algum excesso na companhia de tal homem. Era apenas possível; mas o amor trocou-lhe a possibilidade em certeza; tremeu por ela e cuidou de os vigiar.

Ela tossia, tossia, e não se passou muito tempo que a moléstia não tirasse a máscara. Era a tísica, velha dama insaciável, que chupa a vida toda, até deixar um bagaço de ossos. Fortunato recebeu a notícia como um golpe; amava deveras a mulher, a seu modo, estava acostumado com ela, custava-lhe perdê-la. Não poupou esforços, médicos, remédios, ares, todos os recursos e todos os paliativos. Mas foi tudo vão. A doença era mortal.

Nos últimos dias, em presença dos tormentos supremos da moça, a índole do marido subjugou qualquer outra afeição. Não a deixou mais; fitou o olho baço e frio naquela decomposição lenta e dolorosa da vida, bebeu uma a uma as aflições da bela criatura, agora magra e transparente, devorada de febre e minada de morte. Egoísmo aspérrimo, faminto de sensações, não lhe perdoou um só minuto de agonia, nem lhos pagou com uma só lágrima, pública ou íntima. Só quando ela expirou, é que ele ficou aturdido. Voltando a si, viu que estava outra vez só.

De noite, indo repousar uma parenta de Maria Luísa, que a ajudara a morrer, ficaram na sala Fortunato e Garcia, velando o cadáver, ambos pensativos; mas o próprio marido estava fatigado, o médico disse-lhe que repousasse um pouco.

— Vá descansar, passe pelo sono uma hora ou duas: eu irei depois.

A história como é contada

> Fortunato saiu, foi deitar-se no sofá da saleta contígua, e adormeceu logo. Vinte minutos depois acordou, quis dormir outra vez, cochilou alguns minutos, até que se levantou e voltou à sala. Caminhava nas pontas dos pés para não acordar a parenta, que dormia perto. Chegando à porta, estacou assombrado.
>
> Garcia tinha-se chegado ao cadáver, levantara o lenço e contemplara por alguns instantes as feições defuntas. Depois, como se a morte espiritualizasse tudo, inclinou-se e beijou-a na testa. Foi nesse momento que Fortunato chegou à porta. Estacou assombrado; não podia ser o beijo da amizade, podia ser o epílogo de um livro adúltero. Não tinha ciúmes, note-se; a natureza compô-lo de maneira que lhe não deu ciúmes nem inveja, mas dera-lhe vaidade, que não é menos cativa ao ressentimento. Olhou assombrado, mordendo os beiços.
>
> Entretanto, Garcia inclinou-se ainda para beijar outra vez o cadáver; mas então não pôde mais. O beijo rebentou em soluços, e os olhos não puderam conter as lágrimas, que vieram em borbotões, lágrimas de amor calado, e irremediável desespero. Fortunato, à porta, onde ficara, saboreou tranquilo essa explosão de dor moral que foi longa, muito longa, deliciosamente longa.
>
> Fonte: Assis, 2017b.

1. Os títulos funcionam como contextualizadores prospectivos, isto é, sinalizam ao leitor o que ele encontrará pela frente. "O curioso caso de Benjamin Button" sinaliza que se vai ler a história de uma personagem e que essa história é curiosa. "A nova Califórnia" não remete a uma personagem, mas a um lugar que guarda alguma relação com a Califórnia. "Despertar" alude à ideia de

transformação, mudança de estado, que é o que vai acontecer com a personagem do conto. Evidentemente, o título de um conto pode ter sido dado com valor irônico. O autor sinaliza uma ideia, mas o leitor encontra outra na leitura do texto. Depois de ter lido "A causa secreta", comente o título. Qual é, afinal, a causa secreta a que se refere o título do conto?

2. Para realizar esta atividade, você deve ler o conto "A autoestrada do sul", que integra o livro *Todos os fogos o fogo*, de Julio Cortázar (2011a). Trata-se de um conto fantástico em que as personagens, nomeadas pela marca do carro que possuem, ficam presas por vários dias em um enorme congestionamento em uma autoestrada que vai a Paris. O fato de as personagens ficarem por muito tempo paradas em um mesmo local faz com que passem a se relacionar e, assim, o leitor as vai conhecendo. Atentando ao nível discursivo, aponte os temas, as figuras e os elementos linguísticos que marcam a passagem do tempo. Quanto a este último aspecto, comente os trechos em que há quebra da sequência cronológica dos acontecimentos.

3. Chamamos sua atenção neste capítulo para o desenvolvimento do tempo da narrativa, ressaltando que pode haver quebras na cronologia. O tempo é marcado por verbos e por expressões adverbiais (*hoje, daí a duas horas, no dia seguinte, em poucas horas* etc.). Extraia do conto "A autoestrada do sul" as expressões que indicam a passagem do tempo.

4. Como mencionamos anteriormente, o sistema verbal permite localizar os acontecimentos no tempo a partir de um ponto de referência. O fragmento a seguir faz parte do conto "Eu e Jimmy", de Clarice Lispector. Leia-o e, a seguir, responda ao que se pede.

A história como é contada

> E foi assim que um belo dia, depois de uma noite quente de verão, em que dormi tanto como nesse momento em que escrevo (são os antecedentes do crime), nesse belo dia Jimmy me deu um beijo. Eu previra essa situação, com todas as variantes. Desapontou-me, é verdade. Ora, "isso" depois de tanta filosofia e delongas! Mas gostei. E daí em diante dormi descansada: não precisava mais sonhar.

Fonte: Lispector, 2016c, p. 79.

Há um momento presente ("nesse momento em que escrevo") a partir do qual se narram acontecimentos passados em relação a esse presente. Indique os verbos que expressam esses acontecimentos. O passado serve de referência a outro acontecimento passado. Que forma verbal expressa isso?

5. O trecho a seguir também pertence a um conto de Clarice Lispector, intitulado "A fuga". Destaque os trechos que se constituem em fala do narrador e o que está em monólogo interior.

> Mas ela não tem suficiente dinheiro para viajar. As passagens são tão caras. E toda aquela chuva que apanhou, deixou-lhe um frio agudo por dentro. Bem que pode ir a um hotel. Isso é verdade. Mas os hotéis do Rio não são próprios para uma senhora desacompanhada, salvo os de primeira classe. E nestes talvez possa encontrar algum conhecido do marido, o que certamente lhe prejudicará os negócios.
> Oh, tudo isso é mentira. Qual a verdade? Doze anos pesam como quilos de chumbo e os dias se fecham

> em torno do corpo da gente e apertam cada vez mais. Volto para casa. Não posso ter raiva de mim, porque estou cansada. E mesmo tudo está acontecendo, eu nada estou provocando. São doze anos.
>
> Entra em casa. É tarde e seu marido está lendo na cama. Diz-lhe que Rosinha esteve doente. [...]
>
> Toma um copo de leite quente porque não tem fome. Veste um pijama de flanela azul, de pintinhas brancas, muito macio mesmo. Pede ao marido que apague a luz. Ele beija-a no rosto e diz que o acorde às sete horas em ponto. Ela promete, ele torce o comutador.

Fonte: Lispector, 2016a, p. 92.

6. Para realizar esta atividade, você deve assistir ao filme *O fabuloso destino de Amélie Poulain*, referenciado a seguir.

O FABULOSO destino de Amélie Poulain. Direção: Jean-Pierre Jeunet. França: Lumière, 2002. 120 min.

Depois de assistir ao filme, responda às seguintes questões:

a) Trata-se de uma narrativa que lembra um conto. Que tipo de conto?
b) Há um narrador. Caracterize-o.
c) Considerando-se o esquema narrativo, como se dá o percurso da sanção?
d) Comente o que produz verossimilhança no filme.
e) Faça um resumo da diegese do filme.
f) Que estratégias discursivas foram utilizadas para expressar a diegese? Em outras palavras: comente sobre o enredo do filme.
g) Que temas estão presentes no filme?
h) A narrativa se desenvolve no tempo. Que recursos são utilizados para acelerar a passagem do tempo?

A história como é contada

Sugestões de leituras e filmes

Leituras

BORGES, J. L. O fazedor. In: ____. **O fazedor**. Tradução de Josely Vianna Baptista. São Paulo: Companhia das Letras, 2008. p. 11-13.

CORTÁZAR, J. A autoestrada do sul. In: ____. **Todos os fogos o fogo**. Tradução de Gloria Rodrigues. Rio de Janeiro: BestBolso, 2011. p. 9-35.

LISPECTOR, C. Trecho. In: ____. **Todos os contos**. Rio de Janeiro: Rocco, 2016. p. 93-101.

TELLES, L. F. Eu era mudo e só. In: ____. **Antes do baile verde**: contos. São Paulo: Companhia das Letras, 2009. p. 145-153.

TOLSTÓI, L. A morte de Ivan Ilitch. In: BRAGA, R. (Coord.). **Contos russos**. Rio de Janeiro: Ediouro, 2004. p. 145-191.

Filmes

- A CAUSA secreta. Direção: Sergio Bianchi. Brasil: Sagres Filmes; Riofilme, 1994. 93 min. (Filme baseado no conto homônimo de Machado de Assis)

- A HORA da estrela. Direção: Suzana Amaral. Brasil: Embrafilmes, 1985. 96 min. (Filme baseado na obra homônima de Clarice Lispector)

- O FABULOSO destino de Amélie Poulain. Direção: Jean-Pierre Jeunet. França: Lumière, 2002. 120 min.

Capítulo 5

narrador
o narrador

Neste capítulo, você entrará em contato com um aspecto teórico fundamental que lhe servirá também para a leitura e o estudo dos próximos capítulos.
Se o conto narra uma história, há evidentemente alguém que faz isso, exercendo a função de mediador entre a narração e o público. Quem exerce a função de narrar uma história recebe o nome de narrador. Usamos o termo função para caracterizar o narrador porque ele não deve ser confundido com o autor, uma pessoa que tem existência empírica.

Como destacamos, uma das características dos contos é o fato de serem narrativas ficcionais, mesmo quando se baseiam em acontecimentos reais. Isso significa que as personagens são elementos de ficção. O mesmo se aplica ao narrador, que é alguém criado com a função de contar a história, seja ele ou não personagem da história que conta. Ao contrário do autor, que tem existência física e real, narrador e narratário são feitos de palavras, ou seja, são construções discursivas.

Para uma adequada compreensão da função *narrador*, é preciso voltar a atenção para um dos aspectos mais importantes dos estudos da linguagem, a enunciação, pois não há linguagem sem sujeitos. É pela enunciação que se instalam nos textos o sujeito, o tempo e o lugar. É esse tema que abordaremos neste capítulo.

5.1
A enunciação

Para tratarmos da enunciação, temos de retomar um conceito fundamental da linguística, a distinção entre língua e fala, estabelecida por Ferdinand de Saussure (1857-1913) em sua obra *Curso de linguística geral*, publicada postumamente em 1916, com base em apontamentos de seus alunos.

Na obra mencionada, Saussure nos apresenta alguns conceitos que serviram de parâmetro para os estudos linguísticos. Suas ideias exerceram profunda influência em diversos autores, como Louis Hjelmslev (1899-1965), que, além de ampliar as de Saussure, teve decisiva importância para o surgimento de uma semiótica do discurso. Outro linguista que seguiu a trilha deixada por Saussure é Émile Benveniste (1902-1976), que pode ser considerado o iniciador de uma linguística da enunciação.

Entre os vários conceitos abordados por Saussure, como signo linguístico, sintagma e paradigma, diacronia e sincronia, interessa-nos, para efeitos de estudo da teoria da enunciação, a distinção entre **língua** (*langue*) e **fala** (*parole*).

Inicialmente, é bom salientarmos que a tradução da palavra francesa *parole* pela palavra portuguesa *fala* pode gerar alguma confusão, já que, em um primeiro momento, tendemos a associar *fala* a expressão vocal, como em *Ele fala alto/ Ela fala baixo*. Não é nesse sentido que devemos entender *fala* (*parole*), mas no sentido de discurso, de enunciado, de aquilo que foi dito, seja oralmente, seja por escrito. Em outras palavras, a língua é um sistema, e a fala é o uso que os sujeitos fazem desse sistema.

A língua (*langue*), para Saussure, é um sistema de caráter abstrato, comum a todos os indivíduos que a utilizam, por exemplo, a língua portuguesa, a língua francesa, a língua grega. Portanto, a língua tem um caráter social, na medida em que ela pertence a todos os indivíduos de uma mesma comunidade linguística.

A fala (*parole*) é a utilização que cada indivíduo faz da língua, isto é, chamamos de *fala* o uso efetivo da língua por um indivíduo, seja na modalidade oral, seja na escrita; logo, a fala tem caráter individual e concreto. Evidentemente, o exercício da fala só é possível porque conhecemos o sistema – a língua. É claro também que, ao usarem a língua – portanto, ao praticarem um ato de fala, oral ou escrito –, os falantes não o fazem da mesma maneira. O uso que se faz da língua, a fala, sofre variações de diversas espécies. Mas é importante notar que é pela fala, o ato concreto, que a língua se modifica.

O Quadro 5.1 apresenta um resumo das diferenças entre esses dois conceitos.

Quadro 5.1 – Distinção entre língua e fala

Língua	Fala
abstrata	concreta
coletiva	individual
virtualizada	realizada
sistema	uso

Fizemos esse breve retrospecto das ideias de Saussure para colocar uma pergunta: Como ocorre a passagem da língua para a fala?

Benveniste recupera a distinção saussureana entre língua (social e abstrata) e fala (individual e concreta) e vai além, mostrando como é que se passa da língua para a fala, ou, em outras palavras, como se produz o **discurso**. Segundo esse linguista, a passagem do sistema (a língua) para o uso (a fala) se dá por meio da **enunciação**.

O substantivo *enunciação* provém de *enunciar*, que significa "dizer"; portanto, *enunciação* é o ato de dizer. Aquilo que é dito denomina-se *enunciado*. A enunciação é sempre pressuposta pelo enunciado. Se há um enunciado como O homem é mortal, está pressuposto que há um sujeito que o enunciou. Esse sujeito da enunciação se desdobra em dois – um enunciador, aquele que diz, e um enunciatário, aquele para quem se diz –, pois, como você viu, a linguagem é intersubjetiva, isto é, ela estabelece uma relação comunicativa entre sujeitos.

Em resumo, temos os seguintes conceitos:

- **Enunciação** – É o ato de dizer.
- **Enunciado** – É aquilo que se diz.
- **Enunciador** – É aquele quem diz (*eu*).
- **Enunciatário** – É aquele a quem se diz (*tu/você*).

Figura 5.1 – A enunciação

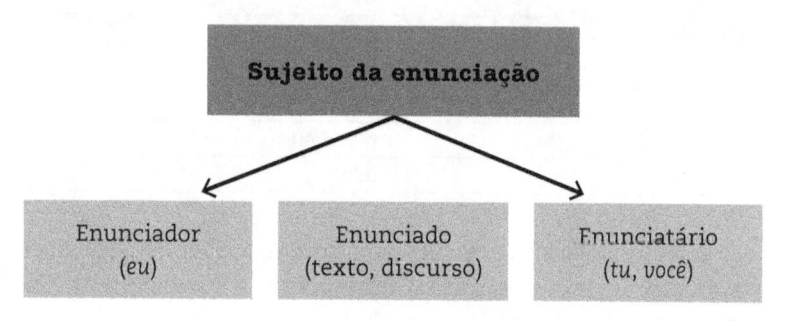

```
            Sujeito da enunciação
           /          |           \
   Enunciador     Enunciado      Enunciatário
      (eu)      (texto, discurso)   (tu, você)
```

Enunciador e enunciatário não são elementos do texto, mas da comunicação. O elemento do texto que conta os fatos é denominado **narrador**. Trata-se de um delegado do enunciador, cuja função é narrar. Como a linguagem é intersubjetiva, o narrador dirige-se sempre a um **narratário**, que pode estar ou não explicitado no texto. No caso de não estar explicitado, o narratário se identifica com o leitor virtual, oculto na narrativa.

Os textos podem apresentar ou não marcas linguísticas do narrador (pronomes, adjetivos avaliativos, advérbios etc.). Os que apresentam as marcas do narrador são, portanto, **simulacros da enunciação**. Por outro lado, nos textos em que essas marcas estão ausentes, o sentido é de um afastamento da instância da enunciação.

Voltemos a um enunciado apresentado anteriormente:

O homem é mortal.

Nele, não há nenhuma marca linguística que indique quem diz *O homem é mortal*; é como se o enunciado dissesse

por ele mesmo. Foram apagadas as marcas linguísticas da enunciação no enunciado, o que cria um efeito de sentido de objetividade. Esse apagamento das marcas da enunciação no enunciado é característico do discurso científico.
Vejamos agora o enunciado a seguir:

Eu digo que o homem é mortal.

Manteve-se o conteúdo informacional o *homem é mortal*, mas agora o enunciado traz as marcas linguísticas que identificam aquele que fala, o pronome e o verbo na primeira pessoa do singular (*eu digo*), o que cria um efeito de sentido de subjetividade. Observe que, nesse caso, tenta-se reproduzir a enunciação, ou seja, trata-se de um simulacro da enunciação.

O que está em destaque aqui corresponde àquilo de que tratamos ao abordarmos os modos de narrar: narração em primeira pessoa e narração em terceira pessoa. Mas atenção: a escolha por um ou outro modo de narrar está ligada a estratégias discursivas diferentes e, portanto, acarretará efeitos de sentido diferentes. Na narração em primeira pessoa, passa-se o efeito de sentido de subjetividade; na em terceira pessoa, o de objetividade, como frisamos.

A seguir, apresentamos dois trechos de contos de Machado de Assis, o primeiro narrado em terceira pessoa e o segundo em primeira, para que você observe os efeitos de sentido de objetividade e de subjetividade, respectivamente.

> Hamlet observa a Horácio que há mais coisas no céu e na terra do que sonha a nossa filosofia. Era a mesma explicação que dava a bela Rita ao moço Camilo, numa sexta-feira de 1869, quando este ria dela, por ter ido na véspera consultar uma cartomante; a diferença é que o fazia por outras palavras.

Fonte: Assis, 2017a.

O narrador

Nesse trecho do conto "A cartomante", não há nenhuma marca linguística do narrador. É como se o conto narrasse a si próprio. Há um afastamento da instância da enunciação, o que confere ao texto um sentido de objetividade.

Leia agora o início do conto "Missa do galo".

> Nunca pude entender a conversação que tive com uma senhora, há muitos anos, contava eu dezessete, ela trinta. Era noite de Natal. Havendo ajustado com um vizinho irmos à missa do galo, preferi não dormir; combinei que eu iria acordá-lo à meia-noite.
>
> A casa em que eu estava hospedado era a do escrivão Meneses, que fora casado, em primeiras núpcias, com uma de minhas primas. A segunda mulher, Conceição, e a mãe desta acolheram-me bem quando vim de Mangaratiba para o Rio de Janeiro, meses antes, a estudar preparatórios. [...]

Fonte: Assis, 2017d.

Trata-se de uma narração em primeira pessoa. As marcas linguísticas da enunciação estão espalhadas pelo texto e são representadas por verbos ("pude entender", "preferi" etc.) e pelo pronome de primeira pessoa ("eu"). Observe que se tenta reproduzir a enunciação; é por isso que se afirma que os discursos em primeira pessoa são simulacros da enunciação.

Em ambos os exemplos, o narrador dirige-se a um narratário que não está explicitado no texto. Apresentamos a seguir um exemplo com narratário explícito.

> Você sempre pergunta pelas novidades daqui deste sertão, e finalmente posso lhe contar uma importante. Fique o compadre sabendo que agora temos aqui uma máquina imponente, que está entusiasmando todo o mundo. Desde que ela chegou – não me lembro quando, não sou muito bom em lembrar datas – quase não temos falado em outra coisa; e da maneira que o povo aqui se apaixona até pelos assuntos mais infantis, é de admirar que ninguém tenha brigado ainda por causa dela, a não ser os políticos.

Fonte: Veiga, 2001, p. 229.

Este é o início de um conto fantástico intitulado "A máquina extraviada", de José J. Veiga. O narrador constitui um "você", a quem se dirige e depois é identificado pelo substantivo "compadre". Trata-se de uma narrativa em primeira pessoa, como podemos observar pelos pronomes e pelas formas verbais ("não me lembro", "não sou" etc.). Nesse conto, ao contrário dos exemplos anteriores, o narratário está explicitado no texto.

Nesse trecho, além das marcas linguísticas que identificam narrador e narratário, há as que identificam o lugar e o tempo da enunciação – "Fique o compadre sabendo que agora temos aqui uma máquina imponente" –, expressas pelos advérbios "agora" e "aqui". Isso será abordado na seção seguinte.

Na Figura 5.1, destacamos a enunciação. Na Figura 5.2, retomamos essa ilustração, mas agora incluindo narrador e narratário.

Figura 5.2 – A enunciação, acrescida de narrador e narratário

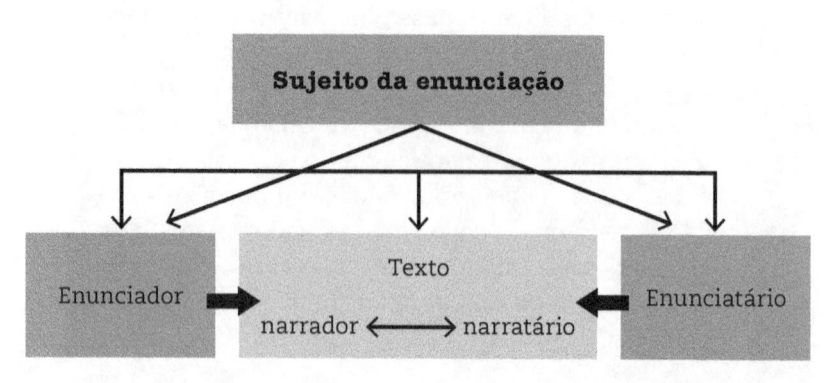

```
                    ┌─────────────────────────┐
                    │  Sujeito da enunciação  │
                    └─────────────────────────┘
                       ↙         ↓         ↘
   ┌────────────┐      ┌──────────────────┐      ┌──────────────┐
   │            │      │      Texto       │      │              │
   │ Enunciador │ ──▶  │                  │ ◀──  │ Enunciatário │
   │            │      │ narrador ←→ narratário│ │              │
   └────────────┘      └──────────────────┘      └──────────────┘
```

Essa ilustração evidencia que o sujeito da enunciação desdobra-se em enunciador e enunciatário, entre os quais há uma relação comunicativa. Eles não são actantes do texto, mas da comunicação.

A comunicação entre enunciador e enunciatário é mediada pelo texto. Nesse objeto, produto da enunciação, são instalados pelo enunciador o narrador e o narratário, ambos actantes do texto. O narrador, que não deve ser confundido com o autor, pode narrar em primeira ou terceira pessoa, e os efeitos de sentido serão, respectivamente, de subjetividade ou de objetividade.

5.2
Debreagem

Ao ser instalado um sujeito (*eu*), instalam-se automaticamente um lugar (*aqui*) e um tempo (*agora*), que se organizam em torno do *eu*. Dizemos então que o *eu*, o **aqui** e o **agora** são as **categorias da enunciação**. Damos o nome de *debreagem* à operação pela qual a enunciação projeta para fora de si as categorias de pessoa, espaço e tempo.

A debreagem pode ser de dois tipos:

1. **Enunciativa** – Ocorre quando as categorias da enunciação (*eu, aqui, agora*) estão presentes no texto.
2. **Enunciva** – Ocorre quando não há marcas das categorias da enunciação presentes no texto. Em lugar de *eu, aqui, agora*, temos *ele, alhures, então*.

Como as categorias da enunciação são três (pessoa, tempo e espaço), temos três tipos de debreagem: **actancial** (de pessoa), **temporal** (de tempo) e **espacial** (de lugar), que poderão ser enunciativas, se o *eu*, o *aqui* e o *agora* estiverem presentes no enunciado, ou enuncivas, se não estiverem presentes no enunciado.

Quadro 5.2 – Tipos de debreagem

Debreagem			
Enunciativa		Enunciva	
Actancial	eu	Actancial	ele
Espacial	aqui	Espacial	alhures
Temporal	agora	Temporal	então

Antes de analisarmos a debreagem actancial, é preciso deixar claro um conceito. Na escola, aprendemos que as pessoas do discurso são três: a primeira, aquele que fala (*eu*); a segunda, aquele a quem se fala (*tu/você*); e a terceira, aquele de quem se fala (*ele/ela*). Benveniste mostra que, na verdade, existem apenas duas pessoas, a primeira e a segunda. Aquela que denominamos *terceira pessoa* é, com efeito, uma não pessoa. Se você retomar o que afirmamos quando tratamos da enunciação, verá que as relações comunicativas se estabelecem entre um *eu* e um *tu/você*, sejam eles enunciador e enunciatário, sejam eles narrador e narratário. Observe que o *ele* (aquele(a) de que ou de quem se fala) está fora da enunciação, portanto não é pessoa do discurso. A categoria *pessoa* articula-se da seguinte forma:

pessoa		não pessoa
(*eu* – *tu*)	v.	(*ele*)

Pela debreagem actancial, temos dois tipos de enunciados: aqueles em que há a projeção do *eu/tu* e aqueles em que há projeção do *ele*. No primeiro caso, temos debreagem enunciativa; no segundo, debreagem enunciva. Dessa forma, há dois tipos de texto:

1. **Textos enunciativos** – São aqueles em que há um *eu/tu*.
2. **Textos enuncivos** – São aqueles em que há a projeção do *ele*.

As narrativas em primeira pessoa são, portanto, textos enunciativos, e as em terceira pessoa, textos enuncivos.

Você deve estar se perguntando: Não seria mais fácil falar apenas em textos em primeira e em terceira pessoa em vez de usar a terminologia *enunciativo* e *enuncivo*? Aparentemente sim, sobretudo quando estamos nos referindo à categoria *pessoa*. Porém, como você viu, pela instalação dessa categoria, instalam-se também as categorias de espaço e tempo. Como mencionamos, a enunciação é a instância do *eu*, do *aqui* e do *agora*, ou seja, da pessoa, do espaço e do tempo, respectivamente. Em decorrência disso, um mesmo texto pode apresentar debreagens enuncivas e enunciativas. Nada impede que uma narrativa em primeira pessoa (debreagem actancial enunciativa) tenha sua ação em um tempo que não é o da enunciação (o *agora*), mas no *então*. O mesmo ocorre com a categoria *espaço*. Podemos ter uma narrativa em primeira pessoa (debreagem actancial enunciativa) cuja ação ocorre em um espaço que não é o da enunciação (o *aqui*), mas no *alhures*. Portanto, em um mesmo texto, é comum haver debreagem enunciativa e debreagem enunciva. É o caso de um texto em primeira pessoa (debreagem actancial enunciativa) cuja ação se passa em um momento do passado (debreagem temporal enunciva) e em um espaço que não é o da enunciação (debreagem espacial enunciva). Por meio dos exemplos comentados na sequência, você compreenderá melhor esse aspecto.

> No verão passado, eu tinha alugado uma pequena chácara às margens do Sena, a várias léguas de Paris, e ia dormir lá todas as noites. Ao cabo de alguns dias, conheci um dos meus vizinhos, um homem de trinta a quarenta anos, no mínimo o tipo mais curioso que eu já vira. Era um velho barqueiro, mas um barqueiro fanático, sempre perto da água, sempre sobre a água, sempre na água. Devia ter nascido num bote, e certamente vai morrer manobrando um bote em sua viagem final.

MAUPASSANT, G. de. Sobre a água. In: MORITZ, N. (Org.). *Contos de Guy de Maupassant*. Tradução de Amílcar Bettega Barbosa. São Paulo: Companhia da Letras, 2009. p. 29-34. © by Amílcar Bettega.

Nesse trecho do conto "Sobre a água", temos, quanto à categoria *pessoa*, a projeção de um *eu* no texto, como podemos observar pelos pronomes de primeira pessoa ("eu", "meus"). Na forma verbal "conheci", subentende-se o pronome *eu*. Portanto, temos aí debreagem actancial enunciativa (*eu*).

Quanto ao tempo, basta notarmos as formas verbais e expressões denotadoras de tempo, como "no verão passado", para verificar que se trata de uma narrativa situada não no momento da enunciação (o *agora*), mas em um tempo anterior a ela, o passado. Temos uma debreagem temporal enunciva (o *então*).

Em relação ao espaço, este não corresponde ao *aqui*, espaço da enunciação, mas ao *alhures* ("uma pequena chácara às margens do Sena, a várias léguas de Paris"). Temos, portanto, debreagem espacial enunciva.

Vamos analisar outro exemplo.

> Kassin era um homem enfermiço, de profissão joalheiro, mas não se estabelecera com loja. Trabalhava para as grandes casas e sua especialidade era a montagem de pedras preciosas. Poucas mãos como as suas para os engastes delicados. Com mais ousadia e tino comercial, teria sido rico, mas aos trinta e cinco anos ainda trabalhava numa peça da residência, transformada em oficina de janela.

Fonte: Quiroga, 2002, p. 26.

Nesse trecho do conto "O solitário", quanto à categoria *pessoa*, não há a projeção de um *eu/tu* no texto. Trata-se de uma narrativa do *ele*: "Kassin era [...]", "[ele] não se estabelecera", "[ele] trabalhava", "sua especialidade". Temos aí debreagem actancial enunciva.

Com relação ao tempo, é uma narrativa do *então* (passado), como podemos observar pelas formas dos verbos ("era", "trabalhava"), o que se define como debreagem temporal enunciva.

Não há no texto nenhuma indicação relativa ao espaço da narração. Enquanto as categorias de pessoa e tempo são sempre indicadas nos textos, a categoria de espaço pode não aparecer.

Voltemos ao conto "A máquina extraviada", cujo início reproduzimos a seguir novamente.

> Você sempre pergunta pelas novidades daqui deste sertão, e finalmente posso lhe contar uma importante. Fique o compadre sabendo que agora temos aqui uma máquina imponente, que está entusiasmando todo o mundo. Desde que ela chegou – não me lembro quando, não sou muito bom em lembrar datas – quase não temos falado em outra coisa; e da maneira que o povo aqui se apaixona até pelos assuntos mais infantis, é de admirar que ninguém tenha brigado ainda por causa dela, a não ser os políticos.

Fonte: Veiga, 2001, p. 229.

Quanto à pessoa, temos debreagem actancial enunciativa. O pronome "você" refere-se a uma segunda pessoa, o compadre, o que nos permite afirmar que há um *eu* que fala com esse *você* (o compadre). Isso fica claro logo em seguida, quando se observam as marcas linguísticas de primeira pessoa – o pronome "me" e formas verbais em primeira pessoa.

No que se refere ao tempo, ele coincide com o momento da enunciação (o *agora*), o que fica claro pelos verbos no presente e pelo advérbio de tempo "agora". Trata-se, pois, de debreagem temporal enunciativa. Relativamente ao espaço, temos debreagem espacial enunciativa, ou seja, o espaço do narrado é o mesmo da enunciação, como fica patente pelo advérbio "aqui" ("novidades daqui deste sertão"; "o povo aqui se apaixona"). Em resumo: "A máquina extraviada" é um texto totalmente enunciativo, na medida em que reproduz o *eu*, o *aqui* e o *agora* da enunciação.

5.2.1 Debreagem interna

Você viu até este ponto que, pelo mecanismo da debreagem actancial, podem ser produzidos dois tipos de textos: enunciativos, aqueles em que há projeção de um *eu/tu*, e enuncivos, aqueles em que há a projeção de um *ele*. Explicamos também que enunciador e enunciatário não são elementos do texto, mas da situação comunicativa e que são pressupostos pelo enunciado. Por fim, comentamos que aquele que fala no texto é um actante delegado pelo enunciador, que, por exercer a função de narrar, é chamado de *narrador*, podendo ser personagem da história. Nesse caso, exerce uma dupla função, a de narrar e a de personagem. O narrador, como já mencionamos, pertence ao discurso (o texto), mesmo que ele não se mostre, como é o caso das narrativas em terceira pessoa.

O narrador pode, por debreagem interna, instalar outros actantes que dialogam entre si. Esse actante instalado na narrativa pelo narrador recebe o nome de **interlocutor**, e o actante a quem se dirige, de **interlocutário**. Nesse caso, configura-se uma **debreagem de segundo grau**, ou **interna**.

Vejamos alguns exemplos em que há, por debreagem interna, instalação de interlocutores.

> Meu avô, nesses dias, me levava rio abaixo, enfilado em seu pequeno concho. Ele remava, devagaroso, somente raspando o remo na correnteza. O barquito cabecinhava, onda cá, onda lá, parecendo ir mais sozinho que um tronco desabandonado.
>
> — Mas vocês vão aonde?
>
> Era a aflição de minha mãe. O velho sorria. Os dentes, nele, eram um artigo indefinido. Vovô era dos que se calam por saber e conversam mesmo sem nada falarem.

> — Voltamos antes de um agorinha, respondia.
> Nem eu sabia o que ele perseguia. [...]

Fonte: Couto, 2012a, p. 9.

Nesse trecho, extraído do conto "Nas águas do tempo", de Mia Couto, temos um narrador em primeira pessoa. Observe os pronomes e as formas verbais ("**Meu** avô **me** levava"; "Era a aflição de **minha** mãe"). O narrador, instalado no texto por debreagem interna, dá voz a dois interlocutores, a mãe e o avô ("Mas vocês vão aonde?", "Voltamos antes de um agorinha").

Retornemos ao início do conto "A cartomante", já apresentado neste capítulo.

> Hamlet observa a Horácio que há mais coisas no céu e na terra do que sonha a nossa vã filosofia. Era a mesma explicação que dava a bela Rita ao moço Camilo, numa sexta-feira de novembro de 1869, quando este ria dela, por ter ido na véspera consultar uma cartomante; a diferença é que o fazia por outras palavras.
>
> — Ria, ria. Os homens são assim; não acreditam em nada. Pois saiba que eu fui, e que ela adivinhou o motivo da consulta, antes mesmo que eu lhe dissesse o que era. Apenas começou a botar as cartas, disse-me: "A senhora gosta de uma pessoa..." Confessei que sim, e então ela continuou a botar as cartas, combinou-as, e no fim declarou-me que eu tinha medo de que você me esquecesse, mas que não era verdade...
>
> — Errou! interrompeu Camilo, rindo.

> — Não diga isso, Camilo. Se você soubesse como eu tenho andado, por sua causa. Você sabe; já lhe disse. Não ria de mim, não ria...
>
> Camilo pegou-lhe nas mãos, e olhou para ela a sério e fixo. Jurou que lhe queria muito, que os seus sustos pareciam de criança; em todo o caso, quando tivesse algum receio, a melhor cartomante era ele mesmo. Depois, repreendeu-a; disse-lhe que era imprudente andar por essas casas. Vilela podia sabê-lo, e depois...

Fonte: Assis, 2017a.

Esse trecho é bastante rico não só para observarmos o procedimento da debreagem, como também para analisarmos as diversas vozes que falam, direta ou indiretamente, no texto. Ressaltamos que uma leitura competente pressupõe que o leitor seja capaz de identificar as diversas vozes que aparecem em um texto.

Trata-se de uma narrativa situada em um tempo anterior à enunciação (passado) e na qual há um narrador que não deixa marcas linguísticas no texto – debreagem enunciva, portanto. É uma narração em terceira pessoa, cujo efeito de sentido é de objetividade.

O narrador apresenta, no primeiro parágrafo, duas personagens, Rita e Camilo. No segundo, por debreagem interna, instala a interlocutora Rita, que se dirige a Camilo, interlocutário de Rita ("Ria, ria. Os homens são assim; não acreditam em nada").

No terceiro parágrafo, temos a presença do interlocutor Camilo, instalado pelo narrador ("Errou!"). Observe que as posições entre Rita e Camilo se invertem: Rita, que era a interlocutora no parágrafo anterior, passa a ser a interlocutária. No parágrafo seguinte, invertem-se novamente as funções:

Rita volta a ser interlocutora e Camilo passa a interlocutário ("Não diga isso, Camilo").

Além das vozes debreadas do narrador, de Camilo e de Rita, é possível ainda identificar outras vozes no texto, como a de Hamlet ("há mais coisas no céu e na terra do que sonha a nossa vã filosofia") e a da cartomante ("A senhora gosta de uma pessoa...", "declarou-me que eu tinha medo de que você me esquecesse, mas que não era verdade...").

Quanto à fala de Hamlet, temos o que se denomina *discurso indireto*, isto é, não é Hamlet quem fala, é o narrador quem reproduz com suas próprias palavras o conteúdo daquilo que Hamlet teria dito a Horácio, na tragédia de Shakespeare. Não há debreagem, portanto.

Com relação às falas da cartomante, elas são de duas naturezas distintas. Na primeira ("A senhora gosta de uma pessoa..."), a interlocutora Rita instala outra interlocutora no texto, a cartomante, que fala com suas próprias palavras ("A senhora gosta de uma pessoa..."), ou seja, trata-se de discurso direto. Já a fala "eu tinha medo de que você me esquecesse, mas que não era verdade..." é de Rita, que reproduz o conteúdo da fala da cartomante (discurso indireto). Não há, pois, debreagem.

Para encerrarmos esta seção, queremos chamar sua atenção para alguns aspectos muito importantes. Em primeiro lugar, o fundamental é você perceber que os dois tipos de debreagem actancial implicam o uso de estratégias de dizer algo, acarretando efeitos de sentidos diferentes, como maior objetividade ou subjetividade em relação àquilo que se narra. O discurso científico é predominantemente enuncivo porque pretende passar um sentido de objetividade, daí apagar as marcas de pessoa no enunciado. O discurso literário, como você deve ter notado pelos exemplos apresentados, não tem uma norma. Apagar ou não as marcas da enunciação no texto liga-se à estratégia narrativa usada e aos efeitos de sentido pretendidos.

O narrador

Por meio de debreagens internas, cria-se um **efeito de sentido de realidade**, na medida em que se colocam em cena personagens que são dotadas de discurso próprio, distinto do narrador, identificadas até mesmo por variedades linguísticas próprias, o que contribui para os efeitos de verossimilhança do texto.

No Capítulo 2, tratamos do conto dramático e apresentamos como exemplo um trecho do conto "Cinquenta mil", de Ernest Hemingway. Você deve se lembrar de que, nesse tipo de conto, a participação do narrador é mínima, limitando-se a colocar em cena as personagens e a organizar suas falas. Nele, o leitor conhece a história a partir do que as personagens dizem umas às outras. Nesse tipo de conto, predomina a debreagem interna.

A organização do tempo da narrativa (e toda narrativa se desenvolve no tempo) depende da debreagem temporal, que instala no enunciado um tempo (um *agora* ou um *então*), que será o marco para a organização temporal dos acontecimentos. As ações de uma narrativa, como destacamos, ocorrem em um espaço, que às vezes não vem explicitado. A instalação do espaço narrativo também se dá por debreagem e podemos ter um espaço enunciativo (o *aqui*) ou um enuncivo (o *alhures*). As categorias de tempo e espaço serão objeto de estudo de capítulos específicos deste livro.

5.3
O foco narrativo

Este capítulo é destinado ao estudo do narrador. Adiantamos que diversos autores têm se debruçado sobre essa categoria da narrativa, acarretando a existência de uma terminologia bastante diversa sobre a questão.

O estudo do narrador se insere em um domínio mais amplo, denominado *foco narrativo*. Alguns autores, em vez desse termo, usam a expressão *ponto de vista*; outros, *focalização*. Sendo a expressão *foco narrativo* a mais difundida entre nós, particularmente no meio escolar, é por ela que optamos.

Em termos gerais, foco narrativo é a perspectiva de um narrador em face da diegese, isto é, aquilo que é capaz de narrar levando-se em conta o que ele vê qualitativa e quantitativamente. O narrador, que não deve ser confundido com o autor, como já frisamos, estabelece uma relação comunicativa entre o narrado e o público. Trata-se de uma voz que se esconde atrás do narrado e que fala ao leitor. Ressaltamos que a narração e o narrador são característicos do gênero épico, conforme comentamos no primeiro capítulo, e que o narrador e o foco narrativo estão ligados à enunciação, tema pelo qual iniciamos este capítulo.

A passagem do nível narrativo ao discursivo se dá por meio da enunciação, que instala um sujeito, um tempo e um lugar. No capítulo anterior, examinamos o esquema narrativo. É por meio da enunciação que o esquema narrativo se transforma em discurso. Observe que até então não fizemos menção alguma a quem conta o percurso do sujeito da ação, ou seja, não fizemos qualquer referência a uma voz que fala, o narrador, já que este não pertence ao nível narrativo, mas ao discursivo.

As relações entre enunciação e foco narrativo são estreitas. Considere que, em uma narração em primeira pessoa, o sujeito da enunciação e o sujeito do enunciado coincidem, o que não ocorre em uma narração em terceira pessoa, na qual o sujeito da enunciação é um e o do enunciado é outro. Como já destacamos, em uma narração em primeira pessoa (debreagem enunciativa), há uma aproximação entre enunciado e enunciação – temos um simulacro da enunciação –, o que não ocorre na narração em terceira pessoa, em que há um afastamento do enunciado da instância da enunciação. É por essa razão que se produzem efeitos de sentido diferentes em cada uma delas.

Pela enunciação, não se instala apenas o sujeito, mas também o tempo e o lugar. Quanto ao tempo, é importante atentarmos para o fato de que se pode narrar algo ocorrido muito tempo antes da enunciação ou algo ocorrido pouco antes do momento da enunciação. É óbvio que isso terá efeito sobre o sentido. Uma coisa é contar agora (momento da enunciação) um fato ocorrido ontem; outra é narrar agora um fato ocorrido há vinte anos. O afastamento temporal entre a enunciação e a matéria narrada pode trazer como consequência um afastamento ideológico, psicológico, comportamental do narrador em relação àquilo que narra. Se você leu Dom Casmurro, deve ter percebido que a distância temporal entre a enunciação e o enunciado resulta em um narrador envelhecido, amargurado (o Dom Casmurro), bem diferente daquela personagem quando jovem (Bentinho). Bentinho é personagem da história, mas não o narrador, função que cabe a Dom Casmurro.

Em termos mais gerais, o narrador pode fazer parte da história narrada como personagem, principal ou secundária – portanto, sua visão dos acontecimentos será sempre uma visão de dentro –, ou pode não ser personagem da narração, caso em que terá uma visão de fora dos acontecimentos. Isso, *grosso modo*, caracteriza dois tipos de narração: em primeira e em terceira pessoa. Entretanto, essa classificação não cobre todas as possibilidades que tem o narrador para contar a história. É preciso observar que, de dentro ou de fora, o narrador vê os acontecimentos de uma determinada perspectiva – pode estar mais próximo ou mais distante dos acontecimentos. A posição que ele ocupa em relação ao que narra determina o que pode e o que não pode narrar.

O teórico Wayne Booth, no livro A *retórica da ficção* (1980), defende que há diversos modos de narrar uma história e que a escolha de um ou de outro é determinada pelos efeitos de sentido pretendidos. Na introdução deste capítulo, chamamos a atenção para o fato de que autor e narrador não se confundem. Booth afirma que, nas narrativas, o autor não desaparece completamente, uma vez que ele se esconde atrás da voz daquele que narra, seja ou não personagem da história. Para Booth, esse autor que se mascara atrás da voz de um narrador é o **autor implícito**, que, na teoria da enunciação, corresponderia ao que denominamos *enunciador*. Segundo Ligia Chiappini Moraes Leite (1989, p. 19, grifo do original),

> o autor implícito é uma imagem do autor real criada pela escrita, e é ele que comanda os movimentos do NARRADOR, das personagens, dos acontecimentos narrados, do tempo cronológico e psicológico, do espaço e da linguagem em que se narram indiretamente os fatos ou em que se expressam diretamente as personagens envolvidas na HISTÓRIA.

Outra contribuição importante para o estudo do foco narrativo foi dada por Jean Pouillon, que, no livro *O tempo no romance* (1974), apresenta as perspectivas que o narrador pode ter: visão com, visão por trás e visão de fora.

Na **visão com**, o narrador é personagem da história; trata-se, portanto, de uma narrativa em primeira pessoa. Por ser personagem da história, tem uma visão limitada sobre os eventos narrados. Na **visão por trás**, o narrador não é personagem e tem um saber absoluto sobre o que narra, sendo capaz de narrar, inclusive, os pensamentos das personagens. É nesse sentido que se diz que se trata de um narrador onisciente (do latim *omni* = todo, todos, tudo + *sciente* = que sabe), cujo significado é "o que tem conhecimento de tudo, aquele que tem um saber absoluto". Na **visão de fora**, o narrador não é personagem da história e não tem a onisciência, por isso limita-se a narrar os fatos sem adentrar no interior das personagens.

Para os teóricos que chamam o foco narrativo de *focalização*, as três visões de Pouillon correspondem a três espécies de focalização, conforme consta no Quadro 5.3.

Quadro 5.3 – Tipos de focalização

Perspectivas do narrador segundo Jean Pouillon	Focalização
Visão com	Interna
Visão por trás	Onisciente
Visão de fora	Externa

Na visão com, ou **focalização interna**, temos o ponto de vista de um narrador que faz parte da diegese. Por ser personagem da história, normalmente tem uma visão restrita dos acontecimentos narrados, na medida em que só pode narrar aquilo que está a seu alcance, seja o que vê, seja o que está dentro de seu campo de consciência; portanto, não é um narrador privilegiado. Esse narrador não precisa ser necessariamente a personagem principal. Pode ser uma personagem secundária, como o Dr. Watson nos contos de Conan Doyle em que a personagem principal é Sherlock Holmes, como você pode observar no trecho que reproduzimos a seguir.

> A proprietária tinha profundo respeito por Holmes, e nunca ousava interferir em nada, por mais inusitado que achasse o seu comportamento. E, mais do que isso, a sra. Hudson gostava do seu inquilino, pois era extremamente gentil e cortês no trato com as mulheres. Ele não apreciava nem confiava no gênero feminino, mas era sempre um adversário cavalheiresco. Um dia, na época em que eu tinha dois anos de casado, a sra. Hudson veio até minha casa. Sabendo da autêntica estima que ela sentia por Holmes, ouvi com toda atenção a história que me contou sobre a terrível situação a que estava reduzido meu pobre amigo.
>
> — O sr. Holmes está morrendo, dr. Watson — disse ela. — Faz três dias que ele está muito mal, e duvido

> que passe de hoje. O pior é que ele não me deixa chamar um médico. Hoje cedo, quando vi o rosto dele só pele e osso, me olhando com os olhos esbugalhados, não deu mais para aguentar. "Com ou sem a sua permissão, sr. Holmes, eu vou chamar um médico agora mesmo", falei. "Então chame o Watson", disse ele. Doutor, se eu fosse o senhor, não demoraria nem uma hora para ir até lá, senão o senhor pode não encontrá-lo com vida.
>
> Fiquei horrorizado, pois não sabia de nada sobre a doença de Holmes. Nem preciso dizer que peguei imediatamente o casaco e o chapéu para ir vê-lo. No coche, enquanto íamos até sua casa, pedi que ela me desse mais detalhes.

Fonte: Doyle, 2001, p. 10-11.

Trata-se de um trecho do conto "Sherlock Holmes à beira da morte", de Conan Doyle, em que o enunciador instala um narrador por debreagem enunciativa. Há a projeção de um *eu* que fala no enunciado e exerce dupla função: a de narrador e a de personagem da história. Esse narrador, o dr. Watson, não é o protagonista, papel ocupado por Sherlock Holmes.

Na visão de fora, ou **focalização externa**, como o próprio nome indica, a perspectiva do narrador é exterior, o que significa que narra os acontecimentos sem deles participar; portanto, não é personagem da história, como ocorre na visão com, ou focalização interna. Nesse tipo de foco narrativo, o narrador também não tem uma visão privilegiada do que narra, limitando-se a narrar aquilo que qualquer outro hipotético observador de fora também veria. Esse foco narrativo é menos usual do que a focalização interna e a onisciente. Quando analisamos o conto dramático, chamamos a atenção para o fato de que, nesse tipo de conto, a interferência do narrador é mínima. No caso sob exame, o narrador testemunhou um fato e o narra, organizando a narrativa, mas sem nela interferir.

Como exemplo de focalização externa, apresentamos a seguir um trecho do conto "Os pistoleiros", de Ernest Hemingway. Alguns autores, como Norman Friedman (1955), no texto Point of View in Fiction: the Development of a Critical Concept (Ponto de vista na ficção: o desenvolvimento de um conceito crítico), preferem classificar esse modo de narrar como dramático, como você verá adiante.

> A porta do restaurante abriu e dois homens entraram. Sentaram-se em um banquinho na frente do balcão.
> — O que vai ser? — perguntou-lhes George.
> — Não sei — disse um dos homens. — Vai querer o que, Al?
> — Não sei. Não sei o que vou querer — respondeu Al. Estava ficando escuro lá fora. A iluminação da rua clareava a janela. Os dois homens no balcão liam o menu. Nick Adams os observava de uma extremidade do balcão. Ele conversava com George quando os dois entraram.

Fonte: Hemingway, 2015c, p. 198.

A ação se passa em um restaurante quando chegam dois pistoleiros ("A porta do restaurante abriu e dois homens entraram"). No restaurante, havia pelo menos duas pessoas, George e Nick Adams, que conversavam antes de os pistoleiros entrarem ("Ele [Nick Adams] conversava com George quando os dois entraram"). Quem narra os fatos não é nenhum dos dois, mas um narrador que testemunha os acontecimentos e vê exatamente o mesmo que outras pessoas que estivessem no restaurante naquele momento veriam.

Na visão por trás, ou **focalização onisciente**, temos um narrador cujo conhecimento da história e das personagens que dela participam é praticamente ilimitado. Nesse caso, ao contrário do que ocorre na focalização externa, o narrador não narra apenas aquilo que está em seu campo de observação. É capaz também de entrar no íntimo das personagens e revelar seus pensamentos mais escondidos. Como na narração de focalização externa, o narrador não é personagem da história narrada.

O fato de, na focalização onisciente, o narrador ter conhecimento praticamente de tudo não significa que ele vá narrar tudo. Na realidade, o que ele faz é uma seleção daquilo que será narrado, o que significa que procede à omissão intencional de acontecimentos que não julga relevantes ou que espera que o leitor reconstitua por si só.

O aspecto a que nos referimos aqui corresponde a uma forma de organizar e expor a diegese; portanto, relaciona-se ao enredo. Quanto à omissão de acontecimentos, lembre-se do que mencionamos no Capítulo 3, quando tratamos do esquema narrativo: não só a ordem dos percursos narrativos (manipulação, competência, *performance* e sanção) pode ser alterada, como também pode haver a omissão de algum deles, que ficará pressuposto. Se a personagem executou uma ação (*performance*), está pressuposto que tinha a competência necessária para fazê-lo. O trecho a seguir, extraído do início do conto "Uma galinha", de Clarice Lispector, é um exemplo de focalização onisciente.

> Era uma galinha de domingo. Ainda vivia porque não passava de nove horas da manhã.
>
> Parecia calma. Desde sábado se encolhera num canto da cozinha. Não olhava para ninguém, ninguém olhava para ela. Mesmo quando a escolheram, apalpando sua intimidade com indiferença, não souberam dizer se era gorda ou magra. Nunca se adivinharia nela um anseio.

Fonte: Lispector, 2016g, p. 156.

O narrador

Nesse texto, um enunciador instala um narrador por debreagem enunciva. Trata-se, portanto, de um texto enuncivo, pois há projeção de um *ele* (no caso, "ela", a galinha). O narrador não é personagem da história narrada.

Quem relata os acontecimentos o faz de uma visão por trás, ou focalização onisciente. Se você já leu esse conto, sabe que o narrador tem conhecimento de todos os fatos e das personagens.

Vejamos outro exemplo de onisciência do narrador.

> Após uma noite de insônia, ele se viu em um estado de perplexidade, como se o tivessem embriagado com algo açucarado e entorpecedor; tinha a alma enevoada, mas alegre, quente, mas ao mesmo tempo, na cabeça, algum cantinho frio e grave e raciocinou:
>
> "Para com essa história, enquanto não é tarde demais! Ela por acaso combina com você? É mimada, caprichosa, dorme até as duas horas da tarde, e você é filho de um sacerdote, é o médico distrital..."
>
> "Mas, e daí?", pensou ele. "O que importa?"
>
> "Além do mais, se você casar com ela", prosseguiu aquele cantinho da sua cabeça, "os parentes de Ekatierina vão obrigá-lo a deixar o serviço distrital e a vir morar na cidade."
>
> "Mas, e daí?", pensou ele. "O que tem de mais morar na cidade? Vão dar um dote, vamos comprar a mobília..."
>
> Por fim, veio Ekatierina Ivánovna num vestido de baile decotado, toda bonita e arrumada. Tartsev a contemplou admirado e caiu em tamanho arrebatamento que não conseguiu falar uma palavra sequer, apenas olhava para ela e sorria.

Fonte: Tchekhov, 2011a, p. 155.

Trata-se de um trecho do conto "Iônitch", de Tchekhov. Observe que há um narrador que não pertence à história. De fora, ele acompanha as personagens e sabe tudo a respeito delas. No trecho citado, ele é capaz de narrar o que a personagem pensa naquele exato momento, o que caracteriza a onisciência do narrador. Quanto à enunciação, temos uma debreagem enunciva, ou seja, uma narrativa na terceira pessoa.

Carlos Reis e Ana Cristina M. Lopes (2011), em seu *Dicionário de narratologia*, fazem uma classificação do narrador levando em conta apenas o fato de ele pertencer ou não à história narrada (diegese) e, no caso de pertencer, se é ou não o protagonista. Com base nesse critério, classificam o narrador em três categorias:

1. **Autodiegético** – Participa da história que narra como personagem principal.
2. **Homodiegético** – Participa da história que narra como personagem secundária.
3. **Heterodiegético** – Não participa da história que narra.

Como exemplo de narrador heterodiegético, podemos citar o narrador do conto "Uma galinha", de Clarice Lispector, já apresentado. Observe a seguir outro exemplo desse tipo de narrador. Trata-se de um trecho do conto "Frio", de João Antônio.

> O menino tinha só dez anos.
>
> Quase meia hora andando. No começo pensou num bonde. Mas lembrou-se do embrulhinho branco e bem feito que trazia, afastou a ideia como se estivesse fazendo uma coisa errada. (Nos bondes, àquela hora da noite, poderiam roubá-lo, sem que percebesse; e depois?... Que é que diria Paraná?)

> Andando. Paraná mandara-lhe não ficar observando as vitrinas, os prédios, as coisas. Como fazia nos dias comuns. Ia firme e esforçando-se para não pensar em nada, nem olhar muito para nada.

Fonte: Antônio, 2012a, p. 97.

O enunciador instala um narrador. Temos uma debreagem enunciva, ou seja, a projeção de um *ele* no enunciado. Esse narrador, que não pertence à diegese, tem uma visão total dos acontecimentos e da personagem, sendo capaz de narrar até o que se passava na cabeça da personagem *menino*. Trata-se, portanto, de um narrador heterodiegético e onisciente (visão por trás).

O Dr. Watson, narrador dos contos de Conan Doyle em que a personagem Sherlock Holmes é o protagonista, é um exemplo de narrador homodiegético. Vejamos outro exemplo desse tipo de narrador.

> Em Paris, logo depois do escurecer duma ventosa noite de outono de 18..., gozava eu a dupla volúpia da meditação e dum cachimbo em companhia de meu amigo C. Augusto Dupin, em sua pequena biblioteca, ou gabinete de estudos, **no terceiro andar nº 33, da Rua Dunot, bairro de São Germano**. Durante uma hora pelo menos, mantivemos profundo silêncio; ao primeiro observador casual, cada um de nós pareceria atenta e exclusivamente ocupado com as crespas volutas de fumaça que tornavam pesada a atmosfera do quarto. Quanto a mim, porém, discutia mentalmente certos tópicos que haviam formado tema de conversa entre nós, logo no começo da noite. Refiro-me ao caso da Rua Morgue e ao mistério ligado ao assassinato

> de Maria Roget. Considerava, por conseguinte, a espécie de relação existente entre eles, quando a porta do nosso apartamento foi escancarada e deu entrada ao nosso velho conhecido, o Sr. G***, Chefe da Polícia parisiense.

Fonte: Poe, 2001a, p. 171-172, grifo do original.

Este é o início do conto "A carta furtada", de Edgar Allan Poe. Há um narrador instalado no texto e que narra em primeira pessoa. Note as marcas linguísticas que o identificam: "gozava eu", "meu amigo" etc. Esse narrador, no entanto, não é o protagonista, papel que cabe a Dupin, que aparece também nos contos "Os crimes da Rua Morgue" e "O mistério de Maria Roget", do mesmo autor. Note que o narrador faz menção explícita a esses outros dois contos: "Refiro-me ao caso da Rua Morgue e ao mistério ligado ao assassinato de Maria Roget".

Apresentamos a seguir um trecho em que o narrador é autodiegético, aquele que é protagonista da história que narra.

> Eu era chofer de caminhão e ganhava uma nota alta com um cara que fazia contrabando. Até hoje não entendo direito por que fui parar na pensão da tal madame, uma polaca que quando moça fazia a vida e depois que ficou velha inventou de abrir aquele frege-mosca. Foi o que me contou o James, um tipo que engolia giletes e que foi meu companheiro de mesa nos três dias em que trancei por lá. Tinha os pensionistas e tinha os volantes, uma corja que entrava e saía palitando os dentes, coisa que nunca suportei na minha frente. Teve até uma vez uma dona que mandei andar só porque no nosso primeiro encontro, depois de comer um sanduíche, enfiou um palitão entre os dentes e ficou de

O narrador

> boca arreganhada de tal jeito que eu podia até ver o que o palito ia cavucando. Bom, mas eu dizia que no tal frege-mosca eu era volante. A comida, uma bela porcaria e como se não bastasse ter de engolir aquelas lavagens, tinha ainda os malditos anões se enroscando nas pernas da gente. E tinha a música do saxofone.

Fonte: Telles, 2001, p. 233.

Trata-se do início do conto "O moço do saxofone", de Lygia Fagundes Telles. Nele, o narrador é o próprio protagonista da história narrada, um motorista de caminhão que para em um frege-mosca, espécie de restaurante popular, geralmente sujo. Nesse lugar, um marido traído toca saxofone no quarto, enquanto sua mulher o trai em outro quarto localizado no andar de cima. O protagonista resolve ter um encontro com a mulher. Nesse conto, o narrador é autodiegético.

Norman Friedman (1955) apresenta uma tipologia mais ampla ao analisar o foco narrativo. Quanto ao narrador onisciente, faz a distinção entre o que chama de **onisciente intruso** e **onisciente neutro**. A diferença entre eles é que o intruso não se limita a narrar – ele também se introduz na narrativa por meio de comentários ligados ou não ao que está sendo narrado. O onisciente neutro não faz intrusões na narrativa, limitando-se a narrar os acontecimentos, o que confere um efeito de maior objetividade ao que narra.

Friedman identifica como **narrador testemunha** aquele que narra de dentro da história, como uma personagem secundária. Trata-se do equivalente ao narrador homodiegético, de focalização interna, de visão com.

Quando o narrador é protagonista da história, Friedman lhe dá o nome de **narrador protagonista**. Assim, a diferença entre o narrador protagonista e o narrador testemunha reside apenas no papel exercido pela personagem que assume a função de narrador, se é ou não protagonista.

Em Friedman, há também referência a narrativas em que há um esvaziamento da função do narrador, na medida em que não há propriamente alguém que narra. Nesse tipo de narrativa, o que sobressai é a voz interior da(s) personagem(ns). Quando a narrativa é a expressão do mundo interior de uma só personagem, na classificação em análise aqui, ocorre **onisciência seletiva**; no caso de a expressão interior ser de várias personagens, ocorre **onisciência seletiva múltipla**. Em ambos os casos, existe uma simbiose entre narrador e personagem(ns).

Friedman faz referência ainda ao **modo dramático** de narrativa, do qual já tratamos e que pode ser exemplificado com diversos contos de Ernest Hemingway. O autor refere-se também ao **modo câmera**, no qual há exclusão total do narrador. Nesse caso, teríamos uma narrativa cinematográfica, em que se transmitem instantâneos de uma realidade, rompendo-se a temporalidade narrativa. Para exemplificarmos esse tipo de narrativa, reproduzimos a seguir o início do conto "Circuito fechado (4)", de Ricardo Ramos.

> Ter, haver. Uma sombra no chão, um seguro que se desvaloriza, uma gaiola de passarinho. Uma cicatriz de operação na barriga e mais cinco invisíveis, que doem quando chove. Uma lâmpada de cabeceira, um cachorro vermelho, uma colcha e os seus retalhos. Um envelope com fotografias, não aquele álbum. Um canto de sala e o livro marcado. Um talento para as coisas avulsas, que não duram nem rendem. Uma janela sobre o quintal, depois a rua e os telhados, tudo sem horizonte.

Fonte: Ramos, 2015. p. 313.

O Quadro 5.4 sintetiza a tipologia do foco narrativo proposta por Norman Friedman.

Quadro 5.4 – Foco narrativo segundo Norman Friedman

Onisciente intruso	Tem conhecimento praticamente ilimitado e tece comentários.
Onisciente neutro	Tem conhecimento praticamente ilimitado, mas não tece comentários.
Narrador testemunha	O narrador é personagem da história, mas não é protagonista.
Narrador protagonista	O narrador é protagonista da história. A narração é em primeira pessoa.
Onisciência seletiva	Existe simbiose entre o narrador e uma personagem, cujo mundo interior é manifestado pela sua própria fala.
Onisciência seletiva múltipla	É semelhante à seletiva, mas com a manifestação do mundo interior de mais de uma personagem.
Modo dramático	A narração decorre das falas das personagens, colocadas em cena por um narrador que apenas organiza essas falas. Trata-se de uma forma de representação semelhante à usada no teatro.
Modo câmera	Há um apagamento total do narrador. A narração decorre da apresentação de *flashes* que mostram os acontecimentos, não necessariamente na ordem temporal. É uma técnica que se aproxima da linguagem cinematográfica.

Como explicamos, o narrador, por debreagem interna, pode delegar voz a personagens que se expressam em discurso direto com linguagem própria, portanto diferente da voz do narrador. Essas vozes delegadas pelo narrador constituirão o interlocutor, que se dirige a um interlocutário, causando efeito de sentido de realidade. Destacamos também que, no ato da leitura e construção de sentido dos textos, mais importante do que dominar uma nomenclatura específica (focalização onisciente, narrador heterodiegético, visão por trás etc.) é perceber as diversas vozes que falam no texto, identificando-se quem fala, de onde fala, que perspectiva tem acerca do que fala e se intervém na narração para fazer comentários. É fundamental que, na leitura dos textos, você perceba que o foco narrativo se altera no decorrer da narração. Um narrador onisciente intruso, por exemplo, não faz intrusões o tempo todo.

Na exposição que fizemos sobre o foco narrativo, também chamado de *focalização*, examinamos como esse tema é tratado por alguns teóricos. Como você deve ter observado, existem diferenças entre as nomenclaturas utilizadas, por isso apresentamos, na Figura 5.3, um esquema simplificado em que reunimos os conceitos essenciais a respeito desse tema. Nele, inicialmente, distinguimos se o narrador pertence ou não à história; no caso de pertencer, que tipo de personagem é (principal ou secundária); no caso de não pertencer, se tem ou não onisciência. Cremos que esse esquema, que traz uma terminologia bastante usual no estudo do foco narrativo, pode ser-lhe de grande utilidade.

Figura 5.3 – Foco narrativo

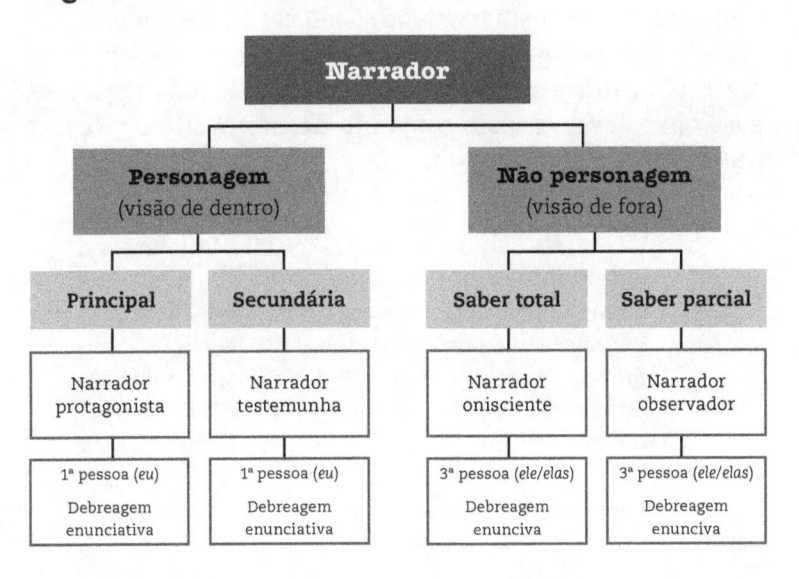

	Narrador		
Personagem (visão de dentro)		**Não personagem** (visão de fora)	
Principal	Secundária	Saber total	Saber parcial
Narrador protagonista	Narrador testemunha	Narrador onisciente	Narrador observador
1ª pessoa (*eu*) Debreagem enunciativa	1ª pessoa (*eu*) Debreagem enunciativa	3ª pessoa (*ele/elas*) Debreagem enunciva	3ª pessoa (*ele/elas*) Debreagem enunciva

O foco narrativo, estratégia discursiva ligada ao enredo, está relacionado aos efeitos de sentido da narração, ou seja, sentido de objetividade e distanciamento ou de subjetividade e proximidade. Não podemos esquecer que objetividade e subjetividade são polos de um gradiente; assim, há narrativas com maior ou menor efeito de subjetividade ou de objetividade.

Ressaltamos ainda que, modernamente, podemos encontrar contos em que o narrador ora pertence à história, ora não, como em "As babas do diabo", de Julio Cortázar, cuja narração começa por um narrador protagonista e, no meio, passa a ser em terceira pessoa, retornando depois à primeira, em uma mudança de foco narrativo constante. O próprio narrador inicia o conto mencionando a dificuldade da escolha do foco narrativo: "Nunca se saberá como isto deve ser contado, se na primeira ou na segunda pessoa, usando a terceira do plural ou inventando constantemente formas que não servirão para nada" (Cortázar, 2012, p. 56).

Por outro lado, não podemos afirmar que um foco narrativo seja melhor que outro, como alguns autores já propuseram. Todos os focos narrativos são eficazes, dependendo do sentido que se quer transmitir. Como já frisamos, em uma mesma narrativa pode ocorrer mudança de foco narrativo, e isso não deve ser visto como um defeito. Wolfgang Kayser (1967, p. 334-335) explica que

> os exames feitos a Dickens, Tolstói, Dostoiévski e outros mostraram imediatamente que os autores de modo nenhum conservam o ponto de vista uma vez adotado como talvez o da onisciência, o ponto de vista de fora, o ponto de vista posto no interior das figuras ou qualquer outro possível. Pode bem ser que uma forma de perspectiva predomine, mas no fundo podem adotar-se vários pontos de vista numa narrativa de terceira pessoa.

Vítor Manuel de Aguiar e Silva (2011, p. 784) é da mesma opinião:

o narrador não é obrigado a manter rigorosamente constante, do princípio ao fim do romance, um determinado tipo de focalização. De acordo com as suas necessidades e conveniências, pode fazer variar a focalização, instituindo uma **polimodalidade** focal, sem que isso prejudique especificadamente a qualidade da obra. [grifo do original]

Em virtude da maior extensão do romance, é mais frequente a mudança de foco narrativo nesse gênero. Isso não significa que não possa acontecer em um mais breve, como o conto. O exemplo relativo ao conto de Cortázar prova isso. Mesmo em contos mais tradicionais, é possível encontrar alternância de foco narrativo, como em "O professor de letras", de Anton Tchekhov (2011b).

A narração se inicia por um narrador onisciente (terceira pessoa). Há, portanto, um afastamento da instância da enunciação, o que cria um sentido de objetividade, como podemos depreender pelo trecho que segue.

> Maniússia seguia de novo ao lado de Nikítin. Ele tinha vontade de dizer a ela que a amava com ardor, mas receava que os oficiais e Vária o ouvissem, e ficava calado. Maniússia também se mantinha calada e Nikítin compreendia o motivo de ela ficar em silêncio e ir ao seu lado, e sentiu-se tão feliz que a terra, o céu, as luzes da cidade, a silhueta negra da fábrica de cerveja — tudo aos seus olhos se fundiu em algo de muito bom e terno, e lhe parecia que o seu Conde Nulin andava com os cascos no ar e queria galgar o céu rubro.
>
> Fonte: Tchekhov, 2011b, p. 21.

O narrador

Trata-se de uma narrativa em terceira pessoa, com um narrador onisciente. Observe que ele é capaz de narrar o que se passa no íntimo do protagonista do conto, o professor de letras Nikítin.

Em determinado momento, o narrador passa a ser o próprio Nikítin, que assume o discurso e começa a narrar em primeira pessoa (narrador protagonista).

> A igreja estava muito cheia e o barulho era grande, alguém chegou até a dar um grito e o arcipreste que nos casava, a mim e Maniússia, lançou um olhar para a multidão, através dos seus óculos, e disse com severidade:
> — Não circulem pela igreja e não façam barulhos, fiquem quietos e rezem. É preciso temer a Deus.
> Os meus padrinhos eram dois colegas e os de Mánia eram o capitão-tenente Polianski e o tenente Guernet. O coro da diocese cantou magnificamente.
>
> Fonte: Tchekhov, 2011b, p. 37.

Voltamos a insistir que o foco narrativo diz respeito ao enredo, ou seja, à maneira como se organiza a fábula ou diegese. Em um primeiro momento, há um narrador onisciente que narra em terceira pessoa a convivência entre o protagonista, o professor de letras Nikítin, e Maniússia, a quem faz a corte.

Há um lapso temporal, e o leitor toma conhecimento de que Maniússia e Nikítin se casam (trecho reproduzido anteriormente). Esse relato não é feito pelo narrador onisciente, mas pelo próprio protagonista, que assume a função de narrador, instalando até mesmo um interlocutor (o arcipreste). Como podemos notar, há uma mudança de um narrador onisciente (visão de fora) para um narrador protagonista (visão de dentro), com a consequente alteração da pessoa gramatical, de terceira (debreagem enunciva) para primeira pessoa (debreagem enunciativa), e com a mudança de efeito de sentido de objetividade e distanciamento para subjetividade e proximidade.

Essa mudança de foco narrativo em nada prejudica o entendimento e a verossimilhança. O enunciador optou por colocar o discurso em primeira pessoa como se fosse o diário do protagonista.

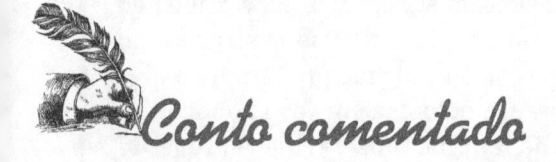

Conto comentado

Mário de Andrade (1893-1945), um dos principais escritores brasileiros, foi um dos consolidadores do modernismo no Brasil, tendo ajudado a organizar em São Paulo a Semana de Arte Moderna, em 1922, da qual participou. Além de escrever poesia, contos e romances, dedicou-se também à música e ao folclore. De sua produção literária destacamos as seguintes obras: *Pauliceia desvairada*, *Amar, verbo intransitivo*, *Macunaíma* e *Contos novos*. É desta última que extraímos o conto reproduzido a seguir.

O peru de Natal

O nosso primeiro Natal de família, depois da morte de meu pai acontecida cinco meses antes, foi de consequências decisivas para a felicidade familiar. Nós sempre fôramos familiarmente felizes, nesse sentido muito abstrato da felicidade: gente honesta, sem crimes, lar sem brigas internas nem graves dificuldades econômicas. Mas, devido principalmente à natureza cinzenta de meu pai, ser desprovido de qualquer lirismo, de uma exemplaridade incapaz, acolchoado no medíocre, sempre nos faltara aquele aproveitamento da vida, aquele gosto pelas felicidades materiais, um vinho bom, uma estação de águas, aquisição de geladeira, coisas assim. Meu pai fora de um bom errado, quase dramático, o puro-sangue dos desmancha-prazeres.

Morreu meu pai, sentimos muito, etc. Quando chegamos nas proximidades do Natal, eu já estava que não podia mais pra afastar aquela memória obstruente do morto, que parecia ter sistematizado pra sempre a obrigação de uma lembrança dolorosa em cada almoço, em cada gesto mínimo da família. Uma vez que eu sugerira à mamãe a ideia dela ir ver uma fita no cinema, o que resultou foram lágrimas. Onde se viu ir ao cinema, de luto pesado! A dor já estava sendo cultivada pelas aparências, e eu, que sempre gostara apenas regularmente de meu pai, mais por instinto de filho que por espontaneidade de amor, me via a ponto de aborrecer o bom do morto.

Foi decerto por isto que me nasceu, esta sim, espontaneamente, a ideia de fazer uma das minhas chamadas "loucuras". Essa fora aliás, e desde muito cedo, a minha esplêndida conquista contra o ambiente familiar. Desde cedinho, desde os tempos de ginásio, em que arranjava regularmente uma reprovação todos os anos; desde o beijo às escondidas, numa prima, aos dez anos, descoberto por Tia Velha, uma detestável de tia; e principalmente desde as lições que dei ou recebi, não sei, de uma criada de parentes: eu consegui no reformatório do lar e na vasta parentagem, a fama conciliatória de "louco". "É doido, coitado!" falavam. Meus pais falavam com certa tristeza condescendente, o resto da parentagem buscando exemplo para os filhos e provavelmente com aquele prazer dos que se convencem de alguma superioridade. Não tinham doidos entre os filhos. Pois foi o que me salvou, essa fama. Fiz tudo o que a vida me apresentou e o meu ser exigia para se realizar com integridade. E me deixaram fazer tudo, porque eu era doido, coitado. Resultou disso uma existência sem complexos, de que não posso me queixar um nada.

Era costume sempre, na família, a ceia de Natal. Ceia reles, já se imagina: ceia tipo meu pai, castanhas, figos, passas, depois da Missa do Galo. Empanturrados de amêndoas e nozes (quanto discutimos os três manos por causa dos quebra-nozes...), empanturrados de castanhas e monotonias, a gente se abraçava e ia pra cama. Foi lembrando isso que arrebentei com uma das minhas "loucuras":

— Bom, no Natal, quero comer peru.

Houve um desses espantos que ninguém não imagina. Logo minha tia solteirona e santa, que morava conosco, advertiu que não podíamos convidar ninguém por causa do luto.

— Mas quem falou de convidar ninguém! essa mania... Quando é que a gente já comeu peru em nossa vida! Peru aqui em casa é prato de festa, vem toda essa parentada do diabo...

— Meu filho, não fale assim...

— Pois falo, pronto!

E descarreguei minha gelada indiferença pela nossa parentagem infinita, diz-que vinda de bandeirantes, que bem me importa! Era mesmo o momento pra desenvolver minha teoria de doido, coitado, não perdi a ocasião. Me deu de sopetão uma ternura imensa por mamãe e titia, minhas duas mães, três com minha irmã, as três mães que sempre me divinizaram a vida. Era sempre aquilo: vinha aniversário de alguém e só então faziam peru naquela casa. Peru era prato de festa: uma imundície de parentes já preparados pela tradição, invadiam a casa por causa do peru, das empadinhas e dos doces. Minhas três mães, três dias antes já não sabiam da vida senão trabalhar, trabalhar no preparo de doces e frios finíssimos de bem feitos, a parentagem devorava tudo e ainda levava embrulhinhos pros que não tinham podido vir. As minhas três mães mal podiam de exaustas. Do peru, só no enterro dos ossos, no dia seguinte, é que mamãe com titia ainda provavam num naco de perna, vago, escuro, perdido no arroz alvo. E isso mesmo era mamãe quem servia, catava tudo pro velho e pros filhos. Na verdade ninguém sabia de fato o que era peru em nossa casa, peru resto de festa.

Não, não se convidava ninguém, era um peru pra nós, cinco pessoas. E havia de ser com duas farofas, a gorda com os miúdos, e a seca, douradinha, com bastante manteiga. Queria o papo recheado só com a farofa gorda, em que havíamos de ajuntar ameixa preta, nozes e um cálice de xerez, como aprendera na casa da Rose, muito minha companheira. Está claro que omiti onde aprendera a receita, mas todos desconfiaram. E ficaram logo naquele ar de incenso assoprado, se não seria tentação do Dianho aproveitar receita tão gostosa. E cerveja bem gelada, eu garantia quase gritando. É certo que com meus "gostos", já bastante afinados fora do lar, pensei primeiro num vinho bom, completamente francês. Mas a ternura por mamãe venceu o doido, mamãe adorava cerveja.

Quando acabei meus projetos, notei bem, todos estavam felicíssimos, num desejo danado de fazer aquela loucura em que eu estourara. Bem que sabiam, era loucura sim, mas todos se faziam imaginar que eu sozinho é que estava desejando muito aquilo e havia jeito fácil de empurrarem pra cima de mim a... culpa de seus desejos enormes. Sorriam se entreolhando, tímidos como pombas desgarradas, até que minha irmã resolveu o consentimento geral:

— É louco mesmo!...

Comprou-se o peru, fez-se o peru, etc. E depois de uma Missa do Galo bem mal rezada, se deu o nosso mais maravilhoso Natal. Fora engraçado: assim que me lembrara de que finalmente ia fazer mamãe comer peru, não fizera outra coisa aqueles dias que pensar nela, sentir ternura por ela, amar minha velhinha adorada. E meus manos também, estavam no mesmo ritmo violento de amor, todos dominados pela felicidade nova que o peru vinha imprimindo na família. De modo que, ainda disfarçando as coisas, deixei muito sossegado que mamãe cortasse todo o peito do peru. Um momento aliás, ela parou, feito fatias um dos lados do peito da ave, não resistindo àquelas leis de economia que sempre a tinham entorpecido numa quase pobreza sem razão.

— Não senhora, corte inteiro! Só eu como tudo isso!

Era mentira. O amor familiar estava por tal forma incandescente em mim, que até era capaz de comer pouco, só pra que os outros quatro comessem demais. E o diapasão dos outros era o mesmo. Aquele peru comido a sós, redescobria em cada um o que a quotidianidade abafara por completo, amor, paixão de mãe, paixão de filhos. Deus me perdoe mas estou pensando em Jesus... Naquela casa de burgueses bem modestos, estava se realizando um milagre digno do Natal de um Deus. O peito do peru ficou inteiramente reduzido a fatias amplas.

— Eu que sirvo!

"É louco, mesmo" pois por que havia de servir, se sempre mamãe servira naquela casa! Entre risos, os grandes pratos cheios foram passados pra mim e principiei uma distribuição heroica, enquanto mandava meu mano servir a cerveja. Tomei conta logo de um pedaço admirável da "casca", cheio de gordura e pus no prato. E depois vastas fatias brancas. A voz severizada de mamãe cortou o espaço angustiado com que todos aspiravam pela sua parte no peru:

— Se lembre de seus manos, Juca!

Quando que ela havia de imaginar, a pobre! que aquele era o prato dela, da Mãe, da minha amiga maltratada, que sabia da Rose, que sabia meus crimes, a que eu só lembrava de comunicar o que fazia sofrer! O prato ficou sublime.

— Mamãe, este é o da senhora! Não! não passe não!

Foi quando ela não pode mais com tanta comoção e principiou chorando. Minha tia também, logo percebendo que o novo prato sublime seria o dela, entrou no refrão das lágrimas. E minha irmã, que jamais viu lágrima sem abrir a torneirinha também, se esparramou no choro. Então principiei dizendo muitos desaforos pra não chorar também, tinha dezenove anos... Diabo de família besta que via peru e chorava! coisas assim. Todos se esforçavam por sorrir, mas agora é que a alegria se tornara impossível. É que o pranto evocara por associação a imagem indesejável de meu pai morto. Meu pai, com sua figura cinzenta, vinha pra sempre estragar nosso Natal, fiquei danado.

Bom, principiou-se a comer em silêncio, lutuosos, e o peru estava perfeito. A carne mansa, de um tecido muito tênue boiava fagueira entre os sabores das farofas e do presunto, de vez em quando ferida, inquietada e redesejada, pela intervenção mais violenta da ameixa preta e o estorvo petulante dos pedacinhos de noz. Mas papai sentado ali, gigantesco, incompleto, uma censura, uma chaga, uma incapacidade. E o peru, estava tão gostoso, mamãe por fim sabendo que peru era manjar mesmo digno do Jesusinho nascido.

Principiou uma luta baixa entre o peru e o vulto de papai. Imaginei que gabar o peru era fortalecê-lo na luta, e, está claro, eu tomara decididamente o partido do peru. Mas os defuntos têm meios visguentos, muito hipócritas de vencer: nem bem gabei o peru que a imagem de papai cresceu vitoriosa, insuportavelmente obstruidora.

— Só falta seu pai...

Eu nem comia, nem podia mais gostar daquele peru perfeito, tanto que me interessava aquela luta entre os dois mortos. Cheguei a odiar papai. E nem sei que inspiração genial, de repente me tornou hipócrita e político. Naquele instante que hoje me parece decisivo da nossa família, tomei aparentemente o partido de meu pai. Fingi, triste:

— É mesmo... Mas papai, que queria tanto bem a gente, que morreu de tanto trabalhar pra nós, papai lá no céu há de estar contente... (hesitei, mas resolvi não mencionar mais o peru) contente de ver nós todos reunidos em família.

E todos principiaram muito calmos, falando de papai. A imagem dele foi diminuindo, diminuindo e virou uma estrelinha brilhante do céu. Agora todos comiam o peru com sensualidade, porque papai fora muito bom, sempre se sacrificara tanto por nós, fora um santo que "vocês, meus filhos, nunca poderão pagar o que devem a seu pai", um santo. Papai virara santo, uma contemplação agradável, uma inestorvável estrelinha do céu. Não prejudicava mais ninguém, puro objeto de contemplação suave. O único morto ali era o peru, dominador, completamente vitorioso.

Minha mãe, minha tia, nós, todos alagados de felicidade. Ia escrever "felicidade gustativa", mas não era só isso não. Era uma felicidade maiúscula, um amor de todos, um esquecimento de outros parentescos distraidores do grande amor familiar. E foi, sei que foi aquele primeiro peru comido no recesso da família, o início de um amor novo, reacomodado, mais completo, mais rico e inventivo, mais complacente e cuidadoso de si. Nasceu de então uma felicidade familiar pra nós que, não sou exclusivista, alguns a terão assim grande, porém mais intensa que a nossa me é impossível conceber.

Mamãe comeu tanto peru que um momento imaginei, aquilo podia lhe fazer mal. Mas logo pensei: ah, que faça! mesmo que ela morra, mas pelo menos que uma vez na vida coma peru de verdade!

A tamanha falta de egoísmo me transportara o nosso infinito amor... Depois vieram umas uvas leves e uns doces, que lá na minha terra levam o nome de "bem-casados". Mas nem mesmo este nome perigoso se associou à lembrança de meu pai, que o peru já convertera em dignidade, em coisa certa, em culto puro de contemplação.

Levantamos. Eram quase duas horas, todos alegres, bambeados por duas garrafas de cerveja. Todos iam deitar, dormir ou mexer na cama, pouco importa, porque é bom uma insônia feliz. O diabo é que a Rose, católica antes de ser Rose, prometera me esperar com uma champanha. Pra poder sair, menti, falei que ia a uma festa de amigo, beijei mamãe e pisquei pra ela, modo de contar onde é que ia e fazê-la sofrer seu bocado. As outras duas mulheres beijei sem piscar. E agora, Rose!...

Fonte: Andrade, 1976a, p. 95 -103.

Quanto ao foco narrativo, temos um narrador instalado no texto por debreagem actancial enunciativa, como podemos notar pelas marcas linguísticas de primeira pessoa espalhadas pelo conto, que destacamos no fragmento transcrito a seguir.

> O **nosso** primeiro Natal de família, depois da morte de **meu** pai acontecida cinco meses antes, foi de consequências decisivas para a felicidade familiar. **Nós** sempre **fôramos** familiarmente felizes, nesse sentido muito abstrato da felicidade: gente honesta, sem crimes, lar sem brigas internas nem graves dificuldades econômicas. Mas, devido principalmente à natureza cinzenta de **meu** pai, ser desprovido de qualquer lirismo, de uma exemplaridade incapaz, acolchoado no medíocre, sempre **nos** faltara aquele aproveitamento da vida, aquele gosto pelas felicidades materiais, um vinho bom, uma estação de águas, aquisição de geladeira, coisas assim. **Meu** pai fora de um bom errado, quase dramático, o puro-sangue dos desmancha-prazeres.

Nesse primeiro parágrafo, o narrador optou pelo uso da primeira pessoa do plural, já que fala em seu nome e no de sua família. Coloca-se no papel não do indivíduo (o Juca que namora a Rose), mas no de filho que tem uma afeição especial pela mãe. A opção por narrar na primeira do plural continua no segundo parágrafo. No entanto, ao final deste, a narração muda para a primeira do singular, pois o narrador fala agora dele, e não mais em nome da família, ou seja, não se trata mais de uma personagem no papel temático de filho, mas de uma com vida própria, com convicções e desejos e que tem por objetivo realizar algo: dar à família um Natal feliz.

> [...] e **eu**, que sempre **gostara** apenas regularmente de meu pai, mais por instinto de filho que por espontaneidade de amor, **me via** a ponto de aborrecer o bom do morto.
>
> Foi decerto por isto que **me** nasceu, esta sim, espontaneamente, a ideia de fazer uma das **minhas** chamadas "loucuras". Essa fora aliás, e desde muito cedo, a **minha** esplêndida conquista contra o ambiente familiar. Desde cedinho, desde os tempos de ginásio, em que **arranjava** regularmente uma reprovação todos os anos; desde o beijo às escondidas, numa prima, aos dez anos, descoberto por Tia Velha, uma detestável de tia; e principalmente desde as lições que **dei** ou **recebi**, não **sei**, de uma criada de parentes: **eu consegui** no reformatório do lar e na vasta parentagem, a fama conciliatória de "louco".

A opção por manter as marcas da enunciação no texto cria um efeito de sentido de subjetividade. Trata-se de um simulacro da enunciação. Em síntese: foco narrativo de primeira pessoa, narrador protagonista, efeito de sentido de subjetividade. A narração da ceia de Natal é feita pela perspectiva do narrador personagem.

Essa subjetividade é ainda reforçada por avaliações do narrador, isto é, ele não se limita a narrar os fatos, como atestam alguns trechos do conto: "Nós sempre fôramos familiarmente felizes"; "Meu pai fora de um bom errado, quase dramático, o puro-sangue dos desmancha-prazeres"; "aquela memória obstruente do morto, que parecia ter sistematizado pra sempre a obrigação de uma lembrança dolorosa em cada almoço, em cada gesto mínimo da família"; "Resultou disso uma existência sem complexos, de que não posso me queixar um nada"; "Diabo de família besta que via peru e chorava!".

No texto, além da voz do narrador, tomamos contato com a voz da mãe do narrador ("— Meu filho, não fale assim..."; "— Se lembre de seus manos, Juca!"; "— Só falta seu pai...") e da irmã do narrador ("— É louco mesmo!..."). Acrescentamos que se trata de reproduções textuais das falas da mãe e da irmã, ou seja, ocorre discurso direto, como indica o uso dos travessões. Tomamos também contato com outras vozes, mas não diretamente. O narrador encaixa em seu discurso falas de outros e as assinala graficamente pelas aspas. As afirmações de que o narrador é "louco" não são dele, mas da família. Observe que ele, ao contrário, não se considera nada louco, na medida em que, quando se refere a suas "loucuras", destaca essa palavra pelo uso das aspas. Até a voz do pai morto emerge no texto, como evidencia o trecho "'vocês, meus filhos, nunca poderão pagar o que devem a seu pai'".

Como assinalamos, pela enunciação não se instala apenas um sujeito, mas também um tempo e um lugar. Chamamos sua atenção para a indicação de tempo no conto: os acontecimentos se passam na primeira noite de Natal após o falecimento do pai do narrador, ocorrido cinco meses antes. Esse é o tempo dos acontecimentos, ou seja, quando os fatos narrados aconteceram. Devemos considerar também o tempo da enunciação, isto é, se os fatos narrados se dão em um momento concomitante ou não à enunciação. Em "O peru de Natal", temos um tempo enuncivo – trata-se de uma narração de fatos ocorridos anteriormente à enunciação, como atestam as formas verbais do sistema do passado "**Morreu** meu pai, **sentimos** muito, etc.". Há também narrativa de fatos anteriores a esse passado: no primeiro parágrafo, o narrador nos conta fatos anteriores a esse marco, que é a ceia de Natal, e que são identificados pelo pretérito mais-que-perfeito, o qual registra um passado do passado: "Nós sempre **fôramos** familiarmente felizes"; "sempre nos **faltara** aquele aproveitamento da vida".

Quanto ao espaço, os acontecimentos narrados ocorrem na casa do protagonista, onde vive com a mãe, a irmã e uma tia. Há, pois, uma perfeita coerência narrativa entre as categorias

O narrador

de espaço e tempo, já que o Natal é uma festa normalmente comemorada em casa, junto aos familiares. Ainda com relação ao tempo dos acontecimentos, já explicitado no próprio título, destacamos o fato de que o Natal é época de festas, mas não para todos. O conto trabalha justamente essa ambiguidade do tempo da narrativa: o primeiro Natal em família após a morte do sisudo pai. O narrador resolve quebrar o clima de luto, ao propor que no Natal se coma peru. Isso causa certa indignação, principalmente na mãe, em razão de se considerar que comer peru no Natal seria quebra do luto, já que peru é prato de festa. Mas o narrador vence, e faz-se o peru. O clima é de luta entre dois mortos: o pai e o peru. O conto, que é narrado com profundo lirismo e humor, tem um caráter euforizante, na medida em que, nas oposições /vida v. morte/, /alegria v. tristeza/, presente v. passado/, o que ele celebra é a vida, a alegria e o momento presente.

Sugestões de atividades

As atividades propostas neste capítulo têm como base o conto "A cartomante", de Machado de Assis, reproduzido a seguir.

A cartomante

Hamlet observa a Horácio que há mais coisas no céu e na terra do que sonha a nossa filosofia. Era a mesma explicação que dava a bela Rita ao moço Camilo, numa sexta-feira de novembro de 1869, quando este ria dela, por ter ido na véspera consultar uma cartomante; a diferença é que o fazia por outras palavras.

— Ria, ria. Os homens são assim; não acreditam em nada. Pois saiba que fui, e que ela adivinhou o motivo da consulta, antes mesmo que eu lhe dissesse o que era.

Apenas começou a botar as cartas, disse-me: "A senhora gosta de uma pessoa..." Confessei que sim, e então ela continuou a botar as cartas, combinou-as, e no fim declarou-me que eu tinha medo de que você me esquecesse, mas que não era verdade...

— Errou! interrompeu Camilo, rindo.

— Não diga isso, Camilo. Se você soubesse como eu tenho andado, por sua causa. Você sabe; já lhe disse. Não ria de mim, não ria...

Camilo pegou-lhe nas mãos, e olhou para ela sério e fixo. Jurou que lhe queria muito, que os seus sustos pareciam de criança; em todo o caso, quando tivesse algum receio, a melhor cartomante era ele mesmo. Depois, repreendeu-a; disse-lhe que era imprudente andar por essas casas. Vilela podia sabê-lo, e depois...

— Qual saber! tive muita cautela, ao entrar na casa.

— Onde é a casa?

— Aqui perto, na Rua da Guarda Velha; não passava ninguém nessa ocasião. Descansa; eu não sou maluca.

Camilo riu outra vez:

— Tu crês deveras nessas coisas? perguntou-lhe.

Foi então que ela, sem saber que traduzia Hamlet em vulgar, disse-lhe que havia muita coisa misteriosa e verdadeira neste mundo. Se ele não acreditava, paciência; mas o certo é que a cartomante adivinhara tudo. Que mais? A prova é que ela agora estava tranquila e satisfeita.

Cuido que ele ia falar, mas reprimiu-se. Não queria arrancar-lhe as ilusões. Também ele, em criança, e ainda depois, foi supersticioso, teve um arsenal inteiro de crendices, que a mãe lhe incutiu e que aos vinte anos desapareceram. No dia em que deixou cair toda essa vegetação parasita, e ficou só o tronco da religião, ele, como tivesse recebido da mãe ambos os ensinos, envolveu-os na mesma dúvida, e logo depois em uma só negação total. Camilo não acreditava em nada. Por quê? Não poderia dizê-lo, não possuía um só argumento: limitava-se a negar tudo. E digo mal, porque negar é ainda afirmar, e ele não formulava a incredulidade; diante do mistério, contentou-se em levantar os ombros, e foi andando.

Separaram-se contentes, ele ainda mais que ela. Rita estava certa de ser amada; Camilo, não só o estava, mas via-a estremecer e arriscar-se por ele, correr às cartomantes, e, por mais que a repreendesse, não podia deixar de sentir-se lisonjeado. A casa do encontro era na antiga Rua dos Barbonos, onde morava uma comprovinciana de Rita. Esta desceu pela Rua das Mangueiras, na direção de Botafogo, onde residia; Camilo desceu pela da Guarda Velha, olhando de passagem para a casa da cartomante.

Vilela, Camilo e Rita, três nomes, uma aventura e nenhuma explicação das origens. Vamos a ela. Os dois primeiros eram amigos de infância. Vilela seguiu a carreira de magistrado. Camilo entrou no funcionalismo, contra a vontade do pai, que queria vê-lo médico; mas o pai morreu, e Camilo preferiu não ser nada, até que a mãe lhe arranjou um emprego público. No princípio de 1869, voltou Vilela da província, onde casara com uma dama formosa e tonta; abandonou a magistratura e veio abrir banca de advogado. Camilo arranjou-lhe casa para os lados de Botafogo, e foi a bordo recebê-lo.

— É o senhor? exclamou Rita, estendendo-lhe a mão. Não imagina como meu marido é seu amigo, falava sempre do senhor.

Camilo e Vilela olharam-se com ternura. Eram amigos deveras.

Depois, Camilo confessou de si para si que a mulher do Vilela não desmentia as cartas do marido. Realmente, era graciosa e viva nos gestos, olhos cálidos, boca fina e interrogativa. Era um pouco mais velha que ambos: contava trinta anos, Vilela vinte e nove e Camilo vinte e seis. Entretanto, o porte grave de Vilela fazia-o parecer mais velho que a mulher, enquanto Camilo era um ingênuo na vida moral e prática. Faltava-lhe tanto a ação do tempo, como os óculos de cristal, que a natureza põe no berço de alguns para adiantar os anos. Nem experiência, nem intuição.

 Uniram-se os três. Convivência trouxe intimidade. Pouco depois morreu a mãe de Camilo, e nesse desastre, que o foi, os dois mostraram-se grandes amigos dele. Vilela cuidou do enterro, dos sufrágios e do inventário; Rita tratou especialmente do coração, e ninguém o faria melhor.

 Como daí chegaram ao amor, não o soube ele nunca. A verdade é que gostava de passar as horas ao lado dela, era a sua enfermeira moral, quase uma irmã, mas principalmente era mulher e bonita. *Odor di femmina*: eis o que ele aspirava nela, e em volta dela, para incorporá-lo em si próprio. Liam os mesmos livros, iam juntos a teatros e passeios. Camilo ensinou-lhe as damas e o xadrez e jogavam às noites; — ela mal, — ele, para lhe ser agradável, pouco menos mal. Até aí as coisas. Agora a ação da pessoa, os olhos teimosos de Rita, que procuravam muita vez os dele, que os consultavam antes de o fazer ao marido, as mãos frias, as atitudes insólitas. Um dia, fazendo ele anos, recebeu de Vilela uma rica bengala de presente, e de Rita apenas um cartão com um vulgar cumprimento a lápis, e foi então que ele pôde ler no próprio coração, não conseguia arrancar os olhos do bilhetinho. Palavras vulgares; mas há vulgaridades sublimes, ou, pelo menos, deleitosas. A velha caleça de praça, em que pela primeira vez passeaste com a mulher amada, fechadinhos ambos, vale o carro de Apolo. Assim é o homem, assim são as coisas que o cercam.

    Camilo quis sinceramente fugir, mas já não pôde. Rita, como uma serpente, foi-se acercando dele, envolveu-o todo, fez-lhe estalar os ossos num espasmo, e pingou-lhe o veneno na boca. Ele ficou atordoado e subjugado. Vexame, sustos, remorsos, desejos, tudo sentiu de mistura; mas a batalha foi curta e a vitória delirante. Adeus, escrúpulos! Não tardou que o sapato se acomodasse ao pé, e aí foram ambos, estrada fora, braços dados, pisando folgadamente por cima de ervas e pedregulhos, sem padecer nada mais que algumas saudades, quando estavam ausentes um do outro. A confiança e estima de Vilela continuavam a ser as mesmas.

    Um dia, porém, recebeu Camilo uma carta anônima, que lhe chamava imoral e pérfido, e dizia que a aventura era sabida de todos. Camilo teve medo, e, para desviar as suspeitas, começou a rarear as visitas à casa de Vilela. Este notou-lhe as ausências. Camilo respondeu que o motivo era uma paixão frívola de rapaz. Candura gerou astúcia. As ausências prolongaram-se, e as visitas cessaram inteiramente. Pode ser que entrasse também nisso um pouco de amor-próprio, uma intenção de diminuir os obséquios do marido, para tornar menos dura a aleivosia do ato.

    Foi por esse tempo que Rita, desconfiada e medrosa, correu à cartomante para consultá-la sobre a verdadeira causa do procedimento de Camilo. Vimos que a cartomante restituiu-lhe a confiança, e que o rapaz repreendeu-a por ter feito o que fez. Correram ainda algumas semanas. Camilo recebeu mais duas ou três cartas anônimas, tão apaixonadas, que não podiam ser advertência da virtude, mas despeito de algum pretendente; tal foi a opinião de Rita, que, por outras palavras mal compostas, formulou este pensamento: — a virtude é preguiçosa e avara, não gasta tempo nem papel; só o interesse é ativo e pródigo.

Nem por isso Camilo ficou mais sossegado; temia que o anônimo fosse ter com Vilela, e a catástrofe viria então sem remédio. Rita concordou que era possível.

— Bem, disse ela; eu levo os sobrescritos para comparar a letra com as das cartas que lá aparecerem; se alguma for igual, guardo-a e rasgo-a...

Nenhuma apareceu; mas daí a algum tempo Vilela começou a mostrar-se sombrio, falando pouco, como desconfiado. Rita deu-se pressa em dizê-lo ao outro, e sobre isso deliberaram. A opinião dela é que Camilo devia tornar à casa deles, tatear o marido, e pode ser até que lhe ouvisse a confidência de algum negócio particular. Camilo divergia; aparecer depois de tantos meses era confirmar a suspeita ou denúncia. Mais valia acautelarem-se, sacrificando-se por algumas semanas. Combinaram os meios de se corresponderem, em caso de necessidade, e separaram-se com lágrimas.

No dia seguinte, estando na repartição, recebeu Camilo este bilhete de Vilela: "Vem já, já, à nossa casa; preciso falar-te sem demora." Era mais de meio-dia. Camilo saiu logo; na rua, advertiu que teria sido mais natural chamá-lo ao escritório; por que em casa? Tudo indicava matéria especial, e a letra, fosse realidade ou ilusão, afigurou-se-lhe trêmula. Ele combinou todas essas coisas com a notícia da véspera.

— Vem já, já, à nossa casa; preciso falar-te sem demora, — repetia ele com os olhos no papel.

Imaginariamente, viu a ponta da orelha de um drama, Rita subjugada e lacrimosa, Vilela indignado, pegando da pena e escrevendo o bilhete, certo de que ele acudiria, e esperando-o para matá-lo. Camilo estremeceu, tinha medo: depois sorriu amarelo, e em todo caso repugnava-lhe a ideia de recuar, e foi andando. De caminho, lembrou-se de ir a casa; podia achar algum recado de Rita, que lhe explicasse tudo. Não achou nada, nem ninguém. Voltou à rua, e a ideia de estarem descobertos parecia-lhe cada vez mais verossímil; era natural uma denúncia anônima, até da própria pessoa que o ameaçara antes; podia ser que Vilela conhecesse agora tudo. A mesma suspensão das suas visitas, sem motivo aparente, apenas com um pretexto fútil, viria confirmar o resto.

Camilo ia andando inquieto e nervoso. Não relia o bilhete, mas as palavras estavam decoradas, diante dos olhos, fixas; ou então, — o que era ainda pior, — eram-lhe murmuradas ao ouvido, com a própria voz de Vilela. "Vem já, já, à nossa casa; preciso falar-te sem demora." Ditas assim, pela voz do outro, tinham um tom de mistério e ameaça. Vem, já, já, para quê? Era perto de uma hora da tarde. A comoção crescia de minuto a minuto. Tanto imaginou o que se iria passar, que chegou a crê-lo e vê-lo. Positivamente, tinha medo. Entrou a cogitar em ir armado, considerando que, se nada houvesse, nada perdia, e a precaução era útil. Logo depois rejeitava a ideia, vexado de si mesmo, e seguia, picando o passo, na direção do Largo da Carioca, para entrar num tílburi. Chegou, entrou e mandou seguir a trote largo.

"Quanto antes, melhor, pensou ele; não posso estar assim..."

Mas o mesmo trote do cavalo veio agravar-lhe a comoção. O tempo voava, e ele não tardaria a entestar com o perigo. Quase no fim da Rua da Guarda Velha, o tílburi teve de parar, a rua estava atravancada com uma carroça, que caíra. Camilo, em si mesmo, estimou o obstáculo, e esperou. No fim de cinco minutos, reparou que ao lado, à esquerda, ao pé do tílburi, ficava a casa da cartomante, a quem Rita consultara uma vez, e nunca ele desejou tanto crer na lição das cartas. Olhou, viu as janelas fechadas, quando todas as outras estavam abertas e pejadas de curiosos do incidente da rua. Dir-se-ia a morada do indiferente Destino.

 Camilo reclinou-se no tílburi, para não ver nada. A agitação dele era grande, extraordinária, e do fundo das camadas morais emergiam alguns fantasmas de outro tempo, as velhas crenças, as superstições antigas. O cocheiro propôs-lhe voltar à primeira travessa, e ir por outro caminho: ele respondeu que não, que esperasse. E inclinava-se para fitar a casa... Depois fez um gesto incrédulo: era a ideia de ouvir a cartomante, que lhe passava ao longe, muito longe, com vastas asas cinzentas; desapareceu, reapareceu, e tornou a esvair-se no cérebro; mas daí a pouco moveu outra vez as asas, mais perto, fazendo uns giros concêntricos... Na rua, gritavam os homens, safando a carroça:

— Anda! agora! empurra! vá! vá!

 Daí a pouco estaria removido o obstáculo. Camilo fechava os olhos, pensava em outras coisas; mas a voz do marido sussurrava-lhe a orelhas as palavras da carta: "Vem, já, já..." E ele via as contorções do drama e tremia. A casa olhava para ele. As pernas queriam descer e entrar... Camilo achou-se diante de um longo véu opaco... pensou rapidamente no inexplicável de tantas coisas. A voz da mãe repetia-lhe uma porção de casos extraordinários: e a mesma frase do príncipe de Dinamarca reboava-lhe dentro: "Há mais coisas no céu e na terra do que sonha a filosofia..." Que perdia ele, se...?

 Deu por si na calçada, ao pé da porta: disse ao cocheiro que esperasse, e rápido enfiou pelo corredor, e subiu a escada. A luz era pouca, os degraus comidos dos pés, o corrimão pegajoso; mas ele não viu nem sentiu nada. Trepou e bateu. Não aparecendo ninguém, teve ideia de descer; mas era tarde, a curiosidade fustigava-lhe o sangue, as fontes latejavam-lhe; ele tornou a bater uma, duas, três pancadas. Veio uma mulher; era a cartomante. Camilo disse que ia consultá-la, ela fê-lo entrar. Dali subiram ao sótão, por uma escada ainda pior que a primeira e mais escura. Em cima, havia uma salinha, mal alumiada por uma janela, que dava para o telhado dos fundos. Velhos trastes, paredes sombrias, um ar de pobreza, que antes aumentava do que destruía o prestígio.

A cartomante fê-lo sentar diante da mesa, e sentou-se do lado oposto, com as costas para a janela, de maneira que a pouca luz de fora batia em cheio no rosto de Camilo. Abriu uma gaveta e tirou um baralho de cartas compridas e enxovalhadas. Enquanto as baralhava, rapidamente, olhava para ele, não de rosto, mas por baixo dos olhos. Era uma mulher de quarenta anos, italiana, morena e magra, com grandes olhos sonsos e agudos. Voltou três cartas sobre a mesa, e disse-lhe:

— Vejamos primeiro o que é que o traz aqui. O senhor tem um grande susto...

Camilo, maravilhado, fez um gesto afirmativo.

— E quer saber, continuou ela, se lhe acontecerá alguma coisa ou não...

— A mim e a ela, explicou vivamente ele.

A cartomante não sorriu: disse-lhe só que esperasse. Rápido pegou outra vez das cartas e baralhou-as, com os longos dedos finos, de unhas descuradas; baralhou-as bem, transpôs os maços, uma, duas, três vezes; depois começou a estendê-las. Camilo tinha os olhos nela curioso e ansioso.

— As cartas dizem-me...

Camilo inclinou-se para beber uma a uma as palavras. Então ela declarou-lhe que não tivesse medo de nada. Nada aconteceria nem a um nem a outro; ele, o terceiro, ignorava tudo. Não obstante, era indispensável muita cautela: ferviam invejas e despeitos. Falou-lhe do amor que os ligava, da beleza de Rita... Camilo estava deslumbrado. A cartomante acabou, recolheu as cartas e fechou-as na gaveta.

— A senhora restituiu-me a paz ao espírito, disse ele estendendo a mão por cima da mesa e apertando a da cartomante.

Esta levantou-se, rindo.

— Vá, disse ela; vá, *ragazzo innamorato*...

E de pé, com o dedo indicador, tocou-lhe na testa. Camilo estremeceu, como se fosse a mão da própria sibila, e levantou-se também. A cartomante foi à cômoda, sobre a qual estava um prato com passas, tirou um cacho destas, começou a despencá-las e comê-las, mostrando duas fileiras de dentes que desmentiam as unhas. Nessa mesma ação comum, a mulher tinha um ar particular. Camilo, ansioso por sair, não sabia como pagasse; ignorava o preço.

— Passas custam dinheiro, disse ele afinal, tirando a carteira. Quantas quer mandar buscar?

— Pergunte ao seu coração, respondeu ela.

Camilo tirou uma nota de dez mil-réis, e deu-lha. Os olhos da cartomante fuzilaram. O preço usual era dois mil-réis.

— Vejo bem que o senhor gosta muito dela... E faz bem; ela gosta muito do senhor. Vá, vá, tranquilo. Olhe a escada, é escura; ponha o chapéu...

A cartomante tinha já guardado a nota na algibeira, e descia com ele, falando, com um leve sotaque. Camilo despediu-se dela embaixo, e desceu a escada que levava à rua, enquanto a cartomante, alegre com a paga, tornava acima, cantarolando uma barcarola. Camilo achou o tílburi esperando; a rua estava livre. Entrou e seguiu a trote largo.

Tudo lhe parecia agora melhor, as outras coisas traziam outro aspecto, o céu estava límpido e as caras joviais. Chegou a rir dos seus receios, que chamou pueris; recordou os termos da carta de Vilela e reconheceu que eram íntimos e familiares. Onde é que ele lhe descobrira a ameaça? Advertiu também que eram urgentes, e que fizera mal em demorar-se tanto; podia ser algum negócio grave e gravíssimo.

— Vamos, vamos depressa, repetia ele ao cocheiro.

E consigo, para explicar a demora ao amigo, engenhou qualquer coisa; parece que formou também o plano de aproveitar o incidente para tornar à antiga assiduidade... De volta com os planos, reboavam-lhe na alma as palavras da cartomante. Em verdade, ela adivinhara o objeto da consulta, o estado dele, a existência de um terceiro; por que não adivinharia o resto? O presente que se ignora vale o futuro. Era assim, lentas e contínuas, que as velhas crenças do rapaz iam tornando ao de cima, e o mistério empolgava-o com as unhas de ferro. Às vezes queria rir, e ria de si mesmo, algo vexado; mas a mulher, as cartas, as palavras secas e afirmativas, a exortação: — Vá, vá, *ragazzo innamorato*; e no fim, ao longe, a barcarola da despedida, lenta e graciosa, tais eram os elementos recentes, que formavam, com os antigos, uma fé nova e vivaz.

A verdade é que o coração ia alegre e impaciente, pensando nas horas felizes de outrora e nas que haviam de vir. Ao passar pela Glória, Camilo olhou para o mar, estendeu os olhos para fora, até onde a água e o céu dão

> um abraço infinito, e teve assim uma sensação do futuro, longo, longo, interminável.
> Daí a pouco chegou à casa de Vilela. Apeou-se, empurrou a porta de ferro do jardim e entrou. A casa estava silenciosa. Subiu os seis degraus de pedra, e mal teve tempo de bater, a porta abriu-se, e apareceu-lhe Vilela.
> — Desculpa, não pude vir mais cedo; que há?
> Vilela não lhe respondeu; tinha as feições decompostas; fez-lhe sinal, e foram para uma saleta interior. Entrando, Camilo não pôde sufocar um grito de terror: — ao fundo sobre o canapé, estava Rita morta e ensanguentada. Vilela pegou-o pela gola, e, com dois tiros de revólver, estirou-o morto no chão.
>
> Fonte: Assis, 2017a.

Neste capítulo, abordamos essencialmente a enunciação e o narrador, portanto as atividades propostas possibilitam a aplicação desses conceitos na análise do conto "A cartomante".

1. Como mencionamos, a enunciação é pressuposta pelo enunciado. Se há um enunciado, no caso, o conto de Machado de Assis, está pressuposto que houve a enunciação. Observamos ainda que, na enunciação, o enunciador delega a voz a um narrador. Com base nisso, comente o papel do narrador no conto, ou seja, o foco narrativo adotado. Que efeito de sentido isso acarreta?

2. O narrador pode instalar outras vozes no texto. Explicamos que esse procedimento é denominado *debreagem interna*, ou *debreagem de segundo grau*, e por ele são instalados os interlocutores. Quais são eles?

O narrador

3. A enunciação não instala apenas um sujeito, mas também um tempo e um lugar. O tempo pode ser o tempo da enunciação e o tempo do enunciado, isto é, da história, da fábula, da diegese. Caracterize o tempo da história. Há anacronias?

4. Além das categorias da enunciação (pessoa, tempo e espaço), no nível discursivo aparecem os temas, que podem ou não estar revestidos de figuras. Que temas aparecem no nível discursivo?

5. No enunciado, pode haver referências explícitas a outros textos feitas pelo narrador, o que é chamado de *intertextualidade*. A que outro texto o narrador de "A cartomante" faz referência? Com que intenção ele faz isso?

6. Deixemos o nível discursivo e passemos ao narrativo. Como destacamos, nele há transformações de um sujeito de estado, aquele que está em conjunção ou em disjunção com um objeto-valor, por ação de um sujeito do fazer.

   Pensando nas relações de conjunção e de disjunção, se considerarmos Rita o objeto-valor, como essa personagem se apresenta no início da narrativa em relação a Vilela e Camilo? E no final da narrativa? Quem exerce a função de sujeito do fazer em relação a Rita?

7. Tendo em vista ainda o nível narrativo, temos três sujeitos que vão formar o que se chama de *triângulo amoroso*: Rita, Vilela e Camilo. Explicite o esquema narrativo de Camilo, ou seja, manipulação, ação (*performance*) e sanção.

8. Narratividade implica transformações (mudanças de estado) e estabelecimento e ruptura de contratos. Pense agora no sujeito da ação representado pela personagem Rita. Que tipo de contrato ela estabelece com a personagem Vilela? Esse contrato é cumprido? Qual é a sanção que lhe é imposta?

9. Consideremos agora o nível mais abstrato do conto: o fundamental, no qual se encontra a oposição mínima de sentido. Sobre que oposição(ões) semântica(s) se constrói o conto?

10. O título, como mencionamos, sinaliza ao leitor o que ele vai encontrar na leitura. A personagem *cartomante* aparece pouco no conto – a maior parte das ações recai sobre as três personagens do triângulo amoroso. No entanto, o título do conto faz referência a essa personagem. Comente o papel dela no enredo do conto.

11. Os textos são objetos de comunicação entre sujeitos e estão inseridos em uma sociedade, cujos valores e ideologias refletem. Que valores o conto traz à tona?

12. O final do conto é trágico (como, aliás, podemos prever pelo seu início – a referência intertextual a Hamlet), com a morte de duas das personagens. Ponderando-se ainda sobre os valores ideológicos que o conto veicula, a personagem sobrevivente, Vilela, deve ser avaliada positiva ou negativamente? Se positivamente, que valores sustentam esse entendimento; se negativamente, que valores são evocados para essa avaliação?

Sugestões de leituras e filmes

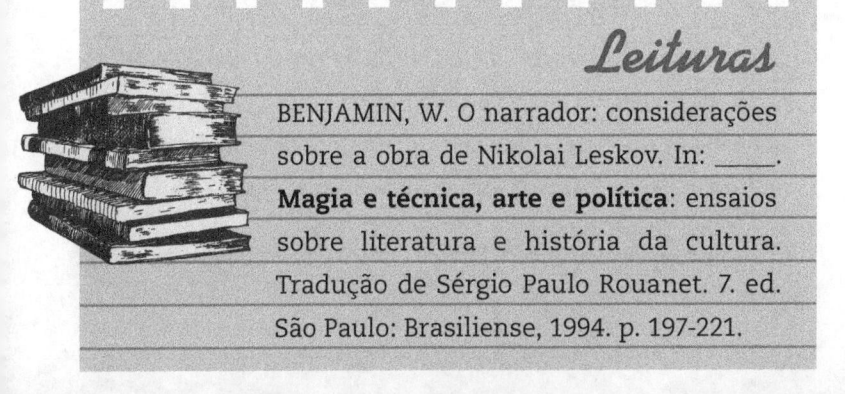

Leituras

BENJAMIN, W. O narrador: considerações sobre a obra de Nikolai Leskov. In: ____.
Magia e técnica, arte e política: ensaios sobre literatura e história da cultura. Tradução de Sérgio Paulo Rouanet. 7. ed. São Paulo: Brasiliense, 1994. p. 197-221.

Leituras

BENVENISTE, É. Da subjetividade na linguagem. In: ____. **Problemas de linguística geral I**. Tradução de Maria da Glória Novak e Maria Luiza Neri. 4. ed. Campinas: Pontes, 1995. p. 284-293.

BENVENISTE, É. O aparelho formal da enunciação. In: ____. **Problemas de linguística geral II**. Tradução de Eduardo Guimarães et al. 4. ed. Campinas: Pontes, 1989. p. 81-90.

CORTÁZAR, J. As babas do diabo. In: ____. **As armas secretas**. Tradução de Eric Nepomuceno. Rio de Janeiro: BestBolso, 2012. p. 56-71.

FIORIN, J. L. **As astúcias da enunciação**: as categorias de pessoa, espaço e tempo. 2. ed. São Paulo: Ática, 2001.

____. Enunciação e semiótica. In: ____. **Em busca do sentido**: estudos discursivos. São Paulo: Contexto, 2008. p. 15-35.

LEITE, L. C. M. **O foco narrativo**: (ou A polêmica em torno da ilusão). 4. ed. São Paulo: Ática, 1989. (Série Princípios).

TELLES, L. F. O moço do saxofone. In: MORICONI, I. (Org.). **Os cem melhores contos brasileiros do século**. Rio de Janeiro: Objetiva, 2001. p. 233-238.

TERRA, E. A enunciação. In: ____. **A produção literária e a formação de leitores em tempos de tecnologia digital**. Curitiba: InterSaberes, 2015. p. 206-232.

Filmes

- O FUTURO. Direção: Miranda July. Alemanha/Estados Unidos, 2013.
- O HOTEL de um milhão de dólares. Direção: Wim Wenders. Alemanha/Reino Unido/Estados Unidos: Europa Films, 2000.
- O LEITOR. Direção: Stephen Daldry. Estados Unidos/Alemanha: Imagem Filmes, 2008.
- VERSOS de um crime. Direção: John Krokidas. Estados Unidos: Paris Filmes, 2013.

Capítulo 6

a personagem

Contos são produzidos por seres humanos para serem lidos por seres humanos e, por isso, tratam de seres humanos, mesmo que estes sejam figurativizados em não humanos. Isso quer dizer que as ações narradas se referem sempre a alguém, uma personagem. Já mencionamos que o conto apresenta narratividade – transformações de sujeitos de estado por ação de outros sujeitos – e, como o próprio termo indica, a narratividade é um constituinte do nível narrativo do percurso gerativo do sentido.

No capítulo anterior, esclarecemos que a enunciação, que instala um sujeito, um tempo e um lugar, é responsável pela conversão do nível narrativo em discursivo, o mais concreto e superficial dos textos. Neste último, aqueles sujeitos do nível narrativo se tornam personagens, isto é, ganham corpo, nome, voz, características físicas e psicológicas, assunto que detalharemos neste capítulo.

6.1
Pessoa e personagem

Quando lemos um conto, acompanhamos as ações e as transformações de personagens. Embora saibamos que se trata de uma obra de ficção, em decorrência da verossimilhança, as personagens se nos apresentam como reais – ou seja, elas nos parecem pessoas de carne e osso, quando, na verdade, são apenas pessoas de papel, criadas no e pelo discurso, graças à imaginação criadora de alguém. Às vezes, essa identificação entre pessoa e personagem é tão forte, que há quem não consiga separar uma da outra.

Consideremos um episódio bastante ilustrativo: nos Estados Unidos, em 1882, em um teatro na cidade de Baltimore, era encenada a peça *Otelo*, de Shakespeare; no momento em que Otelo ia matar Desdêmona, um soldado encarregado da guarda do teatro atirou contra o ator que interpretava Otelo para salvar "Desdêmona". Esse acontecimento mostra que o soldado não conseguiu separar ficção de realidade, confundindo a personagem Otelo com uma pessoa real. Não devemos confundir pessoa, **ser real**, que tem existência empírica, com personagem, **ser ficcional**, que tem apenas existência discursiva.

No conto "O jogo da carona", de Milan Kundera (2012), o autor explora a distinção entre pessoa e personagem. O conto narra a história de um jovem casal de namorados que viaja em um carro conversível quando, em determinado momento, para em um posto de combustíveis para abastecer. O casal, no conto, não é identificado por nomes próprios, mas por "o rapaz" e "a moça". A parada no posto marca o início do conto e de todas as transformações. Depois de ir ao banheiro, a moça retorna ao carro, mas não mais como ela mesma, uma moça bastante tímida, mas como encarnação de uma personagem, que é bastante diferente do que a moça é na realidade. O rapaz entra no jogo e também passa a desempenhar o papel de uma personagem. Portanto, agora, no carro viajam duas personagens que interpretam outras duas personagens. Ocorre que as personagens que a moça e o rapaz passam a interpretar vão ganhando vida própria e a relação entre o casal se torna diferente, porque é vivida não mais por eles, mas pelas personagens que interpretam. O jogo de interpretação vai crescendo e chega a um ponto em que a moça não consegue mais jogá-lo e quer voltar a ser o que era antes do jogo; mas, para o rapaz, o jogo não pode parar e ele continua a jogá-lo, porque não mais consegue separar a moça da personagem que ela interpreta. Recomendamos que você leia esse conto na íntegra para refletir sobre como, às vezes, não conseguimos separar a pessoa da personagem que ela interpreta.

A relação entre pessoa e personagem aparece na Poética de Aristóteles (1959). No Capítulo 1, ao tratarmos dos gêneros, explicamos que o filósofo grego, quando se refere ao objeto da mímesis, afirma que, na representação dos homens (pessoas), pode-se representá-los melhores ou piores que o homem comum. No primeiro caso, temos as personagens da tragédia e da epopeia (heróis trágico e épico, respectivamente) e, no segundo, as da comédia (herói cômico).

Embora as personagens não tenham existência real, nosso conhecimento delas, em geral, é muito maior do que o conhecimento que temos de pessoas reais, pois um narrador onisciente pode nos revelar os pensamentos mais íntimos e secretos das personagens, o que normalmente não é possível em relação a pessoas reais. As personagens, para os leitores, são bem mais transparentes do que as pessoas que eles conhecem na vida real. Nós as aceitamos e nos identificamos com elas não porque são reais, mas porque nos convencem. É por essa razão que aceitamos, sem problema algum, personagens que fazem parte de contos de ficção científica ou de narrativas fantásticas, como Benjamin Button, que nasce com 70 anos e vai rejuvenescendo, ou o Major Kovalióv, do conto "O nariz", de Gogol, que perde o nariz, fica com o rosto parecendo uma panqueca e, de repente, vê seu nariz andando em uma carruagem. Sabemos que essas personagens não são reais, mas são construídas de tal forma que assim nos parecem.

6.2
Actante e personagem

Neste livro, quando abordamos a narratividade e o nível narrativo do percurso gerativo do sentido, apresentamos o conceito de actante. Neste capítulo, nosso foco é a personagem, que pertence ao nível discursivo. Actante e personagem, portanto, são conceitos distintos e que, por isso, não devem ser confundidos. Vamos recapitular e sistematizar o que mencionamos sobre o actante.

O **actante** designa uma função da **sintaxe narrativa**. O termo *função* aqui tem o mesmo sentido assumido ao ser empregado em estudos de gramática, quando se trata de análise sintática. A função sintática designa o papel que determinado elemento da frase desempenha: sujeito, objeto, adjunto etc. Por isso mesmo, dizemos que são funções sintáticas, independentemente de que palavras exprimem essas funções na frase. Vejamos alguns exemplos: a função de sujeito pode ser exercida por Kovalióv, na frase *Kovalióv perdeu o nariz*; por *o barbeiro*, na frase *O barbeiro encontrou o nariz*; por *acerola*, na frase *Acerola é rica em vitamina C*; por *alguém*, na frase *Alguém viu o nariz andando numa carruagem*; por *dois*, na frase *Dois é um número primo*. Em síntese: uma mesma função (sintática ou narrativa) pode ser manifestada por elementos semânticos os mais diversos.

Pelo fato de representarem funções, os actantes são os **elementos invariáveis** da narrativa. O que varia é o revestimento semântico que eles recebem, exatamente como funciona na análise sintática: as funções sintáticas são invariáveis, formam um conjunto fechado e pequeno – sujeito, predicado, predicativo, objeto (direto e indireto), adjunto (adnominal e adverbial), complemento nominal, agente da passiva e vocativo. Com essas poucas funções, podemos construir um número infinito de frases, na medida em que elas podem ser revestidas por elementos semânticos (figuras) diferentes. Portanto, a estrutura da frase em português é invariável; o que varia é sua realização por meio de figuras.

Podemos fazer a seguinte analogia: a estrutura da frase em português (sujeito + predicado) corresponderia ao nível narrativo; essa estrutura, em que um termo se define em relação ao outro, quando "preenchida" por palavras, passa a ter um valor semântico e corresponderia ao nível discursivo.

Voltando à estrutura narrativa, observamos que nela há dois tipos de sujeito: o sujeito de estado e o sujeito do fazer. Desse modo, os **três actantes básicos da narrativa** são assim identificados:

> 1. **Sujeito de estado** – É aquele que está em conjunção ou em disjunção com um objeto.
> 2. **Sujeito do fazer** – É aquele que é responsável pela transformação do sujeito de estado, que vai passar de um estado de disjunção para um de conjunção ou vice-versa.
> 3. **Objeto** – É o que está em relação disjuntiva ou conjuntiva com o sujeito de estado. Nele estão investidos os valores.

Vamos exemplificar esses conceitos com o episódio final do conto "A cartomante", de Machado de Assis (2017a), que você leu no capítulo anterior. Sabemos que Vilela matou Rita. O enunciado *Vilela matou Rita* tem a seguinte estrutura narrativa: um sujeito de estado, *Rita*, está em conjunção com o objeto *vida* e, por ação de um sujeito do fazer, *Vilela*, tem seu estado transformado de conjunção para disjunção com o objeto *vida*. Poderíamos representar esse enunciado pela fórmula:

$$S_1 \rightarrow [(S_2 \cap O_v)(S_2 \cup O_v)]$$

Em que:
S_1 = sujeito do fazer
$\rightarrow$ = transformação
S_2 = sujeito de estado
O_v = objeto-valor
$\cap$ = conjunção
$\cup$ = disjunção

Lemos esse enunciado narrativo assim: um sujeito do fazer (S_1) efetuou a transformação (→) de um sujeito de estado (S_2) de conjunção (∩) para disjunção (∪) com um objeto-valor (O_v).

Esse enunciado narrativo, no nível discursivo, vai receber um preenchimento semântico por meio de figuras concretas que lhe darão sensorialidade. Podemos preenchê-lo com as mais variadas figuras, obtendo enunciados narrativos diferentes. Vejamos alguns exemplos:

Vilela matou Rita.

O marido ciumento matou Camilo.

Otelo matou Desdêmona.

Os soldados franceses fuzilaram os civis espanhóis.

Observe que, valendo-nos de uma base abstrata (um programa narrativo), podemos revestir os actantes de diversas maneiras, criando infinitos enunciados discursivos. Os **elementos concretos** que revestem os actantes narrativos são as **personagens**, que, em nosso exemplo, são: Vilela, Rita, marido ciumento, Camilo, Otelo, Desdêmona, soldados franceses, civis espanhóis.

No Quadro 6.1, sintetizamos a distinção entre actante e personagem.

Quadro 6.1 – Distinção entre actante e personagem

Actante	Personagem
Pertence ao nível narrativo.	Pertence ao nível discursivo.
É um elemento abstrato.	É um elemento concreto (figurativo).
É invariável.	É variável.
Exerce uma função.	Reveste uma função.
Pode ser sujeito de estado, sujeito de fazer ou objeto.	Tem nome.
Não tem corpo nem voz.	Tem corpo e voz.

Quando afirmamos que a personagem tem corpo, estamos nos referindo ao fato de ela ter nome (Fortunato, Rita, Jeanne, Narciso etc.), gênero, idade, características físicas e psicológicas. Dizer que a personagem tem voz significa que ela pode se exprimir por discurso próprio. Evidentemente, em uma narrativa concreta, nem todas as propriedades da personagem são explicitadas. Actantes, como destacamos, não falam, não têm características físicas e psicológicas, não têm gênero, são meras funções. Devemos observar ainda que os actantes pertencem ao nível narrativo, mas há também os actantes do discurso; o principal deles é o narrador, de que tratamos no capítulo anterior.

A seguir, vamos comentar o que expusemos com base na leitura de um conto.

A raposa e o cacho de uvas

Uma raposa faminta viu uns cachos de uva pendentes de uma vinha; quis pegá-los mas não conseguiu. Então afastou-se murmurando: "Estão verdes demais".

Moral: Assim também alguns homens, não conseguindo realizar seus negócios por incapacidade, acusam as circunstâncias.

Fonte: Esopo, 2006, p. 31, grifo do original.

O texto é uma narrativa que pertence ao gênero *fábula*, um tipo de conto, de fundo moral, que se caracteriza por apresentar personagens não humanos, mas que encarnam valores humanos. Por sabermos que se trata de uma fábula, aceitamos como verossímil que raposas falem e gostem de uvas.

No nível discursivo, temos um narrador instalado por debreagem enunciva. É um narrador de focalização externa, que narra de fora os acontecimentos (narrativa em terceira pessoa). Há uma única personagem instalada no texto. Quanto ao tempo, trata-se de narrativa de fato anterior à enunciação, portanto passado. Não há explicitação do espaço. Quanto aos temas, identificamos a fome e, principalmente, o desdém, revestidos por figuras como "faminta", "cachos de uva", "vinha" e "verdes".

No nível narrativo, temos um sujeito de estado que está em disjunção com o objeto-valor *alimento* e, manipulado por um sujeito do fazer, quer entrar em conjunção com esse objeto-valor, mas não consegue.

No nível discursivo, esse sujeito de estado é figurativizado na raposa, que é uma personagem da história. Como mencionamos, personagem não é pessoa; nas fábulas, como sabemos, as personagens estão representadas por animais que, no entanto, representam valores humanos.

Você agora deve estar se perguntando sobre os outros actantes narrativos, o sujeito do fazer e o objeto-valor. O sujeito do fazer, aquele que dá à raposa o querer, sem dúvida é a fome. A raposa quer entrar em conjunção com as uvas porque tem fome. O objeto-valor está figurativizado no cacho de uvas. *Fome* e *cacho de uvas*, embora sejam revestimentos figurativos de actantes, não são personagens, uma vez que não têm caráter antropomórfico, ao contrário de *raposa*.

No conto "O nariz", de Nikolai Gogol (2004), temos um sujeito que estava em conjunção com o objeto-valor *nariz* e, por ação de algo transcendente, amanhece disjunto desse objeto-valor e sai pelas ruas de São Petersburgo com a intenção de recuperar o objeto-valor perdido. Lembre-se de que a narrativa retrata a ação de sujeitos em busca de valores.

Quanto a esse conto, queremos ressaltar um aspecto: os textos literários são figurativos; evidentemente, o nariz é o objeto em que os valores estão investidos. O leitor deve construir um sentido para o conto, levando em conta que valores o nariz representa.

Em "A cartomante", o sujeito que tira a vida de Camilo e Rita é representado por Vilela, que é, portanto, o sujeito do fazer. Em "O nariz", o sujeito do fazer (aquele que transforma Kovalióv de alguém com nariz em alguém sem nariz) não é uma personagem com características humanas (como o Vilela, de "A cartomante"), mas algo transcendente. O que isso significa? Significa que "O nariz" é um conto fantástico e "A cartomante" não é.

Como você pode perceber, o modelo de análise que apresentamos neste livro traz vários subsídios que lhe permitem fazer uma análise mais profunda do texto, uma vez que possibilita identificar o que está por trás das figuras do nível discursivo. No caso de um conto fantástico como "O nariz", as transformações da personagem só podem ser explicadas por meio da noção de actante.

Esse tipo de análise possibilita também que você perceba que uma mesma personagem pode exercer mais de uma função actancial – como no caso de uma personagem que assume a função de sujeito de estado e de narrador ao mesmo tempo – e, ainda, que os actantes, por exemplo, o sujeito do fazer, nem sempre são representados por personagens. Sentimentos, emoções, desejos etc. também têm o poder de transformar sujeitos. Como destacamos ao comentar, no Capítulo 2, o conto "Despertar", de Guy de Maupassant (2009a), Jeanne, em sua estada em Paris, é movida pelo sonho, pela ilusão.

A narrativa tem um caráter polêmico. Isso significa que, se um sujeito de estado se apropria de um objeto-valor, um outro sujeito se vê privado dele, na medida em que os valores circulam entre sujeitos. Você deve se lembrar do conto "Anúncio de João Alves", de Carlos Drummond de Andrade (1973), que comentamos no Capítulo 1. Há um sujeito que estava de posse de uma besta, que lhe foi roubada. Para recuperá-la, põe um anúncio no jornal, prometendo gratificação a quem desse notícias ou informações sobre o paradeiro do veículo. O sujeito estava em conjunção com um objeto-valor e, pela ação de outro sujeito, passou a um estado de disjunção. Observe que o objeto-valor *besta* não desaparece, apenas circula, passando de um sujeito a outro. A reconstrução do sentido dos textos por meio do percurso gerativo do sentido permite-nos não apenas saber o que os textos dizem, mas também conhecer os procedimentos empregados para dizerem o que dizem.

6.3
A personagem de ficção

Agora que já esclarecemos a diferença entre actante e personagem, podemos examinar mais detalhadamente este importante elemento da narrativa que é a personagem, considerando que não há narrativa sem personagem.

Inicialmente, chamamos a atenção para a etimologia da palavra *personagem*, que provém do latim *persona, ae*. No *Grande dicionário Houaiss* (2017) consta que *persona, ae* tem o significado de "'máscara de ator, figura', donde, na época cristã, 'face, rosto; papel (no teatro) [...]'". Como podemos notar, a etimologia da palavra revela o caráter ficcional da personagem.

A ideia de personagem está ligada à de **máscara**, que é a peça que encobre o rosto para ocultar a identidade. Na seção anterior, explicamos que personagem não é pessoa, mas uma representação dela, que só existe no mundo da ficção, em diversos gêneros (conto, romance, cinema, novela, história em quadrinhos etc.). As personagens, ao contrário das pessoas, não são feitas de carne e osso, mas de papel.

Edward Forster (2005) assinala essa distinção opondo o *Homo sapiens* ao *Homo fictus*. Portanto, por mais que lembre uma pessoa, ou seja criada com base em uma pessoa, a personagem sempre será, assim como o narrador, um ente ficcional, o que significa que faz parte do mundo do narrado e só tem existência dentro dele.

Antonio Candido (1972, p. 63), ao tratar dessa distinção de Forster, afirma que

> o *Homo fictus* é e não é o equivalente do *Homo sapiens*, pois vive segundo as mesmas linhas de ação e sensibilidade, mas numa proporção diferente e conforme avaliação também diferente. Come e dorme pouco, por exemplo; mas vive muito mais intensamente certas relações humanas, sobretudo as amorosas.

Forster (2005, p. 70) apresenta ainda um exemplo bastante elucidativo: "Se uma personagem de romance for exatamente igual à rainha Vitória – não parecida, mas exatamente igual –, então ela é realmente a rainha Vitória, e o livro, ou todas as suas partes concernentes a esta personagem, deixará de ser um romance para se tornar um memorial".

Referindo-se à personagem, Candido (1972, p. 53-54) esclarece:

> Geralmente, da leitura de um romance fica a impressão duma série de fatos, organizados em enredo, e de personagens que vivem estes fatos. É uma impressão praticamente indissolúvel: quando pensamos no enredo, pensamos simultaneamente nas personagens; quando pensamos nestas, pensamos simultaneamente na vida que vivem, nos problemas em que se enredam, na linha do seu destino – traçada conforme uma certa duração temporal, referida a determinadas condições de ambiente. O enredo existe através das personagens; as personagens vivem no enredo. Enredo e personagem exprimem, ligados, os intuitos do romance, a visão da vida que decorre dele, os significados e valores que o animam.

O que Antonio Candido observa sobre a personagem do romance vale, evidentemente, para a do conto e a da novela.

A personagem

Na sequência, você lerá um trecho extraído do início de um dos contos mais conhecidos de Guy de Maupassant, "Bola de Sebo". Nele, o narrador retrata com maestria a sociedade de sua época.

No fragmento selecionado, um narrador onisciente descreve algumas das personagens que embarcam em uma diligência, que parte de Rouen e pretende chegar a Havre. Os acontecimentos se passam na França, em 1870, época em que esse país estava em guerra contra a Prússia.

São dez as personagens: senhor e senhora Loiseau, Carré-Lamadon e senhora, conde e condessa Hubert de Bréville, duas freiras, senhor Cornudet e Bola de Sebo, a protagonista do conto. As personagens representam as diversas classes sociais: a nobreza, a burguesia e o clero. Bola de Sebo é uma prostituta, vítima do desprezo de todos os demais passageiros.

Durante a viagem, por causa de uma nevasca, a carruagem tem de parar em Tôtes, onde ocorre o acontecimento mais importante do conto. Um oficial alemão só deixa a carruagem prosseguir se Bola de Sebo dormir com ele. A partir desse fato, as relações entre Bola de Sebo e os demais passageiros sofrem uma reviravolta. Um caso muito semelhante é narrado na canção "Geni e o zepelim", de Chico Buarque.

> No carro, os passageiros se entreolhavam com curiosidade à triste claridade da aurora.
>
> No fundo, nos melhores lugares, cochilavam um diante do outro o senhor e a senhora Loiseau, atacadistas de vinho da rua Grand-Pont.
>
> Antigo caixeiro de um patrão arruinado nos negócios, Loiseau comprara o estabelecimento e fizera fortuna. Vendia barato péssimos vinhos aos pequenos varejistas do campo e passava, entre conhecidos e amigos, por espertalhão, um verdadeiro normando, cheio de truques e jovialidade.

Sua reputação de trapaceiro estava tão bem estabelecida que, uma noite, na prefeitura, o senhor Tournel, autor de fábulas e canções, espírito mordaz e fino, glória local, propôs às senhoras, já um tanto sonolentas, jogar uma partida de *Loiseau vole* (o pássaro voa, ou Loiseau rouba). O jogo de palavras voou através dos salões do prefeito e, depois, ganhando os da cidade, fez rir durante um mês todos os maxilares da província.

[...]

[...] o conde e a condessa Hubert de Bréville, carregavam um dos nomes mais antigos e mais nobres da Normandia. O conde, velho fidalgo de hábitos finos, esforçava-se por acentuar, com artifícios de toalete, sua semelhança natural com o rei Henrique IV, que, segundo uma lenda gloriosa da família, engravidara uma senhora de Bréville cujo marido, graças a isto, tornara-se conde e governador de província.

Colega do senhor Carré-Lamadon no Conselho Geral, o conde Hubert representava o partido orleanista no departamento. A história de seu casamento com a filha de um pequeno armador de Nantes sempre permanecera misteriosa. Mas como a condessa tinha ares nobres, recebia melhor do que ninguém, e passava mesmo por ter sido amada por um dos filhos de Luís Filipe, toda a nobreza lhe fazia festa, e seu salão continuava a ser o primeiro da região — de acesso difícil — e o único onde ainda se conservava a velha galantaria.

A fortuna dos Bréville, toda em bens imóveis, atingia, segundo se dizia, quinhentas mil libras de renda.

A personagem

Estas seis pessoas ocupavam o fundo do carro, o lado da sociedade endinheirada, serena e forte, as pessoas categorizadas que têm religião e princípios.

[...]

Diante das duas freiras, um homem e uma mulher atraíam os olhares de todos.

O homem, bem conhecido, era Cornudet o democrata, terror das pessoas respeitáveis. Há vinte anos ele embebia a grande barba ruiva nas canecas de todos os cafés democráticos. Devorara com os irmãos e amigos uma bela fortuna herdada do pai, antigo confeiteiro, e aguardava ansioso a república para obter enfim o lugar merecido por tantas consumações revolucionárias.

[...]

A mulher, uma daquelas chamadas galantes, era famosa por sua gordura precoce que lhe valera o apelido de Bola de Sebo. Pequena, redondinha, obesa, com dedos rechonchudos, estrangulados nas falanges, semelhantes a salsichas, a pele brilhante e lisa, o peito enorme que quase saltava do vestido, continuava a ser, no entanto, apetitosa e desejada, tanto o seu frescor agradava a vista. O rosto era uma maçã vermelha, um botão de peônia prestes a desabrochar. No alto, abriam-se dois olhos negros magníficos, sombreados por grandes cílios espessos que os tornavam mais escuros ainda. Embaixo, uma boca encantadora, estreita e úmida para o beijo, era dotada de dentinhos brilhantes e microscópicos. De resto, dizia-se, possuía qualidades inapreciáveis.

Fonte: Maupassant, 2005, p. 28-31.

No trecho transcrito, encontramos a descrição das personagens senhor e senhora Loiseau, conde e condessa Hubert de Bréville, senhor Cordunet e Bola de Sebo.

Como já mencionamos, personagens são elementos figurativos que pertencem ao nível discursivo do texto e, normalmente, são caracterizadas por figuras. Uma análise das personagens deve, portanto, começar pelo levantamento das respectivas figuras, o que apresentamos a seguir.

- **Senhor Loiseau** – Figuras: "atacadista de vinho", portanto comerciante; burguês; "fizera fortuna" (= rico), "espertalhão", "truques", "trapaceiro". Em síntese, a personagem Loiseau nos é apresentada, sob o ponto de vista ético, como um burguês que enriqueceu à custa de trapaças; logo, seu retrato é o de um comerciante novo-rico desonesto.
- **Cornudet** – Figuras: "democrata", "terror das pessoas respeitáveis", "embebia a grande barba ruiva nas canecas", "devorava a fortuna herdada". Ao contrário do senhor Loiseau, não enriqueceu pelo trabalho, mas por herança deixada pelo pai. É uma personagem que dilapida o que tem (observe o verbo *devorar*: "devorava a fortuna").
- **Conde e condessa Hubert de Bréville** – Figuras: "conde e condessa" (= nobres), "antigos", "fidalgo", "hábitos finos", "semelhante a Henrique IV", "orleanistas", "fortuna", "bens imóveis".
- **Bola de Sebo** – Por ser a protagonista do conto, sua descrição é mais ampla. Figuras: o próprio apelido (Bola de Sebo) já descreve a personagem fisicamente (gorda). Além dessa figura, temos: "galante", "gorda", "redondinha", "obesa", "dedos rechonchudinhos semelhantes a salsichas", "pele lisa", "peito enorme", "apetitosa", "desejada", "o rosto era uma maçã vermelha", "botão de peônia prestes a desabrochar", "boca encantadora", "úmida para o beijo", "dentinhos brilhantes".

A personagem

As figuras relativas à protagonista formam duas isotopias. A primeira se refere a seu aspecto físico, caracterizando-a como gorda: "redondinha", "obesa", "dedos rechonchudinhos". A outra, formada por figuras como "galante", "pele lisa", "peito enorme", "apetitosa", "desejada", "o rosto era uma maçã vermelha", "botão de peônia prestes a desabrochar", "boca encantadora", "úmida para o beijo" e "dentinhos brilhantes", remete ao tema da sensualidade, da atração física que Bola de Sebo desperta. Além disso, entre as figuras referentes a esse traço da personagem estão presentes algumas que remetem ao campo da alimentação, do gustativo: "semelhantes a salsichas", "apetitosa", "maçã vermelha".

Na leitura do conto, percebemos que o tema da alimentação tem grande importância no desenvolvimento da narrativa. De todos os passageiros que estavam na carruagem para a grande viagem, apenas Bola de Sebo trouxe consigo alguma comida, que reparte com os demais, quando estes são atacados pela fome.

Ressaltamos o fato de que o conhecimento que o leitor tem das personagens poder vir de informações dadas pelo narrador, como no trecho transcrito, da fala das próprias personagens e da relação que estas mantêm com as outras. Em "Bola de Sebo", o espaço ocupado pelas personagens dentro da diligência é também um elemento que as caracteriza. O conde e a condessa, o senhor e a senhora Loiseau e Carré-Lameadon e senhora ocupam os melhores lugares da carruagem, formando o bloco da sociedade endinheirada. As duas irmãs de caridade, o senhor Cornudet e Bola de Sebo formam outro bloco. Temos bem marcada, portanto, uma primeira oposição entre as personagens que pode ser representada por /ricos v. pobres/.

As personagens não são apenas caracterizadas pelas figuras, mas também por suas ações, por seus discursos e pela relação que mantêm com as demais. Por outro lado, uma mesma personagem pode ser descrita com base em suas qualidades positivas pelo narrador, mas em seus predicados negativos pelas outras personagens. Loiseau se refere a Bola de Sebo como "aquela vagabunda", "aquela miserável", "tratante", "ranhosa", "aquela que é de todo mundo", enquanto o narrador tem simpatia por ela.

É importante notar, na leitura dos textos, as diversas vozes que se manifestam, nem sempre convergentemente. A voz de uma personagem pode manter relação polêmica com a de outra ou com a do narrador. Em síntese: nos textos polifônicos, aqueles em que diversas vozes se revelam, a caracterização da personagem do ponto de vista ético é feita com base em um feixe de vozes.

A personagem, embora não seja pessoa, tem um **conteúdo ético**. É sempre um **ser animado** e **individualizado** e tem **caráter figurativo**. Expliquemos: ser animado significa ser humano ou antropomorfizado, como no caso dos animais nas fábulas ou da agulha e da linha no célebre conto machadiano; ser individualizado significa ter unidade, isto é, a personagem representa um indivíduo, mesmo que este possa se desdobrar em dois, como no célebre conto "O médico e o monstro", de Robert Louis Stevenson. Além disso, o caráter é figurativo porque é concreto e expresso por palavras concretas; em geral, a personagem tem um nome (Dr. Jekyll, Sherlock Holmes, Jeanne, Fortunato, Dupin) ou um apelido (Capitão Rompante, Carneiro Fiel, Bola de Sebo), que, muitas vezes, já descreve a personagem. Em outros casos, a personagem é identificada pelo seu papel temático, isto é, pela função que exerce (médico, perseguidor, órfão, porteiro, leão de chácara etc.).

Por representar valores humanos, a personagem tem **características físicas e psicológicas**. Alguns contos exploram mais o mundo interior das personagens; outros, suas ações. Nos contos em que o monólogo interior prevalece, a personagem é caracterizada com base em sua interioridade e em seu próprio discurso. Nas narrativas em que se privilegia a ação, as descrições psicológicas praticamente inexistem.

6.3.1 Classificação das personagens

O conto, ao contrário de seu parente mais extenso, o romance, caracteriza-se por um número pequeno de personagens, pois se trata de uma narrativa breve, em que as personagens se restringem às principais; ademais, no conto, como vimos, a narrativa está centrada em um único evento. Uma tipologia para as personagens do conto pode ter como base uma classificação delas quanto ao relevo que têm na narrativa e quanto à sua complexidade.

Quanto ao **relevo**, as personagens podem ser **principais** ou **secundárias**. A personagem principal é denominada *protagonista*, e a personagem que se lhe opõe, *antagonista*. Preferimos o termo *protagonista* ao termo *herói*, já que este tem caráter ideológico. Normalmente, associamos a denominação *herói* a um comportamento valorizado socialmente, mas nem sempre o protagonista tem um comportamento ético que possa ser digno de elogios. Considere a propósito o conto "O enfermeiro", de Machado de Assis (1962), em que o protagonista (o enfermeiro) fica rico ao herdar por testamento o dinheiro da pessoa de quem cuidava. O problema é que o enfermeiro foi o responsável pela morte dessa pessoa.

Se você voltar ao esquema narrativo apresentado no Capítulo 3, verá que, além do percurso da ação do sujeito, há o percurso de um sujeito que se lhe opõe, porque, como já assinalamos, a narrativa tem um caráter polêmico.

Quanto à **complexidade** das personagens, os teóricos costumam usar a tipologia apresentada por Edward Forster em seu livro *Aspectos do romance* (2005). Nele, o autor faz referência a personagens **planas** e **esféricas**.

Para Forster (2005), personagens planas são aquelas cujo comportamento é sempre o mesmo na narrativa. As esféricas são personagens mais complexas, uma vez que seu comportamento se altera na narrativa, podendo surpreender o leitor. Não vamos contar aqui o desfecho do conto "Bola de Sebo" para não lhe frustrar o prazer de ler um dos mais belos contos da literatura ocidental, mas podemos adiantar-lhe que Bola de Sebo é uma personagem esférica: ela é complexa e tem um comportamento que sempre nos surpreende. As demais personagens são planas. O senhor Loiseau, que, como vimos, no início da narrativa é apresentado ao leitor como uma pessoa trapaceira e desonesta, mantém esse comportamento até o final; portanto, não nos surpreende quando ele se apropria de um baralho da estalagem e o leva consigo, como mostra esta passagem do conto: "Loiseau, que surrupiara da estalagem o velho baralho, ensebado por cinco anos de contato com mesas sujas, atacou um bisgue com a mulher" (Maupassant, 2005, p. 64).

Forster (2005) afirma que a personagem plana é construída em torno de uma ideia e pode ser resumida por uma frase. Podemos dizer de Loiseau: ele é um trapaceiro; sua personalidade é construída em torno da ideia de desonestidade. Bola de Sebo, por outro lado, não pode ser resumida em uma ideia, por exemplo, prostituta ou comilona, pois é uma personagem bastante complexa.

6.3.2 O discurso da personagem

Como explicamos, a personagem não se confunde com a pessoa, embora tenha características desta. Aqui comentaremos uma das características da personagem: a **voz**. Esse traço significa que a personagem tem um discurso próprio, que se manifesta diretamente ou por meio de um narrador.

Um actante pode sincretizar mais de uma função narrativa. No caso das narrativas com narrador protagonista ou narrador testemunha, temos dois actantes sincretizados em uma única personagem: o narrador e a personagem. No caso de narrador heterodiegético (onisciente ou não), não há o sincretismo.

Em ambos os casos, narrador personagem e narrador não personagem, devemos lembrar sempre que o narrador é instalado por debreagem por um enunciador, que não se confunde com o autor.

Pela debreagem, configuram-se basicamente dois tipos de enunciados: os enunciativos, aqueles em que há um *eu*, instalado no texto, e os enuncivos, aqueles em que as marcas da enunciação estão apagadas no texto, configurando as narrativas do *ele*, aquelas em que a história parece narrar-se a si própria. Do ponto de vista gramatical, as narrativas podem ser em primeira ou em terceira pessoa. Os efeitos de sentido, como destacamos, são de subjetividade e de objetividade, respectivamente.

A voz do narrador conduz a narrativa, seja em primeira, seja em terceira pessoa. O narrador pode, também por debreagem, instalar outras vozes no texto. Como o narrador já é uma voz instalada por debreagem, ao instalar outras vozes, temos debreagem de segundo grau, ou interna. Os sujeitos instalados no texto por debreagem interna são denominados *interlocutores*.

A relação comunicativa é sempre intersubjetiva. Assim, o narrador dirige-se a um narratário, e o interlocutor, a um interlocutário. Observe o esquema apresentado na Figura 6.1.

Figura 6.1 – Instalação de pessoas por debreagem

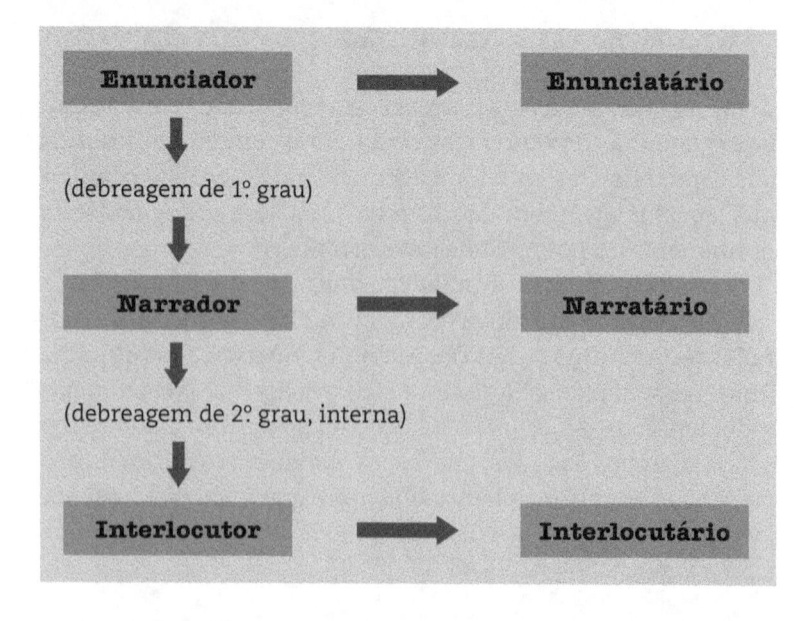

Enunciador	⟶	Enunciatário

(debreagem de 1º grau)

Narrador	⟶	Narratário

(debreagem de 2º grau, interna)

Interlocutor	⟶	Interlocutário

Essa recapitulação é essencial para que você possa identificar os tipos de discurso de que se compõe uma narrativa. São basicamente três: discurso direto, discurso indireto e discurso indireto livre, os quais analisaremos na sequência.

6.3.2.1 Discurso direto

No discurso direto, o narrador delega a voz a uma personagem que vai dirigir-se a outra, expressando-se diretamente, ou seja, com sua própria voz. A relação comunicativa que se estabelece entre essa personagem e aquela a quem dirige sua fala é a de interlocutor/interlocutário. Como a comunicação é intersubjetiva, esses papéis se alternam, havendo troca de posições. O interlocutário, ao responder ao interlocutor, passa a ser interlocutor, e este passa a ser interlocutário.

As trocas de turno de fala podem se estender bastante, como no caso dos contos dramáticos. O fato de a personagem exprimir-se diretamente, isto é, por suas próprias palavras, implica que sua fala apresentará (ou pelo menos deverá apresentar) todos os torneios sintáticos e vocabulares próprios da variedade linguística característica de sua condição sociocultural, a fim de configurar a verossimilhança.

O discurso direto é facilmente reconhecível por marcas gráficas, como o travessão que o introduz, ou por estar isolado entre aspas. Normalmente, o narrador se vale de um verbo de elocução (*dizer, falar, perguntar, responder, afirmar* etc.) para introduzir a fala da personagem.

O uso do discurso direto simula a enunciação – parece que, naquele momento, a personagem está nos dizendo o que diz com suas próprias palavras. Isso tem como consequência um efeito de sentido de realidade.

A seguir, apresentamos um exemplo de discurso direto.

A personagem

> — Então, como é que fica? — perguntou o homem.
> — Não posso — respondeu a moça.
> — Significando que não quer.
> — Significando que não posso.
> — Mas significando que não quer.
> — Seja do jeito que você quiser.
> — Do jeito que eu quiser? Quem me dera.
> — Não foi assim por muito tempo? — perguntou a moça.
>
> Era cedo, e não havia ninguém no café a não ser o garçom e esses dois, sentados numa mesa de canto. Era no fim do verão, os dois estavam queimados de sol e por isso pareciam fora de lugar em Paris. A moça vestia um conjunto de lã, a pele era de um dourado escuro e macia, o cabelo louro cortado curto e se projetando na testa. O homem olhou firme para ela.
>
> — Vou matá-la — disse.

Fonte: Hemingway, 2015b, p. 152.

Trata-se do início do conto "Mudança de ares", de Ernest Hemingway. Nele, há duas personagens (interlocutores) que dialogam diretamente. Suas falas estão indicadas graficamente pelo travessão.

Observe que o narrador inicia o conto colocando as duas personagens em cena e limita-se a organizar o discurso delas por meio de verbos de elocução ("perguntou" e "respondeu"). Em outras falas, até omite o verbo de elocução, em uma reprodução mimética do "real" diálogo das personagens.

O efeito de realidade dado pelo discurso direto é acentuado, ainda, pelo fato de o narrador colocar o verbo de elocução depois da fala da personagem, ou seja, primeiro "ouvimos" a personagem falando com sua própria voz e depois o narrador intervém.

Note também que, diferentemente do tradicional, primeiro o narrador coloca as personagens em cena conversando e só depois é que vai descrever uma delas.

Vejamos agora outro exemplo, extraído do conto "Retalhos de fome numa tarde de G.C.", de João Antônio.

> O pardal brincava no fio telegráfico.
>
> — Tem crivo aí?
>
> O homem do rancho lhe passou o cigarro, um Macedônia meio torto numa ponta. Pediu fósforos.
>
> — Se vira. Ascendente eu não tenho.
>
> — Escuta — o coturno meio sem jeito, chutou para longe um mato dos que cresciam entre os paralelepípedos. — Pode arranjar dois?
>
> O outro fez uma careta. O segundo cigarro veio com um xingamento leve.
>
> — Vai marcando, viu?
>
> — Me deve treze.

Fonte: Antônio, 2012b, p. 75.

Observe que, nas falas das duas personagens, que se expressam em discurso direto, a variedade linguística que caracteriza esses interlocutores é mantida, conferindo ao texto efeito de realidade.

6.3.2.2 Discurso indireto

No discurso indireto, o narrador incorpora o conteúdo da fala da personagem e o reproduz com suas próprias palavras. Como no discurso direto, a fala da personagem também é introduzida por um verbo de elocução. Do ponto de vista sintático, esse verbo tem como complemento uma oração subordinada que manifesta o conteúdo da fala da personagem; portanto, não há indicação da fala por sinal de pontuação ou aspas.

Voltemos ao texto de Hemingway e vejamos como ele ficaria se fosse redigido em discurso indireto.

Em discurso direto, temos:

> — Então, como é que fica? — perguntou o homem.
> — Não posso — respondeu a moça.

Se estivesse em discurso indireto, o trecho ficaria assim redigido:

> O homem perguntou como é que ficava e a moça respondeu que não podia.

O efeito de sentido do original perdeu-se completamente, já que no discurso indireto não há aquele efeito mimético de uma conversa real.

Isso não quer dizer em absoluto que o discurso direto seja melhor do que o indireto (ou vice-versa). Cada um dos tipos de discurso é eficaz, dependendo da estratégia discursiva que se quer aplicar e dos efeitos de sentido que se pretende transmitir.

Vejamos agora um exemplo de discurso indireto, extraído do conto "Uma vela para Dario", de Dalton Trevisan.

> Dario vem apressado, guarda-chuva no braço esquerdo. Assim que dobra a esquina, diminui o passo até parar, encosta-se a uma parede. Por ela

> escorrega, senta-se na calçada ainda úmida de chuva. Descansa na pedra o cachimbo.
> Dois ou três passantes à sua volta indagam se não está bem. Dario abre a boca, move os lábios, não se ouve resposta. O senhor gordo, de branco, diz que deve sofrer de ataque.

Fonte: Trevisan, 2001, p. 279.

Nesse trecho, há um narrador onisciente que relata os acontecimentos com uma visão de fora (focalização externa). Existe um certo distanciamento entre o narrador e o narrado. O protagonista do conto é Dario, que está agonizando em lugar público e é observado não apenas pelo narrador, mas também por aqueles que passam no local no momento.

O narrador optou por usar o discurso indireto nos dois momentos em que personagens expressam algo: "Dois ou três passantes à sua volta indagam se **não está bem**" e "O senhor gordo, de branco, diz que **deve sofrer de ataque**"; as falas são introduzidas pelos verbos de elocução *indagar* e *dizer*.

A opção pelo discurso indireto revelou-se a mais adequada em decorrência do foco narrativo escolhido. Por outro lado, a condição agonizante de Dario não lhe possibilitaria manter um diálogo. Por fim, a escolha do foco narrativo aliada ao emprego do discurso indireto traz ao texto um efeito de sentido de objetividade.

6.3.2.3 Discurso indireto livre

Em razão de manter características do discurso direto e do indireto, o discurso indireto livre é um tipo de discurso híbrido. Reproduz-se a fala da personagem da forma como esta a teria dito. Nesse sentido, tem a característica do discurso direto. No entanto, não há o vínculo sintático que o subordina ao discurso do narrador, como o verbo de elocução. A fala da personagem se mistura à fala do narrador, de sorte que duas vozes emergem nesse discurso. Carlos Reis e Ana Cristina M. Lopes (2011, p. 321) assinalam que "o discurso indireto livre, ao proporcionar uma confluência de vozes, marca sempre, de forma mais ou menos difusa, a atitude do narrador face às personagens, atitude essa que pode ser de distanciamento irônico ou satírico, ou de acentuada empatia".

O trecho do conto de João Antônio que apresentamos anteriormente continua da seguinte forma:

> Estava bom, que fosse treze, quinze, um maço, o diabo! Devendo, devendo. Vinte paus devia para o homem do rancho, no bar a conta estava subindo, estaria pelos duzentos e poucos, tinha cinco cruzeiros no bolso... E em casa? O que estaria acontecendo em casa, por que não vinha ninguém, agora que estava precisando? Não teria acontecido nada. De casa sempre lhe telefonavam, mandavam alguém avisar quando alguma coisa acontecia.

Fonte: Antônio, 2012b, p. 75.

Observe que, misturada à fala do narrador, emerge a fala da personagem: "que fosse treze, quinze, um maço, o diabo! Devendo, devendo"; "E em casa?".

Vamos examinar outro exemplo de discurso indireto livre, extraído do conto "O menino", de Lygia Fagundes Telles.

> O menino enfiou as mãos no bolso e enterrou o queixo no peito. Lançou à mãe um olhar sombrio. Por que é que não entravam logo? Tinham corrido feito dois loucos e agora aquela calma, espera. Esperar o quê, pô?!
> — É que a gente já está atrasado, mãe.

> — Vá ali no balcão comprar chocolate — ordenou ela entregando-lhe uma nota nervosamente amarfanhada.
>
> Ele atravessou a sala num andar arrastado, chutando as pontas de cigarro pela frente. Ora, chocolate. Quem é que quer chocolate? E se o enredo fosse de crime, quem é que ia entender chegando assim começado? Sem nenhum entusiasmo pediu um tablete de chocolate. Vacilou um instante e pediu em seguida um tubo de drágeas de limão e um pacote de caramelos de leite, pronto, também gastava à beça. Recebeu o troco de cara fechada. Ouviu então os passos apressados da mãe que lhe estendeu a mão com impaciência:
>
> — Vamos, meu bem, vamos entrar.
>
> Num salto, o menino pôs-se ao lado dela. Apertou-lhe a mão freneticamente.

Fonte: Telles, 2009b, p. 169-170.

Nesse conto, há um narrador onisciente, que narra de fora. No trecho lido, existem duas personagens, mãe e filho. São três vozes, portanto.

O fragmento começa com a voz do narrador em terceira pessoa ("O menino enfiou as mãos no bolso e enterrou o queixo no peito. Lançou à mãe um olhar sombrio"). No meio do discurso do narrador, vemos emergir a voz do menino: "Esperar o quê, pô?!". Observe o uso da interjeição "pô!", o que revela que é o menino quem fala com suas próprias palavras. Entretanto, não há verbo de elocução nem sinal de pontuação que indique a passagem do discurso do narrador para o discurso do menino.

Observe este outro trecho: "Ele atravessou a sala num andar arrastado, chutando as pontas de cigarro pela frente.

Ora, chocolate. Quem é que quer chocolate? E se o enredo fosse de crime, quem é que ia entender chegando assim começado? Sem nenhum entusiasmo pediu um tablete de chocolate". O parágrafo se inicia com a voz do narrador em terceira pessoa: "Ele atravessou a sala num andar arrastado [...]". Em seguida, emerge a voz do menino: "Ora, chocolate. Quem é que quer chocolate? E se o enredo fosse de crime, quem é que ia entender chegando assim começado?". Na sequência, a voz do narrador volta a aparecer: "Sem nenhum entusiasmo pediu um tablete de chocolate". Aqui também não há nenhuma marca que indique a mudança de quem fala.

Ao trecho "Ouviu então os passos apressados da mãe que lhe estendeu a mão com impaciência" segue-se a fala da mãe em discurso direto: "— Vamos, meu bem, vamos entrar". Não há verbo de elocução para introduzi-la, mas o uso do parágrafo e do travessão não deixa a menor dúvida de que se trata de discurso direto.

Conto comentado

A seguir, você vai ler um conto de mistério escrito pelo irlandês Oscar Wilde (1854-1900). Esse escritor teve uma vida polêmica, tendo sido processado e preso. Escreveu contos, peças de teatro e romances. Sua obra mais conhecida é o romance *O retrato de Dorian Gray*.

A esfinge sem segredo

Em uma tarde, estava eu sentado no terraço do Café de Paix, observando o esplendor e a decadência da vida parisiense, meditando com o meu vermute a respeito do estranho panorama de orgulho e miséria que passava diante de mim, quando ouvi alguém chamar meu nome. Virei-me e avistei Lorde Murchison. Nós não nos encontrávamos desde que estivéramos juntos na faculdade, há quase dez anos, por isso fiquei encantado em cruzar com ele de novo, e apertamos as mãos calorosamente. Em Oxford, tínhamos sido grandes amigos. Gostava dele imensamente; era tão belo, tão bem-humorado, tão nobre. Costumávamos dizer a seu respeito que seria o melhor dos companheiros se não insistisse em falar sempre a verdade, mas acho que nós realmente o admirávamos, acima de tudo, pela franqueza. Eu o encontrei bastante mudado. Aparentava estar ansioso e confuso, parecendo em dúvida a respeito de alguma coisa. Tive a impressão que não se tratava do moderno ceticismo, pois Murchison era o mais resistente dos tóris[1], acreditava no Pentateuco tão firmemente quanto acreditava na Câmara dos Lordes; assim concluí que deveria tratar-se de uma mulher, e perguntei-lhe se já havia se havia casado.

"Eu não compreendo as mulheres o suficiente", respondeu.

"Meu querido Gerald", disse eu, "mulheres existem para serem amadas, não para serem compreendidas".

"Se não posso confiar, não poderei amar", replicou.

"Creio que você tem um mistério em sua vida, Gerald", exclamei, "conte-me a respeito".

"Vamos dar uma volta", ele respondeu, "aqui está muito lotado. Não, não uma carruagem amarela, qualquer outra cor... aquela, a verde escura serve"; e em poucos minutos estávamos trotando para o bulevar, na direção de Madeleine.

"Aonde iremos?", eu disse.

"Ah, aonde você quiser!", ele respondeu, "ao restaurante de Bois; jantaremos lá e você me contará tudo a seu respeito".

"Primeiro gostaria de ouvir sobre você", disse. "Conte-me seu mistério".

Ele tirou do bolso uma caixinha de marroquim com feixe de prata e me entregou. Eu a abri. Dentro, estava a fotografia de uma mulher. Era alta e esbelta, estranhamente pitoresca com grandes olhos vagos e cabelos soltos. Parecia-se com uma clairvoyante[2], envolta em peles caras.

"O que você acha desse rosto?, ele disse; "é confiável?"

Examinei cuidadosamente. Pareceu-me o rosto de alguém que possuía um segredo, mas se o segredo era bom ou mau, não poderia dizer. Sua beleza era uma beleza, com muitos mistérios — a beleza, na verdade, era psicológica não plástica — e o sorriso lânguido, que apenas brincava por entre os lábios, era muito mais misterioso que propriamente encantador.

"Bem", exclamou ele, impaciente, "o que você diz?".

"É a Gioconda em peles de zibelina", respondi. "Conte-me tudo a respeito dela".

"Agora não", disse ele, "depois do jantar", e começou a falar sobre outras coisas.

Quando o garçom nos trouxe café e cigarros, lembrei a Gerald sobre a promessa. Ele se levantou de onde estava, caminhou duas ou três vezes de um lado a outro e, afundando em uma poltrona, contou-me a seguinte história:

"Era um fim de tarde", disse, "estava caminhando pela Bond Street, por volta das cinco horas. Havia um congestionamento terrível de carruagens e o tráfego estava quase parado. Perto da calçada encontrava-se um pequeno coche amarelo que, por uma razão ou outra, atraiu minha atenção. Ao passar por ele, um rosto olhou para fora: era o mesmo que eu lhe mostrei nesta tarde. Fiquei imediatamente fascinado. Passei aquela noite inteira pensando nisso, e por todo o dia seguinte também.

    Perambulei para cima e para baixo por aquela travessa infame, perscrutando o interior de todas as carruagens, esperando o coche amarelo; mas não consegui encontrar ma belle inconnue[3]; por fim, comecei a achar que ela era meramente um sonho. Cerca de uma semana mais tarde, fui jantar com Madame de Rastail. O jantar estava marcado para as oito horas; mas às oito e meia eu ainda esperava na sala de visitas. Finalmente o criado abriu a porta, anunciando Lady Alroy. Era a mulher por quem procurava. Ela entrou devagar, parecendo um raio de luar em renda cinza, e, para meu absoluto deleite, pediram-me que a acompanhasse até a mesa.

    Depois de termos sentado, comentei com perfeita inocência:

    'Penso tê-la visto de relance na Bond Street há pouco tempo atrás, Lady Alroy'.

    Ela ficou muito pálida e disse-me, em voz baixa:

    'Peço-lhe que não fale tão alto; alguém pode escutá-lo.'

    Senti-me péssimo por ter começado tão mal e me apressei a comentar as peças francesas. Ela falou muito pouco, sempre na mesma voz melodiosa, e me pareceu que estava com medo de que alguém ouvisse. Fiquei apaixonado, estupidamente enamorado, e a indefinível atmosfera de mistério que a cercava aumentou ainda mais minha curiosidade. Quando ela já estava indo embora, o que fez logo depois do jantar, perguntei-lhe se poderia vê-la novamente. Ela hesitou por um momento, olhando de relance ao redor para ver se tinha alguém por perto, e então disse:

'Sim; amanhã às quinze para as cinco'.

Implorei a Madame de Rastail que me falasse a respeito daquela mulher; mas tudo o que pude saber era que se tratava de uma viúva, com uma bela casa em Park Lane; então como um tedioso especialista começasse a falar a respeito de viúvas, exemplificando a sobrevivência dos matrimonialmente mais aptos, saí e fui para casa.

No dia seguinte, cheguei em Park Lane pontualmente na hora marcada, mas fui informado pelo mordomo de que Lady Alroy tinha acabado de sair. Fui para o clube completamente infeliz e muito confuso; após longa consideração, escrevi-lhe uma carta, perguntando se me era permitido tentar a sorte noutra tarde; por fim, recebi um bilhetinho, dizendo que ela estaria em casa no domingo, às quatro, e acrescentava este inusitado pós-escrito:

'Por favor, não me escreva novamente; explicarei melhor quando nos virmos'.

No domingo, ela me recebeu e estava plenamente encantadora; mas quando eu já ia embora, me implorou dizendo que, caso tornasse a lhe escrever, endereçasse a carta para 'Sra. Knox, aos cuidados da Biblioteca Whitacker, Green Street'.

'Há motivos', disse ela, 'pelos quais não posso receber cartas em minha própria casa'.

Durante toda a estação eu a vi com frequência, e a atmosfera de mistério nunca a abandonou.

Por vezes pensei que ela estivesse sob o domínio de algum homem, mas parecia tão inacessível que foi verdadeiramente muito difícil para mim chegar a alguma conclusão, pois ela era como um daqueles estranhos cristais que vemos nos museus: em um instante estão claros; no outro, nublados. Por fim, decidi pedi-la em casamento: estava cansado e aborrecido pelo incessante sigilo que ela impunha a todas as minhas visitas e às poucas cartas que lhe enviava. Escrevi-lhe, para o endereço da biblioteca, perguntando se poderia vê-la na segunda-feira seguinte, às seis horas. Ela respondeu que sim, e fui transportado ao sétimo céu das delícias. Estava enfeitiçado por ela: apesar do mistério, pensei na ocasião; em consequência dele, percebo agora. Não; era a mulher a quem eu amava. O mistério me aborrecia, me enfurecia. Por que o destino me pôs nesse caminho?

"Você descobriu, então", exclamei.

"Temo que sim", ele respondeu. "Você pode julgar por si mesmo".

"Na segunda-feira fui almoçar com meu tio e, por volta das quatro horas, me encontrava em Marylebone Road. Meu tio, você sabe, mora em Regent's Park. Eu queria chegar a Piccadillty, então peguei um atalho através de várias ruazinhas desgastadas. De repente, vi diante de mim Lady Alroy, com o rosto coberto por um véu grosso, caminhando muito rápido. Chegando à última casa da rua, ela subiu os degraus, tirou a chave do trinco e entrou.

'Esse é o mistério', disse a mim mesmo; e corri a examinar a casa. Parecia uma dessas casas em que alugam quartos. No degrau da porta estava um lenço que ela deixara cair. Eu o recolhi e guardei-o no bolso. Em seguida, refleti sobre o que deveria fazer.

Cheguei à conclusão de que não tinha o direito de espioná-la, e dirigi-me ao clube. Às seis, fui vê-la. Estava recostada em um sofá, com um robe de tecido prateado preso por algumas estranhas pedras da lua, que ela usava sempre. Parecia perfeitamente bela.

'Estou tão feliz em vê-lo', disse, 'não me ausentei o dia todo'.

Eu a encarei, surpreso, e puxando o lenço do bolso, dei-o a ela.

'Você deixou cair isto na Cumnor Street esta tarde, Lady Alroy', disse, muito calmamente.

Ela me olhou aterrorizada, mas não fez nenhuma tentativa para pegar no lenço.

"O que você estava fazendo lá?", perguntei.

"Que direito você tem de me questionar?", respondeu.

"O direito de um homem que a ama", repliquei. "Vim aqui para pedir que se case comigo".

Ela escondeu o rosto entre as mãos e rompeu em um mar de lágrimas.

"Você deve me dizer", prossegui.

Ela levantou-se e, olhando-me diretamente, disse:

"Lorde Murchison, não há nada para lhe dizer".

"Você foi se encontrar com alguém", exclamei; "esse é seu mistério".

Ela ficou mortalmente pálida, e bradou:

"Não fui me encontrar com ninguém".

"Não pode me dizer a verdade?", exclamei.

"Eu a disse", replicou.

Estava exasperado e furioso; não lembro o que disse, mas falei coisas terríveis a ela. Por fim, saí correndo da casa. Ela me escreveu uma carta no dia seguinte. Eu a devolvi ainda fechada e parti para a Noruega, com Alan Colville. Após um mês, retornei, e a primeira coisa que vi no Morning Post foi a notícia da morte de Lady Alroy. Tinha pego uma friagem na Ópera e morrido cinco dias mais tarde de congestão pulmonar. Eu me recolhi, não queria ver ninguém. Eu a amara tanto, eu a amara tão loucamente! Bom Deus! Como amei aquela mulher!"

"Você voltou àquela rua, à casa em que fica lá?", disse.

"Sim", ele respondeu.

"Um dia, retornei a Cumnor Street. Não pude evitar; estava torturado pela dúvida. Bati à porta e uma mulher de aparência respeitável atendeu. Perguntei se tinha quartos para alugar.

'Bem, sir', ela replicou, 'as salas de visitas estão supostamente alugadas; mas há três meses que não vejo a senhora, e como o aluguel ainda é devido, pode ficar com elas'.

'É esta a senhora?', disse-lhe, mostrando-lhe a fotografia.

'É ela, tenho absoluta certeza', ela exclamou; 'e quando ela retornará, sir?'

'Esta senhora está morta', repliquei.

'Ah, sir! Espero que não!', disse a mulher. 'Era minha melhor inquilina. Pagava-me três guinéus por semana apenas para sentar-se em minhas salas de visitas de vez em quando'.

'Ela encontrava-se com alguém aqui?', eu disse, mas a mulher assegurou-me que isso não acontecia, que a senhora sempre vinha sozinha e não se encontrava com ninguém.

'E o que, afinal, ela fazia ela aqui?', bradei.

'Simplesmente sentava-se na sala de visitas, sir, e lia algum livro; algumas vezes tomava chá', respondeu a mulher.

Eu não sabia o que dizer, então dei a ela uma moeda e fui embora. Então, o que você acha que significa isso tudo? Você acredita que a mulher esteja dizendo a verdade?

"Acredito".

"Então por que ia Lady Alroy ia até lá?".

"Meu querido Gerald", respondi, "Lady Alroy era simplesmente uma mulher com mania por mistérios.

> Alugava aquelas salas pelo prazer de ir até lá coberta por véus, imaginando-se uma heroína. Tinha paixão pelo segredo, mas ela própria não era meramente uma esfinge sem segredo".
> "Acha mesmo isso?".
> "Tenho certeza disso", repliquei.
> Ele apanhou a caixa de marroquim, abriu-a e olhou a fotografia.
> "Será?", disse ele, por fim.
>
> 1. Pertencente ao Partido Conservador inglês.
> 2. Vidente.
> 3. Minha bela desconhecida.
>
> Fonte: Wilde, 2013, p. 97-101.

Vamos comentar o conto sob a perspectiva da categoria *personagem*. Mencionamos que personagem e narrador podem ocorrer em sincretismo, isto é, o narrador é uma das personagens do conto, o que configura a narração em primeira pessoa.

O narrador em primeira pessoa participa da história, na qual pode ser o protagonista ou uma personagem secundária. No primeiro caso, é um narrador protagonista (ou autodiegético, em outra nomenclatura); no segundo, um narrador testemunha (ou homodiegético). No caso em análise, o narrador não é protagonista. Observe que sua função no texto é comunicar ao narratário a história de Lady Alroy e Lorde Gerald Murchison. Em dado momento do conto, o narrador, por debreagem interna, cede a voz a Lord Murchison, que passa a narrar, também em primeira pessoa, sua história, como evidencia a seguinte passagem: "Ele se levantou de onde estava, caminhou duas ou três vezes de um lado a outro e, afundando em uma poltrona, contou-me a seguinte história". A partir desse trecho, a personagem Lorde Murchison assume a função de narrador de sua própria história.

Há, como podemos notar, um desdobramento do foco narrativo, na medida em que o conto apresenta dois narradores, com funções e importância diferentes dentro da narrativa. Lord Murchison, ao tomar o fio da narrativa, por debreagem interna, instala outras duas personagens: Lady Alroy e a personagem que alugava as salas. Com essas duas personagens Lord Murchison mantém uma relação de interlocutor/interlocutário. Com seu amigo narrador de Oxford mantém uma relação comunicativa, em que este é seu narratário.

Dessa forma, a mudança de foco narrativo provoca uma mudança de narratário. Enquanto o leitor é o narratário do amigo de Lord Murchison, o narratário deste é seu colega de Oxford, de modo que o leitor toma conhecimento da história de Lord Murchison e Lady Alroy por via indireta, pois o primeiro narrador conta ao leitor o que o outro lhe contou.

Relembremos a distinção entre diegese e enredo: a primeira é a história propriamente dita; o segundo é a maneira pela qual o leitor toma conhecimento da diegese. Observe que, nesse conto, o enredo ofusca a diegese, contribuindo para criar o efeito de sentido de mistério.

Levantamos agora uma questão importante: Quem das personagens do conto exerce a função de protagonista? Embora Lord Murchison assuma o fio do discurso para contar sua própria história, a função de protagonista é exercida por Lady Alroy. Note que é em torno dela que tudo gravita, apesar de nós, assim como Lord Murchison e o narrador do conto, sabermos muito pouco sobre ela. Ressaltemos outro fato: os títulos são contextualizadores prospectivos, isto é, sinalizam ao leitor o que encontrará ao ler o conto. O título do conto é "A esfinge sem segredo". O *Grande dicionário Houaiss* (2017) nos apresenta três acepções para o substantivo *esfinge*:

> 1 MIT na Grécia antiga, monstro fabuloso com corpo, garras e cauda de leão, cabeça de mulher, asas de águia e unhas de harpia, que propunha enigmas aos viandantes e devorava quem não conseguisse decifrá-los

2 estátua desse monstro
3 pessoa enigmática, que pouco se manifesta e de quem não se sabe o que pensa ou sente

A acepção que se enquadra na leitura do conto é, evidentemente, a de número 3. O conto fala de uma pessoa enigmática, misteriosa. Portanto, a figura "esfinge" só pode estar se referindo à personagem Lady Alroy. No entanto, o título apresenta uma contradição na medida em que se qualifica o substantivo "esfinge" pela locução adjetiva "sem segredos". Esfinge é o que guarda um enigma, um segredo que deve ser desvendado, mas Lady Alroy não guarda segredo algum, como diz o narrador quase ao final do conto: "Lady Alroy era simplesmente uma mulher com mania por mistérios".

Assim, o segredo da esfinge está desvendado: não há segredo. A história terminaria aí, mas o conto se encerra com uma interrogação: "Será?". Isso significa que o mistério permanece para Lord Murchison e, é claro, para o leitor. Se levarmos em conta que o amigo descreve Lord Murchison como alguém que "insistisse em falar sempre a verdade", ressaltando que "nós realmente o admirávamos, acima de tudo, pela franqueza", não há como duvidar de que a história contada é verdadeira.

Se você tiver o cuidado de fazer um levantamento das figuras do conto, poderá constatar que elas também reforçam a atmosfera de mistério do texto. Veja algumas: "esfinge", "segredo", "parecendo em dúvida", "mistério", "clairvoyante" (vidente), "sorriso misterioso", "Gioconda", "ma belle inconnue" (minha bela desconhecida), "atmosfera de mistério", "véus".

Do ponto de vista psicológico, as ações de Lady Alroy reforçam seu mistério: pede a Lord Murchison que não fale alto, pois poderão ouvi-lo; fala pouco; não comparece a um encontro marcado; pede que as cartas sejam destinadas a outro endereço; anda com o rosto coberto por um véu grosso; esconde de Lord Murchison que esteve na Cumnor Street; aluga a sala apenas para sentar-se de vez em quando e ler.

O conto na sala de aula – Ernani Terra e Jessyca Pacheco

Como você deve ter observado, são o enredo e as personagens que conferem ao texto a atmosfera de um belo conto de mistério.

Sugestões de atividades

Antes de responder às questões propostas, leia o conto "A caolha", de Júlia Lopes de Almeida, reproduzido a seguir.

A caolha

A caolha era uma mulher magra, alta, macilenta, peito fundo, busto arqueado, braços compridos, delgados, largos nos cotovelos, grossos nos pulsos; mãos grandes, ossudas, estragadas pelo reumatismo e pelo trabalho; unhas grossas, chatas e cinzentas, cabelo crespo, de uma cor indecisa entre o branco sujo e o louro grisalho, desse cabelo cujo contato parece dever ser áspero e espinhento; boca descaída, numa expressão de desprezo, pescoço longo, engelhado, como o pescoço dos urubus; dentes falhos e cariados.

O seu aspecto infundia terror às crianças e repulsão aos adultos; não tanto pela sua altura e extraordinária magreza, mas porque a desgraçada tinha um defeito horrível: haviam-lhe extraído o olho esquerdo; a pálpebra descera mirrada, deixando, contudo, junto ao lacrimal, uma fístula continuamente porejante.

Era essa pinta amarela sobre o fundo denegrido da olheira, era essa destilação incessante de pus que a tornava repulsiva aos olhos de toda gente.

Morava numa casa pequena, paga pelo filho único, operário numa fábrica de alfaiate; ela lavava a roupa para os hospitais e dava conta de todo o serviço da casa inclusive cozinha. O filho, enquanto era pequeno, comia os pobres jantares feitos por ela, às vezes até no mesmo prato; à proporção que ia crescendo, ia-se-lhe a pouco e pouco manifestando na fisionomia a repugnância por essa comida; até que um dia, tendo já um ordenadozinho, declarou à mãe que, por conveniência do negócio, passava a comer fora...

Ela fingiu não perceber a verdade, e resignou-se.

Daquele filho vinha-lhe todo o bem e todo o mal.

Que lhe importava o desprezo dos outros, se o seu filho adorado lhe pagasse com um beijo todas as amarguras da existência?

Um beijo dele era melhor que um dia de sol, era a suprema carícia para o triste coração de mãe! Mas... os beijos foram escasseando também, com o crescimento do Antonico! Em criança ele apertava-a nos braços e enchia-lhe a cara de beijos; depois, passou a beijá-la só na face direita, aquela onde não havia vestígios de doença; agora, limitava-se a beijar-lhe a mão!

Ela compreendia tudo e calava-se.

O filho não sofria menos.

Quando em criança entrou para a escola pública da freguesia, começaram logo os colegas, que o viam ir e vir com a mãe, a chamá-lo — o filho da caolha.

Aquilo exasperava-o; respondia sempre.

Os outros riam e chacoteavam-no; ele queixava-se aos mestres, os mestres ralhavam com os discípulos, chegavam mesmo a castigá-los — mas a alcunha pegou. Já não era só na escola que o chamavam assim.

Na rua, muitas vezes, ele ouvia de uma ou outra janela dizerem: o filho da caolha! Lá vai o filho da caolha! Lá vem o filho da caolha!

Eram as irmãs dos colegas, meninas novas, inocentes e que, industriadas pelos irmãos, feriam o coração do pobre Antonico cada vez que o viam passar!

As quitandeiras, onde iam comprar as goiabas ou as bananas para o *lunch*, aprenderam depressa a denominá-lo como os outros, e, muitas vezes, afastando os pequenos que se aglomeravam ao redor delas, diziam, estendendo uma mancheia de araçás, com piedade e simpatia:

— Taí, isso é para o filho da caolha!

O Antonico preferia não receber o presente a ouvi-lo acompanhar de tais palavras; tanto mais que os outros, com inveja, rompiam a gritar, cantando em coro, num estribilho já combinado:

— Filho da caolha, filho da caolha!

O Antonico pediu à mãe que não o fosse buscar à escola; e, muito vermelho, contou-lhe a causa; sempre que o viam aparecer à porta do colégio os companheiros murmuravam injúrias, piscavam os olhos para o Antonico e faziam caretas de náuseas!

A caolha suspirou e nunca mais foi buscar o filho.

Aos onze anos o Antonico pediu para sair da escola: levava a brigar com os condiscípulos, que o intrigavam e malqueriam. Pediu para entrar para uma oficina de marceneiro. Mas na oficina de marceneiro aprenderam depressa a chamá-lo — o filho da caolha, a humilhá-lo, como no colégio.

Além de tudo, o serviço era pesado e ele começou a ter vertigens e desmaios. Arranjou então um lugar de caixeiro de venda: os seus ex-colegas agrupavam-se à porta, insultando-o, e o vendeiro achou prudente mandar o caixeiro embora, tanto que a rapaziada ia-lhe dando cabo do feijão e do arroz expostos à porta nos sacos abertos!

A personagem

Era uma contínua saraivada de cereais sobre o pobre Antonico!

Depois disso passou um tempo em casa, ocioso, magro, amarelo, deitado pelos cantos, dormindo às moscas, sempre zangado e sempre bocejante! Evitava sair de dia e nunca, mas nunca, acompanhava a mãe; esta poupava-o: tinha medo de que o rapaz, num dos desmaios, lhe morresse nos braços, e por isso nem sequer o repreendia! Aos dezesseis anos, vendo-o mais forte, pediu e obteve-lhe, a caolha, um lugar numa oficina de alfaiate. A infeliz mulher contou ao mestre toda a história do filho e suplicou-lhe que não deixasse os aprendizes humilhá-lo; que os fizesse terem caridade!

Antonico encontrou na oficina uma certa reserva e silêncio da parte dos companheiros; quando o mestre dizia: *Sr. Antonico*, ele percebia um sorriso mal oculto nos lábios dos oficiais; mas a pouco e pouco essa suspeita, ou esse sorriso, se foi desvanecendo, até que principiou a sentir-se bem ali.

Decorreram alguns anos e chegou a vez de Antonico se apaixonar. Até aí, numa ou outra pretensão de namoro que ele tivera, encontrara sempre uma resistência que o desanimava, e que o fazia retroceder sem grandes mágoas. Agora, porém, a coisa era diversa: ele amava! amava como um louco a linda moreninha da esquina fronteira, uma rapariguinha adorável, de olhos negros como veludos e boca fresca como um botão de rosa. O Antonico voltou a ser assíduo em casa e expandia-se mais carinhosamente com a mãe; um dia, em que viu os olhos da morena fixarem os seus, entrou como um louco no quarto da caolha e beijou-a mesmo na face esquerda, num transbordamento de esquecida ternura!

Aquele beijo foi para a infeliz uma inundação de júbilo! tornara a encontrar o seu querido filho! pôs-se a cantar toda a tarde, e nessa noite, ao adormecer, dizia consigo:

— Sou muito feliz... o meu filho é um anjo!

Entretanto, o Antonico escrevia, num papel fino, a sua declaração de amor à vizinha. No dia seguinte mandou-lhe cedo a carta. A resposta fez-se esperar. Durante muitos dias Antonico perdia-se em amarguradas conjeturas.

Ao princípio pensava:

— "É o pudor". Depois começou a desconfiar de outra causa; por fim recebeu uma carta em que a bela moreninha confessava consentir em ser sua mulher, se ele se separasse completamente da mãe! Vinham explicações confusas, mal alinhavadas: lembrava a mudança de bairro; ele ali era muito conhecido por filho da caolha, e bem compreendia que ela não se poderia sujeitar a ser alcunhada em breve de — nora da caolha, ou coisa semelhante!

O Antonico chorou! Não podia crer que a sua casta e gentil moreninha tivesse pensamentos tão práticos!

Depois o seu rancor se voltou para a mãe.

Ela era a causadora de toda a sua desgraça! Aquela mulher perturbara a sua infância, quebrara-lhe todas as carreiras, e agora o seu mais brilhante sonho de futuro sumia-se diante dela! Lamentava-se por ter nascido de mulher tão feia, e resolveu procurar meio de separar-se dela; considerar-se-ia humilhado continuando sob o mesmo teto; havia de protegê-la de longe, vindo de vez em quando vê-la à noite, furtivamente...

Salvava assim a responsabilidade do protetor e, ao mesmo tempo, consagraria à sua amada a felicidade que lhe devia em troca do seu consentimento e amor...

Passou um dia terrível; à noite, voltando para casa levava o seu projeto e a decisão de o expor à mãe.

A velha, agachada à porta do quintal, lavava umas panelas com um trapo engordurado. O Antonico pensou: "Ao dizer a verdade eu havia de sujeitar minha mulher a viver em companhia de... uma tal criatura?" Estas últimas palavras foram arrastadas pelo seu espírito com verdadeira dor. A caolha levantou para ele o rosto, e o Antonico, vendo-lhe o pus na face, disse:

— Limpe a cara, mãe...

Ela sumiu a cabeça no avental; ele continuou:

— Afinal, nunca me explicou bem a que é devido esse defeito!

— Foi uma doença, — respondeu sufocadamente a mãe — é melhor não lembrar isso!

— E é sempre a sua resposta: é melhor não lembrar isso! Por quê?

— Porque não vale a pena; nada se remedeia...

— Bem! agora escute: trago-lhe uma novidade: o patrão exige que eu vá dormir na vizinhança da loja... já aluguei um quarto; a senhora fica aqui e eu virei todos os dias saber da sua saúde ou se tem necessidade de alguma coisa... É por força maior; não temos remédio senão sujeitar-nos!...

Ele, magrinho, curvado pelo hábito de costurar sobre os joelhos, delgado e amarelo como todos os rapazes criados à sombra das oficinas, onde o trabalho começa cedo e o serão acaba tarde, tinha lançado naquelas palavras toda a sua energia, e espreitava agora a mãe com um olhar desconfiado e medroso.

A caolha levantou-se e, fixando o filho com uma expressão terrível, respondeu com doloroso desdém:

— Embusteiro! o que você tem é vergonha de ser meu filho! Saia! que eu também já sinto vergonha de ser mãe de semelhante ingrato!

O rapaz saiu cabisbaixo, humilde, surpreso da atitude que assumira a mãe, até então sempre paciente e cordata; ia com medo, maquinalmente, obedecendo à ordem que tão feroz e imperativamente lhe dera a caolha.

Ela acompanhou-o, fechou com estrondo a porta, e vendo-se só, encostou-se cambaleante à parede do corredor e desabafou em soluços.

O Antonico passou uma tarde e uma noite de angústia.

Na manhã seguinte o seu primeiro desejo foi voltar à casa; mas não teve coragem; via o rosto colérico da mãe, faces contraídas, lábios adelgaçados pelo ódio, narinas dilatadas, o olho direito saliente, a penetrar-lhe até o fundo do coração, o olho esquerdo arrepanhado, murcho — e sujo de pus; via a sua atitude altiva, o seu dedo ossudo, de falanges salientes, apontando-lhe com energia a porta da rua; sentia-lhe ainda o som cavernoso da voz, e o grande fôlego que ela tomara para dizer as verdadeiras e amargas palavras que lhe atirara no rosto; via toda a cena da véspera e não se animava a arrostar com o perigo de outra semelhante.

Providencialmente, lembrou-se da madrinha, única amiga da caolha, mas que, entretanto, raramente a procurava.

Foi pedir-lhe que interviesse, e contou-lhe sinceramente tudo que houvera.

A madrinha escutou-o comovida; depois disse:

— Eu previa isso mesmo, quando aconselhava tua mãe a que te dissesse a verdade inteira; ela não quis, aí está!

— Que verdade, madrinha?

— Hei de dizer-te perto dela; anda, vamos lá!

Encontraram a caolha a tirar umas nódoas do fraque do filho — queria mandar-lhe a roupa limpinha. A infeliz arrependera-se das palavras que dissera e tinha passado

A personagem

a noite à janela, esperando que o Antonico voltasse ou passasse apenas... Via o porvir negro e vazio e já se queixava de si! Quando a amiga e o filho entraram, ela ficou imóvel: a surpresa e a alegria amarraram-lhe toda a ação.

A madrinha do Antonico começou logo:

— O teu rapaz foi suplicar-me que te viesse pedir perdão pelo que houve aqui ontem e eu aproveito a ocasião para, à tua vista, contar-lhe o que já deverias ter-lhe dito!

— Cala-te! — murmurou com voz apagada a caolha.

— Não me calo! Essa pieguice é que te tem prejudicado! Olha! rapaz, quem cegou a tua mãe foste tu!

O afilhado tornou-se lívido; e ela concluiu:

— Ah, não tiveste culpa! eras muito pequeno quando, um dia, ao almoço, levantaste na mãozinha um garfo; ela estava distraída, e antes que eu pudesse evitar a catástrofe, tu enterraste-lho pelo olho esquerdo! Ainda tenho no ouvido o grito de dor que ela deu!

O Antonico caiu pesadamente de bruços, com um desmaio; a mãe acercou-se rapidamente dele, murmurando trêmula:

— Pobre filho! vês? era por isto que eu não lhe queria dizer nada!

Fonte: Almeida, 2001, p. 49-54.

1. A personagem não é uma pessoa que tenha existência empírica; porém, encarna valores humanos e tem um conteúdo ético. Pertence ao nível discursivo e é um elemento figurativo do texto, o que lhe dá um caráter concreto. Em "A caolha", a protagonista, ao contrário do filho, que tem um nome (Antonico), não é designada por nome próprio algum. Como você justifica esse fato?

2. As características físicas da protagonista são reveladas ao leitor por figuras, palavras concretas que dão sensorialidade ao texto. Releia a descrição da protagonista nos parágrafos iniciais, observe as figuras empregadas e responda: Quais sensações (auditivas, táteis, visuais, olfativas, gustativas) prevalecem? Como você explica isso?

3. Os contos narram uma história, portanto são caracterizados pela narratividade, o que implica transformações de sujeitos por ação de outros sujeitos. Desse modo, o núcleo dos contos reside no percurso da ação. Em "A caolha", o narrador optou por iniciar o conto com um longo parágrafo descritivo. Justifique essa opção.

4. A narratividade não se dá apenas pela transformação de sujeitos, mas também pelo estabelecimento e pela ruptura de contratos. Em "A caolha", um contrato foi rompido. Qual?

5. Consideremos agora o nível discursivo. Nele, como explicamos, estão presentes os temas e as figuras. Que temas estão presentes nesse nível?

6. Além dos temas e das figuras, no nível discursivo há a instalação das categorias da enunciação (pessoa, tempo e espaço). Nesse nível, o enunciador instala um narrador, que, como destacamos, pode adotar perspectivas diversas. Caracterize o narrador de "A caolha".

7. O conto, como objeto de comunicação entre sujeitos, insere-se em uma sociedade, cujos valores reflete. Que valores o conto manifesta?

8. "A caolha" foi publicado pela primeira vez em 1903. Na sua opinião, passados mais de cem anos, o conto mantém sua atualidade? Justifique.

9. Forster (2005) classifica as personagens em planas e esféricas. Tendo em vista a protagonista do conto, que tipo de personagem temos? Justifique.

10. No nível fundamental, os textos apresentam um mínimo de significado que pode ser expresso por uma oposição, em que um dos termos tem valor positivo e o outro, negativo. Considerando-se o nível mais profundo e abstrato do texto, em torno de qual(is) oposição(ões) o conto se constrói?

Sugestões de leituras e filmes

Leituras

BRAIT, B. **A personagem**. São Paulo: Ática, 2006. (Série Princípios).

CANDIDO, A. A personagem no romance. In: CANDIDO, A. et al. **A personagem de ficção**. 3. ed. São Paulo: Perspectiva, 1972. p. 53-80.

FORSTER, E. M. Pessoas. In: ____. **Aspectos do romance**. Tradução de Sergio Alcides. 4. ed. São Paulo: Globo, 2005. p. 69-104.

KUNDERA, M. O jogo da carona. In: ____. **Risíveis amores**. Tradução de Teresa Bulhões Carvalho da Fonseca. São Paulo: Companhia das Letras, 2012. p. 70-91.

MAUPASSANT, G. de. Bola de Sebo. In: ____. **As grandes paixões**. Tradução de Leo Schlafman. Rio de Janeiro: Record, 2005. p. 21-67. (Coleção Grandes Traduções).

PIRANDELLO, L. **Seis personagens à procura de um autor**. Tradução de Sérgio Flaksman. São Paulo: Peixoto Neto, 2004. (Coleção Grandes Dramaturgos, v. 4).

Filmes

- HOMEM das multidões. Direção: Marcelo Gomes e Cao Guimarães. Brasil: Espaço Filmes, 2014. 95 min.
- PARIS, Texas. Direção: Wim Wenders. França/Alemanha, 1984. 147 min. 20th Century Fox.
- PERSONA. Direção: Ingmar Bergman. Suécia, 1966. 85 min.

Capítulo 7

tempo
o tempo

A história narrada em um conto desenvolve-se no tempo. Um acontecimento sucede o outro. O tempo é, pois, uma das características dos gêneros narrativos e sempre há marcas desse elemento no texto. Mas o que é o tempo? Essa é uma pergunta cuja resposta não é muito simples.

Há uma frase de Santo Agostinho (1999, p. 322) que expressa bem a dificuldade em se definir o tempo: "O que é, pois, o tempo? Se ninguém me pergunta, eu sei; se desejo explicar a quem o pergunta, não sei". Parafraseando Agostinho, podemos afirmar que o tempo é algo que sentimos, mas não sabemos exatamente o que é; em outros termos, embora todos tenhamos uma noção de tempo e o percebamos objetiva e subjetivamente, não conseguimos explicá-lo com exatidão.

O autor alemão Thomas Mann (2000, p. 601), em seu livro *A montanha mágica*, sustenta que a narrativa dá conteúdo ao tempo, fazendo com que ele "tenha algum valor próprio". Ressaltemos ainda que, assim como a história em si, as personagens e o narrador, o tempo nos contos também é criação do autor, portanto sua natureza é ficcional.

Dado o caráter deste livro, analisaremos a questão do tempo no que interessa para a narrativa, particularmente no que se refere ao modo como se estabelece a temporalidade no gênero *conto*, deixando de lado reflexões de natureza filosófica ou científica sobre o tempo. Neste capítulo, nosso foco será, pois, o tempo linguístico, categoria que se manifesta no nível discursivo.

O tempo

7.1
Algumas breves reflexões sobre o tempo

A preocupação em investigar o tempo e sua natureza é bastante antiga. Podemos encontrar referências ao assunto na mitologia grega, na qual se considera que o tempo não é uno. Isso fica claro quando se observa a existência de dois deuses mitológicos para o tempo: Kronos (Κρονος) e Kairos (Καιρος). Enquanto o primeiro designa o tempo cronológico, extenso, linear e mensurável, o segundo designa o momento oportuno, a ocasião certa, um tempo absoluto, que não pode ser mensurado.

A questão do tempo também preocupou filósofos de épocas diferentes. Para Platão, o tempo pertence ao mundo das sensações e tem origem divina. Segundo esse pensador, o tempo foi criado para colocar ordem no caos e é a imagem móvel da eternidade, que é imóvel. Para Aristóteles, há uma estreita relação entre tempo e movimento. Esse filósofo define o tempo como um movimento numerado entre um antes e um depois.

Santo Agostinho (1999), a quem já nos referimos na introdução deste capítulo, propõe uma abordagem do tempo a partir de uma relação com a eternidade, para ele, imutável e imensurável. Agostinho argumenta que o tempo não pode ser medido porque simplesmente ele não é; o que medimos, então, é aquilo que apreendemos no presente de fatos presentes, passados (a memória) ou futuros (a expectativa). Entre os filósofos modernos que se debruçaram sobre a questão do tempo e sua natureza, podemos citar a fenomenologia de Edmund Husserl, para quem o fluxo do tempo é o fluxo da consciência humana; Henri Bergson, que vê o tempo como duração; e Martin Heidegger, discípulo de Husserl, segundo o qual o ser humano dever ser entendido temporalmente.

7.2
Tempo físico, tempo cronológico e tempo linguístico

O **tempo físico** é o intervalo entre o início e o fim de um movimento. Normalmente, usamos o movimento dos astros para marcar a passagem do tempo. O tempo que a Terra gasta para dar uma volta completa em torno de seu próprio eixo (24 horas) marca a duração do dia. O tempo que a Terra leva para dar uma volta completa em torno do Sol (365 dias e 6 horas) marca o período de um ano.

Quanto ao **tempo cronológico**, toma-se um marco como referência e, a partir dele, é estabelecida uma sucessão. Para quem adota o calendário cristão, o marco estabelecido é o nascimento de Cristo. Por isso, quando fazemos qualquer referência cronológica a um tempo anterior ao nascimento de Cristo, usamos a abreviatura a.C. (antes de Cristo).

Para os muçulmanos, o marco estabelecido é a Hégira, ou seja, a fuga do profeta Muhammad de Meca para Medina, no ano de 622 do calendário cristão. Os calendários chinês e hebreu adotam outros marcos para o tempo cronológico, de sorte que o que corresponde ao ano de 2018 no calendário cristão corresponde a anos diferentes nesses calendários. É por essa razão que em escrituras públicas era comum que o tabelião indicasse a data do evento em questão da seguinte forma: "Saibam quantos esta pública escritura virem que aos dez dias do mês de março do ano de Nosso Senhor Jesus Cristo de 2014 compareceu perante mim...". A intenção era tornar claro que se tratava do ano de 2014 do calendário cristão e não de outro calendário.

Com relação ao tempo cronológico, a partir do marco estabelecido, instalam-se a categoria *direcionalidade*, que engloba um antes e um depois, e uma categoria mensurativa, isto é, o tempo cronológico, que é medido em dias, que se agrupam em meses, que se agrupam em anos, que se agrupam em séculos.

O **tempo linguístico**, por sua vez, é estabelecido pela enunciação, ou seja, pelo exercício da fala. Quando tratamos desse tema no Capítulo 5, explicamos que a enunciação é o mecanismo pelo qual se instala um sujeito do discurso (*eu*), procedimento pelo qual são instalados também o espaço da enunciação (*aqui*) e o tempo da enunciação (*agora*). Por isso dizemos que são categorias da enunciação o *eu*, o *aqui* e o *agora*. Observe que essas categorias pertencem ao discurso: *eu* é aquele quem diz *eu*, e não uma pessoa específica; *eu* é aquele que toma a palavra e constitui um *tu* a quem se dirige. O mesmo ocorre com *aqui* e *agora*, que são dêiticos, isto é, palavras cujos referentes extralinguísticos são dados pelo contexto da enunciação. A palavra *hoje*, por exemplo, não designa um dia específico, mas o dia em que o enunciador diz *hoje*, o que significa que, fora de uma situação concreta de enunciação, é impossível determinar o que seja *hoje*. Não é sem razão que, em textos cujo enunciatário não está presente no ato comunicativo, uma carta, por exemplo, o enunciador tenha de identificar que dia é o *hoje* a que se refere, dizendo "Hoje, 10 de julho de 2017...". Assim como *eu* e *aqui*, *hoje* é uma palavra cujo referente sempre se renova cada vez que é enunciado.

Como o objeto deste capítulo é a categoria *tempo*, fixemo--nos no **agora**, que é o tempo que coincide com a enunciação, portanto o tempo que servirá como eixo para a configuração dos demais tempos. Esse *agora*, assim como o *eu*, o *aqui* e o *hoje*, tem seu sentido dado pela enunciação e é atualizado a cada instante em que o enunciador toma a palavra; logo, *agora* não se refere a um momento específico do tempo cronológico, mas ao tempo em que o falante diz *agora*. Esse tempo que serve de marco para estabelecer o esquema temporal da língua é denominado *presente*. Podemos concluir que o **presente** é o tempo da língua por excelência, já que todos os outros tempos se definem em relação a ele.

Quanto a esse marco, observamos também a **direcionalidade**: há um antes (a memória, o passado) e um depois (o porvir, o futuro). O esquema temporal da linguagem humana é estabelecido a partir do *agora* (momento da enunciação), que comporta a categoria /concomitância v. não concomitância/. A não concomitância subdivide-se na categoria /anterioridade v. posterioridade/, como representado no esquema da Figura 7.1.

Figura 7.1 – Tempo e enunciação (1)

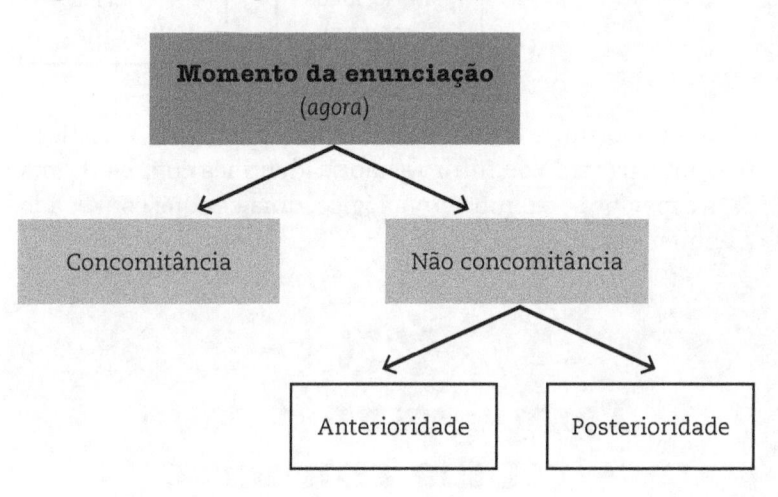

```
            Momento da enunciação
                   (agora)
              ↙              ↘
      Concomitância      Não concomitância
                           ↙         ↘
                  Anterioridade   Posterioridade
```

O tempo linguístico concomitante à enunciação (o *agora*) é, como vimos, o presente. Os tempos não concomitantes (o *então*) são o pretérito e o futuro, que correspondem, respectivamente, à anterioridade e à posterioridade. Assim, aplicando a nomenclatura dos tempos linguísticos a esse esquema, temos a ilustração apresentada na Figura 7.2.

Figura 7.2 – Tempo e enunciação (2)

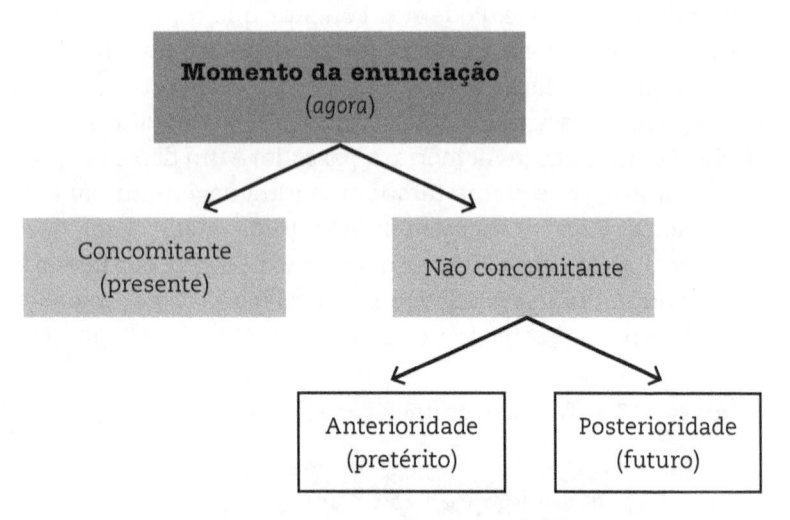

```
        Momento da enunciação
              (agora)
         ↙              ↘
  Concomitante      Não concomitante
   (presente)         ↙         ↘
              Anterioridade   Posterioridade
               (pretérito)      (futuro)
```

O importante é você perceber que o tempo linguístico – presente, passado ou futuro – não se identifica com nenhuma data específica do tempo cronológico, uma vez que está ligado à enunciação.

7.3
Tempo enunciativo e tempo enuncivo

A instalação da categoria *tempo* na língua se dá pela enunciação, por meio de um mecanismo denominado *debreagem*, já examinado neste livro e assim definido por Diana Luz Pessoa de Barros (2003, p. 85): "operação pela qual a enunciação projeta os actantes e as coordenadas espácio-temporais do discurso, utilizando, para tanto, as categorias da pessoa, do espaço e do tempo".

A **debreagem**, como destacamos no Capítulo 5, pode ser **enunciativa** ou **enunciva**. Será enunciativa quando o *eu*, o *aqui* e o *agora* estiverem explicitados no enunciado. Será enunciva quando houver o apagamento das marcas da enunciação no texto. Se a debreagem enunciativa corresponde a um *eu*, a um *aqui* e a um *agora*, a enunciva corresponde a um *ele*, a um *lá* e a um *então*.

Além disso, como são três as categorias da enunciação, pessoa, tempo e espaço, há três tipos de debreagem: debreagem actancial, debreagem temporal e debreagem espacial, que podem ser enunciativas ou enuncivas.

A **debreagem temporal** diz respeito à instalação da categoria *tempo* no enunciado. Quando esse tempo é concomitante à enunciação, se trata de **debreagem temporal enunciativa**, o que significa dizer que se trata de narrativa de fatos presentes, como você pode observar no trecho a seguir, extraído do conto "O delírio", de Clarice Lispector.

> O dia está alto e forte quando se levanta. Procura os chinelos embaixo da cama, tateando com os pés, enquanto se aconchega no pijama de flanela. O sol começa a cobrir o guarda-roupa, refletindo no chão o largo quadrado da janela.

Fonte: Lispector, 2016e, p. 69.

Neste início de conto, um narrador não instalado no texto (narração em terceira pessoa, debreagem actancial enunciva) conta um fato concomitante ao momento da enunciação (o *agora*), como você pode comprovar pela presença dos verbos no presente do indicativo ("está", "levanta", "procura", "aconchega").

Quanto à forma verbal "começa a cobrir", também está no presente ("começa") e revela o processo em seu início. Trata-se de uma forma verbal cujo aspecto é dito *incoativo*. A forma verbal "refletindo" não situa o acontecimento no tempo; trata-se de uma forma nominal do verbo, o gerúndio, que, nesse caso, revela o processo verbal em sua duração, razão pela qual dizemos que ele tem aspecto durativo.

Normalmente, relacionamos o verbo à categoria *tempo*, mas ressaltamos que o verbo também pode exprimir o aspecto, isto é, o processo por ele expresso pode ser apresentado como acabado ou não acabado, em seu início, em sua duração ou em seu término, entre outros.

Na **debreagem temporal enunciva**, ocorre a instalação de um tempo não concomitante à enunciação. Trata-se, portanto, de uma narrativa do *então*. O tempo não concomitante à enunciação, como mencionamos, subdivide-se na categoria /anterioridade v. posterioridade/, correspondente aos tempos passado (ou pretérito) e futuro, respectivamente.

Além de narrativas de fatos presentes (tempo enunciativo), podemos encontrar narrativas de fatos passados e futuros (tempos enuncivos). Nos contos, o mais comum são as narrativas de acontecimentos passados; em menor escala, temos as narrativas de fatos presentes. A narrativa de fatos futuros, embora exista, é rara, ficando restrita aos chamados *textos proféticos*.

Pela narração, há uma presentificação do tempo, na medida em que acontecimentos passados são trazidos para o discurso e se tornam presentes para o leitor no ato da leitura.

Nos trechos a seguir, identificamos narrativas de fatos passados (tempo enuncivo).

> O sol entrava na rua, enviesado, já alto, iluminando-a desordenadamente, recortando as sombras dos telhados nos muros das casas defronte, incendiando com seus reflexos ofuscantes as vitrines enfeitadas, surgindo de frestas insuspeitas e batendo no roso dos passantes apressados, que se esquivavam nas calçadas lotadas.

Fonte: Calvino, 2001, p. 33.

> Em uma cinza manhã de novembro eu descia o cais num passo ativo. Um chuvisco frio umedecia a atmosfera. Negros transeuntes, cobertos de guarda-chuvas disformes, entrecruzavam-se.
>
> O Sena amarelado arrastava seus barcos mercantes semelhantes a besouros enormes. Sobre as pontes, o vento arrancava bruscamente os chapéus, que seus donos disputavam no espaço com essas atitudes e contorções cujo espetáculo é sempre tão penoso para o artista.

Fonte: L'Isle-Adam, 2009, p. 25.

Quanto ao primeiro trecho, extraído do conto "Imprestável", de Italo Calvino, as formas verbais do imperfeito do indicativo ("entrava" e "esquivavam") revelam tratar-se de narrativa de fatos passados (tempo enuncivo). Destacamos o fato de que "iluminando", "recortando", "incendiando" e "surgindo" são formas nominais do verbo, no caso, o gerúndio, e não expressam a categoria *tempo*, mas podem ser observadas quanto ao aspecto, apresentando o processo verbal em sua duração.

Quanto ao segundo exemplo, referente ao conto "É de se confundir", de Auguste Villiers L'Isle-Adam, as formas do imperfeito ("descia", "umedecia", "entrecruzavam-se", "arrastava", "arrancava", "disputavam") indicam a narrativa de fato passado (tempo enuncivo).

Nesse trecho, ocorre debreagem temporal enunciva (narrativa do *então*, passado), mas debreagem actancial enunciativa. Observe que se trata de uma narrativa em primeira pessoa. Há um narrador instalado no texto que se manifesta pelo pronome *eu* ("eu descia o cais"). Isso quer dizer que, em um texto, pode haver tempo instalado por debreagem enunciva e pessoa instalada por debreagem enunciativa, e vice-versa. Mesmo com relação à categoria *tempo*, no decorrer da narrativa, pode existir mudança de tempo enuncivo para enunciativo, e vice-versa.

7.4
Tempo da diegese e tempo do enredo

Você deve ter notado que conceitos que já examinamos neste livro, como o de enunciação, são fundamentais para entendermos a organização temporal do conto. Além da enunciação, outro tema já discutido neste livro é essencial para compreendermos a organização temporal dos contos. Trata-se da distinção, abordada no Capítulo 4, entre diegese e enredo.

A **diegese** (ou fábula, segundo alguns autores) é a história propriamente dita, que transcorre linearmente no tempo, ou seja, um acontecimento sucede a outro cronologicamente (há um antes e um depois). A diegese apresenta um tempo de duração variável. Nos contos, dada sua natureza de história condensada, esse tempo costuma ser curto. Portanto, a diegese tem uma duração que pode ser mensurada – os acontecimentos têm uma determinada duração (uma semana, algumas horas, alguns meses, um ano etc.).

Diferentemente é o **enredo**, que é a manifestação artística da diegese, isto é, o enredo diz respeito a como o narrador organiza os acontecimentos. Explicamos que, ao enredar a história, o narrador não se prende exclusivamente à sequência cronológica dos acontecimentos, apresentando-os na ordem cronológica em que efetivamente sucederam. O tempo do enredo comporta avanços e recuos na diegese, que identificamos como *prolepse* e *analepse* (ou *flashback*), respectivamente. Esclarecemos ainda que a história pode começar *in media res*, isto é, já em um ponto adiantado da diegese, com a ocorrência posterior de recuos cronológicos. Como exemplo, comentamos o conto "A causa secreta", de Machado de Assis, cuja narrativa inicia em um ponto já adiantado da diegese.

Uma das características do discurso é sua linearidade, isto é, uma palavra vem depois de outra palavra, uma frase aparece depois de outra frase, a um período se segue outro período. Duas palavras ou dois períodos não podem ocupar o mesmo lugar na cadeia discursiva. O mesmo ocorre com a linguagem falada, em que um fonema vem depois de outro, sendo que dois fonemas não ocupam o mesmo lugar na cadeia da fala.

Em decorrência dessa característica, o narrador está sujeito às coerções do discurso, que o obrigam a apresentar, um após outro, acontecimentos que, no nível da diegese, são simultâneos. Sobre isso, vale a pena mencionar as palavras de Tzvetan Todorov, citadas por Benedito Nunes em seu livro *O tempo na narrativa*:

> O tempo do discurso é, num certo sentido, um tempo linear, enquanto o tempo da história é pluridimensional. Na história muitos eventos podem desenrolar-se ao mesmo tempo. Mas o discurso deve obrigatoriamente colocá-los um em seguida a outro; uma figura complexa se encontra projetada numa linha reta. (Todorov, 1966, p. 139, citado por Nunes, 2008, p. 27)

Por outro lado, em uma narrativa breve, para contar uma história cujo tempo da diegese é longo, o narrador usa o recurso da aceleração, em que um longo intervalo de tempo da diegese é apresentado no enredo rapidamente. O exemplo a seguir, extraído do conto "Os irmãos de Mowgli", de Rudyard Kipling, permite que você compreenda bem esse recurso.

> Akela não disse nada. Estava pensando no momento que acontece para o líder de toda Alcateia, quando ele perde sua força e fica mais frágil, até que enfim é morto e surge um novo líder — que, por sua vez, será morto também.

O tempo

> "Leva-o daqui", disse ele a pai Lobo, "e treina-o como é apropriado para um membro do Povo Livre."
>
> E foi assim que Mowgli entrou na Alcateia de Seeonee pelo preço de um touro e pela palavra de honra de Baloo.
>
> Agora você não deve se incomodar em pular dez ou doze anos inteiros e apenas imaginar a vida maravilhosa que Mowgli levou com os lobos, pois se alguém fosse contá-la, ela daria muitos livros.

Fonte: Kipling, 2015, p. 78-79.

No conto "A nova Califórnia", de Lima Barreto, que analisamos no primeiro capítulo deste livro, o recurso da aceleração está também presente, como você pode observar no trecho que segue.

> Havia já anos que o químico vivia em Tubiacanga, quando, uma bela manhã, Bastos o viu entrar pela botica adentro. O prazer do farmacêutico foi imenso. O sábio não se dignara até aí visitar fosse quem fosse e, certo dia, quando o sacristão Orestes ousou penetrar em sua casa, pedindo-lhe uma esmola para a futura festa de Nossa Senhora da Conceição, foi com visível enfado que ele o recebeu e atendeu.

Fonte: Barreto, 2017.

Esse trecho é o início da segunda parte do conto. A primeira relata a chegada do misterioso homem, o químico Raimundo Flamel, a Tubiacanga. A segunda conta que o químico revela ao farmacêutico que possuía a fórmula de transformar ossos humanos em ouro. Entre a primeira e a segunda parte, há um intervalo de tempo bastante grande, em que não sabemos o que ocorreu em Tubiacanga. O narrador optou por não contar isso, acelerando a narrativa para chegar mais rapidamente a seu desfecho.

Evidentemente, há exemplos de narrativas em que se adota o procedimento inverso: um acontecimento que no tempo cronológico dura pouco tem sua narração expandida no texto. Nos contos de natureza psicológica, esse recurso é bastante comum. Alguns minutos da vida de uma personagem são apresentados com vagar, dando a impressão de uma duração maior do que de fato ocorreu.

É nesse sentido que falamos em **andamento da narrativa**. Usamos aqui o termo *andamento* na mesma acepção em que é empregado em música, para designar a velocidade em que os acontecimentos são apresentados, mais lentamente ou mais rapidamente. O andamento está relacionado entre o tempo dos acontecimentos e o tempo gasto para narrá-los. Como regra geral, os contos de ação têm um andamento rápido, e os psicológicos, um andamento lento.

Voltemos ao conto de Kipling para analisar o papel do narrador. A rigor, trata-se de uma narração em terceira pessoa, feita por um narrador que não participa da história e narra os acontecimentos de fora. Em determinado ponto da narrativa, o último parágrafo, o narrador dirige-se diretamente ao narratário ("você"), explicitado no texto. Temos, do ponto de vista do foco narrativo, o que se denomina *narrador onisciente intruso*.

Por que esse narrador faz essa intrusão na narrativa? Você já deve ter percebido que é para informar ao narratário que, no nível do enredo, ele vai pular acontecimentos da diegese, mais precisamente o que ocorreu a Mowgli durante uns dez ou doze anos contados após ter entrado para a Alcateia de Seeonee. A estratégia narrativa, nesse caso, correspondeu a uma aceleração do tempo, na medida em que o narrador deixa de relatar fatos que ocorreram nesse intervalo de tempo, o que faz a história andar em um ritmo mais rápido.

Vejamos agora o trecho inicial do conto "Patriotismo", de Yukio Mishima.

> No dia vinte e oito de fevereiro de 1936 (isto é, no terceiro dia do incidente de 26 de fevereiro), o Tenente Shinji Takeyama, do Batalhão de Transporte Konoe — profundamente perturbado com a notícia de que seus colegas mais chegados estavam com os amotinados desde o começo e indignado com a perspectiva do iminente ataque por parte das tropas imperiais a tropas imperiais — apanhou sua espada de oficial e, segundo o cerimonial, abriu o ventre de alto a baixo, na sala de oito esteiras, em sua residência particular, no sexto quarteirão do Aoba-cho, em Yotsuya. Sua mulher, Reiko, o acompanhou, apunhalando o próprio pescoço.

Fonte: Mishima, 1986, p. 103.

"Patriotismo" narra, com extrema beleza, o autossacrifício do casal Shinji e Reiko, que se amam e mantêm entre si um contrato de morte. Um contrato pressupõe a fé e a confiança de ambas as partes e, como você pode observar pelo início do conto, ele foi cumprido.

O que nos interessa, neste capítulo, é o tempo. Então vamos analisá-lo nesse conto. Como você pode notar, desde a primeira linha do texto, o narrador, que é observador e onisciente, situa o acontecimento no tempo ("No dia vinte e oito de fevereiro de 1936"), ou seja, ancora a narrativa em um tempo cronológico, situado antes do momento da enunciação (apanhou sua espada e abriu o ventre). Portanto, temos um tempo enuncivo (narrativa do *então*). Essa ancoragem temporal, aliada à ancoragem espacial ("na sala de oito esteiras, em sua residência particular, no sexto quarteirão do Aoba-cho, em Yotsuya"), confere ao conto um efeito de sentido de realidade, na medida em que as coordenadas espaçotemporais reforçam o sentido de verossimilhança do texto.

No que se refere ao tempo do discurso, isto é, quanto à organização temporal da narrativa, temos um conto que se inicia *in ultima res* – pelo final da diegese –, já que narra a morte das duas únicas personagens. Isso implica que o narrador fará em seguida uma retrospecção. A narrativa seguirá em direção temporal para os acontecimentos que culminaram com o suicídio das personagens. Esse conto é um ótimo exemplo para que você verifique que há um tempo em que se situa a história (tempo da diegese), o qual corresponde a uma sequência cronológica do passado para o presente, mas há um tempo do enredo, em que o narrador relata os fatos em uma sequência cronológica diferente daquela em que ocorreram.

7.5
Tempo psicológico

Até este ponto, tratamos do tempo cronológico, que é mensurável. No entanto, como comentamos no Capítulo 4, há um tempo interno que não pode ser mensurado. É o tempo psicológico, comum em contos mais modernos, em que há a tendência a abandonar o tempo cronológico.

O tempo psicológico é um **tempo do discurso**, e não da diegese, ou seja, relaciona-se ao **enredo** e é caracterizado pela **duração**. Trata-se de um tempo não objetivo, um tempo interno, ligado à experiência realmente vivida. Portanto, pensar em tempo psicológico é pensar sempre em duração interior. Em poucos minutos, a personagem de um conto pode reviver anos de sua vida, por exemplo. Sobre o tempo psicológico, vale pensar nas palavras de Nunes (2008, p. 18-19, grifo do original):

> A experiência da sucessão de nossos estados internos leva-nos ao conceito de *tempo psicológico* ou de *tempo*

vivido, também chamado de *duração interior*. O primeiro traço do tempo psicológico é a sua permanente descoincidência com as medidas temporais objetivas. Uma hora pode nos parecer tão curta quanto um minuto se a vivemos intensamente; um minuto pode parecer-nos tão longo quanto uma hora se nos entediamos. Variável de indivíduo para indivíduo, o tempo psicológico, subjetivo e qualitativo, por oposição ao tempo físico da natureza, e no qual a percepção do presente se faz ora em função do passado ora em função de projetos futuros, é a mais imediata e mais óbvia expressão temporal humana.

Quanto ao tempo psicológico, convém ainda rever o que expusemos no Capítulo 4, quando tratamos do monólogo interior.

O conto "Verde lagarto amarelo", de Lygia Fagundes Telles (2009c), é um ótimo exemplo de trabalho com o tempo psicológico. Trata-se de um conto narrado em primeira pessoa, em que o narrador, um escritor, representado pela personagem Rodolfo, recebe em sua casa o irmão casado, Eduardo.

O conto narra, sob a ótica de Rodolfo, o encontro dos irmãos, reproduzindo em discurso direto os diálogos que mantêm. Essas falas diretas das personagens são dispostas em um tempo cronológico. Contudo, no intervalo entre elas, o narrador protagonista mergulha em seu interior, relembrando fatos passados referentes às relações familiares. Há, portanto, uma mudança da realidade objetiva (a conversa presente com o irmão) para a subjetiva (o passado retido na memória), que corresponde a dois tempos narrativos, um objetivo e outro subjetivo.

Transcrevemos a seguir um trecho do conto em que o narrador protagonista mergulha em seu universo interior, desencadeando uma narrativa em que domina o tempo psicológico.

> O aparelho de chá, o faqueiro, os cristais e os tapetes tinham ficado com ele. Também os lençóis bordados, obriguei-o a aceitar tudo. Ele recusava, chegou a se exaltar, "Não quero, não é justo, não quero! Amanhã você pode se casar também...". Nunca, respondi. Moro só, gosto de tudo sem nenhum enfeite, quanto mais simples melhor. Ele parecia não ouvir uma só palavra enquanto ia amontoando os objetos em duas porções. "Olha, isto você leva que estava no seu quarto...". Tive que recorrer à violência. Se você teimar em me deixar essas coisas, assim que você virar as costas jogo tudo na rua!

Fonte: Telles, 2009c, p. 23-24.

Em outro trecho, em seu mergulho interior, o narrador protagonista deixa aflorar seus sentimentos em relação ao irmão.

> E se fosse morar longe? Podia tão bem se mudar de cidade, viajar. Mas não. Precisava ficar por perto, sempre em redor, me olhando. Desde pequeno, no berço já me olhava assim. Não precisaria me odiar, eu nem pediria tanto, bastava me ignorar, se ao menos me ignorasse. Era bonito, inteligente, amado, conseguiu sempre fazer tudo muito melhor do que eu, muito melhor do que os outros, em suas mãos as menores coisas adquiriam outra importância, como que se renovavam. E então? Natural que esquecesse o irmão obeso, malvestido, malcheiroso. Escritor, sim, mas nem aquele tipo de escritor de sucesso, convidado para festas, dando entrevista na televisão: um escritor de cabeça baixa e calado, abrindo com as mãos em garra seu caminho.

Fonte: Telles, 2009c, p. 26.

Como você pode notar, esse trecho é todo em monólogo interior. Tal recurso é característico das narrativas mais modernas, em que o tempo cronológico cede lugar ao tempo psicológico, ou seja, a análise interior das personagens é priorizada em relação à ação que desenvolvem, caracterizando narrativas de fundo mais intimista.

7.6
O sistema temporal em português

O tempo em português é expresso pelos verbos e por advérbios (*hoje, ontem, amanhã, anteontem, antes, depois, agora, posteriormente*) e locuções e expressões adverbiais (*à tarde, de manhã, neste momento, naquele dia, na semana passada, na hora do almoço, durante a noite* etc.). A categoria dos verbos é, sem dúvida, a que apresenta maior complexidade em relação ao tempo, uma vez que, excetuando-se o presente, tanto o passado como o futuro apresentam subdivisões.

Para entendermos o funcionamento do sistema temporal da língua portuguesa, temos de considerar mais uma vez a **enunciação**. Como mencionamos, o que nos interessa não é o tempo físico nem o cronológico, mas o tempo linguístico, cujo marco de referência é a enunciação.

O presente é o tempo verbal que coincide com a enunciação, a partir do qual se instauram os demais tempos, os não concomitantes à enunciação, que, por sua vez, comportam a categoria /anterioridade v. posterioridade/, como no esquema apresentado na Figura 7.2. Nos textos, os tempos verbais podem ser concomitantes ou não à enunciação, ou a outro momento de referência instalado no texto. Portanto, perceber a organização temporal das narrativas implica identificar os momentos de referência temporal, pois algo é presente, passado ou futuro em relação a um determinado momento de referência no texto, e esse momento pode ser, como destacamos, concomitante ou não à enunciação. Se o momento de referência for um fato passado, teremos um passado instaurado a partir do passado e um futuro instaurado a partir de um passado. Na língua, o passado do passado corresponde ao tempo denominado *pretérito mais-que-perfeito*, e o futuro do passado é chamado de *futuro do pretérito*.

Se levarmos em conta que há um presente, a partir do qual se instauram um passado e um futuro, deveremos considerar que para cada um desses tempos há um presente, um pretérito e um futuro, conforme representado no Quadro 7.1.

Quadro 7.1 – O sistema temporal em português

Passado			Presente			Futuro		
passado	presente	futuro	passado	presente	futuro	passado	presente	futuro

Tomando como base o que postula José Luiz Fiorin (2001), temos em português, portanto, nove tempos verbais: o passado, o presente e o futuro apresentam, cada qual, um passado, um presente e um futuro.

Isso significa que, ao estudarmos o esquema temporal do conto, não basta apenas identificarmos se o fato narrado é passado, presente ou futuro. Precisamos observar, obrigatoriamente, em relação a que esse tempo é passado, presente ou futuro. Isso significa que sempre devemos considerar o momento em relação ao qual se estabelece a programação temporal do conto, verificando se esse momento é ou não concomitante à enunciação e, quando não concomitante, se é anterior ou posterior ao momento de referência.

Devemos ressaltar que a categoria *tempo*, por si só, não dá conta da explicação da organização temporal do discurso. É necessário, pois, examinarmos também uma categoria pouco explorada na escola e nos manuais escolares, o **aspecto**. Enquanto a temporalização do discurso se relaciona à instância da enunciação, projetando no texto um organizador temporal, a aspectualização está atrelada ao modo como um observador vê os predicados como processos. Referindo-se à diferença entre temporalização e aspectualização, Fiorin (2001, p. 139, grifo do original) afirma:

> A primeira diz respeito à aplicação de uma categoria topológica concomitância vs. não concomitância (anterioridade vs. posterioridade) a um dado momento de referência ou, em termos agostinianos, à não coincidência dos três presentes em relação ao transit (momento da enunciação diríamos nós):
> [...]
> A segunda concerne à transformação de ações em processos, ou seja, à atividade de um actante observador que vê a ação como uma "marcha", um "desenrolar", que pode ser pontual ou durativo, perfectivo ou não perfectivo, etc.

É importante que tenhamos bem claras algumas noções básicas sobre o aspecto. O processo verbal pode ser visto como concluso (perfectivo) ou não concluso (imperfectivo) e também pode ser visto em seu início (aspecto incoativo), em sua duração (aspecto durativo) ou em seu término (aspecto terminativo). A oposição /perfectivo v. imperfectivo/ é facilmente percebida pelo uso do pretérito perfeito (aspecto perfectivo) e do pretérito imperfeito (aspecto imperfectivo). Pretérito perfeito e pretérito imperfeito indicam um tempo passado em relação ao presente; são, portanto, passado do presente. A diferença entre eles reside no aspecto.

Conto comentado

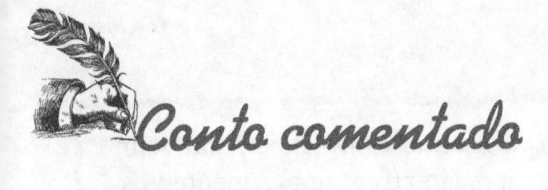

O conto que você vai ler a seguir foi escrito pelo russo Anton Tchekhov (1860-1904), um dos maiores contistas da literatura. Seus contos, assim como os de Guy de Maupassant, podem ser considerados como o modelo do conto clássico. Tchekhov era médico, e sua facilidade de contar histórias o levou a escrever como forma de ganhar algum dinheiro enquanto estudava. Além de contos, Tchekhov escreveu também novelas e peças de teatro.

Vanka[1]

Vanka Jukov, de nove anos, e que fora deixado três meses antes em casa do sapateiro Aliákhin, para que aprendesse o ofício, não se deitara para dormir na noite de Natal. Depois de esperar que os patrões e aprendizes saíssem para a missa, tirou do armário um frasco de tinta, uma caneta com pena enferrujada, estendeu na frente uma folha amassada de papel e pôs-se a escrever. Antes de traçar a primeira letra, olhou algumas vezes, assustado, para as portas e janelas, espiou de viés o ícone escuro, ladeado por prateleiras com formas de sapato, e emitiu um suspiro entrecortado. O papel estava sobre um banco e ele de joelhos, ao lado.

"Querido vovô, Constantin Macáritch!", escreveu. "Te escrevo uma carta. Dou-lhe os parabéns pelo Natal e desejo a ti tudo o que te possa dar Deus, Nosso Senhor. Não tenho pai nem mãezinha, só me ficou você no mundo."

Vanka dirigiu os olhos para a janela escura, em que brilhava o reflexo da vela, e imaginou com nitidez seu avô, Constantin Macáritch, que trabalhava de guarda-noturno para os senhores Jivarióv. É um velhinho miúdo, magricela, mas extraordinariamente vivo e ligeiro, de uns 65 anos, com rosto sempre risonho e olhos ébrios. Passa os dias dormindo na cozinha da criadagem ou gracejando com as cozinheiras e, de noite, vai caminhando em volta da propriedade, batendo a matraca, enrolado num amplo casaco de pele de carneiro. Caminham atrás dele, cabisbaixos, a velha Kaschtanka e o machinho Viun[2], assim chamado, por causa de sua cor preta e do corpo comprido, como de uma lontra. Esse Viun é extraordinariamente respeitoso e terno, olha com a mesma expressão comovida tanto as pessoas da casa como os estranhos, mas não lhe concedem crédito. Atrás daquela respeitosa submissão, oculta-se a mais jesuítica hipocrisia. Ninguém melhor que ele sabe aproximar-se em silêncio e agarrar alguém pela perna, penetrar numa geladeira ou roubar a galinha de um mujique. Mais de uma vez, quase lhe esmagaram as patas traseiras, foi enforcado umas duas vezes, cada semana espancavam-no quase à morte, mas revivia sempre.

Agora, certamente, o vovô está junto ao portão, franzindo os olhos para as janelas carmesins da igreja da aldeia, batendo o chão com suas botas de feltro e gracejando com a criadagem. Tem a matraca amarrada no cinto. Vai movendo os braços, encolhe-se de frio e, com um risinho senil, belisca ora uma arrumadeira, ora uma cozinheira.

— Um pouco de rapé? — pergunta, oferecendo a tabaqueira às camponesas.

As mulheres cheiram e espirram. O avô é tomado, então, de um entusiasmo indescritível e grita, sacudido por um riso alegre:

— Arranca daí a tabaqueira, congelou-se com o dedo!

Dão também aos cachorros rapé para cheirar. Kachtanka espirra, move o focinho e afasta-se, ofendida.

Mas Viun, por respeito, abstém-se de espirrar e fica sacudindo o rabo. E o tempo está magnífico; o ar quieto, translúcido, fresco. A noite é escura; vê-se, no entanto, toda a aldeia, com seus telhados brancos e os fiapos de fumaça, saindo das chaminés, as árvores, prateadas de geada, os montes de neve. O céu todo está marchetado de estrelas, que vão piscando alegres, e a Via Láctea destaca-se com tamanha nitidez, que parece ter sido lavada e esfregada com neve, em vista do feriado...

Vanka suspirou, molhou a pena e continuou escrevendo:

"E ontem eu apanhei. O patrão me arrastou pelos cabelos para o quintal e me surrou de cinto porque eu estava balançando o filhinho dele no berço e adormeci sem querer. E esta semana a patroa me mandou limpar um arenque e eu comecei pelo rabo e ela ficou empurrando a cabeça do arenque na minha fuça. Os aprendizes caçoam de mim, mandam eu comprar vodca no botequim e mandam roubar pepinos dos patrões e o patrão me bate depois com o que encontra. E não dão nenhuma comida. De manhã dão pão, no almoço, um prato de trigo-sarraceno e de noite, mais uma vez, pão, mas chá ou sopa de repolho eles papam sozinhos. Mandam-me dormir no quarto da frente, mas quando a criança chora, eu não durmo nada e fico balançando o berço. Querido vovozinho faz para mim uma caridade de Deus leva eu também daqui para casa para a aldeia, não posso mais... Te saúdo e me ajoelho a teus pés e vou sempre rezar a Deus por você, leva-me daqui senão eu morro..."

Vanka entortou a boca, esfregou os olhos com o punho preto e soltou um soluço.

"Vou te preparar o rapé", continuou ele, "vou rezar a Deus mas se eu fizer alguma coisa, bate-me como um bicho. E se você pensa que não encontro uma ocupação, eu vou pedir, pelo amor de Deus, que me deixem engraxar as botas do administrador ou então vou passar o gado em lugar de Fiedka[3]. Vovozinho querido, não aguento mais, vou morrer. Eu já quis fugir para ir a pé até a aldeia, mas não tenho botas estou com medo do frio. E quando eu ficar grande, vou alimentar você e quando morreres vou rezar por tua alma, do jeito que rezo pela minha mamãezinha Pielagueia.

E Moscou é uma cidade grande. Todas as casas são de senhores, tem muitos cavalos, mas não tem ovelhas e os cachorros não são maus. Aqui a rapaziada não anda com a estrela[4] e não deixam ninguém ir cantar no coro e uma vez eu vi na janela de uma venda vendem anzóis já com a linha e para tudo que é peixe, são muito bons, vi um anzol que pode apanhar uma lampreia de um *pud*[5]. E vi umas vendas em que tem tudo que é arma como aquelas dos patrões da aldeia, penso que devem custar cem rublos cada uma... E nos açougues tem codornas, perdizes, lebres e onde os caçam os empregados não querem dizer.

Querido vovozinho, e quando os patrões na aldeia tiverem árvore de Natal com presentes, você me apanha uma noz dourada e esconde no bauzinho verde. Pede à mocinha Olga Ignátievna, diz que é para o Vanka."

Vanka suspirou convulsivamente e fixou de novo os olhos na janela. Lembrou-se de que era o avô quem sempre ia à mata, a fim de apanhar uma árvore de Natal para os patrões, e que levava consigo o neto. Tempo feliz aquele! O avô fungava, as coisas todas fungavam com o frio, e olhando para aquilo, Vanka fungava também. Às vezes, antes de derrubar o pinheiro, o avô fumava cachimbo, ficava muito tempo cheirando rapé e ria de Vanka, que sentia muito frio... Os jovens pinheirinhos, revestidos de geada, permanecem imóveis, esperando: qual deles ia morrer? De repente, uma lebre passa como flecha sobre os montes de neve... O avô não pode se conter e grita:

— Segura, segura... segura! Eh, diabo cotó!

O avô arrastava o pinheiro cortado para a casa senhorial e lá todos se punham a enfeitá-la... Mais que todos, afanava-se a mocinha Olga Ignátievna, a predileta de Vanka. Quando ainda era viva a mãe de Vanka, Pielagueia, e trabalhava de arrumadeira em casa dos senhores, Olga Ignátievna dava caramelos a Vanka e, por não ter o que fazer, ensinara-lhe as letras, contar até cem e, mesmo, dançar quadrilha. Mas, depois que Pielagueia morreu, Vanka foi encaminhado para junto do avô, na cozinha da criadagem, e, da cozinha, para Moscou, à casa do sapateiro Aliákhin...

"Vem, querido vovozinho" — continuou Vanka — Peço a você em nome de Jesus Cristo, Nosso Senhor, leva-me embora daqui. Tenha pena deste órfão infeliz e me batem sempre e tenho muita fome e a tristeza é tão grande que nem sei dizer, fico sempre chorando. Outro dia, o patrão me bateu na cabeça com a forma com tanta força que eu caí e a custo voltei a mim. Minha vida é uma perdição, pior que de um cachorro... Estou mandando lembranças para Aliona, ao torto Iegorka[6] e ao cocheiro, não dá para ninguém a minha harmônica. Aqui fica teu neto Ivan Júkov, querido vovozinho, vem."

Vanka dobrou em quatro a folha escrita e enfiou-a no envelope, comprado na véspera por um copeque... Depois de pensar um pouco, molhou a pena e escreveu o endereço:

Para o vovô na aldeia.

Em seguida, coçou-se, pensou um pouco e acrescentou: "Para Constantin Makáritch". Satisfeito por não ter sido atrapalhado por alguém enquanto escrevia, pôs o chapéu e, sem vestir o abrigo, saiu para a rua, em mangas de camisa...

Os empregados do açougue, que ele interrogara na véspera, haviam-lhe dito que as cartas se deixam em caixas de correio e que, daquelas caixas, são distribuídas por toda a terra, em trocas postais, com cocheiros bêbados e guizos sonoros. Vanka acercou-se correndo da primeira caixa de correio e enfiou pela fenda a carta preciosa...

Uma hora mais tarde, dormia profundamente, embalado por doces esperanças... Sonhava com um fogão. Em cima, está sentado o avô, os pés descalços e pendentes, e lê a carta às cozinheiras... Viun está dando voltas junto ao fogão, sacudindo o rabo...

(1886)

1. Diminutivo de Ivan.
2. Enguia.
3. Diminutivo de Fiódor.
4. Era costume, entre os camponeses russos, andar, na noite de Natal, de casa em casa, carregando uma estrela e entoando hinos ao nascimento de Jesus.
5. Medida de peso, correspondente a 40 libras russas ou 16.380 g.
6. Diminutivo de Iegor.

Fonte: Tchekhov, 2011d, p. 106-111.

O assunto do conto gira em torno de uma carta que o pequeno Vanka, órfão de nove anos, escreve a seu avô, Constantin Macáritch, na noite de Natal, apelando a este que o leve de volta para casa.

Embora seja o protagonista do conto, Vanka não é o narrador; porém, toda a atmosfera lírica do conto advém da carta de Vanka, em que fala de sua solidão, dos maus-tratos, do sofrimento e da sensação de abandono. É um depoimento comovente de uma criança abandonada. Você pode notar que, pela linguagem utilizada na carta, Vanka não tem ainda um domínio completo da língua escrita, o que não o impede de se comunicar com o avô e de transmitir a ele (e a nós, leitores) todo o seu sofrimento.

Assim como no conto examinado no capítulo anterior, "A esfinge sem segredo", há um narrador que instala uma personagem (Vanka), o protagonista do conto. A fala de Vanka ocupa o primeiro plano, eclipsando a voz do narrador.

Vejamos como esses dois elementos do conto são instalados e que papel cumprem. O conto se inicia com um narrador em terceira pessoa. Sua instalação se dá por meio de debreagem enunciva, ou seja, as marcas linguísticas da enunciação são apagadas no texto, o que confere um efeito de sentido de objetividade à narração. Assim começa o conto:

> Vanka Jukov, de nove anos, e que fora deixado três meses antes em casa do sapateiro Aliákhin, para que aprendesse o ofício, não se deitara para dormir na noite de Natal. [...]

Com o narrador, é instalado um tempo, que será bastante significativo no conto: a noite de Natal. É preciso, antes de mais nada, distinguir o tempo da enunciação (tempo enunciativo, o *agora*) do tempo do enunciado (tempo enuncivo, o *então*). A narrativa refere-se a um acontecimento passado em relação ao momento da enunciação (tempo enuncivo), como atestam as formas verbais do pretérito. Observe, no entanto, que nesse início de conto temos as seguintes marcas de indicação de tempo: "fora deixado", "três meses antes", "aprendesse", "deitara" e "na noite de Natal".

As formas verbais "fora deixado" e "deitara" marcam fatos passados em relação a um outro fato passado; portanto, trata-se de um passado do passado, ou, segundo a nomenclatura gramatical, do pretérito mais-que-perfeito. A expressão "três meses antes" explicita o tempo em que Vanka fora deixado, e "na noite de Natal" indica o momento em que ele "não se deitara para dormir".

A narrativa prossegue, e o leitor pode identificar o tempo que serve de marco a esse mais-que-perfeito, como podemos observar pelo seguinte trecho:

> Depois de esperar que os patrões e aprendizes saíssem para a missa, tirou do armário um frasco de tinta, uma caneta com pena enferrujada, estendeu na frente uma folha amassada de papel e pôs-se a escrever. Antes de traçar a primeira letra, olhou algumas vezes, assustado, para as portas e janelas, espiou de viés o ícone escuro, ladeado por prateleiras com formas de sapato, e emitiu um suspiro entrecortado. [...]

O passado a que nos referimos (o mais-que-perfeito) é passado em relação ao momento em que Vanka começa a escrever a carta, como atestam os verbos no pretérito perfeito: "tirou", "estendeu", "olhou", "pôs-se a escrever", "emitiu". Esse pretérito perfeito é o eixo adotado pelo narrador para organizar a temporalidade, e já sabemos que esse passado do conto é a noite de Natal.

Quanto ao espaço do conto, ele também é dado nas primeiras linhas: a ação se desenvolve na casa de Aliákhin, onde Vanka fora deixado três meses antes do Natal, a fim de que aprendesse o ofício de sapateiro.

Mas voltemos à categoria *tempo*, que é o assunto deste capítulo. Como se trata de um tempo do sistema do passado, temos uma debreagem temporal enunciva, pois o tempo do discurso não é concomitante à enunciação.

Do ponto de vista aspectual, "tirou", "olhou" e "emitiu" revelam o processo verbal como concluso (aspecto conclusivo); "pôs-se a escrever" apresenta o processo em seu início (aspecto incoativo). Assim, podemos afirmar que o conto "começa" quando Vanka se põe a escrever, e esse momento ocorre na noite de Natal, depois que os patrões e os aprendizes saíram para a missa. Podemos supor, então, que Vanka está sozinho na casa na noite de Natal.

Estabelecido o eixo temporal da narrativa, uma noite de Natal, de um passado anterior à enunciação, a temporalização será organizada em torno desse eixo.

Como mencionamos neste capítulo, com relação a um eixo estabelecido, a temporalização se articula na categoria /concomitância v. não concomitância/, sendo que a não concomitância se divide em anterioridade e posterioridade. A partir daí, é possível ler o conto e localizar no tempo cada acontecimento.

Avancemos um pouco e consideremos novamente o segundo parágrafo:

> "Querido vovô, Constantin Macáritch!", escreveu. "Te escrevo uma carta. Dou-lhe os parabéns pelo Natal e desejo a ti tudo o que te possa dar Deus, Nosso Senhor. Não tenho pai nem mãezinha, só me ficou você no mundo."

O primeiro detalhe que constatamos é que o narrador cede a voz à personagem Vanka, que expressa sua fala por meio do discurso direto (observe o uso das aspas). Essa delegação de voz implica que o texto agora é narrado em primeira pessoa, e não em terceira, como no parágrafo anterior, conforme comprovam as formas verbais quanto às categorias de pessoa e tempo: "escrevo", "dou", "desejo", "tenho". São todas de primeira pessoa (*eu*) e de tempo presente (*agora*).

O tempo

A instalação de um *eu* instala também um *tu*, a quem o *eu* se dirige. Esse interlocutor de Vanka, que está explicitado na carta, é seu avô. Quanto às categorias de pessoa e tempo, na carta de Vanka, temos debreagem enunciativa (*eu*, *agora*). O discurso em primeira pessoa confere um efeito de sentido de subjetividade à narração.

Identificamos até aqui duas vozes que falam no texto, mas com efeitos de sentido diferentes: a do narrador, em terceira pessoa (texto enuncivo), com efeito de sentido de objetividade, na medida em que há um afastamento da instância da enunciação, e a da personagem Vanka, cujo discurso é em primeira pessoa (texto enunciativo), com efeito de sentido de subjetividade. Vanka se dirige ao avô; o narrador se dirige a um narratário não explicitado no texto, que acaba identificando-se com o leitor virtual.

O que buscamos evidenciar é que, cada vez que alguém toma a palavra, instaura-se um eixo temporal. Como no conto a palavra é tomada pelo narrador e também por Vanka, temos dois sistemas temporais instalados no texto: um relativamente ao narrador, que é um tempo enuncivo, da ordem do *então*, e outro relativamente à personagem Vanka, que é enunciativo, da ordem do *agora*. O conto trabalha o tempo todo essa dupla temporalidade. Narra-se um fato passado, mas que é presentificado pela narrativa da própria personagem na carta que escreve ao avô.

Quando começamos a tratar do tempo, explicamos que o tempo físico e o cronológico se distinguem do tempo linguístico. Observe que, considerando-se os acontecimentos, o ato de escrever a carta é presente para Vanka, mas é passado para o narrador. O conto trabalha muito bem essa oposição temporal /passado v. presente/, que envolve outra a que nos referimos – /objetividade v. subjetividade/.

Analisemos agora o terceiro parágrafo:

> Vanka dirigiu os olhos para a janela escura, em que brilhava o reflexo da vela, e imaginou com nitidez seu avô, Constantin Macáritch, que trabalhava de guarda-noturno para os senhores Jivarióv. [...]

Nesse trecho, retorna o narrador em terceira pessoa, que narra de fora os acontecimentos. Observe que ele narra de perto o que "vê", pois é capaz de ver para onde Vanka dirige o olhar. Esse narrador não apenas vê tudo, mas também sabe tudo sobre a personagem, porque é capaz de narrar o que se passava na cabeça de Vanka ("imaginou com nitidez seu avô"). Trata-se de um narrador onisciente, portanto.

O narrador oniscente prossegue em sua narração, mas há uma mudança relativa à temporalização. Vejamos como continua o terceiro parágrafo:

> [...] É um velhinho miúdo, magricela, mas extraordinariamente vivo e ligeiro, de uns 65 anos, com rosto sempre risonho e olhos ébrios. Passa os dias dormindo na cozinha da criadagem ou gracejando com as cozinheiras e, de noite, vai caminhando em volta da propriedade, batendo a matraca, enrolado num amplo casaco de pele de carneiro. [...]

Vanka olhara para a janela escura e imaginara o avô, e o narrador começa a falar do avô de Vanka, descrevendo-o. Note agora os verbos no presente e não mais no passado: "é", "passa", "vai caminhando". O narrador onisciente narra, na verdade, o que se passa na imaginação de Vanka naquele instante, a figura do avô. É a voz do narrador, sim, mas o que se conta é o que Vanka imagina naquele momento, daí a descrição no presente.

E o narrador onisciente continua a falar do avô de Vanka no presente:

> Agora, certamente, o vovô está junto ao portão, franzindo os olhos para as janelas carmesins da igreja da aldeia, batendo o chão com suas botas de feltro e gracejando com a criadagem. Tem a matraca amarrada no cinto. Vai movendo os braços, encolhe-se de frio e, com um risinho senil, belisca ora uma arrumadeira, ora uma cozinheira.

Nesse trecho, o narrador e a personagem praticamente se fundem, na medida em que o narrador passa a narrar os fatos na perspectiva da personagem. A narração é a do *agora*, o momento em que Vanka imagina o avô. Quem fala é o narrador onisciente, mas quem vê é a personagem em sua imaginação. O uso de "vovô" pelo narrador em vez de "avô" mostra a simbiose absoluta entre ele e a personagem. O narrador não só narra o que Vanka vê em sua imaginação, como também sente o que este sente.

A alternância de vozes (e de tempos) prossegue. Volta Vanka com a escrita de sua carta:

> "E ontem eu apanhei. O patrão me arrastou pelos cabelos para o quintal e me surrou de cinto porque eu estava balançando o filhinho dele no berço e adormeci sem querer. E esta semana a patroa me mandou limpar um arenque e eu comecei pelo rabo e ela ficou empurrando a cabeça do arenque na minha fuça. [...]"

As formas verbais "apanhei", "arrastou", "surrou", "estava", "adormeci", "mandou limpar" e "comecei" referem-se a fatos passados ocorridos anteriormente ao momento em que Vanka escreve a carta, ou seja, a noite de Natal. São fatos de um passado próximo: "ontem" e "esta semana", ou seja, a semana que está correndo enquanto escreve, a semana do Natal, portanto.

Vejamos agora a parte final da carta de Vanka:

> "Vem, querido vovozinho" — continuou Vanka — Peço a você em nome de Jesus Cristo, Nosso Senhor, leva-me embora daqui. Tenha pena deste órfão infeliz e me batem sempre e tenho muita fome e a tristeza é tão grande que nem sei dizer, fico sempre chorando. Outro dia, o patrão me bateu na cabeça com a forma com tanta força que eu caí e a custo voltei a mim. Minha vida é uma perdição, pior que de um cachorro... Estou mandando lembranças para Aliona, ao torto Iegorka e ao cocheiro, não dá para ninguém a minha harmônica. Aqui fica teu neto Ivan Júkov, querido vovozinho, vem."

Trata-se de um comovente e desesperado apelo do pequeno órfão Vanka, sozinho em uma noite Natal. É uma narração no presente, em que o menino faz um pedido. No Natal, todos ganham ou pedem presentes; o que Vanka pede é que o avô venha e o liberte do sofrimento.

Sugestões de atividades

1. Leia na íntegra o conto "Verde lagarto amarelo", de Lygia Fagundes Telles (2009c), e responda ao que segue:
   a) O conto se desenvolve em dois planos temporais. Quais são eles? A que correspondem?
   b) As narrativas, além de se desenrolarem em um tempo, desenvolvem-se em um espaço. Caracterize o espaço de "Verde lagarto amarelo".
   c) O conto explora algumas oposições, como /passado v. presente/ e /amor v. ódio/. Podemos afirmar que os irmãos Rodolfo e Eduardo também se opõem? Justifique.
   d) O título do conto contém uma ambiguidade: se o lagarto é verde, não pode ser amarelo. Como você explica essa ambiguidade?

As atividades 2 a 9 se referem ao conto "Missa do galo", de Machado de Assis. Leia-o com atenção antes de realizá-las.

Missa do galo

Nunca pude entender a conversação que tive com uma senhora, há muitos anos, contava eu dezessete, ela trinta. Era noite de Natal. Havendo ajustado com um vizinho irmos à missa do galo, preferi não dormir; combinei que eu iria acordá-lo à meia-noite.

A casa em que eu estava hospedado era a do escrivão Meneses, que fora casado, em primeiras núpcias, com uma de minhas primas. A segunda mulher, Conceição, e a mãe desta acolheram-me bem quando vim de Mangaratiba para o Rio de Janeiro, meses antes, a estudar preparatórios. Vivia tranquilo, naquela casa assobradada da Rua do Senado, com os meus livros, poucas relações, alguns passeios. A família era pequena, o escrivão, a mulher, a sogra e duas escravas. Costumes velhos. Às dez horas da noite toda a gente estava nos quartos; às dez e meia a casa dormia. Nunca tinha ido ao teatro, e mais de uma vez, ouvindo dizer ao Meneses que ia ao teatro, pedi-lhe que me levasse consigo. Nessas ocasiões, a sogra fazia uma careta, e as escravas riam à socapa; ele não respondia, vestia-se, saía e só tornava na manhã seguinte. Mais tarde é que eu soube que o teatro era um eufemismo em ação. Meneses trazia amores com uma senhora, separada do marido, e dormia fora de casa uma vez por semana. Conceição padecera, a princípio, com a existência da comborça; mas afinal, resignara-se, acostumara-se, e acabou achando que era muito direito.

Boa Conceição! Chamavam-lhe "a santa", e fazia jus ao título, tão facilmente suportava os esquecimentos do marido. Em verdade, era um temperamento moderado, sem extremos, nem grandes lágrimas, nem grandes risos. No capítulo de que trato, dava para maometana; aceitaria um harém, com as aparências salvas. Deus me perdoe, se a julgo mal. Tudo nela era atenuado e passivo. O próprio rosto era mediano, nem bonito nem feio. Era o que chamamos uma pessoa simpática. Não dizia mal de ninguém, perdoava tudo. Não sabia odiar; pode ser até que não soubesse amar.

Naquela noite de Natal foi o escrivão ao teatro. Era pelos anos de 1861 ou 1862. Eu já devia estar em Mangaratiba, em férias; mas fiquei até o Natal para ver "a missa do galo na Corte". A família recolheu-se à hora do costume; eu meti-me na sala da frente, vestido e pronto. Dali passaria ao corredor da entrada e sairia sem acordar ninguém. Tinha três chaves a porta; uma estava com o escrivão, eu levaria outra, a terceira ficava em casa.

— Mas, Sr. Nogueira, que fará você todo esse tempo? perguntou-me a mãe de Conceição.

— Leio, D. Inácia.

Tinha comigo um romance, Os Três Mosqueteiros, velha tradução creio do Jornal do Comércio. Sentei-me à mesa que havia no centro da sala, e à luz de um candeeiro de querosene, enquanto a casa dormia, trepei ainda uma vez ao cavalo magro de D'Artagnan e fui-me às aventuras. Dentro em pouco estava completamente ébrio de Dumas. Os minutos voavam, ao contrário do que costumam fazer, quando são de espera; ouvi bater onze horas, mas quase sem dar por elas, um acaso. Entretanto, um pequeno rumor que ouvi dentro veio acordar-me da leitura. Eram uns passos no corredor que ia da sala de visitas à de jantar; levantei a cabeça; logo depois vi assomar à porta da sala o vulto de Conceição.

— Ainda não foi? perguntou ela.

— Não fui, parece que ainda não é meia-noite.

— Que paciência!

Conceição entrou na sala, arrastando as chinelinhas da alcova. Vestia um roupão branco, mal apanhado na cintura. Sendo magra, tinha um ar de visão romântica, não disparatada com o meu livro de aventuras. Fechei o livro, ela foi sentar-se na cadeira que ficava defronte de mim, perto do canapé. Como eu lhe perguntasse se a havia acordado, sem querer, fazendo barulho, respondeu com presteza:

— Não! qual! Acordei por acordar.

Fitei-a um pouco e duvidei da afirmativa. Os olhos não eram de pessoa que acabasse de dormir; pareciam não ter ainda pegado no sono. Essa observação, porém, que valeria alguma cousa em outro espírito, depressa a botei fora, sem advertir que talvez não dormisse justamente por minha causa, e mentisse para me não afligir ou aborrecer. Já disse que ela era boa, muito boa.

— Mas a hora já há de estar próxima, disse eu.
— Que paciência a sua de esperar acordado, enquanto o vizinho dorme! E esperar sozinho! Não tem medo de almas do outro mundo? Eu cuidei que se assustasse quando me viu.
— Quando ouvi os passos estranhei: mas a senhora apareceu logo.
— Que é que estava lendo? Não diga, já sei, é o romance dos Mosqueteiros.
— Justamente: é muito bonito.
— Gosta de romances?
— Gosto.
— Já leu a Moreninha?
— Do Dr. Macedo? Tenho lá em Mangaratiba.
— Eu gosto muito de romances, mas leio pouco, por falta de tempo. Que romances é que você tem lido?

Comecei a dizer-lhe os nomes de alguns. Conceição ouvia-me com a cabeça reclinada no espaldar, enfiando os olhos por entre as pálpebras meio cerradas, sem os tirar de mim. De vez em quando passava a língua pelos beiços, para umedecê-los. Quando acabei de falar, não me disse nada; ficamos assim alguns segundos. Em seguida, vi-a endireitar a cabeça, cruzar os dedos e sobre eles pousar o queixo, tendo os cotovelos nos braços da cadeira, tudo sem desviar de mim os grandes olhos espertos.

"Talvez esteja aborrecida", pensei eu.

E logo alto:
— D. Conceição, creio que vão sendo horas, e eu...
— Não, não, ainda é cedo. Vi agora mesmo o relógio, são onze e meia. Tem tempo. Você, perdendo a noite, é capaz de não dormir de dia?
— Já tenho feito isso.
— Eu, não, perdendo uma noite, no outro dia estou que não posso, e, meia hora que seja, hei de passar pelo sono. Mas também estou ficando velha.

— Que velha o que, D. Conceição?

Tal foi o calor da minha palavra que a fez sorrir. De costume tinha os gestos demorados e as atitudes tranquilas; agora, porém, ergueu-se rapidamente, passou para o outro lado da sala e deu alguns passos, entre a janela da rua e a porta do gabinete do marido. Assim, com o desalinho honesto que trazia, dava-me uma impressão singular. Magra embora, tinha não sei que balanço no andar, como quem lhe custa levar o corpo; essa feição nunca me pareceu tão distinta como naquela noite. Parava algumas vezes, examinando um trecho de cortina ou concertando a posição de algum objeto no aparador; afinal deteve-se, ante mim, com a mesa de permeio. Estreito era o círculo das suas ideias; tornou ao espanto de me ver esperar acordado; eu repeti-lhe o que ela sabia, isto é, que nunca ouvira missa do galo na Corte, e não queria perdê-la.

— É a mesma missa da roça; todas as missas se parecem.

— Acredito; mas aqui há de haver mais luxo e mais gente também. Olhe, a semana santa na Corte é mais bonita que na roça. S. João não digo, nem Santo Antônio...

Pouco a pouco, tinha-se reclinado; fincara os cotovelos no mármore da mesa e metera o rosto entre as mãos espalmadas. Não estando abotoadas as mangas, caíram naturalmente, e eu vi-lhe metade dos braços, muito claros, e menos magros do que se poderiam supor. A vista não era nova para mim, posto também não fosse comum; naquele momento, porém, a impressão que tive foi grande. As veias eram tão azuis, que apesar da pouca claridade, podia contá-las do meu lugar. A presença de Conceição espertara-me ainda mais que o livro. Continuei a dizer o que pensava das festas da roça e da cidade, e de outras cousas que me iam vindo à boca. Falava emendando os assuntos, sem saber por que, variando deles ou tornando aos primeiros, e rindo para fazê-la sorrir e ver-lhe os dentes que luziam de brancos, todos iguaizinhos. Os olhos dela não eram bem negros, mas escuros; o nariz, seco e longo, um tantinho curvo, dava-lhe ao rosto um ar interrogativo. Quando eu alteava um pouco a voz, ela reprimia-me:

— Mais baixo! mamãe pode acordar.

E não saía daquela posição, que me enchia de gosto, tão perto ficavam as nossas caras. Realmente, não era preciso falar alto para ser ouvido: cochichávamos os dous, eu mais que ela, porque falava mais; ela, às vezes, ficava séria, muito séria, com a testa um pouco franzida. Afinal, cansou, trocou de atitude e de lugar. Deu volta à mesa e veio sentar-se do meu lado, no canapé. Voltei-me e pude ver, a furto, o bico das chinelas; mas foi só o tempo que ela gastou em sentar-se, o roupão era comprido e cobriu-as logo. Recordo-me que eram pretas. Conceição disse baixinho:

— Mamãe está longe, mas tem o sono muito leve, se acordasse agora, coitada, tão cedo não pegava no sono.

— Eu também sou assim.

— O quê? perguntou ela inclinando o corpo, para ouvir melhor.

Fui sentar-me na cadeira que ficava ao lado do canapé e repeti-lhe a palavra. Riu-se da coincidência; também ela tinha o sono leve; éramos três sonos leves.

— Há ocasiões em que sou como mamãe, acordando, custa-me dormir outra vez, rolo na cama, à toa, levanto-me, acendo vela, passeio, torno a deitar-me e nada.

— Foi o que lhe aconteceu hoje.

— Não, não, atalhou ela.

Não entendi a negativa; ela pode ser que também não a entendesse. Pegou das pontas do cinto e bateu com

O tempo

elas sobre os joelhos, isto é, o joelho direito, porque acabava de cruzar as pernas. Depois referiu uma história de sonhos, e afirmou-me que só tivera um pesadelo, em criança. Quis saber se eu os tinha. A conversa reatou-se assim lentamente, longamente, sem que eu desse pela hora nem pela missa. Quando eu acabava uma narração ou uma explicação, ela inventava outra pergunta ou outra matéria e eu pegava novamente na palavra. De quando em quando, reprimia-me:

— Mais baixo, mais baixo...

Havia também umas pausas. Duas outras vezes, pareceu-me que a via dormir; mas os olhos, cerrados por um instante, abriam-se logo sem sono nem fadiga, como se ela os houvesse fechado para ver melhor. Uma dessas vezes creio que deu por mim embebido na sua pessoa, e lembra-me que os tornou a fechar, não sei se apressada ou vagarosamente. Há impressões dessa noite, que me aparecem truncadas ou confusas. Contradigo-me, atrapalho-me. Uma das que ainda tenho frescas é que em certa ocasião, ela, que era apenas simpática, ficou linda, ficou lindíssima. Estava de pé, os braços cruzados; eu, em respeito a ela, quis levantar-me; não consentiu, pôs uma das mãos no meu ombro, e obrigou-me a estar sentado. Cuidei que ia dizer alguma cousa; mas estremeceu, como se tivesse um arrepio de frio voltou as costas e foi sentar-se na cadeira, onde me achara lendo. Dali relanceou a vista pelo espelho, que ficava por cima do canapé, falou de duas gravuras que pendiam da parede.

— Estes quadros estão ficando velhos. Já pedi a Chiquinho para comprar outros.

Chiquinho era o marido. Os quadros falavam do principal negócio deste homem. Um representava "Cleópatra"; não me recordo o assunto do outro, mas eram mulheres. Vulgares ambos; naquele tempo não me pareciam feios.

— São bonitos, disse eu.
— Bonitos são; mas estão manchados. E depois francamente, eu preferia duas imagens, duas santas. Estas são mais próprias para sala de rapaz ou de barbeiro.
— De barbeiro? A senhora nunca foi a casa de barbeiro.
— Mas imagino que os fregueses, enquanto esperam, falam de moças e namoros, e naturalmente o dono da casa alegra a vista deles com figuras bonitas. Em casa de família é que não acho próprio. É o que eu penso, mas eu penso muita cousa assim esquisita. Seja o que for, não gosto dos quadros. Eu tenho uma Nossa Senhora da Conceição, minha madrinha, muito bonita; mas é de escultura, não se pode pôr na parede, nem eu quero. Está no meu oratório.

A ideia do oratório trouxe-me a da missa, lembrou-me que podia ser tarde e quis dizê-lo. Penso que cheguei a abrir a boca, mas logo a fechei para ouvir o que ela contava, com doçura, com graça, com tal moleza que trazia preguiça à minha alma e fazia esquecer a missa e a igreja. Falava das suas devoções de menina e moça. Em seguida referia umas anedotas de baile, uns casos de passeio, reminiscências de Paquetá, tudo de mistura, quase sem interrupção. Quando cansou do passado, falou do presente, dos negócios da casa, das canseiras de família, que lhe diziam ser muitas, antes de casar, mas não eram nada. Não me contou, mas eu sabia que casara aos vinte e sete anos.

Já agora não trocava de lugar, como a princípio, e quase não saíra da mesma atitude. Não tinha os grandes olhos compridos, e entrou a olhar à toa para as paredes.

— Precisamos mudar o papel da sala, disse daí a pouco, como se falasse consigo.

Concordei, para dizer alguma cousa, para sair da espécie de sono magnético, ou o que quer que era que me tolhia a língua e os sentidos. Queria e não queria acabar a conversação; fazia esforço para arredar os olhos dela, e arredava-os por um sentimento de respeito; mas a ideia de parecer que era aborrecimento, quando não era, levava-me os olhos outra vez para Conceição. A conversa ia morrendo. Na rua, o silêncio era completo.

Chegamos a ficar por algum tempo, — não posso dizer quanto, — inteiramente calados. O rumor único e escasso, era um roer de camundongo no gabinete, que me acordou daquela espécie de sonolência; quis falar dele, mas não achei modo. Conceição parecia estar devaneando. Subitamente, ouvi uma pancada na janela, do lado de fora, e uma voz que bradava: "Missa do galo! missa do galo!"

— Aí está o companheiro, disse ela levantando-se. Tem graça; você é que ficou de ir acordá-lo, ele é que vem acordar você. Vá, que hão de ser horas; adeus.

— Já serão horas? perguntei.

— Naturalmente

— Missa do galo! — repetiram de fora, batendo.

— Vá, vá, não se faça esperar. A culpa foi minha. Adeus até amanhã.

E com o mesmo balanço do corpo, Conceição enfiou pelo corredor dentro, pisando mansinho. Saí à rua e achei o vizinho que esperava. Guiamos dali para a igreja. Durante a missa, a figura de Conceição interpôs-se mais de uma vez, entre mim e o padre; fique isto à conta dos meus dezessete anos. Na manhã seguinte, ao almoço falei da missa do galo e da gente que estava na igreja sem excitar a curiosidade de Conceição. Durante o dia, achei-a como sempre, natural, benigna, sem nada que fizesse lembrar a conversação da véspera. Pelo Ano-Bom

> fui para Mangaratiba. Quando tornei ao Rio de Janeiro em março, o escrivão tinha morrido de apoplexia. Conceição morava no Engenho Novo, mas nem a visitei nem a encontrei. Ouvi mais tarde que casara com o escrevente juramentado do marido.
>
> Fonte: Assis, 2017d.

2. Do ponto de vista do sujeito, temos debreagem enunciativa, pois há um narrador instalado no texto (narração em primeira pessoa). E do ponto de vista temporal? O tempo é enunciativo ou enuncivo? Justifique.

3. O tempo em que se desenrolam os acontecimentos está explicitado no conto. Quando eles ocorreram?

4. Na questão anterior, você identificou o tempo cronológico dos acontecimentos. E quanto à duração? É possível determinar a duração dos acontecimentos? Em caso afirmativo, identifique-a.

5. Vamos considerar outros aspectos relativos ao tempo do conto: o tempo da enunciação e o tempo do enunciado. A segunda questão o fez identificar se o tempo é enunciativo ou enuncivo. A pergunta agora é: Entre o tempo da enunciação e o tempo do enunciado, qual é a distância temporal?

6. O narrador informa que "Às dez horas da noite toda a gente estava nos quartos; às dez e meia a casa dormia". Informa ainda que "A família recolheu-se à hora do costume; eu meti-me na sala da frente, vestido e pronto. Dali passaria ao corredor da entrada e sairia sem acordar ninguém". Às onze horas, Nogueira vê entrar na sala Conceição, com quem fica conversando até ser chamado pelo amigo para irem à missa do galo.

Levando-se em conta esses marcos temporais, quanto tempo aproximadamente Nogueira e Conceição conversaram? Considerando-se que o narrador pode acelerar ou desacelerar o andamento da narrativa, houve aceleração ou desaceleração? Justifique a opção escolhida pelo narrador.

7. O tempo apresenta direcionalidade, ou seja, caminha ou para frente ou para trás. Em "Missa do galo", qual é a direção temporal da matéria narrada?

8. Em determinado momento, o narrador afirma que "Os minutos voavam, ao contrário do que costumam fazer, quando são de espera". Considerando-se as formas de tempo comentadas neste capítulo, a que tipo de tempo o narrador faz referência?

9. O conto está centrado em uma conversa que o narrador (Nogueira) teve com Conceição durante pouco tempo na casa desta última, na véspera de Natal do ano de 1861 ou 1862. Responda:
    a) Nessa conversa, interessa mais o que não se diz do que aquilo que efetivamente se diz. O relato do narrador leva o leitor a imaginar que Conceição tinha um objetivo com a conversa. Qual?
    b) Ao narrar o que aconteceu naquela noite, Nogueira diz: "Nunca pude entender a conversação que tive com uma senhora, há muitos anos, contava eu dezessete, ela trinta". Tendo em vista o momento da enunciação dessa fala, você crê que Nogueira esteja dizendo a verdade?

Sugestões de leituras e filmes

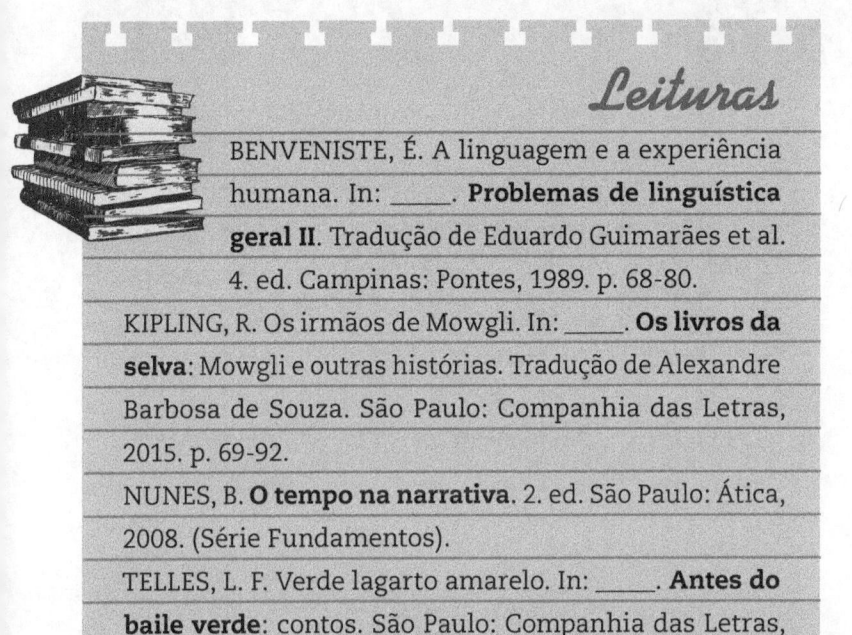

Leituras

BENVENISTE, É. A linguagem e a experiência humana. In: _____. **Problemas de linguística geral II**. Tradução de Eduardo Guimarães et al. 4. ed. Campinas: Pontes, 1989. p. 68-80.

KIPLING, R. Os irmãos de Mowgli. In: _____. **Os livros da selva**: Mowgli e outras histórias. Tradução de Alexandre Barbosa de Souza. São Paulo: Companhia das Letras, 2015. p. 69-92.

NUNES, B. **O tempo na narrativa**. 2. ed. São Paulo: Ática, 2008. (Série Fundamentos).

TELLES, L. F. Verde lagarto amarelo. In: _____. **Antes do baile verde**: contos. São Paulo: Companhia das Letras, 2009. p. 19-29.

O tempo

Filmes

- A CASA de areia. Direção: Andrucha Waddington. Brasil: Columbia Pictures do Brasil, 2005. 103 min.

- A MÁQUINA do tempo. Direção: Simon Wells. Estados Unidos: Warner Bros., 2002. 96 min.

- 1984. Direção: Michael Radford. Reino Unido, 1984. 113 min.

- O ESPELHO. Direção: Andrei Tarkovski. União Soviética, 1975. 105 min.

Capítulo 8

espaço
o espaço

A história narrada diz respeito a sujeitos cujas ações e transformações ocorrem no tempo e no espaço. Pessoa, tempo e espaço são categorias da enunciação, assunto que estamos examinando desde o Capítulo 4. Abordamos a categoria pessoa em dois capítulos deste livro. Fizemos isso primeiramente quando tratamos do foco narrativo, no Capítulo 5, no qual expusemos que o sujeito da enunciação, desdobrado em enunciador e enunciatário, actantes da comunicação, delega a voz a um narrador, que pode ou não estar instalado no texto, por meio de um mecanismo denominado debreagem. Tratamos também do sujeito da enunciação quando nos dedicamos à análise da personagem, no Capítulo 6, a qual pode ser o próprio narrador ou ser instalada por debreagem interna. Quanto à categoria tempo, nós a apresentamos em detalhes no capítulo anterior.

Neste capítulo, nosso foco será a categoria *espaço*. Demonstraremos que, ao contrário da pessoa e do tempo, o espaço pode não estar explicitado no enunciado e ainda que, assim como o tempo, o espaço pode ser enunciativo, quando corresponde ao espaço da enunciação (o *aqui*), ou enuncivo, quando corresponde a um espaço fora da cena enunciativa (o *alhures*).

8.1
Espaço enunciativo e espaço enuncivo

Das categorias da enunciação, o espaço é a menos estudada. Enquanto a pessoa e o tempo estão sempre marcados na língua por meio de morfemas gramaticais (desinências), isso não ocorre com o espaço, que é marcado por palavras e expressões, podendo até estar ausente dos textos. Lembremos as palavras de José Luiz Fiorin (2001, p. 258): "Parece que a linguagem valoriza mais a localização temporal que a espacial, pois podemos falar sem dar nenhuma indicação espacial, quer em relação ao enunciador, quer em relação a um ponto de referência inscrito no enunciado".

A debreagem instala a categoria *pessoa* e as coordenadas espaçotemporais. Espaço e tempo podem corresponder ou não ao momento da enunciação. Quando correspondem, temos debreagem espacial e debreagem temporal enunciativas. Quando não correspondem, temos debreagem espacial e debreagem temporal enuncivas.

Fixemo-nos na categoria *espaço*. No discurso, o espaço se organiza a partir do *aqui* (espaço da enunciação), que se opõe ao espaço fora da enunciação (o *não aqui*, o *alhures*). Dessa forma, há duas ordens de espaço: o **enunciativo (espaço do aqui)** e o **enuncivo (espaço do não aqui)**. Os efeitos de sentido serão, respectivamente, os de **proximidade** e de **distanciamento** da enunciação.

Fiorin (2001, p. 259), apoiado em Jean-Pierre Vernant (1973), afirma que o espaço articula-se "em torno de categorias como interioridade vs. exterioridade, fechamento vs. abertura, fixidez vs. mobilidade, que são homólogas à categoria feminilidade vs. masculinidade". Na cosmologia grega, o espaço aparece divido em camadas: a superior é a dos deuses, a do meio constitui a dos homens, e a inferior, a da morte e dos deuses subterrâneos. Vernant ainda associa a direita àquilo que é propício e a esquerda àquilo que é sinistro. Acrescentamos que, relacionadas à espacialização dos seres no discurso, temos também categorias como /proximidade v. afastamento/ (relativas à distância), /verticalidade v. horizontalidade/ (relativas à direcionalidade) e /englobado v. englobante/ (relativas à abrangência).

No tempo, o *agora* é o marco de referência; na categoria *espaço*, a referência é o *aqui*. Para Fiorin (2001, p. 262), "o espaço linguístico ordena-se a partir do *hic*, ou seja, do lugar do *ego*. Todos os objetos são assim localizados, sem que tenha importância seu lugar no mundo, pois aquele que os situa se coloca como centro e ponto de referência da localização".

O Quadro 8.1 sintetiza os dois tipos de debreagem.

Quadro 8.1 – Tipos de debreagem

	Debreagem	
	Enunciativa	Enunciva
Actancial (pessoa)	eu	ele
Espacial (espaço)	aqui	alhures
Temporal (tempo)	agora	então

Como mencionamos, entre as três categorias da enunciação, as de pessoa e tempo estão sempre presentes no texto, isso porque são marcadas por morfemas presos, isto é, elementos mórficos que se juntam a um radical, no caso, as desinências pessoais e temporais.

A seguir, reproduzimos o início do conto "O homem que sabia javanês", de Lima Barreto.

> Em uma confeitaria, certa vez, ao meu amigo Castro, contava eu as partidas que havia pregado às convicções e às responsabilidades para poder viver.
>
> Houve mesmo, uma dada ocasião, quando estive em Manaus, em que fui obrigado a esconder a minha qualidade de bacharel, para mais confiança obter dos clientes, que afluíam ao meu escritório de feiticeiro e adivinho. Contava eu isso.

Fonte: Barreto, 2001, p. 55.

A forma verbal "contava", por meio da desinência temporal "-va", indica que se trata de narrativa de tempo passado. A expressão "certa vez", que também indica tempo, se retirada do texto, não altera a localização da narrativa no tempo passado. É usada para indicar a imprecisão temporal do fato ocorrido.

O espaço

A forma "havia pregado", uma forma composta do pretérito mais-que-perfeito, refere-se também a acontecimento passado, mas agora em relação ao passado "contava". Trata-se, pois, de um passado do passado. A forma "houve", pretérito perfeito, situa o acontecimento no passado em relação ao momento da enunciação. É, portanto, um passado do presente. O indicador temporal "em um dado momento" também é usado para indicar que esse momento localizado no passado é vago. As formas verbais "estive", "fui" e "afluíam" igualmente situam o acontecimento no passado em relação ao momento da enunciação.

Contudo, as desinências, como você pode observar, não explicitam apenas o tempo, mas também a pessoa. As formas verbais "estive" e "fui" indicam o sujeito *eu*, que exerce a função de narrador. Esse *eu*, com a forma verbal "contava", aparece explicitado: "contava eu".

O espaço, por sua vez, não é indicado por nenhum morfema preso, pois não existem na língua portuguesa desinências espaciais, de sorte que sua indicação nos textos é feita por palavras e/ou sintagmas adverbiais que indicam lugar (pronomes demonstrativos, advérbios e expressões e locuções adverbiais). No trecho apresentado, as formas "em uma confeitaria", "em Manaus" e "meu escritório de feiticeiro e adivinho" são usadas para indicar a localização espacial dos acontecimentos.

Como explicamos, o espaço pode ser enunciativo, quando corresponde ao lugar da enunciação (o *aqui*), ou enuncivo, quando corresponde a um lugar fora da cena da enunciação (o *alhures*). No texto de Lima Barreto, "em uma confeitaria" e "em Manaus" são espaços enuncivos, pois designam espaços fora do lugar da enunciação; já "meu escritório de feiticeiro e adivinho" é um espaço enunciativo, pois corresponde ao espaço do sujeito da enunciação.

8.2
Espaço físico, espaço social e espaço psicológico

Há uma perfeita integração entre personagens e espaço, na medida em que aquelas se movimentam neste. O espaço pode ser entendido como um **lugar físico**, que se constitui no cenário da narrativa. Nesse sentido, pode ser **fechado**, como uma sala ou uma casa, conforme encontramos no conto "A causa secreta", de Machado de Assis (2017b), ou **aberto**, como uma cidade, o que pode ser ilustrado com o que ocorre no conto "A nova Califórnia", de Lima Barreto (2017), cujas ações ocorrem na cidade de Tubiacanga.

Pertencem ao espaço físico os elementos que o constituem, como, no caso do conto "A nova Califórnia", o cemitério, a botica, a casa do químico, pois são englobados pela cidade de Tubiacanga (espaço englobante).

Mas é importante considerarmos que as personagens não se locomovem apenas em um espaço físico; há também um **espaço social**. No conto "Diante da lei", de Franz Kafka (1999), que analisamos no Capítulo 1, o espaço físico não é muito explicitado. Sabemos apenas que há um sujeito que está diante de uma porta e um porteiro que impede que ele passe por essa porta para entrar na lei. Lendo o conto, no entanto, tomamos contato com um espaço em que tudo é insólito, absurdo, burocratizado. Não é o componente físico do espaço que é ressaltado, mas seu componente social. Kafka nos mostra que o ser humano vive em um espaço social em que o acesso à justiça, ao direito é dificultado.

O espaço pode corresponder ao mundo interior da personagem, manifestado pelo monólogo interior. Nesse caso, falamos em **espaço psicológico**. Nos contos de Clarice Lispector, podemos encontrar vários exemplos em que isso ocorre.

No conto "O búfalo" (2016d), por exemplo, a ambientação ocorre em um jardim zoológico, espaço físico. A protagonista se movimenta nesse espaço, indo de jaula em jaula, observando os animais para ver se com eles aprende a odiar o homem que amava. Entretanto, a cada parada diante de uma jaula, o que emerge é o mundo interior da personagem e é isso que o conto pretende mostrar. Outro conto da mesma autora, "Amor", começa assim:

> Um pouco cansada, com as compras deformando o novo saco de tricô, Ana subiu no bonde. Depositou o volume no colo e o bonde começou a andar. Recostou-se no banco procurando conforto, num suspiro de meia satisfação.

Fonte: Lispector, 2016b, p. 145.

Um narrador onisciente coloca o narratário diante da protagonista, que está em um espaço físico fechado, um bonde que se locomove pela cidade. Em determinado momento, a personagem vê um cego parado no ponto. A partir desse acontecimento, o mundo interior da personagem vem à tona e o espaço físico cede lugar ao espaço psicológico, manifestado pelo monólogo interior. Osman Lins (1976), que se refere ao conto "Amor" como "um dos mais fascinantes exemplos de ser humano com função espacial" (p. 70), afirma que "a atmosfera do conto, igualmente opressiva, é obtida por intermédio da personagem, mediante subjetivação do cenário. Baseia-se o conto nas relações de Ana com o exterior. Isto num grau tão elevado que o horizonte do espaço, pode-se dizer, coincide com o mundo" (p. 75).

8.3
Organização do espaço narrativo

Como afirmamos, do ponto de vista linguístico, a categoria *espaço* é marcada pelos pronomes demonstrativos e por advérbios e expressões adverbiais de lugar. Os pronomes demonstrativos (*este(a)*, *esse(a)*, *aquele(a)*), nos textos, podem exercer **função dêitica** ou **anafórica**. Como salientamos em outro trabalho (Terra, 2014), dêiticos são expressões linguísticas cuja interpretação depende da pessoa, do lugar e do momento em que são enunciadas. Por exemplo: *eu* designa a pessoa que fala *eu*. Expressões como *aqui* e *agora* devem ser interpretadas em função do lugar e do momento em que se encontra aquele que fala ao dizer *aqui* e *agora*. A função dos dêiticos é, pois, "mostrar". Anafóricos são expressões linguísticas empregadas com o propósito de retomar algo já dito no enunciado; sua função é, pois, "lembrar".

Os pronomes demonstrativos em função dêitica articulam-se de acordo com a oposição /espaço da enunciação v. espaço fora da cena da enunciação/. Ao espaço da enunciação correspondem os pronomes demonstrativos *este(a)/esse(a)*. O primeiro se refere ao enunciador, portanto àquele que diz *eu*; o segundo, ao enunciatário (*tu/você*). Ao espaço fora da cena enunciativa corresponde o demonstrativo *aquele(a)*.

Ressaltamos que, no português brasileiro contemporâneo, observa-se uma neutralização dos pronomes *este(a)/esse(a)*, com o uso do segundo para marcar tanto o enunciador quanto o enunciatário.

Os advérbios de lugar constituem um sistema dicotômico, articulando-se na categoria /espaço da enunciação v. espaço fora da enunciação/; logo, podemos falar em advérbios de lugar enunciativos, os que correspondem ao espaço da enunciação, e enuncivos, os que correspondem ao espaço fora da cena enunciativa.

São advérbios de lugar enunciativos: *aqui, aí, ali, cá* e *lá*. *Aqui* e *aí* correspondem à cena da enunciação: o primeiro designa o espaço do enunciador (*eu*); o segundo, o do enunciatário (*tu/você*). *Ali* designa o espaço fora da cena enunciativa. *Cá* e *lá* formam um par em que o primeiro se refere à cena da enunciação e o segundo, à cena fora da enunciação.

São advérbios de lugar enuncivos: *algures, alhures, nenhures*. No português brasileiro contemporâneo, esses advérbios são muito pouco usados, sendo substituídos, respectivamente, pelas expressões adverbiais *em algum lugar, em outro lugar, em nenhum lugar*.

No Quadro 8.2, apresentamos os pronomes demonstrativos e os advérbios em função espacial.

Quadro 8.2 – Categorias gramaticais e espaço

		Demonstrativo	Advérbio
Enunciador (*eu*)	Espaço da enunciação	este	aqui, cá
Enunciatário (*tu/você*)		esse	aí
	Espaço fora da enunciação	aquele	lá

Em síntese, é importante que você atente para o fato de que, embora o espaço nem sempre esteja explicitado nos contos, quando ele está presente, pode ser constitutivo do sentido, e não apenas um mero cenário em que as personagens se deslocam, isto é, o espaço integra-se com os demais elementos da narrativa (tempo e pessoa), constituindo um todo de sentido.

Conto comentado

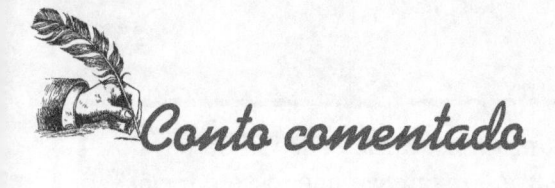

O conto que você vai ler a seguir foi escrito pela escritora brasileira Edla Van Steen (1936-), autora de romances, contos e peças de teatro.

Intimidade

Para mim esta é a melhor hora do dia — Ema disse, voltando do quarto dos meninos. — Com as crianças na cama, a casa fica tão sossegada.

— Só que já é noite — a amiga corrigiu, sem tirar os olhos da revista.

Ema agachou-se para recolher o quebra-cabeça esparramado pelo chão.

— É força de expressão, sua boba. O dia acaba quando eu vou dormir, isto é, o dia tem vinte e quatro horas e a semana tem sete dias, não está certo? — descobriu um sapato sob a poltrona. Pegou-o e, quase deitada no tapete, procurou o par embaixo dos outros móveis. — Não sei por que a empregada não reúne essas coisas antes de ir se deitar — empilhou os objetos no degrau da escada. — Afinal, é paga para isso, não acha?

— Às vezes é útil a gente fechar os olhos e fingir que não está notando os defeitos. Ela é boa babá, o que é mais importante.

Ema concordou. Era bom ter uma amiga tão experiente. Nem precisa ser da mesma idade — deixou-se cair no sofá — Bárbara, muito mais sábia. Examinou-a a ler: uma linha de luz dourada valorizava o perfil privilegiado. As duas eram tão inseparáveis quanto seus maridos, colegas de escritório. Até ter filhos juntas conseguiram, acreditasse quem quisesse. Tão gostoso, ambas no hospital. A semelhança física teria contribuído para o perfeito entendimento? "Imaginava que fossem irmãs", muitos diziam, o que sempre causava satisfação.

— O que está se passando nessa cabecinha? — Bárbara estranhou a amiga, só doente pararia quieta. Admirou-a: os cabelos soltos, caídos no rosto, escondiam os olhos cinza, azuis ou verdes, conforme o reflexo da roupa. De que cor estariam hoje? — inclinou-se — estão cinza.

Ema aprumou o corpo.

— Pensava que se nós morássemos numa casa grande, vocês e nós... Bárbara sorriu. Também ela uma vez tivera a ideia — pegou o isqueiro e acendeu dois cigarros, dando um a Ema, que agradeceu com o gesto habitual: aproximou o dedo indicador dos lábios e soltou um beijo no ar.

— As crianças brigariam o tempo todo.

Novamente a amiga tinha razão. Os filhos não se suportavam, discutiam por qualquer motivo, ciúme doentio de tudo. O que sombreava o relacionamento dos casais.

— Pelo menos podíamos morar mais perto, então.

Ema terminava o cigarro, que preguiça. Se o marido estivesse em casa seria obrigada a assistir à televisão, porque ele mal chegava, ia ligando o aparelho, ainda que soubesse que ela detestava sentar que nem múmia diante do aparelho — levantou-se, repelindo a lembrança. Preparou uma jarra de limonada. Por que todo aquele interesse de Bárbara na revista? Reformulou a pergunta em voz alta.

— Nada em especial. Uma pesquisa sobre o comportamento das crianças na escola, de como se modificam as personalidades longe dos pais.

No momento em que Ema depositava o refresco na mesa, ouviu-se um estalo.

— Porcaria, meu sutiã arrebentou.
— A alça?
— Deve ter sido o fecho — ergueu a blusa — veja.
Bárbara fez várias tentativas para fechá-lo.
— Não dá, quebrou pra valer.
Ema serviu a limonada. Depois, passou a mão pelo busto.
— Você acha que eu tenho seio demais?
— Claro que não. Os meus são maiores...
— Está brincando — Ema sorriu e bebeu o suco em goles curtos, ininterruptos.
— Duvida? Pode medir...
— De sutiã não vale — argumentou. — Vamos lá em cima. A gente se despe e compara — aproveitou a subida para recolher a desordem empilhada. Fazia questão de manter a casa impecável. Bárbara pensou que a amiga talvez tivesse um pouco de neurose com arrumação.
Ema acendeu a luz do quarto.
— Comprou lençóis novos?
— Mamãe mandou de presente. Chegaram ontem. Esqueci de contar. Não são lindos?
— São.
— A velha tem gosto — Ema disse, enquanto se despia em frente ao espelho. Bárbara imitou-a.
É muito bonita — Ema reconheceu. Cintura fina, pele sedosa, busto rosado e um dorso infantil. Porém, ela não perdia em atributos, igualmente favorecida pela sorte. Louras e esguias, seriam modelos fotográficos, o que entendessem, em se tratando de usar o corpo — não é, Bárbara?
— Decididamente perdi o campeonato. Em matéria de tamanho os seus seios são maiores do que os meus — a outra admitiu, confrontando.
Carinhosa, Ema acariciou as costas da amiga, que sentiu um arrepio.

— O que não significa nada, de acordo? — deu-lhe um beijo.
— Credo, Ema, suas mãos estão geladas e com este calor...
— É má circulação.
— Coitadinha — Bárbara esfregou-as vigorosamente.
— Você precisa fazer massagens e exercícios, assim — abria e fechava os dedos, esticando e contraindo na palma. — Experimente.

Eram tão raros os instantes de intimidade e tão bons. Conversaram sobre as crianças, os maridos, os filmes da semana. Davam-se maravilhosamente — Bárbara suspirou e se dirigiu à janela: viu telhados escuros e misteriosos. Ela adoraria ser invisível para entrar em todas as casas e devassar aquelas vidas estranhas. Costumava diminuir a marcha do carro nos pontos de ônibus e tentar adivinhar segredos nos rostos vagos das filas. Isso acontecia nos seus dias de tristeza. Alguma coisa em algum lugar, que ela nem suspeitava o que fosse, provocava nela uma sensação de tristeza inexplicável. Igual à que sente agora. Uma tristeza delicada, de quem está de luto. Por quê?

— Que horas são? — Ema escovava o cabelo.
— Imagine, onze horas. Tenho que sair correndo.
— Que pena. Não sei por que fui pensar em hora. Fique mais um pouco.
— É tarde, Ema. Tchau. Não precisa descer.
— Ora, Bárbara... deixa disso — levou a amiga até o portão.
— Boa noite, querida. Durma bem.
— Até amanhã.

Ema examinou atentamente a sala, a conferir, pela última vez, a arrumação geral. Reparou na bandeja esquecida sobre a mesa, mas não se incomodou. Queria

> um minutinho de... ela apreciava tanto a casa prestes a adormecer — apagou as luzes. A noite estava clara, cor de madrugada pensou, sentando no sofá. Um sentimento de liberdade interior brotava naquele silêncio. Um sentimento místico, meio alvoroçado, de alguém que, de repente, descobrisse que sabe voar. Por quê?
>
> STEEN, Edla Van. Intimidade. In: MORICONI, I. (Org.). **Os cem melhores contos brasileiros do século**. Rio de Janeiro: Objetiva, 2001. p. 447-450.

Comecemos nossa análise pelo nível narrativo. Há um sujeito, Ema, que está disjunta de um objeto-valor, que vamos chamar de *liberdade*, com o qual, em seu percurso, quer entrar em conjunção.

Para executar uma ação, pressupõe-se que o sujeito seja dotado de uma competência necessária para isso. Quem manipula Ema dotando-lhe de um querer fazer é o sujeito Bárbara, com quem Ema estabelece um contrato. Ema aceita o contrato porque os valores que lhe foram oferecidos são vantajosos (liberdade, intimidade), além de julgar Bárbara confiável (ela é amiga de Ema). Por esse contrato, Ema quer passar de um estado de opressão para um estado de liberdade. A forma usada por Bárbara para manipular Ema é a intimidação. A fala de Bárbara, já no início do conto ("Só que já é noite"), marca o começo do percurso da manipulação por intimidação. O efeito persuasivo do enunciado consiste no subentendido, na medida em que o dizer de Bárbara tem a função de um fazer-crer, pois revela que Ema passara o dia envolvida com as atividades de dona de casa.

Como mencionamos, não basta ao sujeito querer fazer, é preciso também poder ou saber fazer. Ema quer, sabe e pode fazer. Seu percurso irá de um estado inicial de disjunção com o valor *liberdade* para um estado final de conjunção com esse valor.

O espaço

O caráter polêmico da narrativa pressupõe o percurso de um antissujeito, ou seja, daquele que dificulta a possibilidade de o sujeito entrar em conjunção com o objeto-valor buscado. No conto, o antissujeito é figurativizado no ator *marido*, que exerce um poder castrador sobre a mulher ("Se o marido estivesse em casa seria obrigada a assistir à televisão").

No esquema narrativo, o percurso final é o da sanção, em que o sujeito da ação é sancionado positiva ou negativamente e recompensado ou punido. A própria Ema sanciona a si mesma positivamente, uma vez que cumpriu o contrato, entrando em conjunção com o objeto-valor *liberdade*, como atesta o final do conto: "Um sentimento de liberdade interior brotava naquele silêncio. Um sentimento místico, meio alvoroçado, de alguém que, de repente, descobrisse que sabe voar".

No nível discursivo, um enunciador instala, por debreagem enunciva, um narrador observador, o qual ocupa o mesmo espaço dos sujeitos, acompanhando-os em seus deslocamentos dentro da casa. A narração em terceira pessoa confere um sentido de objetividade ao conto.

Pelo mecanismo da debreagem interna, instalam-se as duas personagens, Ema e Bárbara, duas amigas inseparáveis, muito parecidas fisicamente, que ficaram grávidas ao mesmo tempo e tiveram filhos no mesmo hospital ("Imaginava que fossem irmãs', muitos diziam, o que sempre causava satisfação"), o que reforça a identidade entre ambas. Ema e Bárbara são interlocutoras no texto. As falas das duas personagens são reproduzidas em discurso direto, conferindo um efeito de sentido de realidade ao conto. O narrador adota, como percurso regente, o de Ema, a dona da casa e aquela que toma a iniciativa no jogo de sedução ("Vamos lá em cima. A gente se despe e compara").

Quanto ao tempo do discurso, ele não é concomitante à enunciação. Trata-se de uma narrativa de fato passado, portanto temos tempo enuncivo. Nos trechos em que as interlocutoras dialogam, o tempo passado é presentificado. A narrativa começa *in media res* com as duas mulheres instaladas em um espaço fechado, a sala da casa de Ema, já em plena conversação.

Com relação aos temas, destacam-se: liberdade, intimidade, sexualidade, erotização e homossexualidade. Esses temas são revestidos por figuras como "sutiã", "passar a mão", "busto", "seio", "lençóis", "despir-se", "pele", "acariciar", "arrepio", "beijo" e "esfregar".

O rompimento do fecho do sutiã é o momento crucial do conto, pois simboliza a passagem de um estado de dominação, de fechamento, para um estado de liberdade, de abertura. Fecho é aquilo que prende, que impede que algo se abra, e o sutiã é visto por algumas mulheres como algo que oprime.

No nível fundamental, o conto se estrutura com base na oposição semântica /liberdade v. opressão/, em que o valor *liberdade* é positivo e o valor *opressão* é negativo. O conto mostra a passagem de um estado de opressão para a negação da opressão e a afirmação da liberdade.

No que se refere ao espaço, tema deste capítulo, esse elemento, como mencionamos, ao contrário da pessoa e do tempo, não é marcado por morfemas presos, razão pela qual temos de proceder ao levantamento das expressões que o evidenciam no conto.

Em "Intimidade", o espaço assume papel relevante. Um primeiro espaço é a casa, em que residem valores como vida familiar, fidelidade e heterossexualidade. Trata-se de um espaço fechado e englobante – fechado porque isolado por paredes de um espaço aberto, a rua, o que lhe confere um caráter de proteção; englobante porque descontínuo, comportando espaços englobados (a sala, o quarto etc.). É nesse espaço que as personagens se movimentam. Nele, podemos observar a oposição /alto v. baixo/, representada, respectivamente, pelo quarto e pela sala. A ligação entre esses dois espaços se faz por meio de uma escada, figura associada à ascensão e à valorização. A escada permite um movimento que vai do baixo para o alto, do social para o individual, do afastamento para a proximidade.

Na oposição /alto v. baixo/, o primeiro tem valor positivo e o segundo, negativo, como comprovam expressões da língua comum: *alto astral, subir na vida, estar em alta, estar por cima, superior, céu* (positivos), que se opõem, respectivamente, a *baixo astral, descer na vida, estar em baixa, estar por baixo, inferior, inferno* (negativos). Em síntese: no conto, o movimento dos sujeitos é do social para o individual, do revelado para o escondido. Portanto, aquilo que é íntimo e escondido é positivo; aquilo que é exposto e revelado é negativo. O conto é a afirmação dos valores *intimidade, ascensão* e *valorização*, que culminam com a liberdade conquistada.

Para entrar em conjunção com o objeto-valor *intimidade*, o sujeito deve realizar um percurso que implica necessariamente mudança de espaço. Mediante sedução, Ema manipula Bárbara para ter com ela uma relação investida pelo valor *intimidade* e, como esse valor só pode ser alcançado no espaço das relações privadas, é necessário que ocorra um deslocamento dos sujeitos, subindo da sala, espaço social, para o quarto, espaço da intimidade – do baixo para o alto.

A sala, no conto, é um espaço tenso, portanto não propício à intimidade. Embora tenha posto as crianças para dormir a fim de poder ter um pouco mais de intimidade com a amiga, Ema não consegue relaxar, pelo fato de estar sempre arrumando coisas que os meninos deixam espalhadas pela casa ("Ema agachou-se para recolher o quebra-cabeça esparramado pelo chão"; "descobriu um sapato sob a poltrona"; "empilhou os objetos no degrau da escada"), o que leva Bárbara a achar que a amiga sofre de algum transtorno obsessivo ("Bárbara pensou que a amiga talvez tivesse um pouco de neurose com arrumação"). Não há adaptação de Ema ao meio; a sala é um espaço tenso, pois é o espaço da desarrumação, da desordem, o que incomoda Ema e, por extensão, Bárbara. Ema é oprimida por querer manter a sala sempre arrumada, vale dizer, na sala ela se comporta como a mulher responsável por manter a casa em ordem e funcionando. É o espaço em que a dona de casa se manifesta com maior intensidade, espaço das relações tensas. A sala se opõe ao quarto, espaço em ordem, com a cama arrumada com lindos lençóis novos. O quarto é, pois, o espaço distenso, próprio para as relações afetivas dos sujeitos. Nele, sentem-se adaptados e relaxados; espaço positivo, portanto.

Sugestões de atividades

Neste capítulo, propomos a você o trabalho com uma narrativa em que o espaço tem função relevante, pois não é mero cenário em que a ação se desenrola. Trata-se do conto "Fazer uma fogueira", de Jack London, reproduzido a seguir.

Fazer uma fogueira

O dia amanhecera frio e cinzento — extremamente frio e cinzento — quando o homem saiu do principal caminho para Yukon e subiu um morro alto; ali, uma trilha, escondida pela densa floresta de pinheiros, indicava o caminho para Leste. A subida era íngreme e ele parou no topo, quase sem fôlego. Como que pedindo desculpas a si mesmo por seu enorme cansaço, olhou para o relógio: eram nove horas. Para alegrar o solitário, não se via nem sugestão de Sol. Engraçado que no céu não havia nenhuma nuvem; seria, por certo, um dia bem claro; mas, ainda assim, tombava uma intangível mortalha sobre o dia, escurecendo-o sutilmente, tudo provocado pela ausência do Sol. Mas isso não preocupava o viajante, acostumado que estava à falta do Sol. Há muito não o via. Sabia que sua ausência poderia continuar por mais alguns poucos dias, antes que viesse alegrar o ambiente, quando aparecesse pouco acima da linha do horizonte, para sumir pouco depois.

    O homem virou a cabeça e lançou um olhar ao caminho que percorrera. O Yukon permanecia a um quilômetro, oculto sob uma camada de gelo. No topo do gelo via-se a neve. Tudo tão branco e ondulado: suaves ondulações, formadas pelo movimento do rio congelado. Para o norte e para o sul, até onde os olhos podiam alcançar, tudo era monotonamente branco, a não ser por aquela linha escura, que se curvava e se retorcia. Lá estava ela, saindo da ilha de pinheiros ao sul: curvando-se e retorcendo-se, ziguezagueava para o norte para só então, finalmente, sumir em outra ilhota de pinheiros. Aquela linha escura era a trilha principal, que se estendia por quinhentas milhas ao sul até Chilcoot Pass, Dyea e Água Salgada; ao norte ela se estendia por cinquenta milhas até Dawson e de lá continuava por mais mil milhas até Nulato, viajando mais umas mil e quinhentas milhas, até desembocar em St. Michel, no Mar de Behring.

    Nada do que anotamos — a misteriosa e longínqua linha estendida, a ausência do Sol no céu, o tremendo frio, aquele estranho destino, afetava o pensar, a alma do peregrino. Não que estivesse acostumado àqueles caprichos da natureza: recém-chegado àquela região, vivia ali seu primeiro inverno... Mostrava-se atento às coisas da vida, somente a elas, não a seus significados profundos. Cinquenta graus abaixo de zero significavam uns oitenta e tantos graus, devido à geada. Este fato o impressionava como sendo frio e desconfortável, nada mais. Não o levava a meditar — pelo menos assim parecia — sobre sua fragilidade ao perambular por tal temperatura e sobre a fragilidade do ser humano, que somente pode viver bem dentro de certos estreitos e estabelecidos limites de frio e calor; também não parecia se preocupar com a imortalidade, o lugar do homem no

Universo. Cinquenta graus abaixo de zero significavam um frio de doer, do qual era preciso se proteger com luvas, protetor de orelhas, mocassins quentes e meias grossas. Cinquenta graus abaixo de zero eram para ele precisamente cinquenta graus abaixo de zero. Nada de metafísica, de divagações amedrontadas...

Ao voltar-se para prosseguir caminho, cuspiu especulativamente. Ouviu um estalar explosivo que o assustou. Cuspiu novamente. No ar, antes que tombasse na neve, sua saliva fez um ruído estridente. Sabia que a cusparada deveria explodir na neve quando a temperatura estivesse a menos cinquenta; aprendera isso. Mas esta explodira no ar... Sem dúvida fazia mais frio do que menos cinquenta; só não sabia quanto mais. Contudo, não perdeu muito tempo forçando a mente. A temperatura não era empecilho, não o impediria de seguir a bifurcação à esquerda, pelo caminho que o levaria a Henderson Creek, onde seus amigos o esperavam. Eles tinham chegado lá pela divisa de Indian Creek; ele chegaria depois, já que decidira examinar as possibilidades de pegar madeira das ilhotas do Yukon, quando a primavera chegasse. Deveria chegar ao acampamento lá pelas seis horas. Seria um pouco escuro, é verdade, mas os rapazes estariam lá, com o fogo aceso e uma comida quentinha a esperá-lo. O viajante levava consigo, avolumando-se sob a jaqueta, um farnel. A comida estava embaixo de sua camisa, envolta em um lenço, colada à sua pele. Aprendera que esse era o único modo de impedir que os biscoitos congelassem. Sorriu muito satisfeito consigo mesmo, matutando sobre os biscoitos, recheados um a um com uma porção generosa de bacon.

O homem entrou na mata. Seu caminho parecia confundir-se. Muita neve havia caído desde que o último trenó passara e estava feliz por ter decidido viajar sem bagagem nem trenó. Tudo o que carregava era aquele farnel embrulhado num lenço. Mas estava surpreso com o frio que fazia. "É, faz muito frio", concluiu, esfregando seu nariz entorpecido contra a mão enluvada. Era um homem de bom sangue, peludo, mas, ainda assim, seus cabelos não defendiam a parte de cima de seu rosto; tampouco seu nariz, que atravessava, indefeso, o ar gelado.

    Seguindo o homem de perto, ia um grande cão nativo, um husky, o próprio cão lobo, de pelo cinzento, sem nenhuma diferença física ou de temperamento com seu irmão, o lobo selvagem. O animal sentia-se muito deprimido pela baixa temperatura; sabia que não era época de viajar, apesar do homem não sabê-lo... Seu instinto avisava-o, sua experiência... Fazia realmente não só aquele frio contado pelo homem, de cinquenta abaixo de zero; estava mais frio que sessenta, setenta graus abaixo de zero. Fazia setenta e cinco graus abaixo de zero. O cão não sabia nada a respeito de termômetros. Possivelmente, seu cérebro não tinha, em sua rusticidade, a real consciência do frio, tal como se dava com seu companheiro homem. O cão experimentava vago e apreensivo temor. Isso o fazia seguir, ávido, as pegadas do homem em todos os seus menores movimentos, esperando que viesse um esperado repouso, o calor de uma fogueira em um abrigo. Bem conhecia o valor de uma fogueira a crepitar, desejava-o; era isso ou cavar para baixo da neve, aninhando-se no buraco em busca de algum calor, longe da friagem do ar.

    A umidade da respiração do animal formava em sua pele uma camada fina de pó de gelo, principalmente sobre a mandíbula, ao redor do focinho, nos cílios. Estas partes mostravam-se embranquecidas por aquela respiração de cristal. A barba avermelhada do homem e seu bigode estavam igualmente congelados, solidificados. Cada vez que soltava a respiração, o depósito de gelo aumentava.

O viajante mascava tabaco; o gelo agarrava-se a seus lábios tão firmemente, que mal conseguia mover o queixo para expelir o sumo formado por sua saliva e pelo tabaco. O resultado era a formação de uma barba de cristal, com a cor e a solidez do âmbar, tomando toda a extensão do queixo. Se caísse, sua barba se espatifaria como vidro, em inúmeros estilhaços. Contudo, parecia não se importar com o apêndice. Sabia que era o preço pago por mascadores de tabaco no frio; ele mesmo já havia caminhado duas vezes em frio intenso. Não fizera tanto frio como desta vez. Em suas outras jornadas, pelo termômetro de Sixty Mile, sabia que fizera cinquenta e cinquenta e cinco graus abaixo de zero.

    Finalmente, o homem agachou-se à margem do leito gelado de uma trilha. O lugar chamava-se Henderson Creek e o homem sabia que estava a dez milhas da bifurcação. Olhou para o relógio: dez horas. Estava fazendo quatro milhas por hora. Calculou que poderia chegar à bifurcação pouco depois do meio dia. Resolveu celebrar o feliz acontecimento comendo seu lanche por lá.

    O cão lobo seguia, cauteloso, suas pegadas, com o rabo abaixado em desânimo, quando o homem foi para a beira do caminho. A marca da velha trilha de trenós ainda era visível, mas uma densa camada de neve cobria os sinais dos últimos caminhantes... Em um mês, nenhum ser humano palmilhara aqueles caminhos silenciosos. O homem continuava andando. Não era um tipo pensativo e, particularmente naquela ocasião, não tinha muito em que pensar, a não ser em comer seu lanche na bifurcação e no fato de que, lá pelas 6 horas da tarde, poderia estar no acampamento com os rapazes. Não tinha ninguém para conversar; e mesmo que quisesse tentá-lo não poderia, já que o gelo prendia sua boca. Continuou a mascar o tabaco monotonamente, aumentando o tamanho de sua máscara de âmbar.

O espaço

De vez em quando pensava que o frio era demais, que nunca experimentara tal temperatura. Enquanto andava, esfregava as mãos enluvadas na face, no nariz. Fazia isso automaticamente, trocando de mãos. Mas, por mais que massageasse o rosto, quando parava, sentia-se entorpecido, sem poder sentir a ponta do nariz. Sabia que havia queimado o rosto e arrependeu-se de não ter trazido protetor para o nariz, do tipo que as pessoas usam em temperaturas muito frias. Mas isso não importava tanto assim, afinal, qual o problema de se ter o rosto queimado pelo frio? Doía um pouco, e só; não era coisa muito séria.

Apesar de ter a mente vazia de pensamentos, o homem observava tudo cuidadosamente. As curvas, os buracos, onde colocar os pés. De repente, no início de uma curva, protegeu-se, qual cavalo assustado, curvando-se para frente. Retrocedeu um pouco. Conhecia bem a região: era um lago congelado... Sabia que o lago estava congelado em suas profundezas, mas poderia haver, lá embaixo, correntes que vinham das montanhas e corriam sob o gelo. Sabia que, por mais frio que fizesse, essas correntes não congelavam, e conhecia o perigo delas. Eram armadilhas. Charcos d'água ocultavam-se embaixo da neve, e podiam ter alguns centímetros ou um metro de profundidade. Às vezes uma camada fina de gelo coberta de neve os cobria, escondendo-os. Às vezes camadas de gelo e água se alternavam e quando uma delas se quebrava as outras iam junto, fazendo com que as pessoas se molhassem até a cintura.

Era por isso que estava em pânico. Sentira o chão ceder sob seus pés e ouvira gelo escondido por neve se quebrando. Molhar os pés numa temperatura dessas poderia ser muito perigoso. Na melhor das hipóteses significaria atraso, pois teria que parar e acender uma fogueira para proteger seus pés nus e secar as meias e os mocassins. Parou para examinar o leito do lago, suas margens, e decidiu que o fluxo da água vinha da direita. Refletiu, esfregando o nariz e as faces; depois foi para a esquerda, caminhando cautelosamente, testando o terreno a cada passo. Uma vez passado o perigo, apanhou um pedaço de tabaco e continuou sua marcha de quatro milhas por hora. Nas duas horas seguintes encontrou outras armadilhas semelhantes. Normalmente, a neve sobre os charcos escondidos tinha uma aparência diferente, que o avisava do perigo. Mais de uma vez, entretanto, quase caiu. Outra vez, ao suspeitar do perigo, empurrou o cão para frente. O animal não queria ir, forçando o corpo para trás. Voltou sobre seus passos, até que o homem o empurrou com mais força e ele caminhou rapidamente sobre a superfície branca. Houve um momento em que a superfície se quebrou e ele resvalou, quase caiu para o lado, mas conseguiu sair para o chão firme. Molhara as patas dianteiras, e quase imediatamente a água tornou-se gelo. Rapidamente lambeu as patas para se livrar do gelo e deitou-se na neve para tirar o resto de gelo que havia se formado entre os dedos. Era uma questão de instinto. Se permitisse que o gelo ficasse lá, teria dor nos pés. Não que o animal soubesse disso; simplesmente obedecia aos misteriosos comandos que vinham do mais íntimo de seu ser. Mas o homem sabia bem das consequências e, percebendo o que poderia acontecer ao animal, tirou a luva da mão direita e o ajudou a arrancar as partículas de gelo. Em toda a operação, não expôs seus dedos ao frio por mais de um minuto e ficou surpreso ao perceber quão rapidamente sua mão ficava dormente. Estava um frio de doer. Rapidamente tornou a pôr a luva e bateu com força a mão no peito para afastar aquela sensação.

Era meio dia e a claridade estava no auge. Mesmo assim o Sol estava muito longe, em sua jornada para o Sul, para clarear o horizonte. A curvatura da terra impunha uma barreira entre seu calor e Henderson Creek, onde se podia andar em um dia claro sem nuvens, ao meio dia, sem projetar a própria sombra. Pontualmente chegou à bifurcação do caminho. Estava satisfeito com a velocidade com que havia andado. Se continuasse assim certamente estaria com os rapazes às seis horas. Desabotoou o casaco e a camisa para pegar seu farnel. Esta ação não demorou mais do que um quarto de minuto e ainda assim o torpor tomou conta de seus dedos expostos. Não pôs a luva outra vez, preferindo bater os dedos rapidamente na perna. Depois sentou-se em um toco coberto de neve para comer. As agulhadas que sentira ao bater as mãos nas pernas cessaram tão rapidamente que se surpreendeu. Não conseguia pegar sequer um mísero pedaço de biscoito. Bateu os dedos mais e mais e pôs novamente a mão na luva, tirando a outra para poder comer. Tentou comer um pedaço, mas a mordaça de gelo o impediu. Tinha se esquecido de fazer uma fogueira para que ela se desfizesse. Riu-se dessa tolice sua e, enquanto ria, notou o torpor se imiscuindo em seus dedos expostos. Também notou que o formigamento que sentira nos pés ao sentar-se estava desaparecendo. Não podia ter certeza se seus pés estavam aquecidos ou congelados. Tentou movê-los nos mocassins e decidiu que estavam congelados.

Rapidamente pôs a luva de volta e levantou-se. Estava começando a ficar com medo. Começou a bater os pés com força até sentir de novo o formigamento. Estava realmente frio, era tudo que pensava. Aquele veterano de Sulphur Creek não o havia enganado ao falar do frio que fazia por lá. E, na época, ele rira daquele homem experiente! Isto lhe mostrava que nunca se deve ter certeza demais das coisas. Não havia dúvidas, com certeza estava muito frio. Pôs-se a andar, batendo os pés com força no chão e movendo os braços até sentir-se mais aquecido. Pegou então os fósforos para fazer uma fogueira. Encontrou gravetos em um buraco formado pelas águas da primavera anterior. Trabalhando cuidadosamente, de uma tímida chama fez um maravilhoso fogo crepitante que derreteu o gelo de seu rosto e sob cuja proteção pôde comer seus biscoitos. Por um momento o frio foi esquecido e vencido. O cachorro estava feliz com o fogo e se espreguiçava bem junto dele, sempre mantendo uma distância segura para não se queimar. Quando o homem terminou, encheu seu cachimbo e aproveitou o calor para fumar. Logo depois, pôs as luvas, ajeitou os protetores de orelha de seu chapéu e tomou a trilha da esquerda da bifurcação. O cachorro, desapontado, tentou fazê-lo voltar para o calor reconfortante do fogo. Aquele homem não sabia o que era frio. Possivelmente seus ancestrais não tinham conhecido o frio, o frio de verdade, o frio de 79 graus abaixo de zero. Mas o cachorro sabia o que era isso; todos os seus ancestrais sabiam e ele herdara seu conhecimento. Com certeza não era bom viajar nesse frio amedrontador. Era tempo de se aconchegar em um buraco na neve e esperar. Por outro lado, não havia nenhuma intimidade entre o homem e o animal. Ele era apenas um animal de trabalho e o único contato físico que conhecera fora o de um chicote; o chicote e os ameaçadores sons guturais que antecediam o chicote. Assim o cachorro não se esforçou para comunicar suas apreensões, pois não estava preocupado com o bem-estar do homem; era apenas pelo seu próprio bem que tentava fazer o viajante voltar para perto do fogo. Mas o homem assobiou e falou-lhe com os sons do chicote, e o cachorro limitou-se a seguir seu dono.

O espaço

O homem pegou um pedaço de tabaco e começou a fazer outra barba âmbar. Sua respiração úmida também fazia embranquecer seu bigode, os cílios e as sobrancelhas. O homem andava e nada via que o alarmasse; não parecia haver charcos escondidos. Foi aí que ocorreu o imprevisto. Em um lugar onde não se notava o menor sinal, onde só se via o macio da neve, ele afundou. Resvalou no branco da neve até à metade dos joelhos, antes que percebesse o perigo.

Agora estava muito zangado e praguejou bem alto por sua má sorte. Prometera a si mesmo estar no acampamento em companhia dos rapazes por volta das seis horas e o acidente o faria se atrasar uma hora, pois agora teria que fazer fogo e secar sapatos e meias. Não seria possível deixar de fazer isso em uma temperatura tão baixa, ele bem sabia. Subiu uma pequena colina formada pelas margens do lago. Embaixo de uma árvore, junto a um pequeno bosque de abetos, havia um depósito de gravetos e palha seca, bom combustível para o fogo. Jogou porções generosas do material sobre a neve: pedaços maiores primeiro. Isto serviria de base para a fogueira, e não deixaria que as pequenas e jovens chamas se afogassem na neve que fatalmente iria derreter. Pegou um fósforo em seu bolso, riscou-o em um punhado de casca de bétula que trazia consigo. Este material queimava mais rápido do que papel e foi colocado no lugar certo, na base da fogueira. Em seguida, alimentou a chama recém-nascida com um punhado de relva seca e gravetos finos.

Trabalhou naquela operação lenta e cuidadosamente, consciente de suas dificuldades e do perigo. A chama ia crescendo, cada vez mais forte; o homem aumentou o tamanho dos gravetos. Depois, acocorou-se na neve. Desembaraçando gravetos e palha, alimentava o fogo. Sabia que não podia falhar. Quando está a 75 graus abaixo de zero, com os pés úmidos, um homem não pode fracassar em sua primeira tentativa para acender fogo. Se seus pés ainda estivessem secos, e ele fracassasse em sua fogueira, teria a possibilidade de correr ao longo do caminho por meia milha e assim restaurar a circulação. Mas a circulação de pés molhados e congelados não pode ser recuperada na corrida, não a setenta e cinco graus abaixo de zero. Quanto mais rápida a corrida, mais rápido o congelamento dos pés.

    O viajante não ignorava nada disso. Os veteranos de Sulphur Creek lhe haviam ensinado muito no outono anterior e agora ele estava fazendo uso dos preciosos ensinamentos. Já não sentia mais os pés. Para acender o fogo precisara tirar as luvas, e os dedos haviam se entorpecido rapidamente. A caminhada de quatro milhas por hora vinha mantendo seu corpo aquecido, as batidas do coração mandando sangue para todas as extremidades. Mas no momento em que parou, os batimentos cardíacos diminuíram. O frio do ar tomou conta do lugar desprotegido onde ele se encontrava, engolfando-o em rajadas mortais, fazendo seu sangue se encolher de medo. Seu sangue estava vivo como aquele cachorro, e como o cachorro, queria se esconder e se cobrir daquele frio amedrontador. Ao parar de andar a quatro milhas por hora, deixara de mandar calor para a superfície de seu corpo e agora se escondia no fundo de seu ser. As extremidades foram as primeiras a sentir sua falta. Seus pés molhados congelavam mais rápido e seus dedos expostos se entorpeciam, apesar de ainda não terem começado a congelar. Nariz e face já estavam congelados, enquanto ele podia sentir sua pele esfriando à medida que o sangue parava de circular.

O espaço

Mas estava salvo. Os dedos dos pés e o nariz ficariam apenas um pouco queimados pelo frio, pois o fogo já estava começando a crepitar com mais força. Ele agora o alimentava com ramos da largura de seu dedo. Mais um minuto e começaria a usar ramos da grossura de seu pulso e aí poderia tirar seus sapatos e meias para deixá-los secar. Deveria então massagear os pés com neve antes de aquecê-los ao fogo. A fogueira era um sucesso. Estava salvo. Lembrou-se dos conselhos do veterano de Sulphur Creek e sorriu. O velho aconselhara-o a jamais viajar sozinho em Klondike quando a temperatura estivesse abaixo de cinquenta. Pois bem, lá estava ele. Sofrera o acidente, estava sozinho, mas conseguira se salvar. Pensava em como certos veteranos são apavorados. Tudo o que precisava fazer era manter a cabeça fria; estava bem. Qualquer homem de verdade poderia viajar sozinho.

Entretanto era surpreendente como seu nariz e faces congelavam depressa. Não sabia que seus dedos ficariam sem vida em tão pouco tempo. Estavam sem vida sim, pois mal podia mantê-los juntos para pegar um graveto. Eles não mais pareciam fazer parte de seu corpo ou de si mesmo. Ao pegar um galho precisava olhar para se certificar de que o estava segurando mesmo. Parecia não haver mais conexão alguma entre ele e as pontas de seus dedos.

Mas isso não importava muito. Havia o fogo que continuava animado, as faíscas soltando-se, os gravetos a crepitar, prometendo vida, calor, conforto. Depois de desatar os sapatos, percebeu que suas meias grossas pareciam tecidas a ferro, de tão duras. Os cordões dos sapatos, retorcidos como varetas de aço, estavam ásperos. O homem tentou puxá-los, com seus dedos entorpecidos; percebendo a inutilidade do gesto, tirou a faca da bainha. Antes que pudesse cortar o emaranhado dos cordões, deu-se o inesperado. Talvez fosse sua inexperiência, que provocara o doloroso imprevisto. Não deveria — jamais — ter construído a fogueira sob aquele pinheiro, mas sim num lugar aberto. Achara tão mais fácil, já que podia tirar os gravetos da própria árvore, colocando-os diretamente no fogo. Os galhos das árvores estavam carregados de gelo; sempre que ele deslocava um ramo, ela agitava-se de modo quase imperceptível. O tremular fazia a neve cair aos poucos, galho por galho, cada vez mais para baixo, o deslocamento quase imperceptível crescendo pelo leve tremular. Isso foi aumentando, envolvendo toda a árvore. Foi crescendo como uma avalanche, e finalmente desceu com força sobre o homem e sua fogueira, e a fogueira apagou-se. Morreu, quebrou-se toda. O manto impiedoso de gelo ficou no lugar das solenes chamas da fogueira. Aí, o homem assustou-se. Pensou: "Esta foi minha sentença de morte". Sentou-se, desorientado, olhou o lugar onde antes estava a fogueira. Depois, sentiu uma grande calma. Talvez as velhas histórias estivessem certas. Se contasse com um companheiro humano, não estaria em perigo agora. Seu companheiro de viagem poderia fazer fogo. Mas ele mesmo é que teria de fazer uma nova fogueira agora, sem falhas. E mesmo que conseguisse, muito provavelmente iria perder alguns dos dedos dos pés, que estavam tremendamente congelados. E teriam de ficar assim por mais um tempo até que conseguisse fazer outra fogueira.

    Tais eram seus pensamentos; mas não podia parar para refletir. Não, ocupado como estava. Fez novo arranjo na neve para armar sua fogueira num lugar aberto, sem árvores ameaçadoras. Pegou galhos, ramos, destroços, nas redondezas. Não pôde trazê-los com os dedos separados, mas pegava-os com as mãos cheias. Dessa maneira vieram também alguns raminhos podres e pedaços de musgo verde indesejáveis, mas era o melhor que podia fazer. Trabalhou metodicamente, chegando a coletar ramos maiores para usar quando o fogo pegasse bem. Todo o tempo o cão esteve sentado, esperando, olhando com olhos ávidos para o seu provedor de fogo, fogo que tardava a vir.

Quando tudo estava bem disposto, o homem tirou de seu bolso um segundo pedaço de casca de bétula. Sabia que a tinha no bolso, e mesmo sem ser capaz de senti-la, podia ouvir seus estalidos ao tocá-la. Por mais que tentasse, não conseguia pegá-la. Sabia que seus pés gelavam cada vez mais. O pensamento o fez ficar em pânico, mas procurou acalmar-se, ser a sua própria luz... Pôs as luvas com os dentes e moveu seus braços vigorosamente para frente e para trás em todas as direções possíveis e impossíveis, sentado e em pé. E durante todo aquele tempo, o cão estava sentado na neve, a cauda peluda de lobo envolvendo suas patas para aquecê-lo, os ouvidos afinados de lobo empinando-se em atenção enquanto observava os movimentos do homem. Este batia e rebatia as mãos, à procura de calor. Subitamente, sentiu uma inveja quase incontrolável de seu cão, daquela criatura quente e segura, ali perto dele, na neve.

Depois de um tempo sentiu os primeiros longínquos sinais de vida em seus dedos. O formigamento ia aumentando até se transformar em dor lancinante, mas foi recebido com alegria pelo homem. Tirou num último desespero a luva de sua mão direita, e procurou a casca em seu bolso. Os dedos expostos entorpeciam-se outra vez, cada vez mais. Pegou então sua caixa de fósforos. O tremendo frio, entretanto, já tirava a vida de seus pobres dedos. O esforço para separar um fósforo do outro fez que todo o feixe caísse na neve. Tentou febrilmente apanhar os fósforos, mas falhou. Aqueles dedos defuntos jamais poderiam fazê-lo. Esperou, usando o sentido da visão, em vez do tato, e quando notou que seus dedos estavam um de cada lado do maço ele os fechou para agarrá-lo; isto é, quis agarrar os fósforos, mas os dedos não obedeceram ao cérebro. Calçou a luva da mão direita, bateu-a fortemente contra o joelho. Aí, com suas mãos enluvadas, colheu o maço de fósforos junto com um bocado de neve e o colocou em seu colo. Grande coisa: isso não parecia ajudar muito a resolver seu problema.

Depois de algumas tentativas, conseguiu pegar o maço nas pontas de sua luva, e levou-o até a boca. O gelo que havia ali se rompeu, estalou naquele violento esforço, quando o homem abriu a boca. Ondulou o lábio superior, pegou o feixe entre os dentes superiores para separar um fósforo. Pegou um fósforo com os dentes e jogou-o no colo. Mas do que lhe serviria aquele fósforo que não podia pegar? Aí teve uma ideia. Pegou-o com os dentes, esfregando-o na perna. Esfregava e esfregava o fósforo. Muitas vezes tentou, antes que finalmente viesse a chama. Quando o fósforo flamejou, prendeu-o firmemente em seus dentes contra a casca de bétula. Mas o fogo eriçou-se na direção de sua fossa nasal, irritou os pulmões, provocando uma tosse espasmódica. O fósforo tombou na neve, e apagou-se.

As velhas histórias dos homens de Sulphur Creek eram verídicas, pensou, com desespero ainda controlado. Após 50 graus abaixo de zero, um homem precisava realmente andar com um companheiro. Bateu as mãos, mas a operação falhou, não provocando em sua pele a mínima sensação. Bruscamente despiu as duas mãos das luvas, removendo-as com os dentes. Colocou todo o maço de fósforos entre as mãos. Como os músculos de seus braços não estavam congelados, era capaz de pressionar as mãos com força contra os fósforos. Esfregou o maço em sua perna. Setenta fósforos arderam! Não havia vento para apagá-los. Mantendo seu rosto de lado para fugir da fumaça, direcionou o feixe em chamas para a casca de bétula. Enquanto o fazia, começou a sentir alguma coisa em suas mãos. Sua carne estava queimando. Ele podia sentir o cheiro. Bem lá no fundo até experimentava uma leve sensação que crescia e que aos poucos foi se tornando uma dor aguda. Ainda assim, reagiu, tentando pôr a chama dos fósforos na direção da casca de bétula, que não acendia porque suas mãos estavam no caminho.

  Finalmente, quando não pôde mais se defender das queimaduras, sacudiu as mãos, apartou-as. Os fósforos incandescentes caíram na neve; mas a casca de bétula estava acesa. Ele começou por colocar mato seco e gravetos bem finos na chama. Não conseguia pegá-los e escolher os melhores pedaços, aos quais se juntavam ramos podres e musgo verde, que tentava tirar com os dentes. Cuidava da chama o melhor que podia. Ela significava a diferença entre a vida e a morte; não poderia se acabar. A retirada do sangue da superfície de seu corpo fez com que ele começasse a tremer, o que dificultava ainda mais seus movimentos. Um pedaço grande de musgo tombou no fogo incipiente. Tentou mirá-lo e agarrá-lo com seus dedos inertes, mas a tremedeira fê-lo atingir outro lugar. Ele rompera o núcleo da pequena fogueira, fazendo com que os ramos incandescentes e os gravetos pequenos se separassem e se dispersassem. Tentou novamente reuni-los, mas não conseguiu. Um a um, viu os raminhos se apagarem em uma nuvem de fumaça. O provedor de fogo falhara. Olhando apalermado a seu redor, os olhos do homem deram com o cão, sentado do outro lado das ruínas do fogo que não conseguira acender. O animal levantou-se inquieto, movendo uma e outra pata dianteira, balançando o corpo para frente e para trás.

A presença do cão deu ao homem uma ideia. Lembrou-se que tinham lhe contado a história de um homem que, pego em uma nevasca, para salvar a vida, matara um novilho e entrara em sua carcaça, conseguindo assim sobreviver à intempérie. Poderia matar o cachorro e esquentar suas mãos no corpo quente do animal, até que o entorpecimento cessasse. Aí poderia armar outra fogueira.

Chamou o cão, mas sua voz demonstrava uma ponta de medo que fez o animal recuar. Jamais ouvira o homem falar daquela maneira! Sua natureza instintiva pressentiu o perigo. Não sabia precisá-lo exatamente, mas ele estava lá; a apreensão cresceu ainda mais em seu cérebro primário. Estava com medo do homem. Tombou as orelhas ao som repetido da voz trêmula do homem, continuou com os movimentos das patas e o balanço do corpo ainda mais pronunciados, mas não se moveu em direção ao dono. Este agora estava de quatro e se arrastava em direção ao animal. A postura estranha o deixou ainda mais desconfiado e o cachorro se afastou.

O homem sentou-se na neve por uns instantes, lutou contra si mesmo, procurando estabilidade emocional. Tirou as luvas grossas com a ajuda dos dentes, ficou de pé. Olhou para baixo, procurou assegurar-se de que estava realmente em pé, pois a ausência de sensações em seus membros deixava-o sem ligação com o solo. Com o homem assim em pé, numa posição conhecida, o cão sentia-se mais à vontade. Quando o homem falou com voz de comando, as sílabas parecendo chicotadas, o cão voltou à sua costumeira obediência e caminhou em direção ao dono, mais e mais perto dele.

Aí o homem descontrolou-se, seus braços foram em direção ao cão. Experimentou genuína surpresa quando verificou que suas mãos não podiam agarrar o animal, que não sentia seus dedos, completamente adormecidos pelo frio. Esquecera-se, por uns instantes, de que os seus dedos estavam gelados e tornavam-se cada vez mais duros.

    Antes que o animal pudesse seguir o caminho da fuga, o homem rodeou seu corpo com os braços. Sentou-se na neve e agarrou firmemente o cão que rosnava, gania, debatendo-se, muito aflito.

    Foi tudo que o homem conseguiu. Rodeando o cão com os braços, permaneceu ali, sentado. Pensou que não poderia matar o animal. Não havia meios para fazê-lo. Com os dedos congelados, suas mãos jamais poderiam tirar a faca da bainha, apunhalar o animal. Soltou-o e o cão se afastou rapidamente, a cauda entre as patas, ainda rosnando. Agora a uma distância segura, olhava com curiosidade para o homem, as orelhas aguçadas, em guarda.

    O homem olhou para baixo, para suas mãos, procurando localizá-las. Lá estavam elas, no final das extremidades de seus braços. Achou muito interessante precisar usar os olhos para localizar uma parte do corpo. Tornou a movimentar os braços com força, batendo suas mãos enluvadas nos lados de seu corpo. Ficou assim, fazendo movimentos com toda força, por cinco minutos, até seu coração bombear sangue suficiente para a superfície, para parar com aqueles tremores. Mesmo com tudo isso continuou sem sentir as mãos. Tinha a impressão de que eram pesos mortos e de que não mais poderia encontrá-las. Um receio de morrer, cru e opressivo, tomou conta do homem. O medo aumentou mais ainda ao perceber que agora o que estava em jogo não era mais perder ou não dedos dos pés e das mãos, mas sim a própria vida. Tinha todas as cartas contra si. Completamente em pânico tomou a trilha velha e estreita do lago e começou a correr, o cachorro a segui-lo de perto. Correu às cegas, sem rumo, somente movido por um medo que nunca sentira antes na vida. Pouco a pouco, à medida que afundava e lutava contra a neve, começou a ver as coisas mais claramente, as pequenas colinas, as reservas de madeira, as árvores sem folhas e o céu. A corrida fez com que se sentisse melhor. Não estava mais tremendo. Quem sabe se continuasse correndo sem parar, poderia descongelar ou até chegar ao acampamento com os rapazes. Claro que perderia alguns dedos dos pés e das mãos e parte de sua face, mas os rapazes tomariam conta dele, salvando o resto de seu corpo que chegasse ao acampamento. Mas também poderia nunca mais ver os rapazes ou chegar a lugar algum. Ainda faltava muito para caminhar e o frio já tomava conta dele todo; logo estaria morto. Entretanto, tentou manter tais pensamentos afastados; não poderia deixar-se dominar por eles. Lutava ferozmente contra tais ideias, mas elas gritavam mais e mais alto em sua mente, exigindo ser ouvidas; tentava desesperadamente manter seu cérebro ocupado com outras coisas.

 Impressionou-se muito ao verificar que podia correr com os pés assim gelados, que não podia senti-los quando tocavam no chão, suportando o peso morto de seu corpo. Sentia-se flutuando, sem nenhuma conexão com a terra. Certa vez vira um Mercúrio com asas; talvez ele se sentisse assim, flutuando acima da terra.

 Sua ideia de correr sempre até encontrar o campo e os rapazes tinha somente um problema: faltava-lhe vigor. Por várias vezes tropeçou até que, finalmente, vacilou, cambaleou e caiu. Quando tentou levantar-se, falhou na tentativa. Deveria ficar ali sentado, descansar, decidiu. Da próxima vez deveria andar, ir-se... Ao sentar-se, recuperando o fôlego, pôde notar que sentia certo confortável calor. Não tremia mais. Parecia-lhe que aquele bom calor caminhava para seu peito. Quando, porém, tocou seu nariz e sua face, não conseguiu senti-los. Correr não faria com que descongelassem. Tampouco suas mãos e pés se recuperariam com a corrida. Não poderia descongelá-los. Pensou que as partes congeladas de seu pobre corpo poderiam aumentar. Tentou pensar em outra coisa, esquecer aquela ideia; evitava avidamente o pânico e o sentia, com medo. Aí o pensamento absorveu-o, dominou-o, persistiu, deu-lhe a visão horrível de seu corpo completamente congelado. Mas aquele pensar era muito para seu cérebro enfraquecido. Fez outra tentativa para correr, correr ao longo do caminho. Houve um instante em que diminuiu um pouco seus passos, pôs-se a caminhar, mas a ideia do congelamento espraiou-se dentro dele e fê-lo correr ainda mais.

E, todo o tempo, o cão lobo corria em seu encalço, bem junto a seus pés. Quando o homem caiu uma segunda vez, o animal sentou-se, observando-o curiosamente, a cauda enrolada em torno das patas dianteiras. O calor e a segurança daquele animal fizeram com que o homem, irado, o insultasse até ver suas orelhas pontudas se abaixarem para trás. Aí veio o tremor, súbito, insidioso. Perdia sua batalha contra o frio, que avançava por seu corpo por todos os poros. Tentou continuar a andar e andar, mas logo caiu de bruços. Era o pânico derradeiro. Quando recuperou o fôlego e o controle, sentou-se novamente, entretendo sua mente com a ideia da morte... Procurava dignidade para morrer. Contudo, a ideia não o tomou logo. Pensava que tolo fora, correndo sem rumo, como uma galinha, ao ter a cabeça cortada do corpo. Já que estava fadado a congelar, então que assim fosse. Foi com essa nova paz de espírito que recebeu os primeiros sinais de desfalecimento. Até que não era tão mal se dirigir à morte no suave torpor do sono que se apoderava dele. O congelamento não era assim tão doloroso como muita gente julgava. Havia modos piores de morrer.

    Imaginou como seria quando os rapazes encontrassem seu corpo gelado no dia seguinte. De repente, viu-se a si mesmo com eles, a andar pela trilha, procurando seu corpo. Ainda com eles, numa curva do caminho, pôde ver-se caído na neve. Ele já não se pertencia, pois podia contemplar-se; estava em pé junto aos rapazes, olhando seu corpo inerte no chão. Está um frio de doer, pensou. Quando voltasse para os Estados Unidos contaria a seus amigos como era fria a terra que visitara. Como num sonho, imaginava-se em sua terra, contando a seus compatriotas o frio que experimentara; aí viu o veterano de Sulphur Creek. Podia vê-lo claramente, sentado confortavelmente no calor, fumando um cachimbo. "Você estava certo, meu velho, estava certo", murmurou para o veterano de Sulphur Creek. Então o homem foi se abandonando ao sono mais confortável e satisfatório que jamais conhecera. O cão permanecia sentado à sua frente, fitando-o. Esperava. O dia breve terminava num longo e lento crepúsculo. Por ali não se viam sinais de fogo, nem intenções de fazê-lo. Além do mais, nunca antes o cão lobo vira um homem sentado assim na neve, inútil, sem tentar fazer uma boa fogueira. Como o crepúsculo se adensasse, o cão, ansioso, desejou o fogo mais do que nunca. Estendeu as patas dianteiras com um ganido suave e, antecipando o falar ríspido do dono, colocou as orelhas para trás. Mas o homem permaneceu mudo. O cão então ganiu mais alto. Custou para se arrastar, cauteloso, para perto do homem. E foi aí que descobriu o cheiro da morte. Isso fez com que o animal se eriçasse, recuando. Ficou ali

> ainda mais um pouco, uivando para as estrelas que cintilavam, dançavam, rodopiavam no firmamento gelado. Finalmente virou-se e trotou em direção à trilha conhecida do acampamento. Lá haveria outros provedores de fogo e de comida.
>
> Fonte: London, 2009, p. 121-139.

1. Elabore um comentário sobre o conto para explicar como o espaço determina as ações do protagonista. Para isso, você precisa analisar os espaços do conto em suas diversas categorias (aberto, fechado, englobante, englobado etc.) e mostrar as relações entre o espaço e o protagonista e também entre este e o cão.

2. Considere, além do espaço, o fato de o protagonista e o cão não serem identificados por um nome próprio. Observe ainda a relação existente entre espaço e tempo nesse conto.

Sugestões de leituras e filmes

Leituras

FIORIN, J. L. Do espaço. In: ____. **As astúcias da enunciação**: as categorias de pessoa, espaço e tempo. 2. ed. São Paulo: Ática, 2001. p. 257-299.

LISPECTOR, C. O búfalo, de Clarice. In: ____. **Todos os contos**. Rio de Janeiro: Rocco, 2016. p. 248-257.

LONDON, J. **Caninos brancos**. Tradução de Sonia Moreira. São Paulo: Companhia das Letras, 2014.

Filmes

- CANINOS brancos. Direção: Randal Kleiser. Estados Unidos, 1991. 107 min. (Filme baseado na obra homônima de Jack London)

- JANELA indiscreta. Direção: Alfred Hitchcock. Estados Unidos: Paramount Pictures, 1954. 112 min.

- O COLECIONADOR. Direção: William Wyler. Reino Unido/Estados Unidos: Columbia Pictures, 1965. 119 min.

- O INQUILINO. Direção: Roman Polanski. França: Paramount Pictures, 1976. 125 min.

considerações finais

Neste livro, analisamos vários aspectos do conto, um gênero que atrai, em todo tipo de sociedade, desde tempos remotos, leitores de todas as idades, razão pela qual podemos afirmar que o conto é um gênero universal.

Começamos por uma breve história do conto, na qual demonstramos que, em seus primórdios, esse gênero não tinha um autor que se pudesse identificar e ainda não se apresentava na forma escrita, isto é, sua transmissão se dava oralmente.

Desde os primeiros contos orais até o conto moderno, podemos observar inúmeras transformações na configuração desse gênero, mas há algo invariante que nos permite sempre identificar um texto como *conto*: trata-se de uma narrativa breve, centrada em um único conflito e com final surpreendente.

A narrativa implica transformações, mudanças de estado e estabelecimento e ruptura de contratos. Simula o agir do homem no mundo em busca de valores, a qual não se dá sem que ele vença obstáculos; por isso, em seu percurso, sempre encontrará alguém ou algo que quer afastá-lo de seu objetivo ou tornar sua tarefa mais difícil.

A ação do homem no mundo é *performance* e, para executá-la, o sujeito deve ter a competência necessária para fazê-lo, ou seja, ele tem de querer e/ou dever realizar a ação.

Para isso, precisa também adquirir as competências do poder fazer e do saber fazer, o que nos leva a concluir que a ação do homem no mundo, reproduzida nos contos, não é apenas a busca de valores, mas também a busca de um saber e de um poder fazer.

Quanto aos valores, chamamos sua atenção para o fato de que, muitas vezes, valores abstratos, como a felicidade, a justiça, o amor, a compaixão, a solidariedade, o reconhecimento e a honra, estão inscritos em objetos concretos.

Por ser um gênero que trata de valores humanos, produzido por seres humanos e destinado a outros humanos, o conto aborda um amplo leque de temas, daí haver uma profusão de tipos de conto – contos de fada, de suspense, de terror, de ficção científica, de mistério, policial, erótico, fantástico etc. Uns privilegiam a ação; outros, a reflexão. Podemos afirmar, portanto, que há contos para todos os gostos e idades.

Depois de situarmos historicamente o conto, procedemos ao desmembramento desse gênero em seus constituintes, a fim de examiná-los em capítulos separados. Assim, explicamos que há uma história que se conta (a diegese), que se desenvolve na linha tempo, mas há uma maneira de contar a história que não segue obrigatoriamente a cronologia dos acontecimentos, podendo haver avanços e recuos na diegese. Trata-se do enredo, por meio do qual a história se transforma em arte literária.

Esclarecemos ainda que, se há uma história, há alguém encarregado de contá-la – o narrador –, mas que, para compreendermos bem um conto, não basta saber que há alguém que narra, é preciso observar de onde narra e qual é seu ponto de vista. Precisamos identificar se esse alguém pertence à história e tem, pois, uma visão de dentro, limitada e parcial, ou se narra de fora, de uma posição privilegiada, sendo capaz de ter o conhecimento total do que ocorre, inclusive no interior das personagens. Devemos observar igualmente se esse narrador é neutro ou se introduz na história comentários e avaliações.

Os contos, como os demais textos, são unidades de sentido e de comunicação que resultam da união indissolúvel de um conteúdo e de uma expressão. Neste livro, propusemos um modelo teórico que lhe permite (re)construir o sentido dos textos.

Como expusemos, o sentido tem um percurso que vai do mais simples e abstrato ao mais complexo e concreto. Entre esses dois níveis, há o nível narrativo. Mostramos a você que a conversão de um nível a outro corresponde a um enriquecimento de sentido. Também frisamos o fato de que as categorias da enunciação, bem como os temas e as figuras, fazem parte do nível discursivo.

Ação, narrador, personagens, tempo e espaço formam um todo articulado e, se examinamos cada elemento em separado, foi apenas por razões didáticas. Na leitura e na análise de um conto, devemos entender esses elementos como parte de uma estrutura solidária em que um se define pelo outro. Cada conto pode dar maior ênfase a um dos elementos da narrativa. Alguns privilegiam o espaço; outros, o tempo; outros, ainda, a ação. Contos em que o foco recai sobre a personagem são frequentes. Basta que nos lembremos dos contos psicológicos, centrados no universo interior das personagens.

Se há algo que consideramos como ponto de encontro dos conceitos trabalhados neste livro é o que abordamos sobre a enunciação. É por ela que a língua se converte em discurso. O estudo dos contos (e de outros gêneros) é o estudo da língua em uso, ou seja, do discurso. Explicamos que a enunciação não apenas transforma a língua em discurso, mas também se constitui na instância pela qual se instauram as categorias de pessoa, tempo e espaço.

Nos textos, essas categorias podem corresponder ou não ao momento da enunciação. No primeiro caso, trata-se de textos enunciativos; no segundo, de textos enuncivos. Não basta sabermos, como tradicionalmente se acredita, se um texto é narrado em primeira ou em terceira pessoa. A escolha do foco narrativo é uma estratégia discursiva e relaciona-se diretamente aos efeitos de sentido que se pretende estabelecer. Se o pretendido for a objetividade, então as marcas da enunciação no texto serão apagadas. Nessa hipótese, teremos textos enuncivos, em terceira pessoa. Caso o que se pretenda seja um efeito de sentido de subjetividade, a estratégia adequada será a construção de textos enunciativos, em que o enunciado é um simulacro da enunciação. É isso o que caracteriza os textos em primeira pessoa, em que as marcas da enunciação podem ser identificadas. A debreagem interna, ou de segundo grau, cria um efeito de sentido de realidade, na medida em que, por delegação do narrador, as personagens têm discurso autônomo. Debreagens internas associadas à iconização levam a verossimilhança do texto a um grau elevado.

    A ordenação temporal da narrativa está atrelada à enunciação, já que o tempo dos contos é, como mostramos, o tempo linguístico, que é uma construção que toma como eixo a concomitância do discurso ao momento da enunciação, o *agora*, a partir do qual se instauram um passado e um futuro. Pode haver também um tempo cujo marco não seja a enunciação, mas outro marco temporal instalado no texto. A categoria *espaço* está igualmente atrelada à enunciação, cujo eixo é um *aqui*, a partir do qual se organiza toda a espacialização do conto.

    Quando consideramos que, na instância da enunciação, o sujeito se desdobra em enunciador e enunciatário, ou seja, o *eu* que fala está sempre se dirigindo a um *tu*, mesmo que este não venha explicitado no texto, entendemos que os textos são marcados pelo dialogismo e que o sentido é construído a partir da relação dialógica que se estabelece entre autor e leitor, mediada pelo texto. A enunciação permite-nos ainda recompor os contextos de produção e de recepção dos textos.

    O conto, embora antiquíssimo, é um gênero que se renova a todo instante. Neste livro, analisamos desde contos maravilhosos até contos clássicos, cujos mestres são Tchekhov e Maupassant e, no Brasil, Machado de Assis. Mas, como mencionamos, o conto transmuda-se e renova-se.

Na era tecnológica, no mundo das redes sociais, o conto também encontrou seu espaço. Se o romance, dada sua extensão, pode ter sua circulação dificultada pelas redes sociais, o mesmo não se dá com o conto, que, justamente dada sua pequena extensão, adapta-se bem às novas tecnologias. A internet, por sua vez, permite que contistas que não conseguem fazer sua obra chegar a um grande público, em virtude dos custos da edição de livros em papel, tenham a oportunidade de ver sua obra divulgada e conhecida. Portanto, podemos entender que as redes sociais alavancaram a produção e a leitura de contos. Mas não é só isso. Novas plataformas implicam novas modalidades de escrita, inclusive a hipertextual, em que o autor pode, por meio de links inseridos no conto, fazer o leitor navegar, percorrendo outros textos e outras linguagens.

Por tudo isso, podemos afirmar que, apesar de o conto ser muito antigo, a história desse gênero ainda está no começo. Neste livro, não pretendemos (nem nos seria possível) contá-la por inteiro. Mais importante do que contá-la é vivê-la, e isso se faz pela leitura.

Se conseguimos ao menos, com o que apresentamos aqui, dar-lhe subsídios para uma leitura mais proficiente dos contos e despertar-lhe o interesse por conhecer mais e melhor esse gênero, então teremos cumprido aquilo a que nos propusemos.

glossário

Ação: um dos percursos do esquema narrativo. Os outros são o da manipulação e o da sanção. O percurso da ação é o percurso do sujeito, que, dotado de competência, executa a ação (*performance*).

Actante: elemento que exerce função narrativa, como as de sujeito e de objeto. Há actantes do texto, como o narrador, e actantes da comunicação, como o enunciador.

Anacronia: alteração na ordem cronológica da história.

Anafórico: expressão linguística por meio da qual se retoma algo dito anteriormente na cadeia do discurso. A função do anafórico é "lembrar".

Analepse: anacronia que consiste em uma interrupção cronológica da diegese para relatar um fato já ocorrido; o mesmo que *flashback*. Trata-se de movimento temporal retrospectivo.

Antagonista: elemento do nível discursivo que se opõe ao protagonista. Corporifica o antissujeito do nível narrativo.

Antissujeito: função do nível narrativo exercida por um sujeito que está em oposição ao sujeito da ação. No nível discursivo, é representado pelo antagonista.

Autodiegético: tipo de narrador que faz parte da história narrada como personagem principal. Trata-se de narrador participante.

Comédia: na classificação de Aristóteles, gênero do modo dramático que representa os homens como piores do que o homem comum.

Competência: qualificação que o sujeito deve ter para executar a ação. Trata-se de um poder e de um saber fazer.

Conto: gênero narrativo de curta extensão, centrado em um único episódio e com final surpreendente.

Debreagem: mecanismo pelo qual se projetam para fora da instância da enunciação as categorias de pessoa, tempo e espaço. Pode ser enunciativa, quando as categorias da enunciação têm suas marcas explicitadas no texto, ou enunciva, quando não há no texto as marcas linguísticas da enunciação. Pode ser actancial, espacial e temporal.

Dêitico: expressão linguística cujo referente extralinguístico é dado pelo contexto da enunciação. A função do dêitico é "mostrar".

Diegese: em uma narrativa, a história propriamente dita; o mesmo que *fábula*.

Discurso: neste livro, termo empregado em duas acepções. A primeira corresponde à realização da língua por um ato individual de vontade. Nesse caso, é utilizado como sinônimo de *enunciado*. A segunda acepção corresponde à designação de um dos níveis do percurso gerativo do sentido, o nível discursivo, o mais concreto e superficial e mais próximo da manifestação por meio de uma expressão.

Enredo: maneira como a diegese é organizada por um narrador, a forma pela qual o leitor toma contato com a história narrada; o mesmo que *trama* e *intriga*.

Enunciação: instância responsável pela conversão da língua em discurso mediante a projeção das categorias de pessoa, tempo e espaço.

Enunciado de estado: enunciado do nível narrativo que se se caracteriza pela relação entre dois actantes, um sujeito e um objeto. O sujeito pode estar em conjunção ou em disjunção com o objeto.

Enunciado de fazer: enunciado do nível narrativo em que os actantes, sujeito e objeto, mantêm uma relação de transformação, de passagem de um estado a outro.

Enunciador: desdobramento do sujeito da enunciação. Exerce uma função comunicativa; é aquele que diz algo a alguém. Está implícito no texto, mas não manifestado nele.

Enunciatário: desdobramento do sujeito da enunciação. Mantém com o enunciador uma relação comunicativa; é aquele a quem o discurso é dirigido.

Epopeia: segundo Aristóteles, gênero do modo narrativo que representa os homens como melhores que o homem comum.

Espaço: um dos elementos da narrativa. É instalado no texto pelo mecanismo da debreagem. Pode ser enunciativo, quando corresponde ao *aqui*, e enuncivo, quando corresponde ao *alhures*. É uma das categorias da enunciação.

Esquema narrativo: encadeamento lógico de percursos narrativos. Contém três partes: manipulação, ação e sanção.

Fábula: tipo de conto de fundo moral em que as personagens não são humanos, mas representam valores humanos; a história contada, o mesmo que *diegese*.

Figura: elemento do nível discursivo que remete a elementos do mundo natural, criando um efeito de sentido de realidade do discurso. As figuras são palavras concretas que revestem elementos abstratos, os temas, e dão sensorialidade aos textos.

Flashback: o mesmo que *analepse*.

Focalização: o mesmo que *foco narrativo*.

Foco narrativo: perspectiva de um narrador em face da diegese, isto é, aquilo que é capaz de narrar levando-se em conta o que ele vê qualitativa e quantitativamente.

Gênero: classe de textos que desempenham propósitos comunicativos comuns.

Heterodiegético: tipo de narrador que não faz parte da história narrada. Sua narração é feita de fora dos acontecimentos.

Homodiegético: tipo de narrador que pertence à história narrada como personagem, mas nunca a principal.

Iconização: figuração excessiva por meio da qual se atrelam as figuras a elementos da realidade objetiva.

***In media res*:** tipo de narração cujo início se dá no meio dos acontecimentos.

Interlocutário: elemento do texto projetado por debreagem interna (ou de segundo grau). É o elemento da narrativa a quem o interlocutor se dirige.

Interlocutor: elemento da narrativa projetado pelo narrador por debreagem interna (ou de segundo grau). Mantém relação comunicativa com o interlocutário.

In ultima res: tipo de narração que se inicia pelo final da história.

Isotopia: recorrência de temas e figuras que mantêm entre si relações semânticas, dando coerência ao discurso. Pode ser temática, quando se encadeiam temas, ou figurativa, quando se encadeiam figuras.

Manipulação: percurso do esquema narrativo no qual um destinador manipula o sujeito da ação, propondo a ele que se estabeleça um contrato e que execute a ação. As formas mais comuns de manipular são a intimidação, a tentação, a sedução e a provocação.

Mímesis: segundo Aristóteles, imitação ou reprodução da realidade.

Monólogo interior: tipo de discurso que se caracteriza pela expressão da subjetividade da personagem. Apresenta uma sintaxe fluida.

Narrador: aquele que, por delegação do enunciador, narra os acontecimentos. Pode estar presente no texto como personagem ou narrar os acontecimentos a partir de uma visão de fora. Nesse caso, não é personagem do texto e configura-se uma narração em terceira pessoa.

Narrador onisciente: aquele que tem um conhecimento praticamente ilimitado sobre a história que narra e de suas personagens. Trata-se de um narrador privilegiado, capaz de narrar até os pensamentos das personagens.

Narrador protagonista: segundo Friedman, aquele que é protagonista da história que narra; o equivalente, em outra nomenclatura, ao narrador autodiegético.

Narrador testemunha: segundo Friedman, aquele que narra de dentro da história como personagem secundária; o equivalente, em outra nomenclatura, ao narrador homodiegético.

Narratário: aquele a quem o narrador se dirige. Pode estar ou não explicitado no texto.

Narratividade: sucessão de mudanças de estado de sujeitos por ação de outros sujeitos e de estabelecimento e ruptura de contratos entre sujeitos.

Nível discursivo: o nível mais superficial e concreto do percurso gerativo do sentido. Nele estão presentes as categorias da enunciação (pessoa, tempo e espaço), os temas e as figuras.

Nível fundamental: o nível mais simples e abstrato do percurso gerativo do sentido. Articula-se em uma oposição semântica, como /vida v. morte/ e /natureza v. cultura/.

Nível narrativo: nível intermediário do percurso gerativo do sentido. Nele é representada a ação do homem no mundo em busca de valores.

Paráfrase: reprodução que alguém faz do conteúdo de um texto com suas próprias palavras.

Percurso gerativo do sentido: modelo teórico que explica a construção do sentido dos textos. Apresenta três níveis: o fundamental, o narrativo e o discursivo. A passagem de um nível a outro se caracteriza por um enriquecimento do sentido. É relativo ao plano do conteúdo do texto, não levando em conta o nível da expressão.

Percurso narrativo: encadeamento lógico de vários programas narrativos, relacionados por pressuposição.

Performance: a ação propriamente dita executada pelo sujeito da ação. Pressupõe-se que, para executar a ação, o sujeito seja dotado de competência.

Personagem: actante que ganha revestimento figurativo (tem um nome, características físicas e psicológicas); elemento do nível discursivo dos textos.

Plano do conteúdo: componente do texto em que reside o sentido.

Plano da expressão: componente do texto que manifesta o conteúdo por meio de um sistema de signos qualquer. Entre o plano da expressão e o plano do conteúdo, há uma relação de pressuposição recíproca.

Ponto de vista: o mesmo que *focalização*.

Programa narrativo: elemento mínimo da narrativa em que se expressa a transformação de um sujeito de estado pela ação de um sujeito do fazer.

Prolepse: tipo de anacronia em que há uma interrupção na sequência cronológica da narrativa a fim de se narrar um acontecimento futuro.

Protagonista: elemento do nível discursivo; nos contos, designa a personagem principal, aquela em torno da qual se desenrola a narrativa.

Sanção: percurso do esquema narrativo no qual o sujeito da ação é julgado positiva ou negativamente, podendo ser recompensado ou punido. É o percurso em que os segredos são revelados.

Semiótica: disciplina que estuda como se constrói o sentido dos textos. Há três correntes de semiótica: a americana, que tem por base os ensinamentos de Charles Sanders Peirce; a russa, também chamada de *semiótica da cultura*; e a de linha francesa, também denominada *semiótica discursiva*, cujo fundador é Algirdas Julien Greimas. Neste livro, os conceitos de semiótica apresentados são os da semiótica de linha francesa.

Sujeito de estado: elemento do enunciado de estado que está em conjunção ou em disjunção com um objeto.

Sujeito do fazer: aquele que transforma o sujeito de estado, levando-o a um fazer.

Tema: elemento do nível discursivo que não se refere a elementos do mundo natural, mas a conceitos. É expresso por palavras abstratas.

Tempo: elemento pertencente ao nível discursivo, instalado pela enunciação. Pode ser cronológico, físico ou linguístico, aquele cujo eixo ordenador é a enunciação. Pode ser enunciativo, quando concomitante à enunciação, ou enuncivo, quando não concomitante.

Texto: todo organizado, resultante da junção do plano da expressão com o plano do conteúdo; é dotado de sentido e estabelece comunicação entre sujeitos.

Tragédia: segundo Aristóteles, gênero do modo dramático que representa os homens como melhores do que o homem comum.

Trama: o mesmo que *enredo*.

Verossimilhança: em sentido amplo, termo que significa "semelhante à verdade". Diz-se que uma obra é verossímil quando ela parece não contrariar a verdade, quando o que é narrado é plausível.

referências

A ÁRVORE dos tamancos. Direção: Ermanno Olmi. Itália: Versátil, 1978. 186 min.

AGOSTINHO, Santo. **Confissões**. Tradução de J. Oliveira Santos, S.J. e A. Ambrósio de Pina, S.J. São Paulo: Nova Cultural, 1999. (Os Pensadores).

AGUIAR E SILVA, V. M. de. **Teoria da literatura**. 8. ed. Coimbra: Livraria Almedina, 2011.

ALMEIDA, J. L. de. A caolha. In: In: MORICONI, I. (Org.). **Os cem melhores contos brasileiros do século**. Rio de Janeiro: Objetiva, 2001. p. 49-54.

ANDRADE, C. D. de. Anúncio de João Alves. In: _____. **Poesia completa e prosa**: volume único. Rio de Janeiro: Aguilar, 1973. p. 954-955.

ANDRADE, M. de. **O empalhador de passarinho**. Rio de Janeiro: Nova Fronteira, 2012.

_____. O peru de Natal. In: _____. **Contos novos**. 7. ed. São Paulo: Martins, 1976a. p. 95-103.

_____. Vestida de preto. In: **Contos novos**. 7. ed. São Paulo: Martins, 1976b. p. 7-18.

ANTÔNIO, J. Frio. In: _____. **Contos reunidos**. São Paulo: Cosac Naify, 2012a. p. 97-104.

_____. Retalhos de fome numa tarde de G.C. In: _____. **Contos reunidos**. São Paulo: Cosac Naify, 2012b. p. 75-81.

ARISTÓTELES. Arte poética. In: _____. **Arte retórica e arte poética**. São Paulo: Difusão Europeia do Livro, 1959. p. 253-331.

ASSIS, M. de. A cartomante. In: _____. **Várias histórias**. Domínio Público. Disponível em: <http://machado.mec.gov.br/images/stories/pdf/contos/macn005.pdf>. Acesso em: 5 jan. 2017a.

ASSIS, M. de. A causa secreta. In: _____. **Várias histórias**. Domínio Público. Disponível em: <http://machado.mec.gov.br/images/stories/pdf/contos/macn005.pdf>. Acesso em: 5 jan. 2017b.

_____. **A igreja do Diabo**. Domínio Público. Disponível em <http://www.dominiopublico.gov.br/download/texto/bv000195.pdf>. Acesso em: 5 jan. 2017c.

_____. Dom Casmurro. In: _____. **Machado de Assis**: obra completa. Rio de Janeiro: Aguilar, 1979. p. 807-944. v. I.

_____. **Missa do galo**. Domínio Público. Disponível em: <http://www.dominiopublico.gov.br/download/texto/bv000223.pdf>. Acesso em: 5 jan. 2017d.

_____. O enfermeiro. In: _____. **Machado de Assis**: obra completa. Rio de Janeiro: Aguilar, 1962. p. 528-535. v. II.

AZEVEDO, A. de. Plebiscito. In: _____. **Contos fora da moda**. Domínio Público. Disponível em: <http://www.dominiopublico.gov.br/download/texto/bv000043.pdf>. Acesso em: 5 jan. 2017.

BAKHTIN, M. Os gêneros do discurso. In: _____. **Estética da criação verbal**. Tradução de Maria Ermantina Galvão. 3. ed. São Paulo: M. Fontes, 2000. p. 277-326.

BARRETO, L. **A nova Califórnia**. Domínio Público. Disponível em: <http://www.dominiopublico.gov.br/download/texto/bv000155.pdf>. Acesso em: 5 jan. 2017.

_____. O homem que sabia javanês. In: MORICONI, I. (Org.). **Os cem melhores contos brasileiros do século**. Rio de Janeiro: Objetiva, 2001. p. 55-62.

BARROS, D. L. P. de. **Teoria semiótica do texto**. 4. ed. São Paulo: Ática, 2003.

BARTHES, R. Introdução à análise estrutural da narrativa. In: BARTHES, R. et. al. **Análise estrutural da narrativa**. Tradução de Maria Zélia Barbosa Pinto. 7. ed. Petrópolis, RJ: Vozes, 2011. p. 19-62.

BBC BRASIL. **Contos de fadas têm origem pré-histórica, diz pesquisa**. 20 jan. 2016. Disponível em: <http://www.bbc.com/portuguese/noticias/2016/01/160120_contosfadas_origem_tg>. Acesso em: 2 jan. 2017

BENJAMIN, W. O narrador. Considerações sobre a obra de Nikolai Leskov. In: _____. **Magia e técnica, arte e política**: ensaios sobre literatura e história da cultura. Tradução de Sergio Paulo Rouanet. 7. ed. São Paulo: Brasiliense, 1994. p. 197-221.

BOOTH, W. C. **A retórica da ficção**. Tradução de Maria Teresa H. Guerreiro. Lisboa: Arcádia, 1980.

BRADBURY, R. A terceira expedição. In: TAVARES, B. (Org.). **Contos fantásticos no labirinto de Borges**. Tradução de Julio Silveira et al. Rio de Janeiro: Casa da Palavra, 2005. p. 163-179.

CALVINO, I. Imprestável. In: ____. **Um general na biblioteca**. Tradução de Rosa Freire D'Aguiar. São Paulo: Companhia das Letras, 2001. p. 33-38.

CANDIDO, A. A personagem no romance. In: CANDIDO, A. et al. **A personagem de ficção**. 3. ed. São Paulo: Perspectiva, 1972. p. 53-80.

CASCUDO, L. da C. (Comp.). A roupa do rei. In: ____. **Contos tradicionais do Brasil**. 13. ed. São Paulo: Global, 2004. p. 224-225.

CASTAGNINO, R. H. **Cuento-artefacto y artifícios del cuento**. Buenos Aires: Editorial Nova, 1977.

CORTÁZAR, J. A autoestrada do sul. In: ____. **Todos os fogos o fogo**. Tradução de Gloria Rodrigues. Rio de Janeiro: BestBolso, 2011a. p. 9-35.

____. Alguns aspectos do conto. In: ____. **Valise de cronópio**. Tradução de Davi Arrigucci Júnior e João Alexandre Barbosa. 2. ed. São Paulo: Perspectiva, 2011b. p. 147-163.

____. As babas do diabo. In: ____. **As armas secretas**. Tradução de Eric Nepomuceno. Rio de Janeiro: BestBolso, 2012. p. 56-71.

COUTO, M. Nas águas do tempo. In: ____. **Estórias abensonhadas**. São Paulo: Companhia das Letras, 2012a. p. 9-14.

____. O cachimbo de Felizbento. In: ____. **Estórias abensonhadas**. São Paulo: Companhia da Letras, 2012b. p. 47-51.

DOSTOIÉVSKI, F. **Bobók**. São Paulo: Editora 34, 2012.

____. **Crime e castigo**. São Paulo: Editora 34, 2001.

DOYLE, C. Sherlock Holmes à beira da morte. In: HISTÓRIAS de detetive. 8. ed. São Paulo: Ática, 2001. p. 10-26. (Para Gostar de Ler, v. 12).

ESOPO. A raposa e o cacho de uvas. In: ____. **Fábulas**. Tradução de Pietro Nassetti. São Paulo: M. Claret, 2006. p. 31.

FIORIN, J. L. **As astúcias da enunciação**: as categorias de pessoa, espaço e tempo. 2. ed. São Paulo: Ática, 2001.

FITZGERALD, F. S. **O curioso caso de Benjamin Button**. São Paulo: Mediafashion, 2016. (Coleção Folha Grandes Nomes da Literatura, v. 2).

FONSECA, R. Passeio noturno. In: MORICONI, I. (Org.). **Os cem melhores contos brasileiros do século**. Rio de Janeiro: Objetiva, 2001. p. 283-289.

FORSTER, E. M. **Aspectos do romance**. Tradução de Sergio Alcides. 4. ed. São Paulo: Globo, 2005.

FRIEDMAN, N. Point of View in Fiction: the Development of a Critical Concept. **PMLA**, v. 70, n. 5, p. 1160-1184, Dec. 1955. Disponível em: <https://www.jstor.org/stable/pdf/459894.pdf?seq=1#page_scan_tab_contents>. Acesso em: 5 jan. 2017.

GOGOL, N. O nariz. In: CALVINO, I. (Org.). **Contos fantásticos do século XIX escolhidos por Italo Calvino**. Tradução de Arlete Cavaliere. São Paulo: Companhia das Letras, 2004. p. 187-211.

GRANDE DICIONÁRIO HOUAISS. Disponível em: <https://houaiss.uol.com.br/pub/apps/www/v3-0/html/index.htm#0>. Acesso em: 5 jan. 2017.

GREIMAS, A. J.; COURTÉS, J. **Dicionário de semiótica**. Tradução de Alceu Dias Lima et al. 2. ed. São Paulo: Contexto, 2012.

GRIMM, J.; GRIMM, W. A gata borralheira. In: ____. **Contos maravilhosos infantis e domésticos**. Tradução de Cristine Röhrig. São Paulo: Cosac Naify, 2012a. p. 116-127. Tomo I.

____. **Rumpelstichen**. In: ALFABETIZAÇÃO: livro do aluno – Contos tradicionais, fábulas, lendas e mitos. Brasília: Fundescola/Ministério da Educação, 2000. p. 24-27. v. 2. Disponível em: <http://www.dominiopublico.gov.br/download/texto/me001614.pdf>. Acesso em: 5 jan. 2017.

HEMINGWAY, E. Cinquenta mil. In: ____. **Contos**. Tradução de José J. Veiga. 5. ed. Rio de Janeiro: Bertrand Brasil, 2015a. p. 225-256. v. 2.

____. Mudança de ares. In: **Contos**. Tradução de José. J. Veiga. 7. ed. Rio de Janeiro: Bertrand Brasil, 2015b. p. 152-157. v. 1.

____. Os pistoleiros. In: ____. **Contos**. Tradução de José J. Veiga. 5. ed. Rio de Janeiro: Bertrand Brasil, 2015c. p. 198-211. v. 2.

JOLLES, A. **Formas simples**: legenda, saga, mito, adivinha, ditado, caso, memorável, conto, chiste. São Paulo: Cultrix, 1976.

KAFKA, F. Diante da lei. In: ____. **Um médico rural**. Tradução de Modesto Carone. São Paulo: Companhia das Letras, 1999. p. 27-29.

KAYSER, W. **Análise e interpretação da obra literária**: (introdução à ciência da literatura). Tradução de Paulo Quintela. 4. ed. Coimbra: Armênio Amado, 1967.

KIPLING, R. Os irmãos de Mowgli. In: ____. **Os livros da selva**: Mowgli e outras histórias. Tradução de Alexandre Barbosa de Souza. São Paulo: Companhia das Letras, 2015. p. 69-92.

KUNDERA, M. O jogo da carona. In: ____. **Risíveis amores**. Tradução de Teresa Bulhões Carvalho da Fonseca. São Paulo: Companhia das Letras, 2012. p. 70-91.

LEITE, L. C. M. **O foco narrativo**: (ou A polêmica em torno da ilusão). 4. ed. São Paulo: Ática: 1989. (Série Princípios).

LINS, O. **Lima Barreto e o espaço romanesco**. São Paulo: Ática, 1976.

LISBOA, H. O caipora. In: ____. **Literatura oral para a infância e a juventude**: lendas, contos e fábulas populares no Brasil. São Paulo: Peirópolis, 2002. p. 74-76.

L'ISLE-ADAM, A. V. de. É de se confundir. In: ____. **Flores fúnebres e outros contos cruéis**. Tradução de Camilo Prado. São Pedro de Alcântara: Edições Nephelibata, 2009. p. 25-29.

LISPECTOR, C. A fuga. In: ____. **Todos os contos**. Rio de Janeiro: Rocco, 2016a. p. 88-92.

LISPECTOR, C. Amor. In: ____. **Todos os contos**. Rio de Janeiro: Rocco, 2016b. p. 145-155.

____. Eu e Jimmy. In: ____. **Todos os contos**. Rio de Janeiro: Rocco, 2016c. p. 78-81.

____. O búfalo. In: ____. **Todos os contos**. Rio de Janeiro: Rocco, 2016d. p. 248-257.

____. O delírio. In: ____. **Todos os contos**. Rio de Janeiro: Rocco, 2016e. p. 69-77.

____. Trecho. In: ____. **Todos os contos**. Rio de Janeiro: Rocco, 2016f. p. 93-101.

____. Uma galinha. In: ____. **Todos os contos**. Rio de Janeiro: Rocco, 2016g. p. 156-158.

LONDON, J. Fazer uma fogueira. In: ____. **Contos**. Tradução de Liege Christina Simões de Campos, Luiz Bernardo Pericás e Ana Corbisier. 2. ed. São Paulo: Expressão Popular, 2009. p. 121-139

MANN, T. **A montanha mágica**. 2. ed. Tradução de Herbert Caro. Rio de Janeiro: Nova Fronteira, 2000.

MAUPASSANT, G. de. Bola de Sebo. In: ____. **As grandes paixões**. Tradução de Leo Schlafman. Rio de Janeiro: Record, 2005. p. 21-67. (Coleção Grandes Traduções).

MÉRIMÉE, P. Colomba. In: ____. **Carmen e outras histórias**: novelas e contos completos. Tradução de Mário Quintana. Rio de Janeiro: Zahar, 2015. p. 236-347.

MISHIMA, Y. Patriotismo. In: ____. **Morte em pleno verão**. Tradução de Aulyde Soares Rodrigues. Rio de Janeiro: Rocco: 1986. p. 103-128.

NARCISO. In: ALFABETIZAÇÃO: livro do aluno – Contos tradicionais, fábulas, lendas e mitos. Brasília: Fundescola/Ministério da Educação, 2000. p. 126-127. v. 2. Disponível em: <http://www.dominiopublico.gov.br/download/texto/me001614.pdf>. Acesso em: 5 jan. 2017.

NUNES, B. **O tempo na narrativa**. 2. ed. São Paulo: Ática, 2008. (Série Fundamentos).

OITICICA, J. **Curso de literatura**. Rio de Janeiro: Germinal, 1960.

PESSOA, F. **Fernando Pessoa**: obra poética em um volume. Rio de Janeiro: Aguilar, 1972.

POE, E. A. A carta furtada. In: ____. **Ficção completa**: poesia e ensaios. Tradução de Oscar Mendes. Rio de Janeiro: Aguilar: 2001a. p. 171-186.

____. O barril de amontillado. In: ____. **Ficção completa**: poesia e ensaios. Rio de Janeiro: Nova Aguillar, 2001b. p. 365-371.

____. Resenha de *Twice-Told Tales*, de Nathanael Hawthorne. [1842]. **Bestiário – Revista de Contos**, ano 1, n. 6, ago. 2004. Disponível em: <http://www.bestiario.com.br/6_arquivos/resenhas%20poe.html>. Acesso em: 2 jan. 2017.

POUILLON, J. **O tempo no romance**. Tradução de Heloísa de Lima Dantas. São Paulo: Cultrix; Edusp, 1974.

PROPP, V. I. **Morfologia do conto maravilhoso**. Tradução de Jasna Paravich Sarhan. 2. ed. Rio de Janeiro: Forense Universitária, 2010.

QUEIRÓS, E. de. A aia. In: ____. **Contos**. [S.l.]: Ciberfil Literatura Digital, 2002. p. 26-29. Disponível em: <http://www.dominiopublico.gov.br/download/texto/ph000002.pdf>. Acesso em: 5 jan. 2017.

QUIROGA, H. O solitário. In: ____. **A galinha degolada e outros contos**. Tradução de Sergio Faraco. Porto Alegre: LP&M, 2002. p. 26-33.

RAMOS, R. Circuito fechado (4). In: BOSI, A. (Org.). **O conto brasileiro contemporâneo**. 16. ed. São Paulo: Cultrix, 2015. p. 313-314.

REIS, C.; LOPES, A. C. M. **Dicionário de narratologia**. 7. ed. Coimbra: Almedina, 2011.

RIO, J. do. O bebê de tarlatana rosa. In: MORICONI, I. (Org). **Os cem maiores contos brasileiros do século**. Rio de Janeiro, 2001. p. 28-33.

ROSA, G. Grande sertão: veredas. In: ____. **João Guimarães Rosa**: ficção completa. Rio de Janeiro: Nova Aguilar, 1995a. p. 11-385. v. II.

____. Sinhá Secada. In: ____. **João Guimarães Rosa**: ficção completa. Rio de Janeiro: Nova Aguilar, 1995b. p. 667-669. v. II.

RUFFATO, L. **Eles eram muitos cavalos**. 11. ed. São Paulo: Companhia das Letras, 2013.

SONHOS. Direção: Akira Kurosawa. Estados Unidos/Japão: Warnes Bros., 1990. 119 min.

TCHEKHOV, A. P. Iônitch. In: ____. **O assassinato e outras histórias**. Tradução de Rubens Figueiredo. São Paulo: Cosac Naify, 2011a. p. 141-167.

____. O professor de letras. In: ____. **O assassinato e outras histórias**. Tradução de Rubens Figueiredo. São Paulo: Cosac Naify, 2011b. p. 17-49.

____. Pamonha. In: ____. **A dama do cachorrinho e outros contos**. Tradução de Boris Schnaiderman. 4. ed. São Paulo: Editora 34, 2011c. p. 25-27.

____. Vanka. In: ____. **A dama do cachorrinho e outros contos**. Tradução de Boris Schnaiderman. 4. ed. São Paulo: Editora 34, 2011d. p. 106-111.

TELLES, L. F. Eu era mudo e só. In: ____. **Antes do baile verde**: contos. São Paulo: Companhia das Letras, 2009a. p. 145-153.

____. O menino. In: ____. **Antes do baile verde**: contos. São Paulo: Companhia das Letras, 2009b. p. 169-176.

____. O moço do saxofone. In: MORICONI, I. (Org.). **Os cem melhores contos brasileiros do século**. Rio de Janeiro: Objetiva, 2001. p. 233-238.

____. Verde lagarto amarelo. In: ____. **Antes do baile verde**: contos. São Paulo: Companhia das Letras, 2009c. p. 19-29.

TERRA, E. **Leitura do texto literário**. São Paulo: Contexto, 2014.

____. **A produção literária e a formação do leitor em tempos de tecnologia digital**. Curitica: InterSaberes, 2015.

TOLSTÓI, L. A morte de Ivan Ilitch. In: BRAGA, R. (Coord.). **Contos russos**. Rio de Janeiro: Ediouro, 2004. p. 145-191.

TREVISAN, D. Uma vela para Dario. In: MORICONI, I. (Org.). **Os cem melhores contos brasileiros do século**. Rio de Janeiro: Objetiva, 2001. p. 279-280.

VEIGA, J. J. A máquina extraviada. In: MORICONI, I. (Org.). **Os cem melhores contos brasileiros do século**. Rio de Janeiro: Objetiva, 2001. p. 229-232.

VERNANT. J-P. **Mito e pensamento entre os gregos**: estudo de psicologia histórica. Tradução de Haiganuch Sarian. São Paulo: Difusão Europeia do Livro, 1973.

WILDE, O. A esfinge sem segredo. In: ____. **Contos completos**. Edição bilíngue português-inglês. Tradução de Luciana Salgado. São Paulo: Landmark, 2013. p. 97-101.

autores
sobre os autores

Ernani Terra é doutor em Língua Portuguesa pela Pontifícia Universidade Católica de São Paulo (PUC-SP). Em seu pós-doutorado, desenvolveu pequisas sobre o texto literário com fundamento na semiótica de linha francesa. É professor de Língua Portuguesa, Literaturas de Língua Portuguesa, Leitura e Produção de Textos. No ensino superior, lecionou ainda as disciplinas de Práticas de Leitura e Escrita e Metodologia do Trabalho Científico. Tem mais de 30 livros publicados, capítulos de livros e artigos científicos em revistas indexadas. Tem participado ativamente de congressos, colóquios e seminários no Brasil e no exterior, apresentando resultados de suas pesquisas.

Jessyca Pacheco é escritora e pesquisadora na área de literatura, vinculada às Faculdades Metropolitanas Unidas (FMU). Seu livro de estreia, *Matéria derradeira*, foi lançado em 2015 pela Editora Córrego. É autora com Ernani Terra do artigo científico "Espacialização e sentido em Intimidade, de Edla Van Steen: uma análise semiótica", apresentado no Colóquio Internacional Greimas, realizado na Pontifícia Universidade Católica de São Paulo (PUC-SP) em 2017.

Os papéis utilizados neste livro, certificados por instituições ambientais competentes, são recicláveis, provenientes de fontes renováveis e, portanto, um meio responsável e natural de informação e conhecimento.

FSC
www.fsc.org
MISTO
Papel produzido a partir de fontes responsáveis
FSC® C103535

Impressão: Reproset
Abril/2021